100
2475
22.9.23

D1878215

छायावादोत्तर हिन्दी कविता

छायावादोत्तर हिन्दी कविता

प्रो. सुमन जैन

लोकभारती प्रकाशन

लोकभारती प्रकाशन
पहली मंजिल, दरबारी बिल्डिंग, महात्मा गाँधी मार्ग
प्रयागराज-211 001
वेबसाइट : www.lokbharatiprakashan.com
ईमेल : info@lokbharatiprakashan.com
शाखाएँ : 1-बी, नेताजी सुभाष मार्ग, दरियागंज
नयी दिल्ली-110002
अशोक राजपथ, साइन्स कॉलेज के सामने
पटना-800 006 (बिहार)
36-ए, शेक्सपियर सरणी
कोलकाता-700 017

प्रथम संस्करण : 2021

मूल्य : ₹ 500

© **प्रो. सुमन जैन**

आस्था पेपर कन्वर्टर
प्रयागराज द्वारा मुद्रित

CHHAYAWADOTTAR HINDI KAVITA
Prof. Suman Jain

ISBN : 978-93-90625-30-7

राजस्थान के चारभुजा (गडबोर)
निवासी बासा. (स्व. श्रीमती एवं श्री चुन्नीलाल जैन)
के चरणों में श्रद्धासुमन

अनुक्रम

- भूमिका 9
- अपनी ओर से 13

1. छायावादोत्तर हिन्दी कविता का युगीन सन्दर्भ 17
2. प्रगतिवादी हिन्दी कविता का युगान्तर 61
3. प्रयोगवाद : नवीन राहों का अन्वेषण 116
4. नयी कविता : दृष्टि और उपलब्धि 142
5. उपसंहार : प्रतिनिधि युग की विशेषता 205

- सन्दर्भ ग्रन्थ सूची 206

भूमिका

यों तो कविता हो या शास्त्र की कोई अन्य रचनात्मक विधा हो, सब में युगीन सन्दर्भ का होना अनिवार्य है। यदि छायावादोत्तर कविता को देखा जाय तो पहले की अपेक्षा इसमें संघर्ष कुछ अधिक व्यापक और गहरा गया है। इससे यह नहीं समझना चाहिए कि छायावादोत्तर कविताएँ छायावादी काव्य से बेहतर हैं। छायावादी काव्य भी अपनी संवेगात्मक सघनता में अधिक रागात्मक एवं संवेगात्मक बन पड़ा है। इसमें कोई सन्देह नहीं कि उन कविताओं में रोमांस का संवेगात्मक पुट अधिक है। छायावादोत्तर कविता में मुख्यतः रोमांस से मुक्त होने का प्रयास मिलता है। मुक्ति की यह चेष्टा प्रगतिवादी काव्य में भी मिलेगी और प्रयोगवादी काव्य में भी।

प्रगतिवादी रचनाओं की शुरुआत सन् 1936 से मानी जाती है। उसके मूल में मार्क्सवादी विचारधारा है। इस विचारधारा से प्रेरणा लेकर कुछ युवा साहित्यकारों ने 1936 में ही 'प्रगतिशील लेखक संघ' की स्थापना की। प्रगतिवादी कविताएँ किसी विचारधारा से संचालित होती हैं। इस ग्रन्थ में उसी विचारधारा और उसके प्रति कवियों की प्रतिबद्धता का विवेचन विश्लेषण हुआ है। कविताओं पर जन आन्दोलनों का भी प्रभाव पड़ा है। यथार्थ की चर्चा जितनी अधिक इस विचारधारा में हुई है, उतनी अधिक और कहीं भी नहीं मिलेगी। प्रगतिवादी यथार्थ बहुत कुछ विचारधाराओं की शृंखलाओं में प्रायः जकड़ा हुआ मिलेगा।

कवियों ने बहुत कुछ स्वतन्त्रता से काम लिया है। इस कारण उनकी कविताओं में विचारधारा की रूढ़ियों का भी विरोध मिलेगा। प्रगतिवादी कवियों की मुख्य उपलब्धि यह है कि उन्होंने कविता को शोषित पीड़ित मानवता के दुःख दर्द के साथ जोड़ा। यूँ जहाँ कहीं विचारधारा को पूरी तरह ग्रहण कर लिया गया है, उनमें खामियाँ भी आयी हैं।

प्रगतिवादी कविताओं की विवेचना के लिए लेखिका ने चार कवियों को चुना है— केदारनाथ अग्रवाल, मुक्तिबोध, नागार्जुन और त्रिलोचन शास्त्री। इन कवियों की विवेचना करते समय काव्यगत कथ्य के साथ-साथ कवियों के अपने परिवेश को भी लिया गया है। मुक्तिबोध को छोड़कर शेष कवियों का गाँव से गहरा लगाव है, किन्तु नागार्जुन की बहुत सारी कविताओं में पूरी ग्रामीण संस्कृति साकार हो उठी है। गाँव

के लोगों के खान-पान, आचार-विचार, रीति-नीति आदि को नागार्जुन ने रचनात्मक धरातल पर प्रस्तुत किया है। गाँव का प्रभाव केदारनाथ अग्रवाल की प्रारम्भिक कविताओं में देखा जा सकता है। नागार्जुन पर मार्क्सवाद का विशेष प्रभाव है, किन्तु वे उस प्रभाव को अपने ढंग से जीते और कविता में बुनते हैं। त्रिलोचन शास्त्री ने भी गाँव को बहुत निकट से देखा है। इन लोगों की कविताओं में किसानों, मजदूरों के शोषित जीवन को चित्रित करते हुए सामन्तवादी प्रवृत्तियों का गहरा विरोध दिखायी पड़ेगा। भाषा की दृष्टि से भी इनकी कविताओं में जनभाषा का आस्वाद मिलेगा। कविताओं को पढ़ते हुए ऐसा मालूम पड़ता है कि हम अपने गाँव के लोगों से सहज भाव से बातें कर रहे हैं। इस तरह से गाँव की बोली को ग्रहण करके जनपदीय शब्दों के प्रयोग द्वारा कविता को एक नये मार्ग की ओर मोड़ा गया है।

ऐतिहासिक क्रम से प्रगतिवादी के बाद प्रयोगवाद आता है, किन्तु ध्यान से देखने पर ऐसा लगता है कि प्रगतिवाद और प्रयोगवाद दोनों का जन्म एक साथ ही होता है। आरम्भ में बहुत से प्रयोगवादी कवि प्रगतिवादी लेखक संघ के सदस्य भी थे। किन्तु प्रगतिवादियों की कट्टरता के कारण ये धीरे-धीरे अलग हो गये। सच पूछा जाय तो प्रगतिवाद और प्रयोगवाद का मूल स्रोत निराला की कविताओं में मिलेगा। निराला से बेहतर प्रगतिशील कविता किसी ने नहीं लिखी और जहाँ तक प्रयोगवाद का सम्बन्ध है, उनकी कविताएँ इसका अलबम हैं फिर भी निराला 'निराला' हैं। न तो वे प्रगतिवाद के बन्धन में बँध सके और न प्रयोगवाद के।

प्रयोगवादी कवियों में तीन कविताओं को लिया गया है— अज्ञेय, गिरिजाकुमार माथुर और शमशेर बहादुर सिंह। इन तीन कवियों पर आरम्भ में छायावादी काव्य का स्पष्ट प्रभाव देखा जा सकता है। अज्ञेय तो छायावादी रोमान से धीरे-धीरे मुक्त हो जाते हैं, लेकिन गिरिजाकुमार माथुर और शमशेर बहादुर सिंह कभी मुक्त नहीं हो सके, विशेष रूप से गिरिजाकुमार माथुर। प्रयोगवाद को लेकर अच्छा खासा विवाद भी खड़ा हुआ। दूसरे सप्तक की भूमिका में अज्ञेय ने प्रयोग की बात स्वीकार की है, किन्तु वे 'प्रयोगवाद' को अस्वीकार करते हैं। इनकी कविताओं में ढेर सारे नये शब्द, बिम्ब, प्रतीक मिलेंगे। उन्होंने लिखा है 'ये उपमान मैले हो गये हैं।' छन्दों का प्रयोग भी भूरिशः मिलेगा। पुराने शब्दों में वे नया अर्थ करने का प्रयास भी करते हैं। उनका प्रयास छायावादी रोमांस और प्रगतिवादी प्रतिबद्धता दोनों से मुक्त होना है। गिरिजाकुमार माथुर पर छायावाद का आत्यन्तिक प्रभाव है। उन्हें सही अर्थों में प्रयोगवादी कहना ठीक नहीं लगता। शमशेर बहादुर सिंह को कुछ लोग प्रगतिवादी कवियों की श्रेणी में डाल देते हैं, ज्यादा अच्छा तो यह कहा जाय कि ढकेल देते हैं। वे अपने प्रयोग के माध्यम से अपनी कविता में विचित्र चमत्कार और आस्वाद पैदा करते हैं। उनमें दुरूहता तो है, किन्तु दुरूहता का भी अपना आस्वाद होता है।

प्रयोगवाद का ही अगला चरण नयी कविता है जिसका प्रादुर्भाव दूसरा सप्तक से ही माना जाता है। नयी कविता में अनुभूति पर विशेष रूप से बल दिया गया है। उनमें रोमांस की भी कमी नहीं है। पर सामाजिकता के प्रति सजगता भी है। इनकी कविताओं में कहीं मिथकों का प्रयोग है, तो कहीं गाँव की माटी की सहज गन्ध। जगह-जगह रहस्य के भी दर्शन हो जायेंगे। लेखिका ने इन कवियों के अपने निजी परिदृश्य को रेखांकित करते हुए उस परिप्रेक्ष्य में इनका विवेचन किया है। इस तरह से परिदृश्य के साथ कविताओं का तालमेल बैठ जाता है। भाषा के प्रति सहज स्वाभाविक प्रेम है। भाषा की सहजता का मतलब यह नहीं है कि इनकी कविताएँ भी सहज हैं। सहजता में भी जीवन और समाज की जटिलताओं का ताना-बाना दिखायी पड़ेगा, पर इतना निश्चित है कि छायावादोत्तर काव्य में नयी कविता अपनी पूरी संरचना में एक नयी दिशा की ओर संकेत करती है। यदि इसके आगे के नये कवियों को देखा जाय तो उन पर नयी कविता का स्पष्ट प्रभाव देखा जा सकता है। लेकिन धीरे-धीरे नये कवियों ने भी अपना अलग रास्ता चुन लिया है और चुन रहे हैं।

सब मिलाकर इस पुस्तक में छायावादोत्तर कविता को समझने-समझाने का अच्छा प्रयास किया गया है। इससे इस विषय पर काम करने में यथेष्ट सहायता मिलेगी।

–प्रो. बच्चन सिंह

वाराणसी
27 जुलाई, 2000

अपनी ओर से

आधुनिक हिन्दी काव्य के विकास की दृष्टि से 20वीं सदी के तीसरे चौथे दशक का स्थान अत्यन्त महत्त्वपूर्ण है। अनुभूति, सहानुभूति और अभिव्यक्ति को नवीन प्रतीकों के माध्यम से वाणी देनेवाले कवि मानव समाज के सुख-दुःख से आन्दोलित हुए एवं आर्थिक, सामाजिक, राजनीतिक, जागतिक परिवर्तनों के अंग बन गये। स्थूल जीवन के इस परिवर्तन ने मनुष्य की चिन्तन प्रक्रिया को प्रभावित किया, जिसका असर साहित्य, कला, दर्शन पर पड़ा। उसे नये सन्दर्भों में देखने, सुनने, रेखांकित करने की कोशिश प्रस्तुत पुस्तक (छायावादोत्तर हिन्दी कविता के रचनात्मक सरोकार) में की गयी है। इससे बी.ए., एम.ए., एम. फिल. के पाठ्यक्रम में सहायता मिलेगी, ऐसा विश्वास है।

छायावादोत्तर साहित्य के दस वर्षों के अध्ययन/अध्यापन के परिप्रेक्ष्य में लिखित इस पुस्तक में 'युगीन सन्दर्भ' के अन्तर्गत राजनीतिक, आर्थिक, सामाजिक पृष्ठभूमि, जनसंघर्ष की कविता और जन कविता के संघर्ष, प्रगतिवादी साहित्य, आधुनिक भाव बोध एवं मूल्यों के संघर्ष का विवेचन है।

प्रगतिवादी हिन्दी कविता का युगान्तर में पूरे प्रगतिवादी परिवेश को विश्लेषित किया गया है। उस पर पड़नेवाले जन आन्दोलनों के प्रभाव के साथ यह स्पष्ट किया गया है कि कैसे प्रगतिवादी काव्यधारा एक ओर विकासशील जीवन के सामाजिक बोध को लेकर आगे बढ़ती है तो दूसरी ओर जीवन के अभाव, संकट, सन्त्रास, पीड़ा, संघर्ष को कविता में उतारती है। केदारनाथ अग्रवाल, मुक्तिबोध, नागार्जुन, त्रिलोचन शास्त्री के काव्य में विस्तृत यथार्थ का दर्शन मिलता है।

प्रयोगवाद : नवीन राहों का अन्वेषण के अन्तर्गत प्रयोगवादी वैयक्तिकता का दर्शन एवं कविता में जीवन संघर्ष के नये आयाम उल्लिखित हैं। अज्ञेय, गिरिजाकुमार माथुर, शमशेर बहादुर सिंह की रचनाओं में प्रयोगवाद का अभिप्राय स्पष्ट किया गया है।

प्रयोगवाद के अगले चरण के रूप में **नयी कविता** रखी गयी है। उसकी विकास प्रक्रिया दर्शाने के क्रम में धर्मवीर भारती, रघुवीर सहाय, सर्वेश्वरदयाल सक्सेना,

कुँवरनारायण सिंह, केदारनाथ सिंह आदि प्रतिनिधि कवियों की रचनाओं की चर्चा हुई है, जिनके माध्यम से छायाँवादोत्तर हिन्दी काव्य को समझा जा सकता है।

प्रतिनिधि युग की विशेषता उपसंहार में रखी गयी है। उसे संक्षेप में इस तरह जाना जा सकता है कि जीवन का जो संघर्ष छायावादी-कविता के भाव जगत् में चला था, वही संघर्ष प्रगतिवादी कविता में सामाजिक स्तर पर उत्पादन के क्षेत्र में दो अलग-अलग स्पष्ट वर्गों में चलाया गया। प्रगतिवादी कविता का संघर्ष राजनीतिक ज्यादा और साहित्यिक कम रहा है। इसमें सूक्ष्म मनोविज्ञान के स्थान पर विचार, तर्क और सिद्धान्त की प्रधानता है। प्रयोगवाद ने इस साहित्यिकता और कलात्मकता को एक हद तक पूरा करने का प्रयास किया, किन्तु समीक्षा के क्षेत्र में वह हमारे जीवन संघर्षों का निरपेक्ष संवाहक नहीं बन सका। इस बड़े अभाव की पूर्ति स्वतन्त्रता प्राप्ति के बाद लिखी गयी नयी कविता ने की।

स्वतन्त्रता के बाद लिखी गयी नयी कविता में जन आकांक्षाओं की सशक्त अभिव्यक्ति है। सामाजिक स्तरीकरण के संघर्ष, आर्थिक वर्गों के संघर्ष और व्यक्ति के स्तर उसके तनावों, कुण्ठाओं तथा अन्तर्द्वन्द्वों के संघर्ष को आत्मसात् करनेवाले कवियों ने क्या नहीं लिखा? समाज और जीवन के प्रत्येक पहलू से अपना सरोकार बनाया, जो उनकी कविताओं में मुखर है। समसामयिक कविता भी इसी शैली का अनुसरण करती हुई दिखायी पड़ती है। नयी कविता की सबसे बड़ी विशेषता यह है कि वह व्यक्ति, वर्ग और समाज के प्रत्येक पक्ष का चित्रण करने पर भी वर्गों में आबद्ध होने से बची रही। इसे हम नयी कविता की श्रेष्ठतम अभिव्यक्ति कह सकते हैं।

विषय का सार्थक अध्ययन करने के लिए काशी हिन्दू विश्वविद्यालय, नागरीप्रचारिणी सभा के पुस्तकालयों से मदद मिली। मैं दोनों संस्थानों की आभारी हूँ।

सुधी समीक्षक विचारक प्रो. बच्चन सिंह ने नयी कविता की विशेषतागत अनेक समस्याओं को सुलझाया तथा कृपाकर भूमिका लिखी, इसके लिए मैं अनुगृहीत हूँ। प्रो. केदार नाथ सिंह के बहुमूल्य सुझावों को कभी विस्मृत नहीं कर सकती। इसी तरह प्रखर आलोचक समीक्षक प्रो. नामवर सिंह ने अनेक प्रश्नों और जिज्ञासाओं का समाधान कर मेरा मार्ग सुगम बनाया। कानपुर में प्रगतिशील लेखक संघ के अग्रणी कार्यकर्त्ता पत्रकार सम्पादक डॉ. चन्द्रकुमार ने अनेक कवियों के वैयक्तिक सन्दर्भों को और प्रगतिवादी जन आन्दोलनों को समझने में सहायता की। विद्वान् प्राध्यापक डॉ. अवधेश प्रधान ने इस पुस्तक के लेखन और प्रकाशन में मेरा उत्साहवर्द्धन किया और दिशा निर्देशन दिया। परम हितैषी डॉ. मोहनलाल तिवारी ने आधुनिक कविता से सम्बन्धित अनेक प्रश्नों का समाधान दिया, वह अविस्मरणीय है। अखिल भारतीय आचार्यकुल के मन्त्री, आचार्यकुल के सम्पादक आचार्य श्री शरदकुमार साधक के प्रति श्रद्धावनत हूँ, जो लेखन के प्रेरणास्रोत रहे। प्रत्यक्ष परोक्ष रूप में अनेक लोगों से

रचनाओं और रचनाकारों से भाँति-भाँति का सहयोग मिला। उन सबके प्रति हृदय से आभार व्यक्त करती हूँ।

विषय की नवीनता, क्लिष्टता एवं व्यापकता ने मेरी सीमा को बाधित अवश्य किया, परन्तु मेरा यह सतत प्रयास रहा है कि मैं अपनी सीमा से उठकर कुछ नया अवश्य दे सकूँ। इसमें कहाँ तक सफलता मिली, यह तो सहृदय समीक्षकों एवं पाठकों के निर्णय का विषय है। पुस्तक जैसी भी बन पड़ी, आपके हाथों में है।

1 अगस्त, 2000 **–प्रो. सुमन जैन**

छायावादोत्तर हिन्दी कविता का युगीन सन्दर्भ

1. राजनीतिक पृष्ठभूमि

छायावादोत्तर काल का प्रारम्भ 1936 से माना जाता है। यह काल साहित्येतिहास की दृष्टि से ही नहीं, बल्कि सामाजिक, राजनैतिक, सांस्कृतिक, वैचारिक दृष्टि से भी एक विशिष्ट काल है। इसी काल से कविता में नयी चेतना एवं जागृति का उदय हुआ, जिसका प्रभाव साहित्य पर भी पड़ा और उससे जुड़कर नूतन सामाजिक चेतना भी आयी। साहित्य समाज का प्रतिबिम्ब होता है। समाज में जो परिस्थितियाँ व्याप्त थीं, उनका प्रभाव साहित्य पर पड़ना स्वाभाविक है। प्रश्न उठता है कि वे कौन-सी परिस्थितियाँ थीं, जिनका प्रभाव स्वतन्त्रता प्राप्ति से पहले और स्वतन्त्रता प्राप्ति के बाद साहित्य को आन्दोलित करता रहा तथा जिनसे कविता के कथ्य और रूप में एक नया परिवर्तन आया?

(क) भारतीय राजनीतिक परिस्थितियाँ एवं उनसे उत्पन्न जनचेतना : स्वतन्त्रता पूर्व 1936-1947

राजनीतिक दृष्टि से यदि हम देखें तो यह वह काल है, जिसमें राष्ट्रीय स्वतन्त्रता आन्दोलन ने कई उतार-चढ़ाव देखे। जनता आशा और निराशा के द्वन्द्व में जी रही थी। कभी उसे स्वतन्त्रता की मंजिल निकट आती प्रतीत होती थी तो कभी वह मृगतृष्णा सिद्ध हो जाती थी। असफलता जन्य निराशा में राजनीतिक क्षेत्र में हुए क्रान्तिकारी आन्दोलन ने भारतीय राजनीति को प्रभावित किया। भारतीय स्वतन्त्रता एवं महात्मा गाँधी के नेतृत्व में हुए अनेकानेक आन्दोलन भारतीय राजनीतिक संघर्ष की कहानी है, जिसका प्रभाव साहित्य पर पड़ना अत्यन्त स्वाभाविक था। सन् 1936 के पूर्व देश की परिस्थितियाँ अत्यन्त जटिल हो गयी थीं। 20वीं शताब्दी तक भारत में ब्रिटिश राज्य का शिकंजा इतना मजबूत हो गया था कि भारतीय चैन से साँस नहीं ले पा रहे थे।

बंगाल का विभाजन सन् 1905 तथा दक्षिण अफ्रीका में भारतीयों पर किये गये अमानुषिक अत्याचार से भारत में असन्तोष की भावना भड़क उठी। अंग्रेजों की कूटनीति के कारण सन् 1906 में मुस्लिम लीग की स्थापना की गयी। प्रथम विश्वयुद्ध के समय महात्मा गाँधी, लोकमान्य तिलक ने अंग्रेजों की सहायता की, लेकिन बाद में देशवासियों को दमन और अत्याचार सहना पड़ा तो परिस्थिति बदल गयी।

इन्हीं दिनों राजनीति में समाजवादी विचारधारा पनपने लगी। भारत के पड़ोसी देश रूस में क्रान्तिकारी परिवर्तन हो चुकने के कारण रूस की साम्यवादी विचारधारा का प्रभाव धीरे-धीरे विश्व स्तर पर पड़ने लगा था। हमारे देश में भी इसका प्रभाव किसान, मजदूर, आन्दोलन के रूप में 1921 से दिखलायी पड़ने लगा। सन् 1926-1927 में जवाहरलाल नेहरू यूरोप यात्रा के समय मार्क्सवादी विचारधारा के सम्पर्क में आये। सन् 1927 में उन्होंने ब्रूसेल्स में शोषित राष्ट्रों की कांग्रेस में भारतीय प्रतिनिधि के रूप में भाग लिया।[1] भारत में भी इस साम्यवादी विचारधारा का प्रभाव पड़ने लगा।

"सन् '35 के जमाने में साहित्य और राजनीति के सम्बन्धों को लेकर गरम चर्चा चल पड़ी। जिस तरह छायावादी युग में साहित्य समाज का दर्पण है, कहने की हवा थी, उसी तरह इस युग में साहित्य और राजनीति की घनिष्ठता पर जोर दिया जाने लगा था।"[2]

कांग्रेस की आंशिक असफलता के कारण उसमें दरारें पड़ गयी थीं। महात्मा गाँधी में सबकी आस्था एक जैसी नहीं थी, परिणामस्वरूप कांग्रेस के दो दल हो गये। एक दल गाँधी जी के साथ मिलकर अहिंसा के पथ से स्वराज्य प्राप्त करना चाहता था, तो दूसरे दल ने सुभाषचन्द्र बोस के नेतृत्व में क्रान्ति का मार्ग पकड़ा। सुभाष ने **फारवर्ड ब्लाक** की स्थापना कर बहुत से क्षुब्ध युवकों को अपने साथ लिया और उन्हें उत्साहित करते हुए कहा—

वह खून कहो किस मतलब का जिसमें उबाल का नाम नहीं,
वह खून कहो किस मतलब का, आ सके देश के काम नहीं।
वह खून कहो किस मतलब का, जिसमें न कहीं रवानी है,
जो परवश होकर बहता है, वह खून नहीं है, पानी है।।

सुभाष की ललकार के साथ आजाद हिन्द फौज गठित हुई और आजादी के दीवाने अपनी जान हथेली पर लेकर उनके पीछे चले, तब उनका नारा था, "तुम मुझे खून दो, मैं तुम्हें आजादी दूँगा।"

आजादी के दीवाने गाने लगे—

हम वे सागर गम्भीर नहीं, जो मर्यादा में रहते हैं।
हम तो खूनी दरिया हैं, जो बाँध तोड़ कर बहते हैं।

बाँध तोड़नेवाले की मनोव्यथा को प्रगतिशील लेखक संघ ने अपने साहित्य में अभिव्यक्ति दी। 1936 में इस संघ की स्थापना मुंशी प्रेमचन्द की अध्यक्षता में आयोजित साहित्य मंच, लखनऊ में हुई थी। राष्ट्रीय एवं अन्तरराष्ट्रीय स्तर पर भी अनेक घटनाएँ, स्थितियाँ इस देश को आन्दोलित कर रही थीं। "फासिज्म का उदय, म्यूनिख

1. डॉ. जनेश्वर वर्मा : हिन्दी काव्य में मार्क्सवादी चेतना.
2. नामवर सिंह : कविता के नये प्रतिमान, पृ. 48.

समझौता, स्पेन में जनतन्त्र की रक्षा के लिए देश-विदेश के लेखकों और बुद्धिजीवियों का मोर्चे पर लड़ना, द्वितीय विश्वयुद्ध की महाविनाशकारी छाया, राष्ट्रीय पैमाने पर कांग्रेसी मन्त्रिमण्डलों का निर्माण और पतन, त्रिपुरा कांग्रेस और राष्ट्रीय अन्तर्द्वन्द्व, राष्ट्रीय आन्दोलन में शिथिलता तथा नये उभरनेवाले बामपन्थी दलों का बढ़ता असन्तोष''[1] आदि ऐसी घटनाएँ एवं तथ्य हैं।

इसी सन्दर्भ में द्वितीय महायुद्ध के प्रभाव को भी रेखांकित किया जा सकता है। "9 सितम्बर, 1936 को जर्मनी ने पोलैण्ड पर आक्रमण किया। इंग्लैण्ड ने 3 सितम्बर, 1936 को जर्मनी के विरुद्ध युद्ध की घोषणा कर दी। परिणामतः द्वितीय महायुद्ध प्रारम्भ हुआ।[2] ब्रिटिश सरकार ने बिना भारतीय नेताओं के परामर्श के ही युद्ध की घोषणा कर दी थी।'' द्वितीय विश्वयुद्ध से भारत को कोई लगाव नहीं था, फिर भी ब्रिटिश साम्राज्य के अधीन होने के कारण उसे युद्ध में हिस्सा लेना पड़ा, जो महात्मा गाँधी की अहिंसावादी नीतियों के विरुद्ध था। इस युद्ध में अपार धनराशि व्यय हुई, जिसकी भरपाई भारतीय जनता को करनी पड़ी।

कांग्रेस ने सितम्बर, 1940 में व्यक्तिगत सत्याग्रह करने का निश्चय किया। गाँधी जी ने इस संघर्ष का आरम्भ करने के लिए आचार्य विनोबा भावे को चुना। 17 अक्टूबर, 1940 को विनोबा जी के पकड़े जाने के साथ सरकार और कांग्रेस का युद्ध छिड़ गया। विनोबा जी ने घोषणा की थी कि इन ब्रिटिश युद्ध प्रयत्नों में धन या जन से सहायता देना ठीक नहीं है। युद्ध का एकमात्र उपचार यही है कि सभी युद्धों का अहिंसात्मक प्रतिरोध से सामना किया जाय।'' विनोबा जी का यह निर्घोष समस्त भारत का युद्ध घोष बन गया। वर्ष का अन्त होते-होते सब प्रमुख कांग्रेसी नेता जेलों में बन्द कर दिये गये, परन्तु सरकार टस-से-मस न हुई। सरकार की हृदयहीनता देखकर नरम दलीय नेता सर तेजबहादुर सप्रू को कहना पड़ा—"भारत में कभी भी कोई सरकार जनमत और देश की प्रधान विचारधारा से इतनी अलग नहीं रही, जितनी कि यह वर्तमान सरकार।''[3] अंग्रेज सरकार युद्ध में उलझी रही।

सितम्बर, 1940 के बाद युद्ध का प्रभाव स्पष्ट रूप से दिखायी पड़ने लगा। सन् 1942-43 तक आते-आते उसने अपने भीमकाय पंजों में देश को जकड़ लिया। जिन्दगी की जरूरी चीजों की जोरों से कमी होने लगी, अन्न संकट मुँह फैलाकर सामने आया। "कपड़ा, तेल, चीनी, नमक, ईंधन दुर्लभ हो गया। चोर-बाजारी, मुनाफाखोरी आसमान को छूने लगी। भुखमरी फैली। चीजों के दाम इतने बढ़ गये कि सुनकर

---

1. नामवर सिंह : कविता के नये प्रतिमान, पृ. 90-91.
2. आर. सी. मजूमदार : एन एडवांस हिस्ट्री ऑफ इण्डिया, पृ. 968.
3. डॉ. ईश्वरीप्रसाद : अर्वाचीन भारत का इतिहास, पृ. 538.

विश्वास नहीं होता था।"[1] भारत से भी अधिक प्रभाव पश्चिम के देशों पर पड़ा। लगभग समस्त पाश्चात्य साहित्य में महायुद्ध की समाप्ति के बाद जो साहित्य आया, उसमें विषाद, निराशा, दुश्चिन्ता, बेचैनी की प्रतिध्वनि सुनायी पड़ती है। उन दिनों पश्चिम ने यह अनुभव किया कि—"वह एक ऐसे बिन्दु पर पहुँच गया है जिसके आगे अँधेरा है, अनिश्चय है, दिग्भ्रम है।"[2]

इस तरह की तबाही, बर्बादी, विनाशकारी दृश्यों को देखकर मनुष्य कुछ न कर सकने के कारण, उसकी अन्तरात्मा विक्षुब्ध हो उठी। वह अपना विवेक खो बैठा। परिणामतः सत्य-असत्य, अच्छे-बुरे, सत्कर्म-दुष्कर्म आदि के भेद मिट से गये। कहा भी गया है—**बुभुक्षितः किं न करोति पापम्।**

महायुद्ध के इस प्रत्यक्ष प्रभाव के अतिरिक्त पश्चिमी साहित्य ने भी भारतीय कवियों को प्रभावित किया। साहित्य में ये प्रवृत्तियाँ यहाँ भी परिलक्षित हुईं। मानवीय अन्तरात्मा तथा मूल्यों के विघटन ने उस समय भी सम्पूर्ण काव्यधारा के साथ **तारसप्तक** के कवियों को अपने ढंग से प्रभावित किया। विश्वयुद्ध जिस फासिज्म के बढ़ते हुए चरण का परिणाम था, उसके विरोध में अज्ञेय सहित 'तारसप्तक' के अनेक कवियों ने प्रगतिशील लेखक संघ के दिल्ली अधिवेशन 1942 में हिस्सा लिया।

भारतीय स्वतन्त्रता की राजनीति में सन् 1942 की महान् क्रान्ति का विशिष्ट स्थान है। वह हमारे स्वातन्त्र्य संग्राम का एक हिस्सा है। बम्बई में कांग्रेस कमेटी की बैठक हुई, जिसमें महात्मा गाँधी ने अपने ऐतिहासिक भाषण में **भारत छोड़ो आन्दोलन** चलाने की आवश्यकता प्रतिपादित की। उनका वह भाषण अद्वितीय था—"वास्तव में गाँधी जी उस दिन एक अवतार और पैगम्बर की प्रेरक शक्ति से प्रेरित होकर भाषण दे रहे थे, उनके अन्दर आग धधक रही थी।"[3]

महात्मा गाँधी ने जनता से अनुरोध किया कि वह पूरी तरह से अहिंसात्मक रहे और आन्दोलन में जी-जान से कूद पड़े। गाँधी जी ने नारा दिया, **करो या मरो।** अचानक 9 अगस्त की रात में गाँधी जी को गिरफ्तार कर लिया। कांग्रेस कार्य समिति के सभी प्रमुख सदस्य भी बन्दी बना लिये गये। कांग्रेस कार्यालयों पर पुलिस के ताले पड़ गये। इस तरह की धर-पकड़ एवं समाचार से करोड़ों भारतीय उत्तेजित हो गये। उन्होंने 'भारत छोड़ो' का उद्घोष करते हुए विप्लव कर दिया।

"गाँधी जी के पकड़े जाने के बाद हुए जन आन्दोलन के कुचलने के लिए सरकारी सेना और पुलिस, बन्दूकें और बारूद अपना काम करने लगे। जगह-जगह रेलवे

---

1. गिरिजाकुमार माथुर : नयी कविता सीमाएँ और सम्भावनाएँ, पृ. 74-75.
2. धर्मवीर भारती : मानव मूल्य और साहित्य, पृ. 19.
3. डॉ. पट्टाभि सीतारमैया : कांग्रेस का इतिहास, भाग-1.

स्टेशनों तथा डाकघरों पर हमले हुए और तार काटे गये, जिनका बदला सरकार ने अविवेकपूर्ण गोली काण्डों, धर-पकड़ और सामूहिक जुर्माना के रूप में लिया।" गृहमन्त्री सर रेजिनाल्ड मेक्स वेल ने बताया कि सन् 1942 के अन्त तक पुलिस ने 538 बार गोली चलायी थी, 940 व्यक्ति मारे गये, 1930 व्यक्ति घायल हुए और 60,229 व्यक्ति जेलों में भेजे गये थे। कुल 28,32,000 रुपये सामूहिक जुर्माना के रूप में वसूल किये गये। सारे देश में ही इस प्रकार के वीभत्स कृत्य चल रहे थे। कुछ स्थानों पर तो सरकार के अत्याचार सन् 1857 के तथाकथित गदर के समय के नील और हैवलाक की नृशंस सीमाओं को भी मात कर गये।"[1] इस असंगठित, अनियोजित और आर्थिक सहायता विहीन जनक्रान्ति को सरकार की संघटित हिंसा ने कुचल दिया, किन्तु जनता का मनोबल नहीं टूटा। लोगों के मनों में क्षोभ और असन्तोष की आग धधकती रही।

इसी समय सन् 1942 में बंगाल का भीषण अकाल पड़ा, जिसमें लाखों लोगों ने भूख से तड़प-तड़प कर दम तोड़ा। "इस अकाल ने बंगाल के अतिरिक्त 'ट्रावनकोर' और 'मालाबार' के गाँवों को भी अपनी चपेट में ले लिया। ऐसी विशेष विषम विपत्ति भारतीय जनता ने पहले कभी नहीं देखी। गाँव-के-गाँव नर-कंकालों से पट गये। घर में कोई दीपक जलानेवाला न बचा। इस अकाल ने खासतौर से उन साहित्यकारों को भी कल्पना लोक से निकलने पर मजबूर कर दिया, जो साहित्य को अशाश्वत सामाजिक समस्याओं से दूर रखने के पक्ष में थे।"[2] महायुद्ध, 'भारत छोड़ो' आन्दोलन की निराशाजनक परिणति तथा भीषण अकाल की विभीषिका के चलते तत्कालीन कवियों के समक्ष युग यथार्थ प्रकट हो गया, जो तत्कालीन साहित्य में स्पष्ट रूप से परिलक्षित है।

"साहित्य में उसके परिणामस्वरूप घोर मुर्दनीपरस्ती, पराजय, भ्रम, मृत्यु, उपासना, रुग्ण-रोमन, क्षयग्रस्त कुण्ठा और अहंवाद की कालिमा छा गयी।"[3] छायावादोत्तर काल में बच्चन, नरेन्द्र, अंचल, सुमन, केदारनाथ अग्रवाल आदि कवियों में ये प्रवृत्तियाँ दिखलायी पड़ती हैं। राष्ट्रीय स्तर पर अन्न और वस्त्र का संकट इन्हें स्पष्ट रूप से प्रभावित कर रहा था, परिणामस्वरूप उनकी चेतना पर समकालीन संकट का प्रभाव पड़ा, जिसके कारण उनकी कविता में दमित इच्छा, कुण्ठा, हताशा, संघर्ष, क्षोभ आदि को स्वर मिलने लगा। विश्व-व्यापी, महँगाई और छपाई के कागज के अभाव में प्रकाशन कार्य भी अत्यन्त कठिन हो गया।" राजनीतिक चेतना की दृष्टि से

1. डॉ. ईश्वरीप्रसाद : अर्वाचीन भारत का इतिहास, पृ. 543, 544.
2. रामविलास शर्मा : भाषा साहित्य और संस्कृति, पृ. 138.
3. गिरिजाकुमार माथुर : नयी कविता सीमा और सम्भावनाएँ, पृ. 73-74.

ये कवि अपने को साम्यवाद के निकट पाते थे। सन् 1940-1941 के आस-पास रामविलास शर्मा, नेमिचन्द्र जैन, मुक्तिबोध और भारतभूषण अग्रवाल न सिर्फ वामपक्ष की ओर झुकाव रखने लगे, बल्कि गाँधीवाद के विरोधी भी हो गये। उन दिनों डॉ. रामविलास शर्मा गाँधीवादी राजनीति की आलोचना करते थे और नेमिचन्द्र जैन अपने मित्रों में गाँधीवाद विरोधी प्रचार करते थे।

कुल मिलाकर यह युग घोर संशय, संघर्ष, मानसिक अशान्ति, उथल-पुथल, भय, नाना प्रकार के सन्त्रासों का युग था, जिसका तत्कालीन साहित्यकारों पर स्पष्ट प्रभाव पड़ा।

(ख) स्वातन्त्र्योत्तर भारत की राजनीतिक परिस्थितियाँ

3 जून, सन् 1947 को लार्ड माउण्टबेटन ने समझौते की एक नयी योजना प्रस्तुत की, जिसमें भारत का विभाजन तथा भारत और पाकिस्तान को औपनिवेशिक स्वराज्य देने की बात थी। स्वतन्त्रता प्राप्ति के साथ ही संशय, संघर्ष, उथल-पुथल का एक युग समाप्त हुआ, किन्तु जो दूसरा युग आरम्भ हुआ, वह नवीन आशाओं के साथ संकटों को लेकर आया। भारतवर्ष को विभाजन की शर्त पर आजादी मिली थी। विभाजित भू-भाग का नाम हिन्दुस्तान और पाकिस्तान हो गया। भारत विभाजन के साथ खून की नदियाँ बह उठीं। "स्वतन्त्रता के जन्म 15 अगस्त से पहले ही पंजाब में दंगे होने लगे थे। इन दंगों के समाचारों से हिन्दू बहुसंख्यक क्षेत्रों का वातावरण भी क्षुब्ध हो उठा और वहाँ के मुसलमान पंजाब के कई सजातियों के कुटुम्बों के लिए दण्ड पाने लगे। हिन्दू-मुसलमानों में आतंक फैल गया और वे अपने जन्म स्थान को छोड़कर शरण स्थल की ओर दौड़ने लगे। पंजाब में हिन्दू स्त्री, पुरुषों और बच्चों के संहार से उत्साहित होकर सिन्ध और सीमा प्रान्त के मुसलमानों ने भी संहार लीलाएँ आरम्भ कर दीं। धार्मिक और राजनीतिक जोश से अन्धे लोगों की यह विनाश लीला तब तक चलती रही, जब तक कि पश्चिमी पाकिस्तान हिन्दुओं से बिल्कुल खाली न हो गया। सहस्त्रों स्त्री-पुरुष अपना घर-बार छोड़कर हिन्दुस्तान की ओर चले। शरणार्थियों के इन निहत्थे दलों को कभी-कभी तो गोलियों की बौछारों में से होकर गुजरना पड़ता था। पूर्वी पंजाब के हिन्दुओं ने भी प्रतिशोध लेने में ऐसा ही उत्साह प्रकट किया।[1] "प्रतिशोध की आग को कोई बुझानेवाला नहीं था। शिवमंगल सिंह 'सुमन' ने इस दृश्य का यथार्थ वर्णन किया है—

भाई की गर्दन पर, भाई का तन गया दुधारा,
सब झगड़े की जड़ है, पुरखों के घर का बँटवारा।

---

1. डॉ. ईश्वरीप्रसाद : अर्वाचीन भारत का इतिहास, पृ. 558.

पंच बना बैठा है, घर में फूट डालनेवाला,
मेरा देश जल रहा है, कोई नहीं बुझानेवाला।[1]

हिन्दू-मुस्लिम दंगों में जो खून-खराबा हुआ, उसके मूल में विदेशियों द्वारा बोये गये घृणा और फूट के बीज थे। विदेशियों के प्रभाव से भारतवासियों ने घृणा और बैर को प्रश्रय दिया, उसके कारण जो खून की नदियाँ बही थीं, उसका प्रभाव उस समय की कविताओं में व्यक्त है। बच्चन, अज्ञेय, प्रभाकर माचवे, गिरिजाकुमार माथुर, शिवमंगल सिंह 'सुमन' आदि की कृतियाँ इसकी साक्षी हैं। अज्ञेय ने 'घृणा की पकती खेती'[2] तथा बच्चन ने विदेश नीति रूपी 'गरल'[3] जैसी रचनाएँ लिखीं। गिरिजाकुमार माथुर ने 'सत्ता के स्थानान्तरण' को 'जीत की रात' की संज्ञा देते हुए भी यह अनुभव किया कि, "शत्रु हट गया, लेकिन इसकी छाया का डर है।"[4]

देश के बँटवारे के साथ अभिन्न रूप से जुड़ी शरणार्थियों की समस्या उठ खड़ी हुई। लाखों, करोड़ों की संख्या में शरणार्थी अपनी पुश्त-दर-पुश्त की धरती को अन्तिम नमस्कार कर काफिलों का रूप लेकर भारत से पाकिस्तान और पाकिस्तान से भारत की ओर चल पड़े। सरकार की ओर से आने-जाने का प्रबन्ध किया गया था, परन्तु भयंकर रक्तपात हुआ। महिलाएँ दरिन्दगी की शिकार हुईं।" कन्याओं और युवतियों ने क्या नहीं भोगा? मार्ग में शरणार्थियों को भीषण भुखमरी का सामना करना पड़ा। यहाँ तक कि अपनी दुग्धपायी सन्तानों को रास्ते में ही छोड़कर माताओं को अपनी रक्षा के लिए विवश होना पड़ा। इतनी यातना के बावजूद स्थानान्तरण करनेवाले शरणार्थियों का कारवाँ रुका नहीं। आजादी की खुशियों की जगह भारत को रुण्ड-मुण्डों के भयानक चित्र देखने तथा बेघर अनाथ लोगों की चीख पुकार सुनने को मिली। "सड़क पर गमनागमन के लिए हजारों मोटर गाड़ियों का कारवाँ बना। यह कारवाँ पश्चिम पंजाब के विभिन्न केन्द्रों में जमा शरणार्थियों को लाने में तथा पूर्वी पंजाब एवं सीमा प्रान्त से आनेवाले शरणार्थियों को विभिन्न स्थानों पर पहुँचाने में लगा था।[5]

तत्कालीन गवर्नर जनरल लार्ड माउण्टबेटन के अनुसार भारत के उत्तर पश्चिम में सेना की 50 कम्पनियाँ जो काम नहीं कर सकीं, वह पूरब में अकेले महात्मा गाँधी ने किया। बिहार और नोआखाली की आग बुझाते-बुझाते गाँधी जी दिल्ली लौटे। उनकी प्रार्थना सभा में सैकड़ों शरणार्थी अपनी दास्तान सुनाते थे। उनके मुँह से नृशंस

---

1. शिवमंगल सिंह 'सुमन' : विश्वास बढ़ता ही गया, पृ. 49.
2. हंस, दिसम्बर, 1947 : पक गयी खेती, कविता
3. धार के इधर-उधर, पृ. 74.
4. गिरिजाकुमार माथुर : आज के लोकप्रिय हिन्दी कवि, पृ. 87-88.
5. राजकुमार : मिलियंस आफ लिव अगेन, पूर्वी पंजाब से सहायता और पुनर्वास विभाग द्वारा प्रकाशित, पृ. 5 से राजनीतिक भारत, पृ. 388 पर उद्धृत।

अत्याचारों का वर्णन सुनने से दिल्ली की जनता में प्रतिशोध की भावना पैदा हो गयी। महात्मा गाँधी को मुस्लिम परस्त मानकर लोगों ने उनकी प्रार्थना सभा में बम फेंके। तथाकथित हिन्दू राष्ट्रवादी नाथूराम गोडसे ने 30 जनवरी, 1948 को उन पर गोलियाँ दाग दीं। गाँधी जी शहीद हो गये। उनकी शहादत के समाचार सुनते ही सारा देश चीत्कार कर उठा। अन्तरराष्ट्रीय जगत् में पहली बार किसी के लिए इतना शोक मनाया गया। जनता के आँसुओं की स्याही से कविताएँ लिखी गयीं। तत्कालीन रचनाओं में महात्मा गाँधी की शहादत से उत्पन्न क्षोभ, ग्लानि, शोक, निराशा आदि के स्वर स्पष्ट सुने जा सकते हैं।

सन् 1947 से पूर्व भारत में 700 से अधिक देशी राज्य थे। भारत के उप-प्रधानमन्त्री सरदार पटेल ने बुद्धिमानी के साथ उन सबको भारतीय गणराज्य में मिला लिया। केवल जूनागढ़, हैदराबाद और कश्मीर को लेकर कुछ परेशानी हुई। जूनागढ़ की जनता भारत में रहना चाहती थी, लेकिन नवाब के मन में कुछ और ही था। वह जनता के सत्याग्रह का सामना नहीं कर सका तो पाकिस्तान भाग गया। अक्टूबर, 1947 में जनता के आग्रह पर जूनागढ़ का प्रशासन भारत सरकार ने सँभाल लिया। हैदराबाद के निजाम ने रजाकारों के बल पर भारत सरकार को आँखें दिखायीं तो 13 सितम्बर को सेना भेज दी गयी। 19 सितम्बर को नवाब ने समर्पण किया और हैदराबाद भारत में मिल गया। कश्मीर में पाकिस्तान ने आक्रमणकारी भेजे। उनका सामना करने का सामर्थ्य वहाँ के राजा के पास नहीं था। उसने कश्मीर राज्य भारत में मिलाने की घोषणा की और भारत सरकार से सहायता की गुहार की। तब भारतीय सेना कश्मीर पहुँची और पाकिस्तान परस्त आक्रमणकारियों को खदेड़ा। वहाँ सेना को आमने-सामने लड़ना पड़ा। जनवरी '49 में युद्ध विराम हुआ। कश्मीर भारत का अभिन्न अंग होते हुए भी वह आज तक सिर-दर्द बना हुआ है। कश्मीर आन्दोलन से प्रेरित हो प्रभाकर माचवे ने 'कश्मीर' तथा गिरिजाकुमार माथुर ने 'बरफ का चिराग' शीर्षक से हृदयस्पर्शी कविताएँ लिखी हैं।

स्वतन्त्रता प्राप्ति के समय की उपर्युक्त सभी घटनाओं का सम्बन्ध किसी-न-किसी रूप में साम्प्रदायिक भावना से ही जुड़ा है। इस सन्दर्भ में रामस्वरूप चतुर्वेदी के इस कथन में अत्युक्ति नहीं है—"स्वाधीनता के बाद के वर्षों की राजनीति मुख्यतः साम्प्रदायिक संघर्षों पर आधारित थी। यह भी एक तथ्य है कि इन साम्प्रदायिक संघर्षों तथा विषम परिस्थितियों ने कुछ साहित्यकारों को ईमानदारी के साथ लिखने के लिए प्रेरित किया और इन साहित्यकारों ने अपने इस दायित्व का निर्वाह भी पूरी ईमानदारी से किया।"[1]

---

1. हंस, 1947 अंक-2.

स्वतन्त्रता प्राप्ति के बाद हर्ष और उल्लास का बनावटी धूम-धड़ाका भी हिन्दी कविता में मिलता है। उसमें वास्तविकता नहीं है। लगभग एक दशक तक जनता के मन में आजादी से बड़ी-बड़ी उम्मीदों का भ्रम पलता रहा। समकालीन कवियों ने अपनी रचनाओं, गानों द्वारा जिस आत्मछल को अभिव्यक्ति दी, उसने धीरे-धीरे उन्हें जनता की वास्तविक स्थिति से दूर कर दिया। यह आत्मछल राजनीतिक सत्ताधारी दल की विकास योजनाओं द्वारा पोषित होकर तत्कालीन पीड़ा और कुण्ठा के बीच सुख-समृद्धि की कृत्रिम दुनिया का निर्माण करने लगा। इस दशक को साहित्य में आगे चलकर 'छलना का दशक' कहा गया। सन् '60 के दशक में चीनी आक्रमण के बाद **मोहभंग** की स्थिति उत्पन्न हो गयी। इस 'मोहभंग' में आजादी का 'मोहभंग' भी शामिल था। तभी नयी पीढ़ी ने यह अनुभव किया कि—"आजादी हम पर सिल की तरह रख दी गयी है।"[1] इस प्रकार स्वतन्त्रता प्राप्ति से 'मोहभंग' तक की स्थिति ने नये कवियों को अपने ढंग से प्रभावित किया।

2. आर्थिक पृष्ठभूमि

किसी भी देश का मूलाधार आर्थिक स्थिति होती है। सामाजिक एवं राजनीतिक व्यवस्था भी अर्थ पर ही निर्भर करती है। अतः आर्थिक विकास के आधार पर हर देश के नागरिक एवं सामाजिक जीवन स्तर का मूल्यांकन किया जा सकता है। जिस प्रकार किसी समाज या व्यक्ति का निर्धारण आर्थिक आधार पर होता है, उसी प्रकार अन्तरराष्ट्रीय क्षेत्र का मूल्यांकन भी उसके आर्थिक धरातल पर ही किया जाता है।

भारत में अंग्रेजी राज्य का अस्तित्व आर्थिक शोषण और लूटपाट पर आधारित था। ईस्ट इण्डिया कम्पनी से लेकर अंग्रेजी सरकार तक की नीति मात्र भारतवर्ष का शोषण करने और भारतीय सभ्यता का उपयोग अपने हित में करने की रही। अंग्रेज सरकार हमेशा दुरंगी चाल चलती थी। अंग्रेजों ने एक ओर भारत के औद्योगिक विकास की ओर ध्यान दिया तो दूसरी ओर भारत के प्राचीन कृषि पर आधारित उद्योग धन्धों को नष्ट कर दिया। भारत में कृषकों की स्थिति भी दिन-पर-दिन गिरती जा रही थी।

भारत के आर्थिक दृष्टि से कमजोर होने का एक कारण यह भी था कि भारतीयों को स्वतन्त्रता अकस्मात् मिली, इसलिए सत्ताधारी अपनी जमीन व अपने वातावरण का सूक्ष्मता से अध्ययन कर सुव्यवस्थित ढंग से योजना नहीं बना पाये। जरूरत थी स्वातन्त्र्योत्तर नयी योजनाओं के निर्माण से पूर्व भारतीय जन-जीवन की परिस्थितियों पर सोचने की, परन्तु ऐसा नहीं हो सका। जो भी योजनाएँ बनीं, सभ्य देशों के रहन-सहन, जीवन स्तर पर आधारित हो गयी। इसमें एक ओर तो लम्बी रकम व्यय हुई और दूसरी ओर कुछ विशेष लोगों को बहुत फायदा हुआ, जिससे दिन-प्रतिदिन देश की आर्थिक

1. रामस्वरूप चतुर्वेदी : हिन्दी नवलेखन, पृ. 38.

स्थिति गिरती चली गयी। इसके अतिरिक्त अनेक अन्य कारण थे, जिनमें भारत की रूढ़िवादिता प्रमुख थी।

अंग्रेजों ने भारतीय साधनों का उपयोग विकास की आड़ में अपने स्वार्थों एवं युद्धों के लिए किया, जिसके फलस्वरूप देश की आर्थिक स्थिति बिगड़ती गयी। केन्द्रीय असेम्बली का बजट अधिवेशन में दिया गया वक्तव्य ब्रिटिश रेजिमेण्ट का 2,15,00,000 रुपये की लागत से यन्त्रीकरण होना था और इस रकम में से ब्रिटिश सरकार सिर्फ 80,00,000 रुपये दे रही थी और शेष रकम यानी 1,35,00,000 रुपये भारत के माथे मढ़ी जा रही थी।[1]

इसके अतिरिक्त युद्ध के लिए धन संग्रह करने के उद्देश्य से देश के विभिन्न भागों में जमींदारों की नियुक्ति की गयी, जिसका एकमात्र उद्देश्य ब्रिटिश सत्ता को सुदृढ़ रखना था। भारत का पूँजीवादी वर्ग भी ब्रिटिश सरकार से मिलकर काफी मुनाफा कमाने लगा। दूसरी ओर कृषि वस्तुओं का मूल्य कम कर दिया गया, जिससे किसानों की स्थिति और भी बुरी हो गयी। ग्रामीण किसान अपने खेत और उद्योग धन्धों को छोड़कर शहर में मजदूरी करने के उद्देश्य से आने लगे। गाँव टूटने लगा। ग्रामीणों में कर्ज और बेरोजगारी बढ़ने लगी। किसान अपने जीवन-यापन के लिए जमींदार, साहूकार से सूद पर कर्ज लेता और फिर यह कर्ज किसानों के गले का फन्दा बन जाता। ये इस कर्ज को जीवन भर पुश्त-दर-पुश्त भरते रहते। जमींदार, साहूकार इनके घर, खेत, मवेशी इत्यादि को कभी-कभी हड़प लेता था। किसान जब गाँव से शहर की ओर आने लगे तो शहरों में कल-कारखानों में काम करनेवाले मजदूर मिलने लगे। किसान की स्वतन्त्रता मजदूरी ने छीन ली।

(क) मध्यवर्ग का अभ्युदय

ग्रामीण समाज में जमींदारों एवं साहूकारों के शोषण एवं कृषि की बिगड़ती हुई दशा से परेशान होकर ग्रामीण जनता ने अपने जीवन-यापन के उद्देश्य से शहरों में आना शुरू कर दिया। भारतीय समाज में वैज्ञानिक तथा औद्योगिक विकास के फलस्वरूप मजदूरों की संख्या बढ़ती गयी। शहर में काफी लोगों के आ जाने के कारण शहरी जीवन में कष्ट उत्पन्न होने लगा। ग्रामीण क्षेत्रों की तरह शहरों में भी शोषण की प्रवृत्ति थी। समाज का निम्नवर्ग एवं मध्यवर्ग इससे बहुत प्रभावित हुआ।

समाज की बिगड़ती हुई अर्थ व्यवस्था ने मध्यवर्ग में भ्रष्टाचार को जन्म दिया। इस युग में पूँजीपतियों एवं भारतीय उद्योगपतियों ने काफी मुनाफा कमाने के उद्देश्य से कृत्रिम अभाव की स्थिति उत्पन्न की। मध्यवर्गीय जनता, जो पूँजीवादी व्यवस्था से प्रभावित थी, नैतिकता, धर्म और आदर्श के स्थान पर धन को अधिक महत्त्व देने लगी।

---

1. डॉ. वी. पट्टाभि सीतारमैया : कांग्रेस का इतिहास, भाग-2, पृ. 69.

मध्यवर्गीय जनता की आर्थिक, सामाजिक स्थिति अच्छी नहीं थी, लेकिन उच्च वर्ग की नकल करने के कारण उसकी स्थिति त्रिशंकु के समान हो गयी। आधुनिक समाज पर मध्य वर्ग का अधिक प्रभाव होने के कारण व्यक्ति अधिक अशान्त, आलोचक, निराशा एवं कुण्ठा से ग्रस्त व्यक्तिवादी हो गया।

(ख) औद्योगीकरण

भारत में ब्रिटिश पूँजीवाद का निरन्तर विस्तार तेजी से हो रहा था। भारत में विदेशी पूँजी काफी मात्रा में लगायी जा चुकी थी। ब्याज और जहाजी खर्च के रूप में प्रतिवर्ष ब्रिटेन को 13 करोड़ 50 लाख पौण्ड के लगभग प्राप्त होता था। सन् 1934 में भारत में लोहा, भारत की आवश्यकता का केवल तीन चौथाई था। दूसरी ओर यूरोपियन देश में बहुत बड़ी मात्रा में कच्चा माल भारत से जाता था। इस प्रकार ब्रिटिश सरकार दोनों ही रूप से भारतीय जनता का शोषण कर रही थी।

द्वितीय विश्वयुद्ध के समय भारतीय उद्योग में उत्पादन बढ़ा, लेकिन उसका उपयोग भारतीय जनता के लिए न करके युद्ध के लिए किया गया। अन्न, वस्त्र जैसी प्राथमिक जरूरतों की सामग्री भी जनता को उपलब्ध नहीं थी। इसके फलस्वरूप देश के विभिन्न भागों में अकाल की स्थिति उत्पन्न हो गयी। देश के व्यापारी और विदेशी पूँजीपतियों ने मिलकर जनता का व्यापक शोषण किया।

(ग) बंगाल का अकाल

युद्ध के समय खाद्यान्न एवं जीवनोपयोगी वस्तु भारतीय जनता को नहीं मिली। समाज में अकाल एवं अभाव की स्थिति में भूख से तड़पते लाखों व्यक्तियों की मृत्यु हो गयी। दूसरी ओर समाज में अनैतिकता का व्यापार शुरू हो गया। इसी समय देश के कुछ पूँजीपतियों ने जनता की कमजोरियों का लाभ उठाकर नारियों के जिस्मों का व्यापार किया तथा नवजात बच्चों की खरीद फरोख्त हुई।[1] इस अमानवीय और अभावग्रस्त जीवन ने मनुष्य को नैतिक और अनैतिक प्रश्नों पर सोचने को मजबूर किया। लोगों का सतीत्व और मर्यादा पर से जैसे विश्वास उठ गया। यह परिवर्तन आधुनिक समाज की बहुत बड़ी त्रासदी थी। श्री नरेन्द्रशर्मा ने इसे यों अभिव्यक्ति दी है—

भूख-भूख सब ओर भूख की लपटें ईंधन तक दुर्लभ,
किसे आज कहने की क्षमता और किसे सुनने का बल।

---

1. हाँ जान पड़ता है, इज्जत भी आदमी तभी रखता है, जब पेट में दो दाना पड़ता है। जवान लड़कियाँ और अधेड़ औरतें एक वक्त भोजन के लिए अपनी इज्जत बेच रही थीं। कलकत्ता की सड़कों पर इज्जत बेची जा रही थी, वह गाँव, नोआखली, वरीसाल की गलियों में इज्जत बिक रही थी, बाजारों में नहीं, हर जगह इज्जत बिक रही थी। राहुल सांकृत्यायन : भागो मत, दुनिया को बदलो, पृ. 2.

हाथ बँधे मुँह बन्द और सिर पर विनाश बादल छाया,
क्षुब्ध तरंगों पर उतराता कंकालों का दल आया।[1]

भारत में शोषण, अभाव और मुनाफाखोरी का यह सिलसिला सन् 1947 तक चलता रहा, जिससे शहरी और ग्रामीण क्षेत्र विशेष रूप से प्रभावित हुए। प्रगतिवादी कवियों एवं लेखकों ने इस शोषण, अभाव एवं मुनाफाखोरी के विरुद्ध संघर्ष खड़ा करने का सम्बल दिया। उनकी कृतियाँ पढ़नेवाले सारी व्यवस्था को बदलने की आवाज उठाने लगे।

(घ) पंचवर्षीय योजनाएँ

देश के विकास के लिए मार्च 1950 में प्रधानमन्त्री पं. जवाहरलाल नेहरू की अध्यक्षता में आयोग का गठन हुआ। सन् 1951 में आयोग ने पहली पंचवर्षीय योजना प्रस्तुत की। कृषि और अन्न की कमी को पूरा करने पर योजना में बल दिया गया। इसका परिणाम उत्साहवर्द्धक रहा। अन्न उत्पादन में वृद्धि हुई। सन् 1956 से 1961 के बीच द्वितीय योजना लागू कर उद्योगों की स्थिति सुधारने पर ध्यान दिया गया। इस योजना में इस्पात और लोहे के उत्पादन में विशेष वृद्धि हुई, लेकिन बेरोजगारी की समस्या बराबर बनी रही। सन् 1962 में तृतीय पंचवर्षीय योजना लागू हुई, जो आपातकालीन स्थिति की घोषणा के कारण बीच में रुक गयी। इस समय देश में लगातार दो वर्षों तक वर्षा के अभाव में सूखा और अकाल रहा। स्वतन्त्रता के पश्चात् भारत ने विदेशी सहायता लेकर विकास करने का प्रयास किया। किन्तु सन् 1965 में पाकिस्तान युद्ध के दौरान उक्त सहायता बन्द हो गयी। इस प्रकार योजनाओं के बनने और लागू होने के बावजूद भारत की आर्थिक स्थिति दिन-पर-दिन बिगड़ती जा रही थी।

भारत में ब्रिटिश साम्राज्यवाद स्थापित होने के बाद ग्रामीण क्षेत्र में जमींदारों, भूमिहीनों किसानों और भूस्वामियों का निर्माण हुआ तो दूसरी ओर कृषक, मजदूर और छोटे व्यापारियों के साथ महाजनों की संख्या बढ़ी। मध्य वर्ग के लोग वकील, डॉक्टर आदि बनने लगे। स्वतन्त्रता के बाद भूस्वामी भारतीय संविधान और शासन तन्त्र से जुड़ गये। शहरी क्षेत्र में पूँजीपति, छोटे एवं बड़े उद्योगपति व्यापारी वर्ग ने नयी शासन पद्धति की सरकार से जुड़कर भारतीय समाज के निम्न एवं मध्य वर्ग का शोषण करना शुरू कर दिया। यद्यपि, भारतीय स्वतन्त्रता के साथ ही जमींदारी प्रथा तोड़ दी गयी, लेकिन भू-स्वामी, ग्रामीण क्षेत्र के नेताओं एवं महाजनों ने गरीबों, किसानों का खूब शोषण किया। सहकारी संस्थाओं एवं सरकारी वस्तुओं का उपयोग अपने हित में करना शुरू कर दिया। भारत में मध्य वर्ग की स्थिति बिगड़ने लगी और नया पूँजीपति वर्ग उभरने लगा। भारत में औद्योगिक विकास भी जनता की आवश्यकताओं के अनुरूप न होकर

---

1. नरेन्द्रशर्मा : क्षुधा सिन्धु, पृ. 149 हंस नवम्बर, 1947.

इन उद्योगपतियों के लाभ-हानि के आधार पर हुआ, जिससे इनका ही लाभ अधिक रहा। गरीब, किसान, मजदूर पदाक्रान्त हो गये। उनकी आर्थिक सामाजिक स्थिति बिगड़ती गयी। तत्कालीन कहानियों में उनकी मनोदशा चित्रित हुई है और कवियों ने विपन्नों की वेदना को मुखरित किया है। इसलिए **वियोगी होगा पहला कवि आह से निकला होगा गान** की जगह आदमी की **आह** ही कविता बन गयी और अज्ञेय का आहत स्वर निकला—

मैं ही हूँ वह पदाक्रान्त रिरियाता कुत्ता

3. सामाजिक पृष्ठभूमि

आर्थिक और राजनीतिक क्षेत्र में होनेवाले परिवर्तनों और उतार-चढ़ाव में सामाजिक स्थिति की महत्त्वपूर्ण भूमिका रहती है। सामाजिक दृष्टि से यह युग औद्योगीकरण, शहरीकरण, कृषि संस्कृति के विघटन, मजदूरों-कृषकों के शोषण का युग था। औद्योगिक सभ्यता के परिणामस्वरूप "विश्व इतिहास में पहली बार मनुष्य मशीनों का दास हुआ। पहली बार रेनेसा का आरम्भिक कृषक वर्ग व्यापारी वर्ग में रूपान्तरित हो गया। पहली बार उच्च मानवतावाद की परिणति 'व्यक्तिवाद' में हुई। फलस्वरूप पहली बार अकेले मनुष्य और अव्यवस्थित समाज के बीच 'परायापन' की भीषण समस्या आ खड़ी हुई। पुराने आदर्श और प्रारूप अनुपयोगी तथा अप्रामाणिक हो गये।"[1] औद्योगीकरण ने पूँजीवाद, शहरीकरण, बेरोजगारी, विघटन आदि को जन्म दिया। इसका सामाजिक व्यवस्था पर व्यापक प्रभाव पड़ा। उद्योगों के विकास के साथ ही लोग हरे-भरे खुशहाल गाँव को छोड़कर आर्थिक पूर्ति हेतु शहर की ओर आये। सुख-सुविधा के सामानों के उत्पादन की वृद्धि के साथ आवश्यक-अनावश्यक आवश्यकताओं की भी वृद्धि हुई। नयी औद्योगिक व्यवस्था के कारण यौन-सम्बन्धी पुरानी मान्यताओं में परिवर्तन होने लगा। औद्योगीकरण ने जिस शहरीकरण की प्रवृत्ति को बढ़ावा दिया, उससे अनेकानेक सामाजिक समस्याओं में और वृद्धि हुई। नौकरी के लिए शहर की ओर भागने, आवास की समस्या तथा अन्य आर्थिक समस्याओं के कारण 'संयुक्त-परिवार' टूटने लगा। 'एकल-परिवार' भी चरमारने लगा। उसके परिणामस्वरूप तरह-तरह की समस्याएँ आयीं। प्रकृति से अलगाव, शहरी जीवन की कृत्रिमता, कार्यालयी जिन्दगी की यान्त्रिकता, मध्यवर्गीय जीवन की अनेक आर्थिक कठिनाइयाँ, बेरोजगारी, उपयुक्त समय पर विवाह न होने की मजबूरी, परस्पर प्रतिस्पर्द्धा, भ्रष्टाचार, हीन-भावना के साथ-साथ वैयक्तिकता ने शहरी व्यक्ति को आक्रान्त कर दिया।

शहरीकरण की इस प्रवृत्ति ने सामाजिक व्यवस्था को बहुत ही ज्यादा प्रभावित किया गाँव उजड़ते गये, जिससे कृषि संस्कृति का विघटन हुआ। प्राकृतिक जीवन,

---

1. डॉ. रमेशकुन्तल मेघ : आधुनिकता बोध और आधुनिकीकरण, पृ. 60.

संयुक्त परिवार प्रथा, गहरे रिश्ते, परम्परा के प्रति लगाव, अपनापन, पड़ोसीपन की भावना आदि कृषि संस्कृति की अनमोल विशेषताएँ थीं। शहरीकरण की बढ़ती हुई वृत्ति ने उसे काफी हद तक विघटित कर दिया।

तत्कालीन सामाजिक व्यवस्था ने किसान, श्रमिक, मजदूर जो गरीबी की रेखा के नीचे पिस रहे थे, उनकी स्थिति दयनीय बना दी। पूँजीपति वर्ग, महाजन वर्ग का उदय होने से किसानों के ऊपर दोहरी चोट पहुँची। यह दोनों ही वर्ग किसानों का शोषण करते थे। साहूकारों एवं पूँजीपतियों ने मिलकर किसानों की स्थिति को पूरी तरह तबाह कर डाला। किसानों की जमीन पर जमींदार, महाजन तथा पूँजीपति वर्ग हावी था। एक प्रकार से किसानों का उस पर कोई स्वामित्व नहीं था। कृषक अपने जीवन-यापन एवं कृषि कार्य हेतु ऋण लेने के लिए बाध्य हुए, लेकिन ऋण चुकाने का उनके पास कोई जरिया न था। "ऋण चुकाने की असमर्थता के परिणामस्वरूप खेतिहर मजदूर बना और शहर की ओर चला। अन्ततः मशीनी दुनिया की विभीषिका में ग्रसित होकर घुल गया।"[1]

ऋण भुगतान करने के लिए अपनी समूची उपज देकर भूखों मरने के लिए विवश कृषक, साहित्यकारों की दृष्टि से बहुत दिन दूर नहीं रह पाया। किसानों की इस दुर्गति का प्रभाव एवं चित्रण तत्कालीन साहित्य-विशेषकर **प्रगतिवादी-काव्य** में देखा जा सकता है। प्रगतिवादी कवियों ने इनकी समस्याओं को काव्य के माध्यम से वाणी प्रदान की तथा काव्य के महत्त्वपूर्ण विषय के रूप में अपनाया।

यह युग विज्ञान के बढ़ते हुए प्रभाव और यान्त्रिकता की वृद्धि का भी है। "विज्ञान के हाथों व्यक्ति के क्रमश : यूथों में परिणत हो जाने की नियति, अन्तरिक्ष विजय, अणुशक्ति के उपद्रव, सन्ततियों के जीवकोषों में आमूल परिवर्तन हो जाने की आशंका, प्रकृति के क्षुब्ध होकर पलटने तथा विपर्यस्त हो जाने का यथार्थ संकट तथा इन सबके ऊपर अनहोने मारक अस्त्रों से मिनटों में संसार की सामूहिक आत्महत्या का भय"[2] आदि अकल्पनीय स्थितियाँ उत्पन्न हुईं। विज्ञान के प्रभाव से बढ़ती हुई यन्त्रसत्ता ने मनुष्य की भूमिका को सीमित कर दिया है। उसे एकांगी बना दिया है। इस परिस्थिति ने मनुष्य में हताशा की प्रतीति पैदा कर दी। मनुष्य की जगह उद्योगों में मशीनें काम करने लगीं। मानव निरर्थकता का अनुभव करने लगा। आज भी यह स्थिति अत्यन्त प्रबल है। इस प्रतीति से ही "अस्तित्वहीनता, खोखलापन, अकेलेपन की विवशता, मूल्यगत ढाँचे की निस्सारता" आदि का बोध हुआ। यन्त्रसत्ता ने अपनी व्यापक विध्वंसात्मक शक्ति का परिचय देकर तीव्र भय और त्रास की भावना को जन्म दिया। इसकी परिणति "आत्मक्षोभ, नपुंसक, आक्रोश, बन्ध्या, खोज, दिशाहीन

1. डॉ. शिवकुमार मिश्र : मया हिन्दी काव्य, पृ. 28.
2. गिरिजाकुमार माथुर : हिन्दी वार्षिकी- 1961, पृ., 3.

अकुलाहट'' आदि में हुई। यन्त्रसत्ता ने साधन सम्पन्नता में अभूतपूर्व वृद्धि कर दी और बर्बर भौतिकता, भोगवाद को जन्म दिया। इस प्रकार सेक्स विकृतियों, मद्यसेवन, दैहिक थ्रिल के असामान्य तरीके आदि के रूप में हुई।[1] इसके साथ-ही-साथ ग्रामीण और शहरी क्षेत्रों में बढ़ती हुई आबादी ने अनेक समस्याओं को जन्म दिया।

उपर्युक्त राजनीतिक, सामाजिक, आर्थिक स्थितियों से तथा उसकी परिणतियों से जनमानस का आन्दोलित होना स्वाभाविक था। तत्कालीन कवि इन परिस्थितियों से अपने साहित्य को अलग नहीं कर सके। तत्कालीन साहित्य पर उसका भारी दबाव पड़ा। उस दबाव की स्थिति में परम्परा से उन्हें कोई विशेष दिशा-दृष्टि नहीं मिल रही थी। इसलिए उसके प्रति अस्वीकार, अश्रद्धा का भाव उनमें जग गया था। उन्हें अपना गन्तव्य और मार्ग स्पष्ट नहीं दीख रहा था। वे दिग्भ्रमित हो रहे थे। उस स्थिति में **कौन-सा पथ?** की पुकार सुनायी पड़ी। दिशाविहीनता की इस स्थिति में मार्क्सवाद का सितारा दिखायी पड़ा। इसलिए नेमिचन्द्र जैन लाल रंगवाले सितारे की ओर इंगित कर **आज पथप्रदर्शक वही है** कह सके। उन दिनों मार्क्सवाद सबको प्रभावित कर रहा था। यह सही है, किन्तु सबकी दृष्टि मार्क्सवादी नहीं हुई थी। लोग अभी भी भटक रहे थे। उनके पास संशय था। उनके मन में बराबर द्वन्द्व चलता था। यह स्थिति कवि को आत्मान्वेषण की प्रेरणा देती थी और वह अनेक बार **मन मेरा डूबा निज में ही** वाली मनः स्थिति में उतर आया था। इसमें सन्देह नहीं कि अस्वीकार, पथहीनता, संशय, आत्मान्वेषण, संघर्ष आदि का वह युग तत्कालीन कवियों को **राहों के अन्वेषण** की प्रेरणा देता रहा। 'छायावादोत्तर कवियों' में इस प्रेरणा की स्पष्ट छाप है। वे अपनी-अपनी विशेषताओं, संस्कारों के साथ इस जिम्मेदारी से जूझने को पूर्णतः संघर्ष करते और दिशा निर्माण करते हुए आगे बढ़ रहे थे। इसी पृष्ठभूमि में उनकी सामाजिक चेतना का संघर्ष अपना विशिष्ट स्वरूप ग्रहण कर रहा था। वे आनेवाले दिनों को याद कर लिखने लगे—

इस भविष्य में धर्म अर्थ ह्रासोन्मुख होंगे
क्षय होगी धीरे-धीरे सारी धरती
सत्ता होगी उनकी जिनकी पूँजी होगी[2]

4. जन-संघर्ष की कविता और जन-कविता के संघर्ष

रचना की सृजन प्रक्रिया में जनता, साहित्य, राजनीति का सम्बन्ध सनातनी है। जब साहित्य का प्रश्न उठता है, तभी यह भी प्रश्न उठता है। आधुनिक-काल की विशिष्ट काव्य-धारा ने इसे और भी महत्त्वपूर्ण बना दिया है। साहित्य, राजनीति और जनता का प्रश्न आज जितना बुनियादी हो गया है, इतना पहले नहीं था। पहले के

1. गिरिजाकुमार माथुर : नयी कविता-सीमाएँ और सम्भावनाएँ पृ. 11.
2. धर्मवीर भारती : अन्धायुग, पृ.11-12.

कवि सामान्यतया मानते थे कि राजनीति पर कविता करना कविता का हीनतर और सीमित उपयोग है। साहित्यकार एक नागरिक और सामाजिक प्राणी है। सामाजिक होने के नाते वह जनता से जुड़ा है, नागरिक होने के नाते वह राजनीति और देश के अनेक मुद्दों से अपना तादात्म्य बनाता है। राजनीतिक नागरिक के दायित्व मूल्यों की टकराहट भी है और कवि हमेशा एक नागरिक है, इसलिए उसकी दृष्टि में, "प्रश्न का मुख्य रूप साहित्यकार और राजनीति का ही है।"[1] आज के परिवेश में राजनीति इतने विविध रूपों और इतनी दूर तक व्यक्ति, समाज, समुदाय में घुस आयी है कि हम उससे तटस्थ नहीं रह सकते। व्यक्ति अपने इस परिवेश से संघर्षरत है और कवि भी एक व्यक्ति है, जों समाज का सबसे संवेदनशील प्राणी है, अतः परिवेश का संघर्ष रचना का संघर्ष होता है। साहित्य और राजनीति की महत्ता को स्पष्ट करते हुए मुक्ति बोध ने लिखा है, "इस सम्पूर्ण मनुष्य सत्ता का निर्माण करने का एकमात्र मार्ग राजनीति है, जिसका सहायक साहित्य है। तो वह राजनैतिक पार्टी जनता के प्रति अपना कर्त्तव्य पूरा नहीं करती, जो कि लेखक के साहित्य निर्माण को व्यक्तिगत उत्तरदायित्व कह कर टाल देती है।"[2] मुक्तिबोध इस बात को स्वीकार करते हैं कि मनुष्य के निर्माण में राजनीति का पूरा-पूरा योगदान है और इस निर्माण के लिए वे माध्यम साहित्य को मानते हैं। अज्ञेय का मानना है कि हम व्यक्ति के माध्यम से समाज का निर्माण कर सकते हैं क्योंकि व्यक्ति एक सामाजिक प्राणी है। व्यक्ति की प्रक्रिया से गुजर कर हम समाज तक पहुँचेंगे और यह प्रक्रिया क्रमशः चलती हुई देश और विश्व तक पहुँचती है। मुक्तिबोध इसी मनुष्य सत्ता को बनाने के लिए साहित्य का योगदान मानते हैं। अतः हम कह सकते हैं कि साहित्य राजनीति, व्यक्ति, जनता का आपस में एक गहरा सम्बन्ध है।

छायावादोत्तर कवियों के राजनीति, समाज व जनता के बारे में अलग-अलग मत हैं और उन्हें अलग-अलग रूप से अपने साहित्य में सृजित किया है। मुक्तिबोध चाहते हैं कि लेखक शोषितों के साथ हों। उनके संघर्ष को आत्मसात् करें और अपनी राजनीतिक दृष्टि को तद्नुकूल बना लें। उनके लिए राजनीति शोर, हंगामा या कोलाहल की वस्तु नहीं है और न ही साहित्य एकान्त साधन। वे साहित्य को हमेशा व्यक्ति के स्तर पर न देखकर समाज के स्तर पर देखते हैं। उनका मानना है कि जो लोग साहित्य को 'एकान्त साधना' और 'कोलाहल' समझते हैं, वे "जनता की भावना के प्रसार को रोकना चाहते है।"[3] सामाजिक और राजनीतिक चेतना की वृद्धि के कारण समाज में शोषण और शोषित वर्ग की विभाजन रेखा गहरी होती गयी, परिणामस्वरूप समाज में

1. डॉ. राजेन्द्र प्रसाद : तारसप्तक के कवियों की समाज चेतना।
2. मुक्तिबोध रचनावली, पृ. 77, संस्कार-1985.
3. मुक्तिबोध रचनावली, भाग-5, पृ. 402.

दो दल बन गये। एक वह जो शोषकों से सम्बद्ध भ्रष्टाचारपूर्ण तिकड़मी सत्ताधारी वर्ग का समर्थन करता है, दूसरा वह जो इनके खिलाफ आवाज लगाकर उससे मुक्ति पाने के कार्य में संलग्न रहता है। साहित्यिकों के भी दो दल दिखायी पड़ने लगे हैं। एक तो वह है जो—"सत्ताधारियों के समर्थन या उनके समर्थकों के पिछलगुये हैं, अथवा निजी व्यक्तिगत पदोन्नति के लिए उनके साथ रहते हैं। दूसरे वे हैं, जो इनके विरोधी अथवा विरोधियों से सहानुभूति रखते हुए जनता के अधिक समीप हैं और जनता की माँगों का समर्थन करते हैं।[1] मुक्तिबोध की राजनीतिक दृष्टि शोषितों के साथ है। वे जनता के पक्षधर हैं। साहित्य किसके लिए, यह प्रश्न कविवर मुक्तिबोध के लिए कठिन नहीं है। वे अपने को पीड़ित मध्य वर्ग श्रेणी से आये सर्जकों में से गिनते हैं। उनका ऐसा मानना है कि इस वर्ग से आये सर्जक या कलाकार अपना सृजन और विकल्प सामाजिक संघर्ष, सामाजिक मुक्ति और प्रगति ही चुनते हैं। मुक्तिबोध को इस चुनाव में किसी द्वन्द्व का सामना नहीं करना पड़ा। उनकी करुणा आम जनता के प्रति उन्मुख है। दुनिया में शोषण बढ़ा है। जनता की भूख और प्यास बढ़ी हुई है। यह भूख और प्यास सिर्फ दैहिक ही नहीं, है, बल्कि मानसिक और बौद्धिक भी है।

अज्ञेय का ऐसा मत है कि आज मानव जिस राजनीतिक बोझ से ढँका हुआ है, वह है सत्ता की राजनीति, जो सभ्य मानव विकास की दृष्टि से एक अवरोधक तत्त्व है। अज्ञेय राजनीति का एक विशिष्ट दर्शन प्रतिपादित करना चाहते थे, जिसे वे **समग्र परिवेश** की राजनीति या सम्पूर्ण मानव समाज की राजनीति कहना चाहते थे। "वे मानव की सर्जन-धर्मिता की पहली और मौलिक अभिव्यक्ति मूल्यों की सृष्टि में मानते हैं। उनकी दृष्टि में मूल्य स्रष्टामानव का राजनीतिक दर्शन समस्त या सम्पूर्ण परिवेश का दर्शन होना चाहिए।[2] समग्र परिवेश की राजनीति के केन्द्र में सत्ता के स्थान पर मानव है।[3] अज्ञेय का ऐसा मानना है कि राजनीति का सही रूप यही है। मुक्तिबोध की तरह अज्ञेय की राजनीति में शोषितों, पीड़ितों की बात अलग से नहीं की गयी है। वे सम्पूर्ण मानव की बात करते हैं। वे राजनीति से सम्बन्धित साहित्यकार के दायित्व की चर्चा करते हैं। सभ्य समाज-विकास के राजनीतिक रूप में जिस परिवेश की राजनीति की चर्चा अज्ञेय ने की है, वह राजनीति का व्यावहारिक रूप न होकर उसका आदर्शात्मक रूप है।

वास्तव में राजनीति कुछ चुने हुए व्यक्तियों, राजनीतिज्ञों की नहीं है, बल्कि वह सम्पूर्ण समाज का परिवेश है। समाज का प्रत्येक व्यक्ति राजनीति के मायने को समझे, क्योंकि राजनीति को समझे बिना आज के इन्सान की हालत का साक्षात्कार नहीं हो

---

1. मुक्तिबोध रचनावली, भाग-5 पृ. 407.
2. डॉ. राजेन्द्र प्रसाद : तारसप्तक के कवियों की समाज चेतना, पृ. 109.
3. डॉ. राजेन्द्र प्रसाद : तार सप्तक के कवियों की समाज चेतना पृ. 100.

सकता। कौन, कहाँ किस रूप में शोषित और पुरस्कृत हो रहा है, इसको जानने के लिए राजनीतिक विश्लेषण आवश्यक है। वास्तविक बात यह है कि व्यक्ति या समाज को जब तक शोषण के खिलाफ संघर्ष और उससे मुक्ति नहीं मिल जाती, तब तक साहित्य की उपयोगिता नहीं हो सकती। जन-साहित्य का यही मूल अर्थ है। व्यक्ति की सबसे पहली आवश्यकता भूख और प्यास है। इन आवश्यकताओं की पूर्ति के बाद वह मानसिक और बौद्धिक विकास करता है। तब वह साहित्य, समाज, जन, राजनीति में प्रवेश करता है। "वास्तविक बात यह है कि शोषण के खिलाफ संघर्ष, तदनन्तर शोषण से छुटकारा और फिर उसके बाद दैनिक जीवन के उदर निर्वाह सम्बन्धी व्यवसाय में कम-से-कम खर्च होने की स्थिति और अपनी मानसिक, सांस्कृतिक उन्नति के लिए समय और विश्राम की सुविधा-व्यवस्था की स्थापना जब तक नहीं होती, तब तक शत-प्रतिशत जनता साहित्य और संस्कृति का पूर्ण उपयोग नहीं कर सकती, न उससे अपना पूर्ण मनोरंजन ही कर सकती है।"[1]

"जन-साहित्य या जनता का साहित्य से तात्पर्य यह नहीं कि साहित्य जनता को तुरन्त समझ में आ जाय। अगर ऐसा होता तो किस्सा-तोता-मैना और नौटंकी ही साहित्य के प्रधान रूप होते।[2] साहित्य के अन्तर्गत हमारे कुछ सांस्कृतिक मूल्य और भाव होते हैं। इस मूल्य और भाव को समझने के लिए सबसे पहली जरूरत है—हम जनता को सुसंस्कृत और शिक्षित करें। यानी शिक्षा पहले साहित्य बाद में। साहित्य का उद्देश्य सांस्कृतिक और मानसिक परिष्कार है, जिसमें हम जो जनता हैं, अपनी नासमझी, मूर्खता की सीमा से ऊपर उठें। यह साहित्य द्वारा ही सम्भव हो सकता है। जनता की साहित्य को लेकर अनेक प्रकार की भ्रान्तियाँ हैं। कोई मानता है कि साहित्य वह है, जो जनता को तुरन्त समझ में आ जाय। कुछ मानते हैं कि साहित्य वह है, जिसमें जनता की भूख, पीड़ा, सन्त्रास उसके कष्टों को सामान्य ढंग से उठाया गया है। मुक्तिबोध का ऐसा मानना है कि—"जनता के साहित्य से अर्थ ऐसा साहित्य, जो जनता के जीवन मूल्यों को, जनता के जीवनादर्शों को प्रतिष्ठित करता हो, उसे अपने मुक्ति पथ पर अग्रसर करता हो। इस मुक्तिपथ का अर्थ राजनैतिक मुक्ति से लगाकर अज्ञान से मुक्ति तक है।[3]

नागार्जुन, त्रिलोचन, केदारनाथ अग्रवाल, मुक्तिबोध, शील और शमशेर बहादुर मुख्यतः प्रगतिशील रचनाकार हैं। ये कवि जनकवि के रूप में भी जाने जाते हैं। सामाजिक, राजनीतिक चेतना से लैस ये पहली पीढ़ी के रचनाकार माने जाते हैं। इन कवियों ने कविता को पुनः शासन तथा समाज के उच्च वर्गों के दायरे से निकालकर

---

1. मुक्तिबोध रचनावली भाग-5, पृ. 77.
2. मुक्तिबोध रचनावली भाग-5, पृ. 77.
3. मुक्तिबोध रचनावली भाग-5, पृ. 76.

साधारण जन की आशाओं-आकांक्षाओं तक लाने की कोशिश की है। जनता का साहित्य सृजित करने के लिए जो सबसे महत्त्वपूर्ण तथ्य है, वह यह है कि जनकवि अपनी रचना में जनता की आकांक्षाओं को चित्रित करे। उसे अल्पज्ञ, पिछड़ा हुआ न समझकर उसके जीवन में पूरी गहराई से प्रवेश करे और उसके जीवन के विविध संघर्षों से सीख ले। साहित्य का विकास जनसमूह के हृदय का ही विकास है। आचार्य शुक्ल ने भी हिन्दी साहित्य में साहित्य को जनता की चित्त प्रवृत्तियों का प्रतिबिम्ब माना है। जनता के जीवन से एकात्म हो जाना जनकवि की सबसे बड़ी विशेषता है, तभी रचना अपने आप में न्यायपूर्ण हो सकेगी।

नागार्जुन की रचना को हम लें तो जनकविता का तो चरित्र होता है, वह इनकी कविता में दूर-दूर तक है। नागार्जुन चौराहे के कवि माने जाते हैं। वे अपनी बात जनवाणी के माध्यम से कहते हैं। "प्रगतिशीलों में नागार्जुन एकमात्र ऐसे कवि हैं, जिनकी अधिसंख्य रचनाएँ जनवादी कविता के लिए 'माडल' मानी जा सकती हैं।[1] नागार्जुन की रचनाशीलता का एक तेवर है, उसका मुख्यांश साधारणतया जन की जिन्दगी और ठेठ उस जिन्दगी के बीच पायी गयी अनुभूतियों, विचारों और कल्पनाओं से निर्मित हुआ है, जो कि वह जी रही है और जिसे एक बेहतर मानवीय शक्ल देने के लिए वह निरन्तर संघर्षरत है। उसके इस संघर्ष में नागार्जुन बिना शर्त उसके साथ है।[2] उनकी कविता का लोक वस्तुतः सामान्य जीवन ही है। जैसे प्रतिबद्ध रहा उनके बीच में, खुरदुरे पैर, घिन तो नहीं आती है, मन करता है, प्रेत का बयान, नया तरीका आदि। जनता के दैनन्दिन जीवन की भागीदारी, जनता की सोच के साथ अपनी ठेठ भाषा के माध्यम से कविता में उतारना नागार्जुन की कविता की विशेषता है।

प्रतिबद्ध हूँ/सम्बद्ध हूँ/आबद्ध हूँ/ प्रतिबद्ध हूँ/जी हाँ, प्रतिबद्ध हूँ/ बहुजन समाज की अनुपल प्रगति के निमित्त/ संकुचित 'स्व' की आपाधापी के निषेधार्थ/ अविवेकी भीड़ की भेड़िया-धसान के खिलाफ अन्ध-बधिर व्यक्तियों को सही राह बतलाने के लिए अपने आपको भी 'व्यामोह' से बारम्बार उबारने की खातिर, प्रतिबद्ध हूँ/ जी हाँ, शतधा प्रतिबद्ध हूँ।[3]

कवि खुले शब्दों में आवाहन करता है कि समाज की प्रगति के लिए वह प्रतिबद्ध है। लोकतन्त्र के ऊपर प्रहार करते हुए कवि कहता है कि लोकतन्त्र में तो 'भेड़िया-धसान' की स्थिति हो गयी है। राजनीति एक भीड़ और गुटबन्दी का स्थान हो गया है, जहाँ भ्रष्टाचार का आतंक व्याप्त है। वह उसके विरुद्ध आवाज उठाता है। समाज और राजनीति में, जो आँख-कान रहते हुए अन्धे और बहरे बने हुए हैं, उनके लिए

---

1. शिवकुमार मिश्र, दर्शन साहित्य और समाज, पृ. 57.
2. शिवकुमार मिश्र, दर्शन साहित्य और समाज, पृ. 57.
3. सम्पा. नामवर सिंह : नागार्जुन प्रतिनिधि कविताएँ, पृ. 15.

भी कहता है कि मैं इन लोगों को सही राह पर ले आऊँगा, जो देश का, समाज का, जनता का शोषण कर रहे हैं। सबसे बड़ी बात तो यह है कि वह देश, समाज, जनता के प्रति, उसके कर्त्तव्यों के प्रति तो प्रतिबद्ध है ही, साथ ही वह अपने आपसे भी प्रतिबद्ध होता है कि मैं किसी भी तरह के व्यामोह में नहीं फसूँगा। व्यक्ति जब अपने से मुक्त होता है, तभी वह दूसरों को मुक्त कर सकता है। यदि छोटी-छोटी आवश्यकताएँ अपने चंगुल में घेरे रहे, तो व्यक्ति उसी में उलझा रहता है और कुछ नहीं कर सकता, इसलिए कवि अपने प्रति भी पूरी तरह प्रतिबद्ध है। नागार्जुन चाहे किसी गहन अनुभूति को अभिव्यक्ति दे रहे हों, या प्रकृति, हिमालय, मिथिला के गाँव को चित्रित कर रहे हों, या कोई विनोद, हास्यपूर्ण रचना लिख रहे हों, या राजनीति के ऊपर कोई पैना व्यंग दे रहे हों, वे कहीं भी असामान्य नहीं हैं। उन्होंन हर जगह आम आदमी को चित्रित किया है। उनकी रचनाएँ यातनाजन्य बहुसंख्यक मनुष्यता को विशेष रूप से चित्रित करती है। इस बहुसंख्यक वर्ग में ऐसे लोग भी आते हैं, जो मध्यम वर्ग से लेकर नीचे के हिस्से तक फैले हुए हैं, जिसमें बहुसंख्यक अशिक्षित और पिछड़ा हुआ समाज है और सुशिक्षित तथा सुसंस्कृत भी हैं। कहने का तात्पर्य है कि इनकी रचना में समाज के हर तबके के लोग भी शामिल हैं।

नागार्जुन अपनी रचना में जिस जन को चित्रित करते हैं, वह उनकी जमीन और मानसिकता है। वे एक जनकवि की मिसाल के रूप में सामने आते हैं, जो करोड़ों-करोड़ जनता की तरह सोचता है और, उसी तरह आचरण भी करता है। वह जनता में परम्परा से चली आ रही रूढ़ियों और असंगतियों के प्रति भी चौकस हैं। असंगत रूढ़ियों व परम्पराओं के विरुद्ध आवाज उठाता है। उन्होंने इस तरह की भी रचनाएँ लिखी हैं, जो सम-सामयिक सन्दर्भों से हटकर हैं, जिनके ऊपर जन कवित्व के अभाव का आरोप लगाया जाता है। हम कह सकते हैं कि श्रृंगार, वात्सल्य, दाम्पत्य, करुणापरक रचनाओं में भी जनचेतना कहीं गहरे जाकर स्पर्श करती है। इस तरह की कविताओं में अबकी मौसम में कोयल आज बोलती है, पहली बार कर गयी चाक तिमिर का सीना; यह तुम थी; इन कविताओं का रेशा-रेशा आम जनता के जीवन से इतना अधिक जुड़ा है कि वे जनता के किसी भी तबके से अपना प्रभाव ग्रहण कर सकती हैं।

नागार्जुन की 'अकाल और उनके बाद' कविता विश्वविख्यात है। इनकी कविता सहज और आसान है, जो प्रत्येक व्यक्ति की समझ के अन्तर्गत ही रहती है।

कई दिनों तक चूल्हा रोया, चक्की रही उदास,
कई दिनों तक कानी कुतिया सोई उनके पास।
दाने आये घर के अन्दर, कई दिनों के बाद,
धुआँ उठा आँगन से ऊपर कई दिनों के बाद,

चमक उठी घर भर की आँखें कई दिनों के बाद।
कौए ने खुजलाई पाँखे कई दिनों के बाद।।[1]

इनकी कविता में एक प्रकार की परिपक्वता है, क्योंकि जनता से हमेशा एक तारतम्यता बनाये रखने में उन्हें एक ऐसे जीवन-रस की प्राप्ति होती है, जो सृजन के रूप में अपने को दुहराता कभी भी नहीं है।

नागार्जुन का बड़प्पन इस बात में है कि दूसरे से अधिक इन्होंने स्वतः अपनी आलोचना की है। अपने जीवन में संघर्षरत रहकर वे जनता के साथ संकल्प लिये खड़े हैं। उनका रचना व्यक्तित्व वास्तव में बेमिसाल है। उनकी कविता सीधे जमीन से उगी है। उनके काव्य और रूप में जनता का बहुआयामी व्यक्तित्व समाया हुआ है। "वे सौ फीसदी जनता के, देश की संघर्षरत जुझारू जनता के कवि हैं।"[2]

त्रिलोचन शास्त्री छायावादी कविता के दायरे से निकलकर जन-कविता के दायरे में प्रवेश करते हैं। ये अपने मूल रूप में देशी कवि के रूप में सामने आते हैं। उनकी रचना प्रकृति ग्रामीण मानस की है। उनकी रचना व्यक्ति के मन के निजी सुख-दुःख को उभारती है। लेकिन उनकी कोई भी रचना निजी होते हुए भी एकान्त नहीं बन पायी है, क्योंकि हर जगह कवि सामाजिक व्यक्तित्व लेकर कविता में और जीवन में साथ रहना चाहता है। 'सोनेट' उनकी मुख्य रचना विधा रही है। सोनेट में उन्होंने अपने सामाजिक तथा मानवीय आशयों को अत्यन्त ही करीने से इस्तेमाल किया है। उनकी रचनाओं में नागार्जुन की अपेक्षा तरलता और बात कहने की सहजता अधिक है। उन्होंने जनता की बात, संघर्ष, अभिवृत्ति, चित्त-वृत्तियों को अत्यन्त प्रभावशाली ढंग से जनता की भाषा में प्रस्तुत किया है। "त्रिलोचन जितने मानव-संघर्ष के कवि हैं, उतने ही प्रकृति लीला और सौन्दर्य के भी।"[3] त्रिलोचन की एक कविता है—'उस जनपद का कवि हूँ' जिसमें वे स्वयं अपने विषय में एक वक्तव्य देते हैं, जिससे उनका सृजन और व्यक्तित्व दोनों उभरकर सामने आता है।

उस जनपद का कवि हूँ जो
नंगा है, अनजान है, कला नहीं जानता।।[4]

इन कविताओं के अतिरिक्त कवि ने भाव-प्रवण कविताएँ भी लिखी हैं जिनमें मानव के अन्तर्मन का संघर्ष है। आदमी रोटी की तलाश में अपना घर, गाँव, परिवार छोड़कर शहर की ओर चला आता है। कवि को भी अपने स्वजनों की याद आती है—

---

1. सम्पा. नामवर सिंहः नागार्जुन प्रतिनिधि कविताएँ पृ. 98.
2. शिवकुमार मिश्र : दर्शन साहित्य और समाज, पृ. 62.
3. प्रतिनिधि कविताएँ : त्रिलोचन, पृ. 6.
4. प्रतिनिधि कविताएँ, पृ. 23.

सचमुच इधर तुम्हारी याद तो नहीं आती/
झूठ क्या कहूँ/ पूरे दिन मशीन पर खटना/
बाँसे पर आकर पड़ जाना और कमाई/ का हिसाब
जोड़ना, बराबर चित्त उचटना × × ×
धीरज धरो/ आज-कल करते तब आऊँगा/ जब
देखूँगा/ अपने पुर कुछ कर पाऊँगा।[1]

वास्तव में त्रिलोचन की कविताएँ ध्यान से देखने पर यह महसूस होता है कि सरल-सहज प्रतीत होनेवाली कविताओं में अनुभवों की कई पर्तें खुलती हैं, जिसमें जन-मन की आत्मा समायी हुई है।

केदारनाथ अग्रवाल प्रगतिवाद के प्रतिनिधि-कवि के रूप में माने जाते हैं। इन्होंने अपनी रचना का प्रारम्भ छायावाद से ही किया था। प्रगतिवादी कविता-संग्रह है—'युग की गंगा' 1947 में प्रकाशित हुई, जिसमें जनता की बात की गयी है। 'नींद के बादल' में प्रेम सम्बन्धी रचनाएँ हैं। वह कवि का प्रथम और प्रिय संग्रह है। इस बात को उन्होंने 'नींद के बादल' की भूमिका में ही स्वीकार किया है। केदार के पास एक भाव-प्रवण हृदय के साथ-साथ एक निरन्तर जागृत रहनेवाला विवेक भी है, जो जनता के प्रति उसमें समस्त 'भावनात्मक' लगाव से तटस्थ करके उसे जाग्रत किये रहता है। "केदार जिस जन को सम्बोधित करते हैं, वह देश-देशान्तरों में फैला और अपनी मुक्ति के लिए संघर्ष करता जन है।"[2] केदार मूलतः निराला के समान पौरुष और ओज के कवि हैं। जनता के दुःख-दर्द-शोषण दैनन्दिनी जीवन के विषाद, शहर और गाँव के नारकीय यन्त्रणा की बड़ी सच्ची तस्वीरें केदार जी ने उभारी हैं। बबूल, धधकते कोयले, **गन्दानाला** ये सभी केदार की कविता के प्रतिनिधि हैं।

इनके गीतों में लोक-गीतों की धुन भी सुनायी पड़ती है। जैसे/ मांझी/ न बजाओ बंसी मेरा मन डोलता/ मेरा मन डोलता है, जैसे जल डोलता। इस तरह के गीतों में जैसे पूरा-का-पूरा गाँव समा गया है। इसके अतिरिक्त 'बसन्ती हवा' 'चन्द्र गहना से लौटाते हुए' इत्यादि लोक-धुनों की तर्ज पर लिखी गयी कविताएँ हैं। वे जन के प्रत्येक तेवर के शिल्पी हैं। जहाँ इनकी कविता में एक मर-मर ध्वनि कोमलता है, वहीं कठोरता, रुद्रता, प्रचण्डता, ताप भी है। गाँव के मेहनतकश मजदूरों का चित्र इनकी कविता में दिखायी पड़ता है—

काँखता है, हाँफता है, मिट्टी को ढोता है,
गन्दी आबादी के नाले को पाटता है।[3]

---

1. प्रतिनिधि कविताएँ : त्रिलोचन, पृ. 51.
2. डॉ. शिवकुमार मिश्रा : दर्शन, साहित्य और समाज।
3. केदारनाथ अग्रवाल : गुलमेंहदी, पृ. 28.

उपर्युक्त कविता 'आदमी का बेटा' गरमी की चिलचिलाती धूप में किस तरह फावड़े से गन्दी नाली को पाटता है। उसका काँखना, हाँफना देखकर वे आँख बन्द नहीं करते, बल्कि बड़ी तन्मयता के साथ उस दृश्य को कविता के माध्यम से व्यक्त करते हैं। युगों से हमारी भोली-भाली जनता को यह सिखाया जाता है कि उसके जीवन में जो दुःख-दर्द है, उसके कर्मों का फल है। मजदूर मेहनत करता है, घाम-बरसात में खेत में काम करता है, परन्तु सारी पैदावार जमींदार ले लेता है, उसे पेट भरने तक के लिए अन्न नहीं मिलता, तब उसे सिखाया जाता है कि उसने पूर्व जन्म में कोई पाप किया होगा, उसी का यह फल है। केदार जी इसके विरोध में जनता के लिए एक नया जीवन-दर्शन लेकर आते हैं और मानते हैं कि श्रम व्यर्थ नहीं जाता और काम करनेवाले इस व्यवस्था को बदल देंगे।

केदारनाथ अग्रवाल जनता से पूरी तरह सम्बद्ध हैं। इनकी कविताओं में इस तरह के अनेक चित्र मिलते हैं, जो गाँव और जन का प्रतिनिधित्व करते हैं। वास्तव में केदार जन-कवि हैं। इन्होंने जनता का साहित्य लिखा। जनता के सुख-दुःख, रीति-रिवाज संवेदन आदि को अपनी रचना से उजागर किया है।[1]

मुक्तिबोध का व्यक्तित्व और कृतित्व एक संघर्षशील रचनाकार का व्यक्तित्व है। पहली बार तारसप्तक में संग्रहीत कवि के रूप में वे सामने आते हैं, परन्तु उनकी रचनाओं का मूल्यांकन वास्तव में उनकी मृत्यु के पश्चात् हुआ। उनकी रचनाओं के भीतर से उनकी जो छवि उभरी, वह जीवन संघर्षों के दल-दल में डूबे अपने बाहरी और भीतरी परिवेश से लड़ते, रक्त स्वेद से लथ-पथ एक योद्धा की छवि है। मुक्तिबोध ने स्वयं जीवन का सारा विष पी लिया, परन्तु उन्होंने दूसरे को जो दिया, वह विष नहीं, अमृत था। हमारी नयी पीढ़ी ने उनकी रचना से एक जुझारू संघर्ष की प्रेरणा प्राप्त की, जो रचना और समाज दोनों क्षेत्रों के लिए अत्यन्त ही महत्त्वपूर्ण है। नयी पीढ़ी ने यह विश्वास प्राप्त किया कि जिन्दगी का यथार्थ के साथ आँखें मिलाकर सामना करो, न कि शुतुरमुर्ग की तरह बालू में मुँह गड़ाकर। मुक्तिबोध का कहना है कि कोटि-कोटि शोषित जन की मुक्ति का कमल पाने के लिए जिन्दगी के दल-दल में हमें आकण्ठ धँसना होगा। ऐसा उन्होंने सिर्फ सिद्धान्त रूप में ही नहीं किया, बल्कि उसे अपनी जिन्दगी के व्यवहार में भी उतारा। उन्होंने जीवन के संघर्ष को खुद महसूस किया है और उसे नयी पीढ़ी को वसीयत के रूप में दिया है। "मुक्तिबोध की रचना जनता की पक्षधर रचना है। वह जनता की मुक्ति के लिए संघर्ष करती हुई रचना है। वह प्रगतिशील वैज्ञानिक सोच से दीप्त एक ऐसे रचनाकार की रचना है, जो सौ साल जीना चाहता था, किन्तु व्यवस्था ने जिसे असमय ही विदा हो जाने को बाध्य किया।

---

1. केदारनाथ अग्रवाल : गुलमेंहदी, पृ. 159.

वह ऐसी रचना है, जिसमें मौत के काले साये के भीतर से उठती हुई जिन्दगी की गुहार है, वह जीवन की, मनुष्य की, निजी विधा की, संघर्ष-धर्मी और संकल्पनिष्ठ सर्जना है।"[1] मुक्तिबोध फैण्टेसी के माध्यम से अपनी बात करते हैं। उनकी रचना प्रक्रिया कठिन है। उनके दर्शन, व्यक्तित्व के अध्ययन के बिना हम सीधे उनकी रचना से सरोकार नहीं कर सकते। इसलिए मुक्तिबोध जनकवि होते हुए भी एक कठिन कवि हैं।

5. प्रगतिवादी साहित्य की पृष्ठभूमि

हिन्दी साहित्य में प्रगतिवाद का आगमन एक आकस्मिक घटना के रूप में ही हुआ है। 1917 में सोवियत संघ में साम्यवादी क्रान्ति सफल हो गयी। वहाँ लेनिन के नेतृत्व में नये ढंग की सरकार का गठन हुआ, जिसमें श्रमिकों और किसानों के प्रतिनिधि शासक बने। पुराने राजाओं, सामन्तों, भूपतियों, पूँजीपतियों का वर्चस्व सदा के लिए समाप्त कर दिया गया। प्रत्येक नागरिक को शिक्षा, रोजगार, आवास का मौलिक अधिकार प्रदान किया गया। मानव सभ्यता के इतिहास में पहली बार गरीबों या श्रमिकों को शासक बनने पर सम्मानित होने का अधिकार मिला। राजनीति में इसे समाजवाद कहा गया, जिसका मुख्य दर्शन मार्क्सवाद है। यही मार्क्सवाद जब साहित्य में अभिव्यक्त हुआ, तो **प्रगतिवाद** कहा गया। यद्यपि यह विचारधारा प्रेमचन्द के प्रेमाश्रम के साथ हिन्दी साहित्य में व्यक्त हुई एवं निराला ने 1920 में अपनी कुछ कविताओं में इसे प्रस्तुत करने का प्रयत्न किया, तथापि सुव्यवस्थित आन्दोलन के रूप में हिन्दी साहित्य में इसकी प्रतिष्ठा 1930 के बाद हुई। अब तक भारत में साम्यवादी दल का गठन हो चुका था। बम्बई, कलकत्ता, कानपुर, अहमदाबाद में मजदूर संघ के नेतृत्व में श्रमिकजन समाजवादी राज्य के निर्माण की लड़ाई आरम्भ कर चुके थे। महात्मा गाँधी और कांग्रेस के नेतृत्व में किसान आन्दोलन आरम्भ हो गया था और जमींदार विरोधी हवा बहने लगी थी। इसके अतिरिक्त जवाहरलाल नेहरू और नरेन्द्रदेव के नेतृत्व में इसी अवधि में कांग्रेस समाजवादी दल की स्थापना हुई। 1928 और 29 में जवाहरलाल नेहरू और रवीन्द्रनाथ टैगोर ने रूस की यात्रा की और वहाँ से लौटकर इन दोनों लेखकों ने अलग-अलग पुस्तकें लिखीं। नेहरू ने 'आँखों देखा लाल रूस' और टैगोर ने 'रूस की चिट्ठी-पत्री' जैसी नये ढंग की पुस्तकें भारतीय समाज के सामने प्रस्तुत कीं। इन परिस्थितियों और रचनाओं के प्रभाव से भारतीय जन-मानस एवं रचनाकार एकाएक समाजवादी आदर्शों की ओर बढ़े। फलस्वरूप साहित्य क्षेत्र में एक विराट् प्रगतिवादी आन्दोलन प्रत्येक भाषा में उत्पन्न हुआ। फलस्वरूप हिन्दी और उर्दू के मिले-जुले रचनाकारों ने 1936 में लखनऊ में प्रगतिवादी साहित्यकारों का एक

---

1. डॉ. शिवकुमार मिश्र : दर्शन साहित्य और समाज, पृ. 72.

सम्मेलन आयोजित किया, जिसकी अध्यक्षता प्रेमचन्द ने की। इसमें अन्य भाषाओं के साहित्यकारों ने भी भाग लिया। इसके दूसरे अधिवेशन का उद्घाटन रवीन्द्रनाथ टैगोर ने किया। यह प्रगतिवादी काव्य आन्दोलन स्वतन्त्रता से पूर्व साम्राज्यवाद, सामन्तवाद और पूँजीवाद के साथ राजनीतिक मुक्ति के लिए संघर्षरत रहा और स्वतन्त्रता के बाद किसानों और श्रमिकों का राज या देश में समाजवाद की स्थापना का पक्षधर बन गया। हिन्दी साहित्य की यह जहाँ एक शक्तिशाली धारा, है, वहीं यह विराट्-धारा भी है क्योंकि कविता, नाटक, उपन्यास, कहानी, समीक्षा, पत्रकारिता गोष्ठी, सम्मेलन आदि सभी साधनों के माध्यम से इस प्रगतिवादी साहित्य ने पूरे सामाजिक जीवन को बदल कर एक नया समाज अर्थात् समाजवादी समाज बनाने के संघर्ष को बल दिया है।

6. प्रगतिवादी साहित्य की विचारधारा

प्रगतिवादी साहित्य की विचारधारा मूलतः मार्क्सवादी है। मार्क्सवादी दर्शन का साहित्य में प्रयोग प्रगतिवाद कहा गया। जीवन की मूल प्रक्रियाओं, यहाँ तक कि साहित्य और कलात्मक सृजन की प्रक्रियाओं और जीवन के स्थूल या भौतिक ढाँचे के बीच विद्यमान सम्बन्धों के बारे में सत्य का पता लगाते हुए मार्क्स ने जो लिखा, वह साहित्य के प्रत्येक विद्यार्थी के लिए उपयोगी है। मार्क्स साहित्य या कला सृष्टि को हवा से उत्पन्न नहीं मानते थे, वरन् उसका सम्बन्ध जीवन की स्थूल घटनाओं से जोड़ते थे। मार्क्स ने इसे स्पष्ट करते हुए लिखा है कि—"जीवन के भौतिक साधनों के उत्पादन के तरीके सामाजिक, राजनीतिक और बौद्धिक जीवन की समूची प्रक्रिया को निर्धारित करते हैं। लोगों की चेतना उनके अस्तित्व को निर्धारित नहीं करती, बल्कि इसके प्रतिकूल उनका सामाजिक अस्तित्व ही उनकी चेतना को निर्धारित करता है। अपने विकास की एक अवस्था विशेष में समाज में उत्पादन की भौतिक शक्तियाँ उत्पादन के वर्तमान सम्बन्धों से टकराने लगती हैं, अथवा इसी बात को अगर कानून की भाषा में व्यक्त करें तो उस साम्पत्तिक सम्बन्धों से टकराने लगती हैं, जिनके अन्तर्गत वे पहले कार्यरत थीं। उत्पादन की शक्तियों के विकास के रूपों से बनकर ये सम्बन्ध उनकी बेड़ियाँ बन जाते हैं। तब सामाजिक क्रान्ति के एक युग का उद्घाटन होता है। आर्थिक नींव के परिवर्तन के साथ उसका समूचा भीमाकार ऊपरी ढाँचा भी न्यूनाधिक तीव्रता से बदलने लगता है। ऐसी क्रान्तियों पर विचार करते समय हमें उत्पादन की आर्थिक परिस्थितियों के पदार्थ विज्ञान की भाँति जिन्हें एकदम सही-सही जाँचा जा सकता है और कानूनी, राजनीतिक, धार्मिक, कलात्मक या दार्शनिक संक्षेप में वैज्ञानिक रूपों के बीच जिनमें लोग इस द्वन्द्व की चेतना पालें और उसे संघर्ष के द्वारा निपटाते हैं, सदा गौर करना होगा।"[1] यही सिद्धान्त विश्व भर के प्रगतिवादी साहित्य या कला का मूल सिद्धान्त बना। प्रगतिवादियों का विश्वास है कि वास्तविक

1. मार्क्स और एंजेल्स : संग्रहीत ग्रन्थावली, खण्ड-12, पृ. 6, 7.

जीवन में आर्थिक उत्पादन और उसमें होनेवाले विकास ही प्रत्येक कला को प्रभावित करते हैं, लेकिन एंजेल्स ने इसे एक हद तक अस्वीकार किया। वे आर्थिक प्रणाली को मूल तत्त्व स्वीकार करते हुए भी अन्तिम नहीं मानते थे। उनके मतानुसार कुछ अवान्तर तत्त्व भी रचनाकार के चिन्तन और उसकी अभिव्यक्ति को प्रभावित करते हैं। वे समाज के मूल आधार और ऊपरी ढाँचा-दोनों को स्वीकार करने के पक्षधर थे। उनके शब्दों में—"आर्थिक स्थिति आधार है, किन्तु ऊपरी ढाँचे के विभिन्न तत्त्व वर्ग संघर्ष तज्जन्य परिणामों के राजनीतिक रूप, सफल लड़ाई के बाद विजयी वर्ग द्वारा स्थापित विधान, कानून के रूप, युद्धरत पक्षों के मस्तिष्क में उत्पन्न सापेक्षिक प्रतिक्रियाएँ, राजनीतिक कानूनी और दार्शनिक सिद्धान्त, धार्मिक विचार और आगे विकसित होकर रूढ़िग्रस्त, सम्प्रदायों के रूप में उसकी परिणति ऐतिहासिक संघर्षों के विकास क्रम पर यह भी अपना असर छोड़ते हैं।"[1] अतः यह आगे चलकर स्पष्ट हुआ कि साहित्य या कलाकृतियों को मार्क्स भौतिक या आर्थिक प्रणाली का प्रतिनिधि मात्र नहीं मानते थे। वे खूब अच्छी तरह समझते थे कि धर्म, दर्शन या परम्परा भी किसी समाज विशेष की साहित्य रचना में प्रभावकारी होते हैं और उनकी दिशा का निर्णय करते हैं।

मार्क्सवाद पर उसके विरोधियों ने यह आपत्ति की कि प्रगतिवादी साहित्य व्यक्ति की भूमिका को अस्वीकार करता है और उसे समाज विकास में एक पुर्जा मानता है, किन्तु यह इसी सिद्धान्त से स्पष्ट हो जाता है, जब मार्क्स या एंजेल्स रचना या साहित्य निर्माण में धर्म, दर्शन या परम्परा को महत्त्वपूर्ण मानने लगते हैं। इतना अवश्य है कि व्यक्तित्व को स्वीकार करते हुए भी सामूहिक जीवनधारा को मार्क्सवाद या प्रगतिशील रचनाकार निर्णायक मानते हैं। अतः अन्तिम निष्कर्ष में हम यह कह सकते हैं कि प्रगतिवादी विचारधारा समाज को महत्त्व देने के साथ-साथ व्यक्ति के महत्त्व को भी स्वीकार करती है। इन सभी परिस्थितियों पर विचार करने के पश्चात् अपना निष्कर्ष देते हुए प्रसिद्ध लेखक राल्फ फॉक्स ने लिखा है कि—"आज साहित्य का क्रान्तिकारी कार्य यह है कि वह अपनी महान् परम्परा को पुनर्स्थापित करे, मनोवाद और संकीर्ण विशेषता हासिल करने की प्रवृत्ति की बेड़ियों को तोड़ फेंके। रचनाकार या कलाकार अपने एकमात्र महत्त्वपूर्ण कार्य से सत्य का, वास्तविकता का, ज्ञान का साक्षात्कार कराये। कला एक साधन है, जिसके द्वारा मानव वास्तविकता से जुड़ता है और उसे आत्मसात् करता है।"[2]

प्रगतिशील साहित्य के अभिलक्षणों का उल्लेख करते हुए डॉ. रामविलास शर्मा ने लिखा है—"विचारधारा और कला का परस्पर सम्बन्ध है। सभी ललित कलाओं

---

1. मार्क्स और एंजेल्स : संग्रहीत पत्र 1953, पृ. 423-424.
2. राल्फ फॉक्स : उपन्यास और लोकजीवन, पृ. 26, 27.

में विचारधारा का महत्त्व समान रूप से नहीं होता। भाषा के बिना विचारों की व्यंजना नहीं होती। कला सापेक्ष स्वतन्त्रता का यही रहस्य है। वह समाज निरपेक्ष नहीं होती, किन्तु यह सामाजिक विकास से पूर्णतः नियमित नहीं होती। यह पूर्णतः आर्थिक आधार का प्रतिबिम्ब नहीं होती।"[1]

सोवियत क्रान्ति और विश्व में समाजवादी आन्दोलन के दौर में दुनिया भर के कलाकारों और साहित्यकारों के सामने एक बड़ा प्रश्न उठकर यह आया कि साहित्यकारों की पक्षधरता किधर होगी। फलस्वरूप प्रगतिशील साहित्यकारों ने, चौथे दशक में गठित प्रगतिशील लेखकों ने विश्वव्यापी संघर्ष से प्रेरणा ली और सजग रूप से अपनी रचना, विचार, गतिविधि को उससे जोड़ा। प्रगतिशील साहित्यकार औपनिवेशिक शोषण से पराधीन राष्ट्रों की मुक्ति या स्वतन्त्रता, जर्मनी और इटली के तानाशाही हमलों से जनतन्त्र की रक्षा, अन्तरराष्ट्रीय फासिस्टवाद के प्रत्यक्ष संकट से विश्वशान्ति को सुरक्षित रखने और अन्त में विश्व में समाजवाद की स्थापना करने के पक्षधर ही नहीं थे, बल्कि उसके लिए साहित्य के क्षेत्र में युद्धरत थे। संक्षेप में विश्व प्रगतिवादी साहित्य या भारतीय प्रगतिवादी साहित्य की यही विशेषता है। यह वास्तव में भारतीय समाज के वर्ग संघर्ष का केवल लक्षण ही नहीं था, बल्कि उसका प्रयोग था, क्योंकि शोषक वर्ग सारे संसार में एक होता है। जो कार्य हिन्दी में प्रेमचन्द कर रहे थे, वही कार्य तमिल में वल्लतोल कर रहे थे।

प्रगतिशील लेखक संघ ने अपना लक्ष्य निर्धारित करते हुए लिखा कि—"सभी साहित्यिक गतिविधियाँ सोद्देश्य होनी चाहिए। साहित्यकारों को समाज की प्रगति के उद्देश्य के प्रति समर्पित होना चाहिए। इस उद्देश्य में साम्राज्यवाद से मुक्ति तथा मौलिक सामाजिक-आर्थिक परिवर्तन सम्मिलित है। इन उद्देश्यों की पूर्ति को लेकर बड़ा विवाद खड़ा हुआ तथा साहित्य में निरपेक्ष कल्पना एवं सौन्दर्य का महत्त्व कम हो गया। उसके स्थान पर यथार्थ का महत्त्व बढ़ गया। प्रगतिवादी लेखकों ने यथार्थवाद पर आवश्यकता से अधिक बल दिया। परम्परागत सौन्दर्य की उपेक्षा की। इस तरह सौन्दर्य और यथार्थ को लेकर छिड़े विवाद पर नम्बूदरीपाद ने लिखा है कि—"इस विवाद ने स्थापित सौन्दर्यशास्त्र के नियमों के विरुद्ध और पक्ष में खड़े लोगों के बीच की बड़ी लड़ाई का रूप धारण कर लिया। कम्युनिस्टों पर यह आरोप लगाया कि साहित्यिक रचनाओं में प्रगतिशील कथ्य भरने के चक्कर में वे कृतियों को सौन्दर्यपूर्ण बनाने की जरूरत को नकार देते हैं। कम्युनिस्टों का कहना था कि गैर कम्युनिस्ट लोग साहित्य में सुन्दर रूप की दुहाई इसलिए देते हैं ताकि वे प्रतिक्रियावादी सामाजिक विषय-वस्तु के साथ अपने समझौतों पर पर्दा डाल सकें। गैर कम्युनिस्टों का दावा था

---

1. राल्फ फॉक्स : उपन्यास और लोकजीवन पृ. 26, 27.

कि प्रगतिशील विषय-वस्तु से उनका सरोकार कम्युनिस्टों से किसी तरह का नहीं है। इधर कम्युनिस्ट इस बात की सफाई दे रहे थे कि वे भी साहित्यिक कलाकृतियों को कलात्मक दृष्टि से सर्वांगपूर्ण बनाने में उतनी ही रुचि रखते हैं, जितनी कि उनके विरोधी।"[1] प्रगतिवाद विरोधियों का मत था कि लेखक संसार में किसी विचार दर्शन या वर्ग से प्रतिबद्ध नहीं होता। वह किसी अन्य के प्रति नहीं, स्वयं अपने प्रति जवाबदेह होता है। वह अपने सन्तोष के लिए कलात्मक सृजन करता है, समाज के प्रति अपना कर्त्तव्य निभाने के लिए नहीं। उधर प्रगतिवादी लेखक कला के लिए कला सिद्धान्त का पूरी तरह विरोध कर रहे थे। प्रगतिवादी दौर के बाद **आधुनिकतावाद** का आन्दोलन खड़ा हुआ। आधुनिकतावाद में वास्तव में पुराने सड़े-गले लोग ही थे, जो कला के लिए कला सिद्धान्त के अनुयायी थे और साहित्य को समाज से काटकर रखना चाहते थे। अपना रंग-रूप बदलकर प्रस्तुत करने के लिए उन्होंने आधुनिकतावाद का मुखौटा लगा लिया और आधुनिक बनकर पूरे विश्व में प्रगतिवादियों से लड़ने के लिए आगे आ गये और इन्होंने स्पष्ट घोषणा कर दी कि लेखकों को चाहिए कि वे समाज के प्रति किसी तरह के दायित्व को मान्यता न दें। ऊपर से आधुनिक दिखायी देनेवाले ये लोग वास्तव में प्रतिक्रियावादी और समाज विरोधी थे। इन आधुनिकतावादियों का भी डटकर सामना करते हुए नव-प्रगतिवादी और जनवादी लेखकों ने पुनः स्पष्ट किया कि लेखक सोद्देश्य साहित्य की रचना करता है। अपनी इस साहित्यिक आचार संहिता को उन्होंने युग धर्म कहा।

काव्य और साहित्य का उद्देश्य हमारी अनुभूति की तीव्रता को बढ़ाना है। मनुष्य का जीवन केवल भोग-विलास, रति, प्रेम का जीवन नहीं है। शृंगारिक मनोभाव मानव जीवन का एक अंग हो सकता है। जिस साहित्य का अधिकांश भाग इसी से सम्बन्धित हो, वह उस जाति और युग के लिए गर्व की बात नहीं हो सकती। रीतिकाल तक इस तरह की कविताएँ लिखी जाती रहीं, लेकिन अब (1930 से) हमारी साहित्यिक रुचियाँ तेजी से बदल रही हैं। अब साहित्य केवल मनोरंजन की वस्तु नहीं है। मनोरंजन के सिवाय इसके और भी कुछ उद्देश्य हैं। अब साहित्यकार नायक-नायिका के संयोग-वियोग की कहानी ही नहीं सुनाता, जीवन की समस्याओं पर भी बारीकी से विचार करता है। साहित्यकार या रचनाकार को उन प्रश्नों से दिलचस्पी है, जिनसे समाज या व्यक्ति प्रभावित होते हैं। उनकी उत्कृष्टता की वर्तमान कसौटी अनुभूति की वह तीव्रता है, जिससे वह हमारे भावों और विचारों में गति पैदा करती है। प्रेमचन्द ने साहित्य में प्रेम की महत्ता पर बहुत अधिक बल दिया है। वे लिखते हैं कि—"हमारी सारी कमजोरियों की जिम्मेदारी

---

1. कला साहित्य और संस्कृति, पृ. 22.

हमारी कुरुचि और प्रेम भाव से वंचित होने पर है।[1] जहाँ सच्चा सौन्दर्य प्रेम की विस्तृति है, वहाँ कमजोरियाँ कहाँ रह सकती हैं? प्रेम ही तो आध्यात्मिक भोजन है और सारी कमजोरियाँ इसी भोजन के न मिलने पर अथवा दूषित भोजन के मिलने से पैदा होती है। कलाकार हममें सौन्दर्य की अनुभूति उत्पन्न करता है और प्रेम की उष्णता, उसका एक वाक्य, एक शब्द, एक संकेत इस तरह हमारे अन्दर जा बैठता है कि हमारा अन्तःकरण प्रकाशित हो जाता है। पर जब तक कलाकार सौन्दर्य-प्रेम से छककर मस्त न हो, उसकी आत्मा स्वयं इस ज्योति से प्रकाशित न हो, वह हमें प्रकाश कैसे दे सकता है। अब सवाल यह उठता है कि सौन्दर्य क्या चीज है? सौन्दर्य को देखकर हमारे मन में कोई शंका या सन्देह नहीं है। जो वस्तु आँखों को सुख देती है, मन को प्रिय लगती है, वही सौन्दर्य है। प्रगतिवादी साहित्य में सौन्दर्य, कला, प्रेम इनके मानदण्ड बदल गये हैं। जहाँ पहले का रचनाकार केवल सुखों में ही मन की सन्तुष्टि खोजता था, वहाँ प्रगतिशील रचनाकार दुःख, आँसुओं, वेदना में भी सौन्दर्य तलाशता है। प्रेमचन्द लिखते हैं—"मुझे यह कहने में हिचक नहीं कि मैं और चीजों की तरह कला को भी उपयोगिता की तुला पर तौलता हूँ। निःसन्देह कला का उद्देश्य सौन्दर्य वृत्ति की पुष्टि करना है। उपयोगिता की दृष्टि से एक ही वस्तु से हमें सुख भी होता है और दुःख भी।"[2] हमें सुन्दरता की कसौटी बदलनी होगी। अभी तक यह कसौटी अमीरी और विलासिता के ढंग की थी। रचनाकार अमीरों का पल्ला पकड़े रहता था, उन्हीं की कद्रदानी पर उसका भविष्य अवलम्बित था और उन्हीं के सुख-दुःख, आशा-निराशा, प्रतियोगिता और प्रतिद्वन्द्विता की व्याख्या करना कला का उद्देश्य था।"[3] लेकिन यह कला का संकीर्ण दृष्टिकोण है। यदि रचनाकार अपनी दृष्टि को विस्तृत करे तो वह देखेगा कि रंगे होंठों और कपोलों की आड़ में अगर रूप की निठुरता है तो मुरझाये हुए होंठ, आँसुओं से गीली आँखों में त्याग और सहिष्णुता छिपी है। कहने का तात्पर्य यह कि कलाकार भूख, गरीबी, परेशानी, सन्त्रास, संकट को भी कला में चित्रित करे, जिसमें सम्पूर्ण मानव व्यथा, सुख-दुःख छिपा हो। साहित्य केवल प्रेम और नफासत की चीज नहीं है। "साहित्यकार के सामने आज कल जो आदर्श रखा गया है, उसके अनुसार साहित्य की प्रवृत्ति अहंवाद या व्यक्तिवाद तक सीमित नहीं रही, बल्कि यह मनोवैज्ञानिक और सामाजिक होता है, अब वह व्यक्ति को समाज से अलग नहीं देखता, किन्तु समाज के एक अंग के रूप में देखता है, इसलिए नहीं कि वह समाज पर हुकूमत करे, इसे अपने स्वार्थ साधन का औजार बनावे, मानों उसमें और समाज में सनातन शत्रुता है, बल्कि इसलिए कि समाज के अस्तित्व के साथ उसका

1. कला साहित्य और संस्कृति, पृ. 36.
2. जनवादी साहित्य विशेषांक, उत्तरार्द्ध, पृ. 36.
3. जनवादी साहित्य विशेषांक, उत्तरार्द्ध पृ. 87.

अस्तित्व कायम है और समाज से अलग होकर उसका मूल्य शून्य के बराबर हो जाता है।[1] साहित्य व्यक्ति से निकालकर समाज में आता है। प्रेमचन्द के साहित्य का मूल उद्देश्य यही है कि साहित्य आम जनता से जुड़े, जो प्रगतिवादी या प्रगतिशील कविता की सबसे बड़ी विशेषता रही।

साहित्यकारों में कर्म का अभाव है, यह एक कड़वी सच्चाई है। जब तक साहित्यकार केवल मन बहलाने का साधन जुटाता रहेगा, तब तक साहित्य अपना स्थान नहीं बना सकता। वास्तविक साहित्य की कसौटी पर वही साहित्य खरा उतरेगा, जिसमें उच्च चिन्तन हो, स्वाधीनता हो, सौन्दर्य का सार हो, सृजन की आत्मा हो, जीवनगत सच्चाइयों का प्रकाश हो, हममें गति, सौन्दर्य, संघर्ष, बेचैनी पैदा करे, हमें निद्रा न दे, बल्कि जागृत कर दे, क्यों अब और सोना? सोना मृत्यु का लक्षण है। वही साहित्य वास्तव में साहित्य है जो सुलाये नहीं, जागृत करे।

जहाँ तक मार्क्सवादी, समाजवादी, प्रगतिवादी और जनवादी या वामपक्षीय अथवा कुछ हद तक सुधारवादी आदि नामों से अभिहित साहित्य के स्पष्ट उद्देश्यों का प्रश्न है, हमें प्रगतिशील लेखक संघ (1936) घोषणा-पत्र का संक्षिप्त अवलोकन करना पड़ेगा, क्योंकि जितने स्पष्ट ढंग से साहित्य के उद्देश्यों का वहाँ कथन किया गया है, उतनी स्पष्टता के साथ अन्य स्थानों पर नहीं कहा गया है। लन्दन में तैयार हुए **प्रगतिशील लेखक संघ के घोषणा-पत्र का सारांश** प्रेमचन्द द्वारा सम्पादित 'हंस' जनवरी, 1936 में इस प्रकार प्रकाशित हुआ था। "भारतीय समाज में बड़े-बड़े परिवर्तन हो रहे हैं। पुराने विचारों और विश्वासों की जड़ें हिलती जा रही हैं और एक नये समाज का जन्म हो रहा है। भारतीय साहित्यकारों का धर्म है कि वे भारतीय जीवन में पैदा होनेवाली क्रान्ति को शब्द और रूप देकर राष्ट्र को उन्नति के मार्ग पर चलाने में सहायक हों। भारतीय साहित्य पुरानी सभ्यता के नष्ट हो जाने के बाद से, जीवन की यथार्थताओं से भाग कर उपासना और भक्ति की शरण में जा छिपा है। नतीजा यह हुआ कि वह निस्तेज और निष्प्राण हो गया है, रूप में भी और धर्म में भी। आज हमारे साहित्य में भक्ति और वैराग्य की भरमार हो गयी है, भावुकता का ही प्रदर्शन हो रहा है। विचार और बुद्धि का एक तरह से बहिष्कार कर दिया गया है। पिछली दो सदियों में विशेषकर इसी तरह का साहित्य रचा गया है, जो हमारे समय का लज्जास्पद काल है। इस सभा का उद्देश्य अपने साहित्य और दूसरी कलाओं को पुजारियों, पण्डितों और अप्रगतिशील वर्गों के आधिपत्य से निकालकर उन्हें जनता के निकटतम संसर्ग में लाना, उन्हें जीवन और वास्तविकता लाना है, जिससे हम अपने जीवन को उज्ज्वल कर सकें। हम भारतीय सभ्यता की परम्पराओं की रक्षा करते हुए

---

1. जनवादी साहित्य विशेषांक, उत्तरार्द्ध, पृ. 88.

अपने देश की पतनोन्मुखी प्रवृत्तियों की निर्दयता से आलोचना करेंगे, जिससे हम अपनी मंजिल पर पहुँच सकें। हमारी धारणा है कि भारत के नये साहित्य को हमारे वर्तमान जीवन के मौलिक तथ्यों का समन्वय करना चाहिए और वे हैं, हमारी रोटी का, हमारी दरिद्रता का, हमारी सामाजिक अवनति का, हमारी राजनीतिक पराधीनता का प्रश्न, तभी हम इन समस्याओं को समझ सकेंगे और तभी हममें क्रियात्मक शक्ति आयेगी। वह सब-कुछ जो हमें निष्क्रियता, अकर्मण्यता और अन्धविश्वास की ओर ले जाता है, हेय है। वह सब-कुछ हममें समीक्षा की मनोवृत्ति लाता है, जो हमें प्रियतम रूढ़ियों को भी बुद्धि की कसौटी पर कसने के लिए प्रोत्साहित करता है, जो हमें कर्मण्य बनाता है और हममें संगठन की शक्ति लाता है, उसी को हम प्रगतिशील समझते हैं।''[1]

इस प्रकार वर्तमान परिस्थितियों में भारत के समाजवादी आन्दोलन से जुड़े विभिन्न-प्रकार के राजनीतिज्ञों और साहित्यकारों का साहित्यिक विषयक मन्तव्य स्पष्ट होता है। आरम्भ से अब तक हमारे वामपक्षीय विविध प्रकार के रचनाकारों ने भी इन्हीं उद्‌देश्यों को ध्यान में रखकर कई प्रकार के अन्तर्विरोधों या मूल्यांकनों में अन्तर्विरोध या मतभेद के होते हुए भी अपनी श्रेष्ठ रचनाओं से हिन्दी साहित्य को समृद्ध किया और नयी कविता को एक शीर्ष प्रदान किया। इस प्रकार भारत में, उसी प्रकार पश्चिम में भी मार्क्सवादी, प्रगतिशील या वामपक्षीय साहित्य की कोई एक निश्चित दिशा नहीं रही, वहाँ भी इसी प्रकार के अन्तर्विरोध दिखायी पड़ते हैं। पश्चिम के साहित्यकारों ने मूलतः मार्क्स द्वारा प्रतिपादित द्वन्द्वात्मक भौतिकवाद के दर्शन को जीवन और साहित्य के लिए स्वीकार किया, जिसकी मुख्य विशेषता थी (1) वर्ग प्रचार तथा क्रान्ति के आदर्श पर विशेष बल देना (2) साहित्य या कला का मूल आधार आर्थिक और सामाजिक संरचना (सर्वहारा, बूर्जुआ, छद्मबूर्जुआ या सामन्तवाद) को मानना। यद्यपि मार्क्स ने यह स्पष्ट रूप से लिखा कि सभ्यता के विकास में कभी-कभी कोई श्रेष्ठ कलाकृति प्रत्यक्षतः आर्थिक और सामाजिक संरचना को प्रतिबिम्बित नहीं कर पाती और उसमें एक प्रकार की तटस्थता होती है, तब भी आगे के मार्क्सवादी रचनाकारों ने आर्थिक-सामाजिक संरचना और वर्ग संघर्ष पर अधिक बल दिया और एक सीमा तक मार्क्स के सूक्ष्म और श्रेष्ठ निर्देशों का उल्लंघन किया। शेक्सपियर ने एलिजाबेथ प्रथम के शासनकाल में सामन्तवादी व्यवस्था के आधार पर तज्जनित सामाजिक सम्बन्धों के ढाँचे में आबद्ध होकर अपनी रचना लिखी, किन्तु अपनी अभिव्यंजना, अनुभूति सम्प्रेष्य तथा सौन्दर्य चिन्तन में वह इतना ऊँचा गया कि उसके युग की आर्थिक सामाजिक संरचना पिछड़ गयी और वह केवल आज के युग के लिए नहीं, बल्कि कल के लिए भी समाजवादी समाज की अपेक्षाओं के लिए एक श्रेष्ठ साहित्यकार माना जाता है।

---

1. जनवादी साहित्य, विशेषांक, उत्तरार्द्ध, अंक-20.

इसी प्रकार बर्नार्ड शा जैसे कतिपय अन्य साहित्यकार भी वामपक्षियों में समान रूप से सम्मानित माने जाते हैं। टाल्सटाय अब अपने युग की सीमा में बँधे रचनाकार नहीं माने जाते। हिन्दी में कबीर और तुलसी जैसे अनेक साहित्यकार अपनी सामाजिक-आर्थिक संरचना से कथ्य को ग्रहण करते हुए भी मानवीय अनुभूतियों, सामाजिक विकास के अपेक्षाकृत शाश्वत अभिलेखों को व्यक्त करते हैं तथा ऐसे कलात्मक सौन्दर्य और श्रेष्ठ मानव जीवन का चित्र प्रस्तुत करते हैं, जिनके आधार पर हम उन्हें तत्कालीन आर्थिक सामाजिक संरचना से सदा के लिए अलग नहीं कर सकते। डॉ. रामविलास शर्मा ने इन्हीं कारणों से प्रगतिशील कवि तुलसी की बड़ी सराहना की है, जबकि वर्ग संघर्ष के प्रति आस्थावान्, अनेक कट्टर रचनाकार तुलसी की उपेक्षा करते हैं या उनका विरोध करते हैं। आधुनिक काल के पश्चिम के रोमाण्टिक हिन्दी के छायावादी कवियों का साहित्य अनेक अर्थों में अपने युग की वास्तविकता से कटा हुआ दिखायी पड़ता है, जो मूलतः आर्थिक और सामाजिक यथार्थ की उपेक्षा करता है। ऐसे साहित्य को हम दुराग्रहपूर्ण ढंग से सामाजिक, आर्थिक संरचना से भली-भाँति जोड़ पाने में कठिनाई का अनुभव करते हैं। अस्तु, यह साहित्य की स्वतन्त्रता का सूचक है। ऐसी स्वतन्त्रता को अनेक प्रगतिशील रचनाकारों ने स्वीकार किया।

मार्क्स और एंजेल्स तो पहले ही इस प्रकार की स्वतन्त्रता को स्वीकार कर चुके हैं। इस प्रकार कतिपय छोटी-मोटी सीमाओं के होने पर भी मार्क्सवाद ने साहित्य के लिए जो श्रेष्ठ न्याय प्रस्तुत किया, उसका समाहार इस प्रकार किया जाता है— "साहित्य को विशेषता की दृष्टि से देखने पर स्पष्ट होता है। मार्क्सवादी समीक्षा में सामाजिक यथार्थ, दृष्टिकोण की उच्चता, सामाजिक अभिलेख, दलीय नीतियाँ, सामाजिक नियोजन की रूप-रेखा की एक विस्तृत झलक प्रस्तुत की है। समान ढंग से इसने छन्द विधान, व्यक्तिगत सम्बन्ध, व्यक्तिगत सन्निहित प्रतीक, तटस्थ व्याख्या और सामाजिक उत्तरदायित्व का उल्लंघन करने की किसी प्रगति का भी उल्लेख किया है।"[1]

इस बीच मार्क्सवाद को नकारने के लिए अमेरिकी साहित्यकारों ने एक समानान्तर आन्दोलन खड़ा किया, जिसमें उन्होंने सुसंगठित समाज के स्थान पर मुक्त समाज और सामूहिक वेदना के स्थान पर व्यक्ति वेदना, सामूहिक उत्पीड़न के स्थान पर नर-नारी का पृथक् उत्पीड़न और सर्वहारा के स्थान पर आम आदमी (कामन मैन) की भौंड़ी कल्पना आगे बढ़ाकर मार्क्सवाद के स्थान पर प्रयोगवाद का एक नया आन्दोलन खड़ा किया। इसने मार्क्सवाद पर आक्रमण करने का प्रयत्न किया। अमेरिकी लेखक एमरसन जेम्स, ज्वायस, इलियट आदि ने इस तरह के आन्दोलन को आगे बढ़ाया।

1. लिटरेरी क्रिटिसिज्म : पृ. 477, विलियम विलसाट जरमन जूनियर एवं क्लिथ बुक्स।

अपने अन्तर्विरोधों और आलोचनाओं की सीमा-रेखा को सरलतापूर्वक पारकर मार्क्सवाद के वर्ग संघर्ष और द्वन्द्वात्मक भौतिकवाद के दर्शन से प्रेरित साहित्य आज भी विश्व साहित्य की एक शक्तिशाली धारा बना हुआ है। सारे संसार में बड़ी संख्या में रचनाकार मार्क्सवाद, जनवादी या वामपक्षीय साहित्य का सृजन कर रहे हैं। मार्क्सवाद आज के वैयक्तिक या दिशाहीन साहित्य को पूँजीवादी साहित्य, रोमाण्टिक या छायावादी कवियों के विद्रोह को एक दुर्बल अराजकतावादी प्रयास एवं निषेधात्मक साहित्य मानता है। इस मार्क्सवाद प्रेरित सामाजिक यथार्थवाद के सिद्धान्त और समीक्षा ने एक विश्वजनीन साहित्य धारा को पिछले लगभग सौ वर्षों में अत्यधिक सशक्त बनाया है। हिन्दी साहित्य में भी यह रचनाधारा अत्यन्त प्रौढ़ और प्रभावकारी बन चुकी है, जिसका आरम्भ हिन्दी में सबसे पहले महाकवि निराला ने किया और पिछले साठ वर्ष की काव्य-यात्रा में अनेक चढ़ाव-उतार को पार करते हुए वह आज भी हिन्दी कवियों को समाज से जोड़ने का प्रयत्न कर रही है।

सन् 1935-36 के आस-पास कविता के साथ-साथ साहित्य की सभी विधाओं पर मार्क्सवाद का प्रभाव स्पष्ट रूप से दिखायी पड़ने लगा था। कविता की दृष्टि से यह छायावाद के अवसान का युग है क्योंकि इस समय प्रसाद, पन्त, निराला जैसे प्रमुख छायावादी रचनाकार अपना प्रमुख छायावादी कृतित्व पूरा कर चुके थे। "छायावाद अपनी उदात्त जीवन्तता को खोने लगा था।"[1] स्पष्ट वैज्ञानिक दृष्टि और सामाजिक वास्तविकता के पहचान के अभाव में साहित्य और समाज अन्धी गलियों में भटक रहा था। इन परिस्थितियों का अवलोकन करते हुए डॉ. शिवकुमार मिश्र ने लिखा है— "इधर राष्ट्रीय आन्दोलन में पस्ती, निराश और गतिरोध सामाजिक आर्थिक वैषम्य, मध्य वर्ग की बेबस वीरान जिन्दगी मजदूर-किसानों की बँधी हुई मुट्ठियाँ जैसे सारा समाज, सारा-का-सारा सामाजिक जीवन एक बिन्दु पर आकर ठहर गया हो, और उधर कविता तथा कला के क्षेत्र में चीत्कारों, विवशताओं, पराजय, अकेलेपन तथा भयानक मोहभंग के नजारे, गतिरोध, जड़ता तथा जबर्दस्त तनाव। समूचे साहित्यिक इतिहास में कदाचित् ही रचनात्मक सर्जन के सम्मुख इतना बड़ा संकट उपस्थित हुआ हो।"[2]

छायावादियों ने जिस प्रकार निराशा, पस्ती, वायवीयता को नकारा, उसी प्रकार प्रगतिवाद को स्वीकार करनेवाले भी छायावादी कवि ही हैं। प्रसाद, पन्त, निराला ने कल्पना और वायवीयता को चीर कर **सामाजिक यथार्थ की ओर प्रयाण** किया। राष्ट्रीय क्रान्तिकारी कवियों के जबर्दस्त आवाहन से समाज की वास्तविकताओं को वाणी

---

1. कलम : पृ. 310, अप्रैल, 1984.
2. डॉ. शिवकुमार मिश्र, : दर्शन साहित्य और समाज, पृ. 107.

मिली। इस युग की अनेक पत्र-पत्रिकाओं, 'हंस', 'जागरण', 'प्रभा', 'संघर्ष' और कम्युनिस्ट पार्टी द्वारा प्रकाशित 'नया साहित्य' में जाने-अनजाने कवियों की समाजवादी रचनाएँ उस आधार की भूमिका निर्माण करती हैं, जिस पर खड़े होकर हिन्दी की मार्क्सवादी कविता अपने व्यापक और प्रशस्त रूप का परिचय देती है। प्रगतिवादी आन्दोलन से प्रेरणा ग्रहण कर मार्क्सवादी संवेदना से पूरित होकर तत्कालीन परिस्थितियों की आवश्यकतानुसार शील, नागार्जुन, मुक्तिबोध, केदारनाथ अग्रवाल, रामविलास शर्मा, शमशेर, रांगेय राघव जैसे सशक्त रचनाकारों की एक पूरी पीढ़ी हिन्दी काव्य-जगत् में अपने आगमन की सूचना देती है।

शील जनवादी कवि के रूप में एक सशक्त रचनाकार हैं। इनकी कविता में जनता की आवाज मुखरित होती है। 'लावा और फूल' से लेकर 'कर्मवाणी शब्द हैं ये' संग्रह तक शील कोमल मानवीय संवेदना और जन आन्दोलन से प्राप्त प्रखर पीड़ा समेटे हुए प्रखर अनुभूति के सक्षम कवि के रूप में हमारे सामने आते हैं। "जनवादी कवि के रूप में हम उन्हें मार्क्सवादी कविता का प्रथम पुरुष कहें तो कोई अतिशयोक्ति नहीं होगी।"[1] नागार्जुन अनेक प्रगतिवादी रचनाओं को लेकर आते हैं—"'युगधारा', 'सतरंगे पंखों वाली', 'प्यासी पथराई आँखें', 'भस्मासुर' जैसी अनेक कृतियों में उन्होंने मानव जाति के अभाव, दुःख-दर्द, पीड़ा सन्त्रास को संजोया है। नागार्जुन की रचनाओं में एक सहजता है। यह सहजता नागार्जुन की भाषा सहजता है जो मानव मन को सीधे-सीधे लक्ष्य करती है।" "'शब्द' साधना के अप्रतिम साधक और मानव-जीवन के कुशल चितेरे नागार्जुन हिन्दी की मार्क्सवादी कविता की वर्णमाला के प्रथम वर्ण हैं।"[2]

केदारनाथ अग्रवाल ने हिन्दी साहित्यधारा और मार्क्सवादी काव्यधारा को महत्त्वपूर्ण योगदान दिया है। मार्क्सवादी जीवन-दर्शन का आलोक ग्रहण कर विकसित सौन्दर्यबोध को लोकजीवन में चित्रित कर केदारनाथ अग्रवाल ने हिन्दी की रचनाशीलता को संस्कारित किया है। इन्होंने अपनी काव्ययात्रा बुन्देलखण्ड की धरती से शुरू की। इनकी पहली रचना 'नींद के बादल' है। इसके बाद 1974 'युग की गंगा' प्रकाशित हुई। कालान्तर में जैसे-जैसे उनकी राजनीतिक सामाजिक चेतना प्रखर होती गयी, वैसे-वैसे 'नींद के बादल' की 'खुमारी से हटकर', 'युग की गंगा' में काव्य प्रतिभा को निखारने लगे।[3] 'मैंने उसको जब-जब देखा?' 'रेल भंजकों को जागने दो' जैसी रचनाएँ केदार की प्रगतिशीलता का परिचय देती हैं। 'फूल नहीं रंग बोलते हैं' संग्रह और शीर्षक की रचनाएँ केदार के प्रगतिशील कवि व्यक्तित्व के प्रति पाठक के मन में विश्वास पैदा करती हैं।

---

1. कलम : पृ. 312, अप्रैल, 1984.
2. वही
3. कलम : पृ. 312, अप्रैल,1984.

त्रिलोचन धरती के कवि माने जाते हैं। 'शब्द' ताप के ताये हुए दिन 'धरती', 'उस जनपद का कवि हूँ' उनके प्रमुख कविता संग्रह हैं। इनकी रचना जहाँ एक ओर निश्छल संवेदना को प्रकट करती है, वहीं आडम्बरहीन ठेठ देशी भाषा में अपनी सहजता और सम्प्रेषणता बनाये रखती है।

सर्वेश्वर दयाल सक्सेना अपनी रचना में पूर्णता प्राप्त करनेवाले रचनाकार हैं। 'बाँस का फूल', एक सूनी नाव' 'कविताएँ एक', 'कविताएँ दो', 'खूँटियों पर टँगे लोग' इनके प्रमुख रचना संग्रह हैं। इन रचनाओं में कवि ने जनता, खेत-खलिहान, गाँव, राजनीति, नेता, कुर्सी, शासन, भूख, सन्त्रास, गरीबी आदि सभी स्थानों पर अपनी लेखनी का असर छोड़ा है। हिन्दी के सशक्त रचनाकार के रूप में इनकी कविता उभरती है, लेकिन अभी तक सर्वेश्वर की सम्पूर्ण रचना का मूल्यांकन नहीं हो सका है। वास्तव में सर्वेश्वर गहरे अर्थों में प्रगतिशील और जागरूक कवि हैं, जिन्होंने अपनी रचना में पूरी ईमानदारी से लेखनी चलायी हैं।

कवि शमशेर को कवियों का कवि माना जाता है। वे कोमल भावनाओं और विशिष्ट भाव प्रसंगों के कुशल शिल्पी हैं। उनकी रचनाओं में भीतर से बाहर तक निहायत ईमानदारी परिलक्षित होती है। उन्हें व्यापक अर्थों में सामाजिक और क्लासिकल रचनाकार माना जाता है, लेकिन उनकी काव्यानुभूति वास्तव में पूरी तरह सौन्दर्यनिष्ठ रोमानी है। 'कामरेड भारद्वाज की शहादत पर', 'ग्वालियर के मजदूरों के जुलूस पर', 'अमन का राग', 'बात बोलेगी' जैसी प्रगतिशील रचनाओं के बावजूद कवि अपने रोमाण्टिक रूझानों से मुक्त नहीं है।

डॉ. रामविलास शर्मा भी मार्क्सवादी रचनाकार हैं। हम उन्हें कवि के रूप में कम आलोचक के रूप में ज्यादा जानते हैं। उनके काव्य संकलन 'रूप तरंग' में भावनाशील हृदय के साथ-साथ उनकी समाजवादी यथार्थ दृष्टि भी दिखायी देती है।

कवि रांगेय राघव स्टालिनग्राद पर नाजियों के आक्रमण के प्रति तीखी प्रतिक्रिया लेकर हिन्दी पाठकों के सामने आये। इस सुप्रसिद्ध मार्क्सवादी चिन्तक, कथाकार और कवि को 'अजेय खँडहर' से पर्याप्त ख्याति मिली। 'मेधावी', 'रूपछाया' तथा 'पंचाली' जैसे आख्यानक काव्यों की रचना करनेवाले रांगेय राघव एक ऐसे कवि हैं, जिन्होंने मात्र इस क्षेत्र में ख्याति अर्जित की।

वास्तव में मार्क्सवादी रचनाशीलता को सर्वाधिक श्रेय देनेवाले **कवि गजानन माधव मुक्तिबोध** हैं। साहित्यिक गुटबन्दी व स्वार्थपरता के कारण हम मुक्तिबोध की रचना से अपरिचित रहे। लम्बी बीमारी और मृत्यु के बाद उनका काव्य संग्रह 'चाँद का मुँह टेढ़ा' प्रकाशित हुआ, तब उनके सही मूल्यांकन की अनुकूलता हुई। ''कहना न होगा कि मूल्यांकन की कठिन आँच में तपकर उनकी रचनात्मक प्रतिभा ने सिद्ध कर दिया कि वे न केवल मार्क्सवादी चेतना के अप्रतिम कवि हैं, बल्कि स्वातन्त्र्योत्तर

हिन्दी कविता के शलाका पुरुष भी हैं। निराला के बाद पहली बार समकालीन सर्जना ने किसी ऐसे व्यक्तित्व से इतनी प्रेरणा ली और उन्हें अपने नेतृत्व की बागडोर सौंपी।"[1] मुक्तिबोध का सम्पूर्ण जीवन संघर्ष से परिपूर्ण रहा। वे गहरे संघर्ष के कवि रहे। यही संघर्ष उनकी रचनाओं में भी दिखायी पड़ता है। हिन्दी की मार्क्सवादी धारा की ये प्रेरणा और नींव के रूप में आये हैं, जिस पर छायावादोत्तर कविता का विकास देखा जा सकता है, जिन्होंने यथार्थवादी सौन्दर्यबोध, समाजवादी विचारधारा, मानववाद और जन-संस्कृति के उपकरणों से इसे सम्पन्न बनाया। इसके अलावा इस विशिष्ट विचारधारा के प्रभाव क्षेत्र में आनेवाली काव्य सर्जना के ये प्रेरणा पुरुष भी हैं।

इस प्रकार मार्क्सवादी कविता धारा अपनी परम्परा और इतिहास के साथ-साथ समृद्ध होती जा रही है। इस धारा में वर्तमान कवि के रूप में केदारनाथ सिंह, हरीश भादानी, धूमिल, कुमारेन्द्र, पारसनाथ सिंह, विष्णुचन्द्र शर्मा, विजेन्द्र मनमोहन, अरुणकमल, आलोक धन्वा जैसे अनेक कवियों की महत्त्वपूर्ण रचनाएँ संघर्ष कर रही हैं। आगे भी ये अपनी रचना प्रक्रिया में संघर्षरत रहेंगी।

7. आधुनिक भावबोध तथा मूल्यों का संघर्ष

कविता के क्षेत्र में इधर आधुनिकता और मूल्य शब्द का प्रचलन बहुत होने लगा है। आधुनिकता, वैज्ञानिकता, नयी धारा की सम्भावना, सीमा तथा मूल्यों की समस्या ने लेखकों का ध्यान इधर सर्वाधिक आकृष्ट किया है। आधुनिकता और मूल्यों की परिभाषा हर युग में परिवर्तित होती रहती है। मूल्य कभी भी स्थायी नहीं होते। एक बात और है कि कुछ मूल्य ऐसे होते हैं, जिनमें एक स्थायित्व की प्रवृत्ति विद्यमान रहती है, परन्तु उनमें भी संशोधन की प्रवृत्ति जारी रहती है, जो युगानुरूप अपना आकार ग्रहण करती है। छायावादी युग मध्ययुगीन दृष्टि और आधुनिक संवेदना के समक्ष उपस्थित होनेवाला एक सन्धिकाल है, जो दोनों युग के मध्य उपस्थित है, परिवर्तन का साक्षी बनकर। 1920-36 तक छायावाद का युग माना जाता है। इस अवधि में कविता में तेजी के साथ परिवर्तन दिखायी देता है, क्योंकि यह युग राजनीति, सामाजिक, आर्थिक परिवर्तनों का युग है। इसी समय विश्वयुद्ध हुआ, देश का विभाजन हुआ, आजादी की लड़ाई लड़ी गयी, देश की और जन की जान-माल की हानि हुई। देश में आर्थिक संकट उत्पन्न हुआ। भूख, बेरोजगारी बढ़ी। पश्चिम के अनेक आन्दोलनों का हमारे हिन्दी साहित्य पर प्रभाव पड़ा। अतः मुमकिन है कि कविता के मूल्य और आधुनिकता की नवीन परिभाषा बने, क्योंकि कविता अपने कथ्य, शिल्प और परिवेश में पूरी तरह बदली हुई उपस्थित हुई। इस स्थिति को हम प्रारम्भिक ढंग की आधुनिकता अथवा आधुनिकता का पूर्वाभास कह सकते हैं। सन् '37 के बाद

---

1. कलम : पृ. 313, अप्रैल, 1984.

विकास का द्वितीय चरण आरम्भ हुआ, जिसमें प्रगतिवाद, प्रयोगवाद की कविता की विभिन्न प्रक्रियाओं के मार्ग से आधुनिकता का भाव, बोध और मूल्यों का समावेश शुरू हो गया। छायावादोत्तर कविता के विकास की पृष्ठभूमि को देखने पर विशेष रूप से मूल्य और आधुनिकता की दृष्टि से द्विगुणात्मक परिवर्तन दिखायी देता है। प्रथम नूतन संवेदना का समावेश और दूसरा कविता की बाह्य पीठिका।

आधुनिकता का तात्पर्य सिर्फ सम-सामाजिकता या बाह्य पृष्ठभूमि की नवीनता ही नहीं है। यह एक आन्तरिक एवं मूल्यगत भाव भी है। इसका एक पक्ष दीर्घकालीन संस्कृति से सम्बन्धित है, जिसमें मानवता की स्वीकृति, स्वातन्त्र्य, न्याय-अन्यायों के प्रति विद्रोह और अस्वीकृति का परिवर्तित यन्त्र, यथार्थ तत्त्व, जिज्ञासा, मानवीय भावनाओं का सम्मान, मानसिक मुक्ति आदि सम्मिलित हैं। इसके दूसरे भाग में परिवेश, वातावरण, शैली परिवर्तन आता है। इन दोनों पक्षों का उचित दृष्टिकोण आधुनिकता को जन्म देता है। कभी-कभी नव्यता और आधुनिकता को पर्यायवाची मान लिया जाता है। जो भी परिवेश और सीमा हैं, उसमें संस्कार देना 'नव्यता' हो सकती है। एक विशिष्ट परिवेश में रहते उस परिवेश के मूल्य और लीक का त्याग करने से नवीनता की प्राप्ति हो जाती है। महाकवि भवभूति ने अपने पूर्ववर्ती सिद्धान्तों की परिपाटी को त्याग कर करुण रस की रचना की थी, जो उस युग के लिए नवीन था, परन्तु मूल्यगत जो परिवेश था, उसका उन्होंने अतिक्रमण नहीं किया था। आधुनिकता इन सब चीजों से नितान्त अलग चीज है। वह विभिन्न प्रक्रिया से गुजरने के बाद प्राप्त होती है। "वस्तुतः आधुनिकता परिवर्तित भाव बोध की वह स्थिति है, जिसका प्रादुर्भाव यान्त्रिक तथा वैज्ञानिक विकास क्रम के वर्तमान बिन्दु पर आकर हुआ है।"[1]

छायावाद के युग में या उसके पहले यह परिवेश नहीं था,जो आज के परिवेश में चारों ओर व्याप्त है। परिवेश अनेक प्रकार का है, जिससे संक्रमण की स्थिति उत्पन्न हुई। जिस विज्ञान को वरदान के रूप में स्वीकार किया गया था, वही विज्ञान अभिशाप के रूप में प्रकट हुआ। जिन पश्चिमी देशों में वैज्ञानिक और यान्त्रिक प्रगति पहले हो चुकी थी, वहाँ भी विज्ञान अपने विध्वंसक रूप में सामने आया। सम्पूर्ण जाति, संस्कृति, अल्पसंख्यकों को जड़ से नष्ट कर देने की धारणाएँ, हत्याएँ, भयादोहन की स्थिति, विभिन्न मतवाद, युद्ध, गृहयुद्ध, वैचारिक युद्ध, शीतयुद्ध, तटस्थता, बढ़ती हुई आबादी, अन्तरिक्ष विजय, अणुशक्ति के उपद्रव, सन्ततियों का आमूल परिवर्तन, क्षुब्ध प्रकृति के पलटने तथा विपरीत हो जाने की आशंका, मिनटों में सम्पूर्ण दुनिया के नष्ट होने की सम्भावना, आत्महत्या, पीड़ा, सन्त्रास, भय की स्थिति ये सारी अकल्पनीय स्थितियाँ थीं, जो अब तक इतिहास में कभी नहीं घटीं। आधुनिकता का

1. गिरिजाकुमार माथुर : नयी कविता सीमाएँ और सम्भावनाएँ, पृ. 103.

यही परिवेशीय स्तर है। जहाँ से आधुनिकता प्रक्रिया-दर-प्रक्रिया आगे आयी। आधुनिकता का दूसरा व्यक्ति भाव क्षेत्र से सम्बन्धित है। उपर्युक्त परिवेशों ने विश्व स्तर पर मानव को गहरा आघात पहुँचाया। परिणामस्वरूप जितनी पूर्ववर्ती मान्यताएँ थीं, वे समाप्त होती चली गयीं। मानव के भीतर आस्था और जीवन के स्थान पर अवसाद, भय, दुःख-संशय, अनिश्चय, सन्त्रास, क्षोभ, आक्रोश उत्पन्न होने से वह अशान्त हो उठा। वह अपने परिवेश में बाह्य जीवन में अजनबी और अन्तर्जगत् में अपने आपसे ही कटने लगा। चीजों के स्वरूप में पूर्ण परिवर्तन के कारण बाह्य और भीतरी दोनों ही तरह से उसकी सम्पृक्ति टूट गयी, परिणामतः व्यक्ति के जीवन में उद्विग्नता, विघटन, तनाव का वातावरण समा गया। उसे हर जगह संघर्ष का सामना करना पड़ता था। प्रकृति, जलवायु, खाद्य-पदार्थों में भी परिवर्तन होने लगा। अतः मनुष्य का मनुष्य रहना भी खतरे की बात हो गयी। आज विश्व क्षितिज पर जो भी समस्या खड़ी होती है, वह पूरे विश्व मानव को कहीं-न-कहीं से छूती है। विश्व की परिधि अत्यन्त सीमित होने से हर नवीन वस्तु पर अन्तरराष्ट्रीयता का प्रभाव हुआ है। ऐसी परिस्थिति में सांस्कृतिक अभिव्यक्ति के समस्त माध्यम बासी पड़ गये हैं, जो आन्तरिक भाव जगत् को स्पर्श करने में अक्षम प्रतीत होते हैं।

तीसरी स्थिति में आधुनिकता का दार्शनिक पक्ष आता है। बीसवीं शताब्दी तक आते-आते मानव सभ्यता शीर्ष बिन्दु पर जा पहुँची। औद्योगिक विकास ने मानव जाति को अनेक सुख-सुविधाएँ भी प्रदान कीं। उपभोग की अनन्त सुविधाएँ उपलब्ध हो जाने के कारण जीवन स्तर बढ़ता ही गया। आधुनिक सुविधाओं की आनुपातिक वृद्धि के बावजूद मानव-मन अशान्ति से ग्रस्त हो गया। भौतिक सुखों के परिवेश में उसकी आत्मा खोखली होती चली गयी। सांस्कृतिक दारिद्रय बढ़ता चला गया। सभी शब्द अपना अर्थ खोते चले गये। आदमी अपने लक्ष्य को और सार्थकता को भूलने लगा। ईश्वर, धर्म की परिभाषाएँ टूटने-बिखरने लगी। एक समाधानहीन समस्या से मानव-मन आक्रान्त रहने लगा।

इस स्तर पर पहुँचकर मानव के भीतर कुछ प्रतिक्रियाएँ हुईं। व्यक्ति अन्तर्मुखी होने लगा। व्यक्तिनिष्ठ प्रवृत्तियों का विकास हुआ। मनुष्य स्वयं अच्छी तरह समझने का प्रयास करने लगा कि वह क्या है? इस तरह के अनेक प्रकार की जो परिस्थितियाँ जीवन और जगत् में उपस्थिति हुईं, उसका प्रभाव कविता पर पड़ा और आधुनिकता की परिभाषा पूर्ववर्ती परिभाषा से कुछ भिन्न हो गयी।

छायावादोत्तर कविता में आधुनिकता प्राण तत्त्व के रूप में विराजमान है। हर युग की आधुनिकता भिन्न-भिन्न होती है। आधुनिकता हर युग में पूर्ववर्ती समस्त परम्पराओं को अपने में समाहित करती हुई नवीनतम वैज्ञानिक दार्शनिक उपलब्धियों के आधार पर नवीन जीवन मूल्यों की स्थापना करती है। हर युग के जीवन मूल्य अपने

पूर्ववर्ती जीवन मूल्यों की तुलना में आधुनिक होते हैं। काव्य-दर्शन की दृष्टि से आधुनिकता त्रिकालदर्शी है। यह एक प्रजातान्त्रिक भावना भी है। आधुनिकता ने ऐतिहासिक घटनाओं का अवलोकन न करके उन क्षणों की मनोवैज्ञानिक खोज की है, जो इतिहास की रूप-रेखा तैयार करते हैं। जीवन में परिवर्तन युगों में नहीं होता, बल्कि क्षणों में होता है। इतिहास अनेक क्षणों का संपुंज है। परिवेश और क्षणों का अध्ययन करने के पश्चात् आधुनिकता ने परम्परागत मूल्यों, रूढ़ियों को तोड़कर नवीन मूल्य और परिभाषाएँ दी हैं। इसी से नये मूल्यों का प्रादुर्भाव हुआ। इस प्रकार हम कह सकते हैं कि भूत, भविष्य, वर्तमान तीनों दृष्टियों के समुच्चय का नाम आधुनिकता है। कहा जा सकता है कि, "आधुनिकता अपने आप में कोई मन-गढ़न्त मूल्य या एक स्थिर बिन्दु पर टिका हुआ मानदण्ड नहीं है। यह तो एक विकासशील दृष्टिकोण है। एक गतिशील सांस्कृतिक सातत्य (कण्टीन्यूयम) है, एक लोचदार जीवन दृष्टि है या युग बोध से उन्नमित एक सशक्त प्रवृत्ति है। इसके मूल्य में धर्मनिरपेक्षता, अन्तरराष्ट्रीयता, एक विश्व की चेतना है। इस प्रकार आधुनिकता की माँग है कि कवि या कलाकार को भाषा विशेष या देश-विशेष में न देखकर सम्पूर्ण विश्व के परिवेश में देखा जाय। साथ ही प्रत्येक कलाकार अपने जातीय और राष्ट्रीय बोध को विश्वबोध से संयुक्त करना सीखे।"[1] वास्तव में आधुनिकता बोध स्थापित संस्कृति मूल्य संवेदना को अस्वीकार करता है। वह व्यक्ति को पूरी तरह से स्वतन्त्र देखना चाहता है। डॉ. बच्चन सिंह ने आधुनिकता को इस प्रकार परिभाषित किया है—"संयम की कमी, प्रयोग, साहित्य रूपों का तोड़-फोड़ रोक देने की मनोवृत्ति, आक्रोश, क्षोभ, हिंसा की आकांक्षा आदि आधुनिकता की विशेषताएँ हैं या 'मोटिफ' है।[2]

उपर्युक्त परिभाषाओं और परिस्थितियों के अनुरूप **हर युग में आधुनिकता की परिभाषा बदलती** रहती है। वह हर युग में अपने परिवेश से संघर्ष करती हुई कविता में स्थापित होती है।

हर कविता में कोई मूल्य अवश्य रहता है, इस बात को मान लेना आसान नहीं है। मूल्यों का संकट आधुनिक विश्व की समस्या है। मूल्यों की महत्ता को स्पष्ट करते हुए डॉ. नामवर सिंह लिखते हैं—"संघर्ष के बिना जब दो वक्त की रोटी भी मयस्सर नहीं होती तो, कविता के मूल्य क्या मिलेंगे? मूल्यों को इसीलिए, 'कमाया हुआ सत्य' कहा जाता है कि हर एक मूल्य के लिए खुद कीमत चुकानी पड़ती है।"[3] मनुष्य व्यक्तिगत और सामूहिक जिस तरह के भी मूल्य अपने भीतर आविष्कृत करता है, उसी प्रकार कविता भी अलग-अलग युग सन्दर्भ के अनुरूप सामूहिक रूप से तत्त्व की खोज

1. कुमार विमल : आधुनिक हिन्दी साहित्य, पृ. 256.
2. डॉ. बच्चनसिंह : आधुनिक हिन्दी साहित्य का इतिहास, पृ. 52.
3. डॉ. नामवर सिंह : कविता के नये प्रतिमान, भूमिका।

करती है। उद्‌देश्य और चिन्तन के बिना मूल्यों की प्राप्ति नहीं की जा सकती। छायावादोत्तर कविता में पारम्परिक और नूतन दोनों प्रवाह दिखायी पड़ते हैं। छायावादी संस्कार, उत्तरछायावादी गीतात्मक संस्कार, नूतन भंगिमा अर्थात् नयी कविता की धारा निरन्तर प्रवाहित होती रहती है। प्रथम धारा सौन्दर्य, कल्याण और कल्पना की है और दूसरी धारा बिखराव पूर्ण जिन्दगी को ही अपना मूल्य समझती है। स्वतन्त्रता के बाद निराला ने कविता को सामाजिक यथार्थ प्रगतिशीलता से जोड़कर सर्वहारा और शोषक के सम्बन्धों द्वारा क्रान्ति का मूल्य स्थापित किया। कविता में यह परिवर्तन 1930 के आस-पास या उससे पहले दिखायी पड़ने लगा। इसमें पन्त, प्रसाद, दिनकर, अंचल आदि अनेक कवियों का योग है।

स्वातन्त्र्योत्तर कविताएँ मूल्यगत संघर्षों से जूझती रही हैं, क्योंकि इस युग में परिस्थितिगत अनेक उतार-चढ़ाव आये हैं। "स्वतन्त्र भारत की परिस्थितियाँ इतनी अधिक मूल्य संकट की भ्रष्ट परिस्थितियाँ बनकर आयीं कि कवियों ने उन सारे आदर्शों और सम्भव्यताओं की प्राचीरों को ध्वस्त होते हुए अपनी आँखों से देखा।"[1] कविता में राजनीति का स्तर बहुत गिरा। हमारा कवि समाज जिन आदर्शों से प्रेरित होकर कविता में मूल्यों के भावनाओं का निर्माण करता था, वे सारे आदर्श देखते-देखते प्रजातन्त्र में ध्वस्त हो गये। लोग सत्ता की ओर आकर्षित होने लगे। सत्ता के आकर्षण ने रचनाकार की सारी नैतिकता, न्यायप्रियता, मानवीय चेतना को ताक पर रख दिया। सब सत्ता के आस-पास चापलूसों की तरह मँडराने लगे।

मूल्यों के ह्रास का एक दूसरा मुख्य कारण था स्वतन्त्रता प्राप्ति से पूर्व कुछ कवियों ने स्वातन्त्र्योत्तर चरित्र को इतने आशावादी ढंग से देखा कि स्वतन्त्रता प्राप्ति के बाद वे भ्रम में पड़ गये। विदेश के राग, रंग, सभ्यता, संस्कार आदि इस कदर हावी हो गये कि विषमता, शोषण, अन्याय के नये-नये तरीके निकल आये। अपने देश में यह अनैतिकता कवि मानस को और भी ज्यादा झकझोरनेवाली साबित हुई। सत्ता में भ्रष्टाचार मिश्रित विष प्रवाहित होने लगा था। सारी नैतिकता नेताओं की जेबों में चली गयी। सादगी, मानवीयता, अहिंसा, प्रेम का गला घोंट दिया गया। लोग नैतिकता को ताक पर रखकर धनार्जन करने लगे। फलस्वरूप नीचे का तबका, गरीबजन और भी पिट गये। जीवन की सुख-सम्पदा वर्ग विशेष के लिए सुरक्षित हो गयी। बहुत बड़े वर्ग की गैर-जिम्मेदारी और साधनों के अभाव ने समाज में व्यापक असन्तोष और आक्रोश की भावना का संचार किया। इन दोरंगी नीतियों के प्रति युवा कवियों के मन में आक्रोश की भावना जागृत हुई। इस सन्दर्भ में स्वातन्त्र्योत्तर राजनीति और चरित्र की स्थितियों पर करारा प्रहार करनेवाले दो नये कवियों की पंक्तियाँ पठनीय हैं—

---

1. अनन्त मिश्रा : स्वातन्त्र्योत्तर हिन्दी कविता, पृ. 200.

सड़कें उदास/गुम-सुम पेड़/नालियों में युवतियों की लाशें/
कीटों से लबालब/पूजागृह में गृहिणी की खून से लथ-पथ देह।[1] *xxx*
बीस वर्षों बाद भी/तीनों रंग धूमिल हो रहे थे/
गोकि अँधेरी आँखों में/तिरंगेनुमा कुछ बो रहे थे/
जब अन्तिम कार्य को उन्होंने शुरू किया तो/मस्तिष्क और
पेट की जगह कुछ ऐसा था/ जो उनकी पीठों में गड़ा था
और वे/गा रहे थे भावात्मक एकता।"[2]

स्पष्ट है कि युवा कवि परिस्थितियों से अत्यन्त ही क्षुब्ध है। इन कवियों का राजनीति से मोहभंग हो गया। इनकी आँखों में आजादी के जो सपने पले थे, वे सभी टूट गये। परिणामतः कवि आक्रोशी हो गये। स्वतन्त्रता के बाद ऐसी काव्य-भाषा का प्रयोग भारत के मूल्य संकट को रेखांकित करता है। राजनीतिक तथा सामाजिक व्यवस्था का चित्रण भारत भूषण अग्रवाल की कविता 'एक उठा हुआ हाथ' में देखा जा सकता है— "क्या फर्क है वेदपाठी और आर्मी ऑफिसर में/दोनों की बेटियाँ 'ए' फिल्म देखती थीं/ और दोनों भाग गयी हैं। समझ का छाता तानने से क्या होता है/ जब बरसात आसमान से नहीं/ योजना भवन से हो रही है।/"[3]

छायावादोत्तर कविता के मूल्यगत संकट की परिस्थिति का अध्ययन करने के पश्चात् यह जरूरी है कि इस अवधि के उन प्रमुख कवियों का अध्ययन किया जाय, जिन्होंने अपनी रचना के माध्यम से मूल्यों की स्थापना की है। साहित्य सृजन एक दायित्वपूर्ण कर्म है। इसी दायित्व के अन्तर्गत ही मूल्यों की तलाश की जाती है। यदि कवि, रचनाकार कविता न लिखकर अनर्गल बातें लिखता है, जिससे प्रसन्नता मिलती है तो उन कविताओं में मूल्य खोजना मूल्यान्वेषण नहीं है। "जब तक सामान्य या विशिष्ट पाठक की समझ में आनेवाली या उसके समय को उद्वेलित करनेवाली रचना न हो, तब तक रचना को मूल्यान्वेषण की भूमि पर नहीं उतारा जा सकता है। यह कहने की आवश्यकता इसलिए पड़ रही है कि समकालीन काव्य संसार में बहुत-सी रचनाएँ होती हैं, जो विवादास्पद हैं और उन्हें कम-से-कम एक समय की प्रतीक्षा किये बगैर मूल्यान्वेषण का प्रत्यय नहीं स्वीकारा जा सकता है।"[4] अतः यह निष्कर्ष निकलता है कि कवि को अपने और समाज के प्रति जागरूक होना चाहिए। उसे अपने दायित्वों को समझना पड़ेगा।

---

1. उत्कर्ष कविता विशेषांक, पृ. 35.
2. बलदेव बंशी : स्वातन्त्र्योत्तर कवि परिचय, युवा लेखक विशेषांक।
3. भारतभूषण अग्रवाल : एक उठा हुआ हाथ, पृ. 49.
4. डॉ. अनन्त मिश्रा : स्वातन्त्र्योत्तर हिन्दी कविता, पृ. 49.

मुक्तिबोध गहरे यथार्थ और संघर्ष के कवि हैं। संघर्ष और यथार्थ दोनों उनके व्यक्तित्व में सम्पृक्त हैं। उनकी कविताएँ सामाजिक ऐतिहासिक यथार्थ बोध की आन्तरिक दृष्टि का गहरा परीक्षण करती हैं। उनकी सार्थकता इसमें है कि उन्होंने इतिहास के प्रश्नों को उसकी सार्थकता को उठाकर छोड़ नहीं दिया है, बल्कि उसे कविता के प्रश्नों में बदल दिया है। उनके सामने व्यक्ति और समाज की भूमिका स्पष्ट है। सामन्तशाही नियमों में बँधी हमारी गरीब जनता अनेक प्रकार के शोषणों के खिलाफ है। उसके ऊपर अनेक जुल्म किये जा रहे हैं, परन्तु अब धीरे-धीरे जनता अपने अधिकारों और कर्त्तव्यों के प्रति सचेत हो रही है और सामन्ती व्यवस्था के बन्धन से मुक्त हो रही है। मुक्तिबोध इसी पुरानी परिपाटी को तोड़ देना चाहते थे, ताकि नये जनवादी समाज की व्यवस्था हो। इस व्यवस्था को बनाने के लिए वे अपनी कविता में संघर्ष करते हैं, ताकि स्वस्थ मूल्यों की स्थापना हो सके। मुक्तिबोध ने भारतीय काव्य-परम्परा तथा इतिहास की कहीं भी उपेक्षा नहीं की। "पुरानी परम्परा छूटती नहीं है, पर वह परम्परा है, मेरी है और उसका प्रसार अवश्य होना चाहिए।[1]

आधुनिक हिन्दी कविता के इतिहास में मुक्तिबोध अकेले ऐसे कवि हैं, जिन्होंने परम्परा को आत्मसात् करते हुए कविता को नया आयाम तथा सैद्धान्तिक दृष्टि प्रदान की। मुक्तिबोध की सैद्धान्तिक दृष्टि तथा काव्य की रचना प्रक्रिया इन्हें अपने समकालीन अन्य कवियों से अलग व्यक्तित्व प्रदान करती है।"[2]

मुक्तिबोध ने कल्पना के स्थान पर यथार्थ को चित्रित किया है। द्वितीय विश्वयुद्ध, बंगाल का भीषण अकाल, सामाजिक, राजनीतिक उथल-पुथल ने तीव्र संक्रमण की स्थिति उत्पन्न कर दी थी। ऐसे समय में इन परिस्थितियों का समाधान समाजवाद में खोजा गया। कविता यथार्थ के नये धरातल पर अवतरित हुई। "मेरे मन की पहली भूख सौन्दर्य और दूसरी विश्व मानव का सुख-दुःख। इन दोनों का संघर्ष मेरे साहित्यिक जीवन की पहली उलझन थी। उसका स्पष्ट वैज्ञानिक समाधान मुझे किसी से न मिला। परिणामतः अनेक आन्तरिक द्वन्द्वों के कारण एक ही काव्य विषय नहीं रह सका। दूसरी ओर दार्शनिक प्रवृत्ति, जीवन और जगत् के द्वन्द्व जीवन के आन्तरिक द्वन्द्व, इन सबको सुलझाने की और एक अनुभव सिद्ध व्यवस्थित तथ्य प्रणाली अथवा जीवन दर्शन को आत्मसात् कर लेने की दुर्लभ प्यास मन में हमेशा रहती। आगे चलकर मेरे काव्य के कवि को निश्चित करनेवाली यही काव्य प्रवृत्तियाँ थीं।"[3] मुक्तिबोध ने अपनी कविता का विषय 'स्व' नहीं बनाया है। कविता मानस के भीतर से ही निर्मित होती है। यह ठीक है कि कला का केन्द्र व्यक्ति है, परन्तु उस व्यक्ति की कला को विश्वमय बनाना

---

1. सम्पादक अज्ञेय : तारसप्तक वक्तव्य, पृ. 8.
2. डॉ. सुरेन्द्र प्रताप : विचारक कवि और कथाकार, पृ. 52.
3. सम्पादक अज्ञेय : तारसप्तक वक्तय, पृ. 6.

नितान्त आवश्यक है। इसके लिए मुक्तिबोध ने नया आयाम सन्मुख रखा : "व्यक्तित्वान्तरण अर्थात् व्यक्तित्व को अतिक्रमित कर जाना।" निराला इसी को 'वैयक्तिकता से निर्वैयक्तिकता की ओर जाना' कहते हैं। यह व्यक्तित्वान्तरण की प्रक्रिया व्यक्ति से समृद्ध होकर ही हो सकती है। इसके लिए उन्होंने व्यक्ति और समाज को नये सिरे से पढ़ना शुरू किया। कवि का उद्देश्य मात्र अस्मिता की खोज करना नहीं है, उसका उद्देश्य व्यक्तित्व का अतिक्रमण, अस्मिता का विलय है। कवि के विचार व्यक्तिवादी न होकर समाजवादी हैं। उन्होंने अपनी कविताओं में ऐसे काव्य नायकों को उभारने की कोशिश की है, जो अनेक न होकर सामूहिकता में हों। कवि की विचारधारा ही है कि मुक्ति अकेले नहीं मिलती। यदि वह है तो सबके साथ। अज्ञेय इसी अस्मिता की बात करते हैं—"अरे कब से बेचारी मछली/ फिर अगाध से/ सागर खोज रही है।[1]

अज्ञेय प्रयोगवादी धारा के प्रवर्तक माने जाते हैं। वे साहित्य के माध्यम से समाज और संस्कृति के नये मूल्य स्थापित करना चाहते हैं, जिसे उन्होंने तारसप्तक के वक्तव्य में स्पष्ट किया है। इनका पहला काव्य-संग्रह 'भग्नदूत' 1933 में और दूसरा 'चिन्ता' 1942 में प्रकाशित हुआ। चिन्ता में कवि ने 'भग्नदूत' की प्रणयाभूति को दार्शनिक आधार देने की चेष्टा की है। यह भी स्पष्ट किया है कि पुरुष और स्त्री का सम्बन्ध पति और पत्नी का सम्बन्ध नहीं, चिरन्तन पुरुष और चिरन्तन स्त्री का सम्बन्ध है। अनिवार्यतः एक गतिशील सम्बन्ध है।"[2] पुरुष और स्त्री के संघर्ष और सन्तुलन को लेकर कथा निर्मित की गयी है। विश्वप्रिया और एकाकायन दो पात्र हैं। अज्ञेय मूल्यों की स्थापना व्यक्ति के माध्यम से करना चाहते हैं। इनका मानना है कि समझ का निर्माण व्यक्ति द्वारा होता है। वे व्यक्ति की प्रक्रिया से गुजर कर समाज का निर्माण चाहते हैं। वे व्यक्ति की सत्ता में ज्यादा विश्वास रखते हैं। मुक्तिबोध उस आदमी की तलाश में हैं जो बाहरी दबाव के कारण दुःखी होकर कहीं छूट गया है। अज्ञेय की तलाश भीतरी है, वे अपने में ही सारी सृष्टि को देखते हैं। मुक्तिबोध बाहरी दुनिया से अपने को सम्पृक्त करते हैं।

धर्मवीर भारती व्यक्ति स्वातन्त्र्य की बात करते हैं। छठे दशक में सामूहिकता से हटकर व्यक्ति स्वातन्त्र्य और व्यक्ति दायित्व की बात भारती ने उठायी थी। उन्होंने स्वयं लिखा है। नयी कविता की जो प्रमुख भाव-भूमि है, उसमें प्रमुख प्रश्न है, सर्वांगीण मानवीय विघटन का मुकाबला करने का। नयी कविता मनुष्य की आन्तरिकता को फिर से प्रतिष्ठित करना चाहती है। असामञ्जस्य को दूर करना चाहती है।"[3] भारती ने व्यक्ति स्वातन्त्र्य का मुख्य स्वर अपनी कविताओं के माध्यम से व्यक्त करना चाहा है।

---

1. अज्ञेय : 'पहेली' अरी ओ करुणा प्रभामय।
2. अज्ञेय : चिन्ता, भूमिका, पृ. 7.
3. धर्मवीर भारती : मानव मूल्य और साहित्य, पृ. 175.

इसके अतिरिक्त नयी विचारधारा समाज में व्याप्त हो रही थी। जैसे समाजवादी, मार्क्सवादी। पश्चिम से अस्तित्ववादी विचारधारा भी आने लगी थी। इन सब प्रभावों से छठे दशक के कवि प्रभावित हुए बिना नहीं रह सके। इसी तरह अन्य छायावादोत्तर कवियों की रचनाओं में भी किसी-न-किसी रूप में मूल्यों की स्थापना हुई है। नामवर सिंह मूल्यों की चर्चा करते हुए लिखते हैं कि—"किसी कविता का सिरजा हुआ संसार ही उसका मूल्य है, किन्तु उस मूल्य की प्रासंगिकता इस बात पर निर्भर करती है कि वह सिरजा हुआ संसार कितना वास्तविक है अथवा वास्तविकता के बारे में हमारी समझ को कितना गहरा और कितना समृद्ध करता है। हमारे आस-पास के संसार को अर्थ प्रदान करने में ही किसी के अपने संसार की सार्थकता है। वास्तविकता की इस अर्थ-भूमि पर मूल्यों का सच्चा संघर्ष होता है।

प्रगतिवादी हिन्दी कविता का युगान्तर

1. प्रगतिवादी काव्य की प्रतिबद्धता : जन आन्दोलनों का प्रभाव

प्रगतिवादी काव्यधारा भारतीय सामाजिक और ऐतिहासिक जीवन के नये संघर्षों (जन-संघर्ष) की अभिव्यक्ति है। 1930 के पश्चात् काव्य में राजनीतिक चेतना का समावेश सामाजिक, ऐतिहासिक संघर्षों के बाद हुआ। जहाँ एक ओर राष्ट्र अपनी राजनीतिक स्वतन्त्रता के लिए संघर्षरत था, वहीं दूसरी ओर सामाजिक, आर्थिक, धार्मिक समस्याओं से भी संघर्ष कर रहा था।

"प्रगतिवाद के इन बीस वर्षों के इतिहास में स्वस्थ सामाजिकता, व्यापक भावभूमि और उच्च विचार की निरन्तरता के विकास का इतिहास है, जो जीवन की व्यापक समस्याओं की ओर, और यथार्थवाद अथवा नग्न यथार्थ से आरम्भ होकर क्रमशः स्वस्थ सामाजिक यथार्थवाद की ओर अग्रसर होता जा रहा है।"[1]

संघर्ष की इस व्यापक स्थिति में समाज के अवरोध उत्पन्न करनेवाले तत्त्व केवल अपने ही देश के नहीं, विदेश के भी थे। अंग्रेजों ने भारतीय समाज के परिवेश को हर तरफ से खण्डित किया। एक ओर तो उन्होंने प्रशासनिक कुशलता से देश में झूठी साम्प्रदायिकता का जाल फैलाया, दूसरी ओर धार्मिक स्वतन्त्रता का आश्वासन देकर ईसाई मिशनरियों को भारतीय समाज में ईसाई समुदाय के संगठन के लिए कार्यरत किया। आर्थिक क्षेत्र में जमींदारों, ताल्लुकेदारों, महाजनों, साहूकारों को मिलाकर अंग्रेज साम्राज्यवादियों ने भारतीय अर्थ-व्यवस्था को छिन्न-भिन्न कर दिया। ऐसी विषम परिस्थिति में सामान्य जनता के लिए आत्म-विश्वासों को संगठित करके संघर्ष करने और अपने पैरों पर खड़ा होने के सिवाय कोई रास्ता नहीं रह गया। भारत की निराश हताश जनता में आत्मविश्वास उत्पन्न करने तथा संघर्ष करने के लिए प्रेरित करने का कार्य कुछ पहले से महात्मा गाँधी करते आ रहे थे। इस प्रकार के संघर्ष में भगत सिंह की अग्रणी भूमिका थी। भारतीय जन-जागरण का स्वर सर्वप्रथम तब उर्दू के लेखक प्रेमचन्द में सुनायी देता है। मुंशी प्रेमचन्द पहले लेखक थे, जिन्होंने जनता के ऊपर किये गये अत्याचार के विरुद्ध आवाज उठायी और बड़ी समझदारी और सहृदयता से

---

1. डॉ. नामवर सिंह : आधुनिक साहित्य की प्रवृत्तियाँ, पृ. 83-84.

कहा—"साहित्य **समाज का दर्पण** है।" आगे चलकर उन्होंने जीवन की सर्जनात्मक चेतना को कुण्ठित होते देखकर समाज की दशा पर गहराई से विचार प्रारम्भ किया। प्रेमचन्द का सम्पूर्ण साहित्य समाज के सृजन की पूरी प्रक्रिया है, जिसमें समाज के सामाजिक, राजनैतिक, आर्थिक, धार्मिक सभी पहलुओं पर विचार किया गया है। इसी प्रकार प्रसाद की 'कंकाल' आदि रचनाओं में भी यथार्थवादी दृष्टि देखी जा सकती है।

"युग की आवश्यकताओं और आकांक्षाओं को जाननेवाले एक नवीन समुदाय का साहित्य में आविर्भाव हुआ, जिसने अपने आपको प्रगतिवाद कहा।"[1]

सन् 1926 से ही सामान्य श्रमजीवी जनता सचेत होने लगी थी। आजादी की लड़ाई में इस वर्ग ने सामूहिक रूप से भाग लेना आरम्भ किया।

सामान्य जनता इस लड़ाई को अपने हक और आजादी की लड़ाई के तात्पर्य को समझने लगी। राजनीतिक स्वतन्त्रता के साथ ही इस वर्ग के सामने रोटी और वस्त्र का भी सवाल खड़ा था। सामाजिक, राजनैतिक दृष्टि से जागरूक राजनैतिक जन-नायकों ने स्वतन्त्रता संग्राम के लिए जनता का मार्गदर्शन किया तथा उन्हें संघर्ष के लिए प्रेरित भी किया। सामाजिक राजनैतिक आन्दोलनों से उनके मन में उत्साह और आत्मविश्वास मजबूत होता गया। इस प्रकार जनता अपने अधिकारों के प्रति सचेत होकर सामाजिक बदलाव चाहने लगी। इस जागृति को क्रमशः विकास मिलता ही गया। रचनाकारों ने इसे अपने सृजन का विषय बनाया, जो साहित्य में प्रतिबिम्बित होने लगा।

कवि जिस संशय, संघर्ष एवं प्रभाव संकुल युग में कवि-कर्म का दायित्व उठाने जा रहे थे, वह सामाजिक कालक्रम की दृष्टि से छायावादोत्तर काल था। सामान्यतः सन् 1936 का जो 'युगान्त' का भी प्रकाशन काल है, छायावाद के अन्त का सूचक मान लिया जाता है। 'युगान्त' की भूमिका में इस बात का स्पष्ट रूप से उल्लेख है कि—"छायावादी कविता कोमल कान्त पदावली से विदा ले रही है।"[2]

अनेक रचनाएँ भी नये प्रस्थान की सूचना देती हैं। 'नष्ट-भ्रष्ट हो जीर्ण पुरातन' के उद्घोष के साथ ही अब कवि सन्ध्या के झुट-पुट अँधेरे में घर की ओर रवाना होते हुए श्रम-जीवियों की ओर भी देखने लगा था। यह इस बात का संकेत है कि छायावाद का अन्त हो रहा है। इस काल को ही छायावाद परिपाटी का 'ह्रास-काल' 'छायावाद का पतन' अथवा उसकी 'असामयिक मृत्यु' का काल कहा गया है।[3]

---

1. डॉ. केशरी नारायण शुक्ल : हिन्दी काव्य-धारा का सांस्कृतिक स्रोत पृ. 199.
2. सुमित्रानन्दन पन्त : 'युगान्त' में "कोमल कान्त पदावली का अभाव है" युगान्त की भूमिका।
3. कविता से छायावादी प्रवृत्तियों से दूर होनेवाली ऐतिहासिक स्थिति को कई रूपों में व्यक्त किया गया है। गिरिजाकुमार माथुर उसे छायावादी परिपाटी का "ह्रास-काल" (नयी कविता : सीमाएँ और सम्भावनाएँ-पृ. 81) डॉ. देवराज उसे 'छायावाद का पतन' कहते हैं (द्रष्टव्य लेखक के इसी नाम की पुस्तक) रामस्वरूप चतुर्वेदी इस स्थिति को छायावाद की "असामयिक मृत्यु" कहते हैं—हिन्दी नव लेखन, पृ. 15.

2. छायावादी अवधारणाओं से मुक्ति की तलाश

(क) छायावादी हिन्दी काव्य : एक दृष्टि

छायावादी कवियों ने अपनी रचना के माध्यम से युग जीवन का चित्रण तो किया, लेकिन उसकी आधार भूमि मुख्य रूप से कल्पनात्मक, आदर्शात्मक, भावात्मक एवं रहस्यमय ही अधिक रही। 'साहित्य किसके लिए' का कहीं कोई उत्तर नहीं था। स्पष्ट है, कविता को व्यक्तिवादिता घेर रही थी और कविता धीरे-धीरे सामान्य जनता से कटती जा रही थी।

"छायावाद के बीच मौलिकता और नवीनता के नाम पर जो असामान्य की खोज हुई, उसने सामान्य जनता से बहुत दूर कर दिया।"[1]

इस प्रकार सामान्य जनता की समस्याओं से दूर, युगीन समाज की आवश्यकताओं की पूर्ति करने में असमर्थ, कल्पना और व्यक्तिवादिता के नशे में चूर, रहस्यवादिता की खाल ओढ़े युगीन सामान्य जनता की चेतना को स्वीकार करने में असमर्थ, फलतः प्रतिक्रिया होना स्वाभाविक था।

"छायावाद का पराभव एक तो इस कारण हुआ कि छायावादी कवियों की आध्यात्मिक अनुभूति अपूर्ण और दुर्बोध थी और दूसरे उसमें मानव जीवन को उचित गौरव न देकर उसके प्रति वैज्ञानिक दृष्टिकोण के स्थान पर भावात्मक दृष्टि को अपनाया गया।"[2]

छायावाद युग की बाह्य परिस्थितियाँ भी बड़ी जटिल विडम्बनापूर्ण थीं। एक ओर पराधीनता का बन्धन और दूसरी ओर क्रान्ति की आवाज। परिस्थितियाँ बड़ी तेजी से बदल रही थीं, मूल्यों का नाश हो रहा था। सामाजिक व्यवस्था विशृंखलित हो रही थीं। लेकिन छायावादी कवि इन सबसे बेखबर अपनी स्वानुभूत भावनाओं एवं कल्पनाओं की गोद में पड़ा प्रेम और सौन्दर्य की चादर ओढ़े लोक से दूर 'क्षितिज के उस पार' जाने की इच्छा में मग्न था। छायावादी कविता का प्रारम्भ में खुले दिल से स्वागत किया गया, वही कविता बाद में बोझ बन गयी, जिसे उतार कर फेंक देने की पहल स्वयं छायावादी कवियों—पन्त और निराला ने की। इस प्रकार **छायावादी कविता के पराभव का कारण** समाज की बाह्य परिस्थितियाँ एवं आवश्यकताओं के प्रति उसकी उदासीनता भी थी।

मुख्यतः ये सभी चीजें छायावादी कविता की नींव को दिनोंदिन कमजोर करती जा रही थीं और उसके पतन का कारण भी बनीं। दिनकर ने भी छायावादी कविता के अवसान के मूल कारणों पर विचार प्रकट किया है—"छायावादी कवियों की वैयक्तिकता की धुन, बौद्धिकता का प्रसार, भावुकता और रुदनशीलता, वास्तविकता

---

1. डॉ. केशरी नारायण शुक्ल : आधुनिक काव्यधारा का सांस्कृतिक स्रोत, पृ. 133.
2. सुश्री महादेवी वर्मा : आधुनिक कवि, पृ. 22, 25.

की अपेक्षा सजावट का मोह आदि ऐसे चित्र थे, जो छायावादी कविता के दोष थे और जिसके कारण उसे पतन की राय देखनी पड़ी।"[1]

"अनुभूति शून्य रहस्यवाद एक प्रवृत्ति बनता जा रहा था, न केवल कथा-वस्तु अस्पष्ट तथा रहस्यात्मक कल्पना के तानों-बानों से बुनी जा रही थी, अपितु उसी के अनुरूप शैली, शिल्प की नियोजना भी हो रही थी। वस्तु और शिल्प दोनों ही क्षेत्रों में कविता निगूढ़, अस्पष्ट और दुर्बोध बनती जा रही थी। लाक्षणिकता तथा प्रतीकात्मकता बुद्धि की सीमाओं से बाहर होती जा रही थी। समस्त काव्य के ऊपर कृत्रिम आवरण पड़ता जा रहा था। बुद्धि और नये ज्ञान-विज्ञान की उपलब्धियों से शून्य कविता का एक अलग काल्पनिक लोक निर्मित हो गया था।"[2]

इस प्रकार छायावाद दिन-प्रतिदिन अपनी ह्रासोन्मुखता की ओर अग्रसर होता जा रहा था। युगीन परिस्थितियों में उसकी असंगति उसके पतन का मुख्य कारण थी। जिन सूक्ष्म तन्तुओं से उसका निर्माण हुआ था, वे संघर्षों की कठोर भूमि के लिए उपयुक्त नहीं थे।

"छायावाद वह रेशम था, जिससे युद्ध तथा संकट के दिनों में सिपाहियों की वर्दी नहीं बन सकती थी।"[3]

छायावादी कविता जन-समुदाय से कट गयी थी। सामान्य जनता से उसका कोई सरोकार नहीं था। सामाजिक परिस्थितियों तथा बदलाव के प्रति वह पूरी तरह उदासीन थी। "उसमें जीवन से सम्बन्धित किसी निश्चित रचनात्मक दृष्टिकोण का अभाव था।"[4]

दिनकर की दृष्टि में कोमलता की साधना में छायावाद ने कदाचित् अति कर दी थी, इसलिए इस काव्य में स्वप्न, हिमकण, आँसू, ओस, विहग, बूँद-बूँद, तल-मल और चन्द्र, नक्षत्र, क्षितिज एवं नीलिमा जैसे कोमल और वायवीय शब्द भरे हुए हैं।[5]

छायावाद पर यह भी आरोप लगाया जाता है कि उसमें प्रौढ़ बौद्धिकता का अभाव है तथा उसका सौन्दर्य बोध शिशुवत् निष्क्रियता को अन्तिम सत्य मानता है। उसकी आस्था प्रौढ़ न होकर शिशुवत् है। किसी सीमा तक यह आरोप अत्युक्तिपूर्ण है, किन्तु यह सही है कि छायावाद की भाव-भूमि से छायावादोत्तर काल के नये रचनाकार असन्तुष्ट थे। फलतः उनके मन में छायावाद के प्रति तीव्र प्रतिक्रिया उभर कर आयी। युग की भीषणता जिस बात की माँग कर रही थी, छायावाद में उसका अभाव था। ऐसी स्थिति में स्वाभाविक है कि एक नये मोड़ का निर्माण होगा।

---

1. श्री रामधारी सिंह 'दिनकर' : काव्य की भूमिका, पृ. 75, 78.
2. डॉ. उमेशचन्द्र मिश्र : प्रगतिवादी काव्य, पृ. 292.
3. रामस्वरूप चतुर्वेदी : हिन्दी नव-लेखन, पृ. 15.
4. वही
5. रामधारी सिंह दिनकर : काव्य की भूमिका, पृ. 56, 62.

सन् 1936 के बाद स्वयं छायावादी कवि छायावादी प्रवृत्तियों को छोड़ने लगे। इसकी चर्चा हम ऊपर कर चुके हैं। पन्त की 'युगवाणी' 1936 में तथा 'ग्राम्या' 1940 में प्रकाशित हुई। इसमें कवि पिछले युगों के मृत आदर्शों और जीर्ण रूढ़ि-रीतियों की भर्त्सना का संकल्प लेता है।

'ग्राम्या' में कवि 'यहाँ न पल्लव वन में मर्मर' की स्पष्ट घोषणा करता है, 'दैन्य जर्जर' असंख्य जनों तथा 'कीड़ों से रेंगते अनुज शिशु' का चित्रण करता है। यहाँ उसे कभी 'मिट्टी से भी मटमैले तन' वाले गाँव के भूखे गरीब लड़के दीख जाते हैं, कभी सिर पर कूड़ा ढोती मजदूरनी दिखायी पड़ती है।[1]

युगवाणी में जिस युग के गद्य को वाणी देने का प्रयत्न किया गया है, उसमें वसन्त के स्थान पर पतझड़, हरे पल्लव के स्थान पर कुछ 'विवर्ण' और कीड़ों द्वारा चाटे हुए पत्ते तथा 'टेढ़ी-मेढ़ी' पतली ठूँठी टहनियों के वन की ओर कवि का ध्यान गया है। इसमें पिछले युगों के मृत आदर्शों और जीर्ण रूढ़ि-रीतियों की भर्त्सना का वह संकल्प लेता है।''[2]

यह स्पष्ट संकेत है कि इस काल में पन्त छायावाद की अपनी प्रिय मनोभूमि छोड़कर आगे आये थे। 'निराला' की पर्याप्त रचनाएँ इस बात का संकेत देती हैं कि अब युग धधक रहा है। निराला इस अवधि में 'देवी', 'चतुरी-चमार', 'बिल्लेसुर बकरिहा' आदि नये ढंग की ग्रन्थ रचनाएँ लिखने लगे, जिनमें पीड़ित, शोषित किसानों, निर्धनों के व्यंग्य और हास्य से पूर्ण 'यथार्थवादी' चित्र थे। 'भिक्षुक' जैसी कविता तो छायावाद युग में ही लिखी जा चुकी थी।

सन् 1936-38 में उन्होंने 'तोड़ती पत्थर' वे किसान की 'नयी बहू की आँखें' (अनामिका में संकलित) आदि कविताएँ लिखीं। 'तोड़ती पत्थर' में मजदूर स्त्री को निराला ने इलाहाबाद के पथ पर देखा था—

गुरु हथौड़ा हाथ,
करती बार-बार प्रहार

× × ×

श्याम तन, भर बँधा यौवन,
नत नयन, प्रिय कर्म-रत मन।[3]

मजदूर स्त्री के सम्पूर्ण यथार्थ का चित्र है। 1924 तक वे 'गर्म पकौड़ी', 'रानी और रानी', 'खजोहरा', 'मास्को डायलाग्स', 'कुकुरमुत्ता' आदि यथार्थपरक रचनाएँ

---

1. 'ग्राम्या' दृष्टव्य कविताएँ : ग्राम कवि, पृ. 13, गाँव के लड़के, पृ. 27 मजदूरनी के प्रति, पृ. 89.
2. युगवाणी : 'विज्ञापन और दृष्टिपात', पृ. क, ख
3. निराला : 'अनामिका' पृ. 81.

लिख चुके थे। 'कुकुरमुत्ता' शीर्षक लम्बी कविता अपने आप में परिवर्तन का स्पष्ट संकेत दे रही थी। इसमें द्वितीय विश्वयुद्धजनित पराजित मानव चेतना का विकास व्यंग्यात्मक शैली में हुआ है। जयशंकर प्रसाद भी इस प्रभाव से दूर नहीं रहे। उन्हीं दिनों उन्होंने 'हंस' में **यथार्थवाद और छायावाद** शीर्षक निबन्ध लिखा था, जिसमें उन्होंने समकालीन कविता में यथार्थ के बढ़ते प्रभाव को चित्रित किया था। महादेवी वर्मा ने भी ग्रामीण जीवन से सम्बन्धित कई लेख लिखे।

इस प्रकार सम्पूर्ण परिस्थिति में बदलाव के चित्र दिखायी पड़ने लगे थे। युगीन परिस्थितियों का छायावादियों पर इतना प्रभाव पड़ रहा था तो यह स्वाभाविक है कि छायावादोत्तर काल के नये कवि उससे प्रभावित हों। प्रगतिशील प्रयोगशीलता की चर्चा होने लगी थी। नागार्जुन, मुक्तिबोध, त्रिलोचन, केदार, शिवमंगल सिंह 'सुमन' की रचनाएँ नये परिवर्तन का संकेत देने लगीं। इस परिवर्तन की झलक हमें 'रूपाभ', 'उच्छृंखल', 'हंस', 'विशाल भारत', 'कर्मवीर', 'विश्वभारती', 'क्वार्टरली' आदि पत्र-पत्रिकाओं में दिखायी पड़ती है।

'हंस' में अज्ञेय, नेमिचन्द्र जैन, भारतभूषण अग्रवाल आदि की कविताएँ भी छपती थीं। उन्हीं दिनों 'विश्व भारती क्वार्टरली'[1] के दो अंकों में अज्ञेय द्वारा लिखित 'आधुनिक हिन्दी कविता' शीर्षक अंग्रेजी निबन्ध प्रकाशित हुआ। उसकी बहुत ही चर्चा हुई थी। अज्ञेय ने युग के सम्बन्ध में लिखा है—"यह युग संशय, अस्वीकार और कुण्ठा का है।" उन्होंने इस युग को "अश्रद्धा तथा आत्म-शोषण का युग भी कहा है।"[2]

निष्कर्षतः कहा जा सकता है कि छायावादी कविता में दो चीजें मुख्य रूप से विद्यमान थीं, एक तो उसकी स्वयं ही ह्रासोन्मुखी प्रवृत्तियाँ और दूसरी राजनीतिक आन्दोलन की नयी चेतना। वह युग ऐसा था, जो दिन-प्रतिदिन नयी करवटें ले रहा था। देश की परिस्थितियों में जहाँ एक ओर आन्दोलनों का जोर बढ़ रहा था, वहीं दूसरी ओर खूनी अत्याचार का आतंक अधिक गहरा उठा था। ऐसी परिस्थिति में कवि, समाज से अपने को कब तक काटे रह सकता था? परिस्थितियों की कड़वाहट, विषमता, आवश्यकताओं के परिप्रेक्ष्य में कवि का जगना आवश्यक था। कहना न होगा कि कवि के अन्दर एक व्यापक परिवर्तन की भावना कसमसा रही थी।

"छायावाद की हत्या नहीं हुई, जैसा कि कुछ लोगों का विचार है, अपितु अपने विकास की परिपक्वावस्था पर पहुँचकर एक पके हुए फल की भाँति धरती पर चूकर उसने स्वतः ही नयी चेतना के लिए स्थान रिक्त किया है।"[3]

---

1. द विश्वभारती क्वार्टरली : अगस्त-अक्टूबर, 1937, नवम्बर, जनवरी, 1938.
2. द विश्वभारती-3 पार्ट, न्यू सीरीज, पृ. 147, 148.
3. डॉ. शिवकुमार मिश्रा : प्रगतिवाद, पृ. 10, 11.

हिन्दी की प्रगतिवादी काव्य-धारा एक ओर विकासशील जीवन के सामाजिक बोध को लेकर आगे बढ़ती है और दूसरी ओर द्वन्द्वात्मक भौतिकवादी जीवन की सहज वृत्तियों, अभावों, सुखों-दुःखों की अभिव्यक्ति इस काव्य के कवियों ने की है। समूची सामाजिक व्यवस्था में नवीन यथार्थ नवोन्मेष इस युग की देन है। सन् 1936 के बाद साहित्य में यथार्थ के तत्त्व विकसित होने लगे थे। तद्-विषयक चिन्तन इस प्रकार देखा जा सकता है—

(1) यथार्थ : रूप, तत्त्व एवं महत्त्व।

(2) यथार्थ : चित्रण एवं रचनाकार का दायित्व

काव्य में यथार्थ के रूप, तत्त्व, महत्त्व के फैले हुए स्वरूप के सम्बन्ध में प्रगतिवादी कवियों ने विस्तृत चर्चा की है। यथार्थ की विस्तृत चर्चा, मुक्तिबोध, नागार्जुन, त्रिलोचन, केदारनाथ अग्रवाल आदि कई कवियों ने की है। जिन लोगों ने यथार्थ की अवधारणा सही रूप में नहीं की है, उन्होंने यथार्थवाद का गलत अर्थ लगाया है। अज्ञेय जिस बात को स्थूल यथार्थ कहते हैं, 'मुक्तिबोध' उसे जीवन यथार्थ की पृष्ठभूमि पर काव्य यथार्थ स्वीकार करते हैं और साथ-ही-साथ जीवन यथार्थ और काव्य यथार्थ में अन्तर भी स्वीकार करते हैं। उनकी दृष्टि में "सर्जन काव्य यथार्थ को जीवन यथार्थ की अनुकृति मान लेते हैं। वे सही नहीं हैं। जीवन यथार्थ अपने आप में महत्त्वपूर्ण है, किन्तु काव्य में उसका प्रतिबिम्ब रूप काव्य का यथार्थ नहीं।"[1]

जीवन यथार्थ के प्रतिबिम्ब को ही काव्य यथार्थ मान लेने का अर्थ होगा, साहित्य को जीवन अथवा समाज का जड़ प्रतिबिम्ब मान लेना, जो मुक्तिबोध की दृष्टि में गलत है। सर्जक यदि सिर्फ यथार्थ का प्रतिबिम्बन करे तो वह स्रष्टा कहलाने का अधिकारी नहीं।[2]

भ्रान्त धारणाओं के सम्बन्ध में रामविलास शर्मा ने अनेक उदाहरण दिये हैं— 'इनसाइक्लोपीडिया ब्रिटेनिका' में यथार्थवादी लेखक उसे कहा गया है—जो सुन्दर वस्तुओं पर लिखना पसन्द नहीं करता, वरन् उनके बदले गन्दी-घिनौनी चीजों का ही वर्णन करता है।

यथार्थ की इस परिभाषा के अनुसार तो मुख्यतः गन्दी, घिनौनी चीजें ही आयेंगी। रामविलास शर्मा इस बात को स्वीकार नहीं करते। उनका मानना है कि इन गन्दी घिनौनी चीजों को हम यथार्थ का एक पहलू मान सकते हैं, सम्पूर्ण यथार्थ नहीं। जैसे यौन सम्बन्धों का नग्न वर्णन फोटोग्रैफिक कलाहीन चित्रण यथार्थवाद है। जो लोग ऐसा समझते हैं, वे यथार्थवाद को संकुचित परिभाषा में बाँधते हैं। रामविलास शर्मा की दृष्टि

---

1. मुक्तिबोध : एक साहित्यिक की डायरी, पृ. 31.
2. डॉ. राजेन्द्र प्रसाद : तारसप्तक के कवियों की समाज चेतना, पृ. 129.

में यह भी एक भ्रम है कि कल्पना और यथार्थ चित्रण में विरोध है। उनकी मान्यता है कि—''मनुष्य आज जो कुछ भी है, वह अपने समस्त पूर्ण विकास का परिणाम है। इसमें उसका प्राग् मानवीय प्राणी के रूप में विकास भी शामिल है। उसका इन्द्रिय बोध उसकी कल्पना—सभी यथार्थवाद के अन्तर्गत आते हैं।''

''एक सच्चा यथार्थवादी लेखक जब कल्पित घटनाओं एवं पात्रों का उल्लेख करता है तो वह ऐतिहासिक दृष्टि से सत्य भले न हो, वह यथार्थ के अनुरूप होता है।''[1] इस तरह से कल्पना भी पूर्ण रूप से यथार्थ सम्पृक्त है, इसे यथार्थ से अलग नहीं किया जा सकता।

मुक्तिबोध के अनुसार यथार्थवाद की परिभाषा इस प्रकार है, ''यथार्थ कोई रहस्यवादी धारणा नहीं है। आज का यथार्थ जनता के जीवन का यथार्थ है। इसका सम्बन्ध उस जिन्दगी से है, जो हम स्वयं रोज जीते हैं।''[2]

डॉ. रामविलास शर्मा की दृष्टि में यथार्थ एकांगी और एकपक्षीय नहीं होता। जो लोग उसे सिर्फ वस्तु जगत् तक सीमित मानते हैं, वे यह भूल जाते हैं कि—बाह्य जगत् का इन्द्रिय बोध और मनुष्य के मन का भाव-जगत् एक ही यथार्थ के दो पक्ष हैं, जो एक-दूसरे से पूर्णतः स्वतन्त्र न होकर परस्पर सम्बद्ध हैं।''[3]

उनके अनुसार ''यथार्थवादी लेखक व्यक्ति के सामाजिक संघर्ष का चित्रण करते हुए परिस्थिति का चित्रण भी करता है और व्यक्ति के 'भाव-जगत् तथा उसके मानसिक संघर्ष' का चित्रण भी करता है। यथार्थवाद में ''सामाजिक समस्याओं के चित्रण के अलावा प्रकृति चित्रण भी हो सकता है, संघर्ष के चित्रण के अलावा प्रेम के मुक्तक भी लिखे जा सकते हैं। जो लेखक यथार्थवाद को अधिक व्यापक अर्थ में लेते हैं, उनके लिए उसमें मानवीय स्नेह, गोचर, सौन्दर्यबोध, साहित्य का कलात्मक रूप सब शामिल है।''[4]

मुक्तिबोध और रामविलास शर्मा की परिभाषा से यह स्पष्ट होता है कि इनकी दृष्टि में समाज का यथार्थ पक्ष ज्यादा मजबूत है, जबकि अज्ञेय की दृष्टि में विषयी का व्यक्तित्व अधिक महत्त्वपूर्ण है।

3. यथार्थ चित्रण एवं रचनाकार का दायित्व

यथार्थ चित्रण के सम्बन्ध में रचनाकार के दायित्व का महत्त्वपूर्ण प्रश्न है। अज्ञेय की दृष्टि में यथार्थ के साथ 'भाषा और संवेदना' का विस्तार भी जुड़ा हुआ

1. डॉ. रामविलास शर्मा : आस्था और सौन्दर्य, पृ. 9, 10, 11.
2. मुक्तिबोध रचनावली, पृ. 285.
3. डॉ. रामविलास शर्मा : आस्था और सौन्दर्य, पृ. 16, 26.
4. वही, पृ. 16, 18.

है। इनका कहना है कि रचनाकार का अनुभूत यथार्थ 'लोक व्यवहार की भाषा' में पूरी तरह से अभिव्यक्त हो, यह जरूरी नहीं है। उसका कारण यह है कि जब रचनाकार अपनी अनुभूति एवं संवेदना से रचना के गहरे स्तर पर उतरता है, तब उसे कोई नया अर्थ दिखायी पड़ता है, फिर लगता है कि उस अर्थ तक पहुँचने के लिए भाषा में कोई शब्द नहीं है। ऐसी स्थिति में वह एक नया शब्द गढ़ने या विशिष्ट सन्दर्भों में रखकर उससे नया अर्थ निकालने की बात सोचता है। इसलिए यह जरूरी नहीं है कि रचनाकार उसमें सफल ही हो, कभी-कभी असफल भी हो सकता है। सामने कठिनाई आती है। इसलिए यथार्थ वस्तु का सम्प्रेषण अपने आपमें एक समस्या है। इससे रचनाकार को जूझना पड़ता है। अज्ञेय की दृष्टि में, "यथार्थ की पहचान का दूसरा पहलू संवेदना के विस्तार का है।" हर अच्छा साहित्यकार और रचनाकार का यही दायित्व होता है। ऐसा करते हुए वह साहित्य को एक विस्तृत जमीन पर ले जाता है, जहाँ पाठकों की संवेदना का विस्तार होता है। यदि साहित्य और रचना में यह शक्ति नहीं है तो वह 'महान् साहित्य' नहीं माना जा सकता।

मुक्तिबोध रचनाकार के दायित्व को रचनाकार के यथार्थबोध के विकास से जोड़ते हैं। उनके लिए यह आवश्यक है कि रचनाकार यथार्थबोध का विकास करे। ऐसा करने के लिए रचनाकार को 'आत्मचेतस्' से 'विश्वचेतस्' होना पड़ेगा। अपनी चेतना का संस्कार करने एवं आत्मचेतस् होने के लिए 'विश्वचेतस्' होना अत्यन्त आवश्यक है। 'विश्वचेतस्' होने के लिए रचनाकार क्या करे, इसका उत्तर मुक्तिबोध की दृष्टि में यह है कि—"कवि आज के जगत् मूल्यों का अध्ययन करे। अथवा अपनी सम्पूर्ण चेतना द्वारा आज की वास्तविकता की तह में घुसे और ऐसी विश्वदृष्टि का विकास करे, जिससे व्यापक जीवन जगत् की व्याख्या हो सके और अन्तर्जगत् में महत्त्वपूर्ण आन्दोलनों का बोध हो।" ऐसा करने पर ही उसका "विषय-संकलन सम्बन्धी विवेक भी पुष्ट होगा और तभी वह आस-पास फैली हुई मानव वास्तविकता के मार्मिक पक्षों का सही-सही उद्घाटन और चित्रण कर सकेगा।"[1] विषय-संकलन का विवेक प्राप्त होते ही रचनाकार को जो यथार्थ दिखायी पड़ता है, उसका चित्रण भी अपने आप में कठिन कार्य है। 'यथार्थ का यथातथ्य चित्रण' मुक्तिबोध की दृष्टि में एक घोर, अविरत और सुदीर्घ संघर्ष है।' यह संघर्ष जितना गहरा होगा, उतनी ही गहराई का जन-जीवन, व्यक्ति का यथार्थ अपने समस्त सन्दर्भों के साथ भौतिक रूप में प्रकट होगा। यथार्थ के वास्तविक चित्रण के लिए यथार्थ के प्रति पूरी ईमामदारी भी जरूरी है, क्योंकि बिना उसके अभिव्यक्ति प्रभावी नहीं हो सकती।"[2]

---

1. नामवर सिंह : नयी कविता का आत्म संघर्ष तथा अन्य निबन्ध, पृ. 20.
2. वही, पृ. 130.

रचनाकार को यथार्थबोध प्राप्त करने के लिए निरन्तर जिज्ञासु रहना पड़ेगा। यदि उसकी जिज्ञासा वृहत्तर है, तो वह "केवल एक स्थिति, एक परिस्थिति, एक व्यक्ति, एक चरित्र की सीमा-रेखा में नहीं बँधी रहती।"[1]

मुक्तिबोध ने यथार्थ को देखने, उसका उपयोग करने, उसके सम्प्रेषण में बहुत ही सावधानी रखने पर बल दिया है। उनका कहना है कि यथार्थ दृष्टि के लिए सारे पूर्वाग्रहों से मुक्त होकर तथ्य के विभिन्न पक्षों को देखना होगा, "यथार्थ की गति को अनुकूल दिशा में 'मोड़ने के लिए यथार्थ के' समग्र व्यक्त रूपों का, उनकी गति और स्थिति में अध्ययन करना आवश्यक है। उनके बहिरन्तर सम्बन्धों और परस्पर क्रिया-प्रतिक्रियाओं का आंकलन आवश्यक है। यह मूल, प्रधान, अत्यन्त महत्त्वपूर्ण और प्रथम कार्य है, क्योंकि इसी के आधार पर आगे के कार्य किये जा सकते हैं।"[2]

उनकी दृष्टि में तथ्यों के अध्ययन के लिए उच्च स्तर की आत्म-निरपेक्षता, सतर्कता और जागृत दृष्टि की आवश्यकता होती है, अन्यथा रचनाकार अपने पूर्वाग्रहों से युक्त होकर यथार्थ की गलत तस्वीर खींच देगा।

रामविलास शर्मा की दृष्टि में यथार्थ चित्रण एक कठिन कार्य है। इसके लिए समाज के वर्तमान जीवन के गहरे पैठकर यथार्थवादी आन्दोलनों से जुड़ना पड़ेगा। जब रचनाकार सृजन के इस आयाम से जुड़ता है, तो उसे सृजन का कार्य कठिन और उलझा हुआ महसूस होता है। वह चाहता है कि उसकी, "हर रचना से युग की चेतना बोले। इस तरह से लिखे कि वर्तमान जीवन के सुख-दुःख छूटने न पायें।"[3] उनकी स्पष्ट मान्यता है कि यथार्थवादी रचनाकार के भीतर शोषितों के प्रति सहानुभूति होती है।

रामविलास शर्मा ने यथार्थवादी रचनाकार के आत्मचेतस् से विश्वचेतस् होने की बात नहीं की है। यद्यपि वे अवश्य चाहते हैं कि यथार्थवादी रचनाकार शोषितों के प्रति सहानुभूतिशील हों। जो यथार्थ चित्रण में शोषितों को भूल जाते हैं, वे उनकी यथार्थ चेतना को शोषकों के समर्थन में मानते हैं। अतः स्पष्ट है कि शोषितों के प्रति सहानुभूति रखने के लिए रचनाकार को व्यक्तिवादिता के घेरे से निकलकर विश्वचेतस् होना पड़ेगा। रामविलास शर्मा भी मुक्तिबोध के विचारों से साम्य रखते हैं।

यथार्थ रचना के लिए उन बातों से बचना बहुत जरूरी है, जो सृजन में विकृतियाँ उत्पन्न करती हैं और यथार्थ के नाम पर आत्म-प्रदर्शन का रूप दिखाती हैं। युग की यथार्थ चेतना से जुड़नेवाले लेखक प्रायः मान लेते हैं कि उन्हें सम्पूर्ण परम्परा से अपने को काट लेना चाहिए। ऐसा मानना असंगत तथा भ्रमपूर्ण है। परम्परा का ज्ञान यथार्थ

1. नामवर सिंह : नयी कविता का आत्म संघर्ष तथा अन्य निबन्ध, पृ. 130.
2. मुक्तिबोध : नयी कविता का आत्मसंघर्ष तथा अन्य निबन्ध, पृ. 130.
3. प्रगति और परम्परा, पृ. 55, 56.

चेतना का विरोधी नहीं है बल्कि परम्परा जब यथार्थ की पृष्ठभूमि से जुड़ी रहती है तो यथार्थ का उपयुक्त मूल्यांकन किया जा सकता है।

यदि कवि यथार्थ दृष्टि के विकास के लिए सजग और सचेष्ट है और साथ ही यदि वह रोमन से ग्रसित न हो तो जीवन यथार्थ से साक्षात्कार उसके लिए कठिन नहीं है। कवि केवल जीवन यथार्थ से साक्षात्कार ही नहीं करता, बल्कि उनके प्रति गहरे संघर्ष का परिचय भी देता है।

"आज के जीवन यथार्थ की तह में घुसने एवं उसके उद्घाटन के लिए कवि में अपेक्षित जिज्ञासा, प्रश्नपरकता, यथार्थ से विमुख करनेवाली सौन्दर्य दृष्टि से लड़ने की क्षमता, निर्भयता आदि की आवश्यकता पड़ती है, तभी आज के जीवन का अन्तर्बाह्य यथार्थ साक्षात्कृत हो पाता है।"[1] प्रगतिवादी कवियों में मुक्तिबोध ऐसे कवि हैं जिनमें जीवन के यथार्थ अन्तर्बाह्य पूर्ण रूप से मुखरित हैं। उनमें वे सभी आवश्यक गुण विद्यमान हैं, जो उनके सामने यथार्थ के पर्त-दर-पर्त को खोल कर रख देते हैं।

जीवन यथार्थ अत्यन्त ही जटिल है। यथार्थ तत्त्व परस्पर गुम्फित रहते हैं। यही कारण है कि उनके साक्षात्कार के लिए गहरी जिज्ञासा एवं प्रश्नपरकता की आवश्यकता होती है। मुक्तिबोध में यह भाव तत्त्वतः बसा है। उनके मन में 'प्रश्न-चिह्न' रह-रह कर 'बौखला' उठते हैं।[2] मुक्तिबोध के काव्य में यथार्थ से सम्बद्ध जिज्ञासा के अनेक प्रश्न देखे जा सकते हैं—

"क्यों मानव के तुलसी-वन में आग लगी,
निर्मूल्य हुए क्यों भूल युवक/ क्यों
स्वार्थ-घृणा-कुत्सा के घूहर/ जंगल में/
हैं भटक गये/ लक्ष्य/क्यों घर आँगन
की मौन अकेली छाया में/चिन्ता के
प्रेत/सियाह-वदन हैं झूल रहे ?"[3]

× × ×

"ओ मेरे पाषाण/ ओ मेरे टीले/
आखिर तू डाकू की कुरसी ही क्यों हुआ?"[4]

ये सारे प्रश्न कवि के अन्तर्बाह्य यथार्थ संघर्ष से उभर कर आये। मुक्तिबोध गहरे विश्लेषणों से सोचते हैं कि ऐसा क्या है, जहाँ हमारे जीवन लक्ष्य भटक गये हैं। कवि उसका विश्लेषण करता है और परत-दर-परत गहरे यथार्थ में उतरता है। मानव जीवन

---

1. डॉ. राजेन्द्र प्रसाद : तारसप्तक के कवियों की समाज चेतना, पृ. 284.
2. 'चाँद का मुँह टेढ़ा है' 'जब प्रश्न चिह्न बौखला उठे' शीर्षक कविता, पृ. 155.
3. 'चाँद का मुँह टेढ़ा है' पृ. 141.
4. वही, पृ. 219.

में काला सागर सहस्त्रों वर्षों से उफन रहा है—"सहस्त्रों वर्षों से यह सागर उफनता आया है।"[1] कवि की दृष्टि में यह मानव चेतना पाशवी स्वार्थों, खुद के बनाये हुए शिकंजो, सामंजस्य के कठघरे में संगतिबद्ध रहने की जिद आदि से घिरी है। मनुष्य की यह स्थिति ही उसे पाशविक जाले में बद्ध करती है। परन्तु कवि की जिज्ञासा कहीं कम नहीं होती, वह अपने इस कार्य को पूरा करने के लिए मृत्यु से भी नहीं डरता। 'मृत्यु' से साक्षात्कार करके भी वह उसे पूरा करता है। अपनी मध्यमवर्गीय कमजोरियों के बावजूद कवि निर्भयता की मूर्ति है। यथार्थ अत्यन्त ही भयावह है, किन्तु फिर भी काव्य नायक कहता है—*फिर भी हम/डरते नहीं/ हमारी इस पीढ़ी के घोर यथार्थ से।*[2] यथार्थ से साक्षात्कार करने के लिए कवि पूर्ण रूप से आत्मचेतस् से विश्वचेतस् के धरातल पर है। आत्मचेतस् होने के कारण उसके भीतर निरन्तर द्वन्द्व विश्लेषण, आलोचना, प्रत्यालोचना की प्रक्रिया चलती रहती है और विश्वचेतस् होने के लिए वह पल भर, वह सब में से गुजरना चाहता है, ताकि सबके भीतर की चेतना से अपने भीतर की चेतना जागृत कर सके। मुक्तिबोध का जीवन यथार्थ संवेदनाओं से अभिभूत है। जीवन यथार्थ सिर्फ चेतन अवस्था में ही नहीं, अवचेतन अवस्था में भी। बाहर का यथार्थ आभ्यन्तरित होकर कवि के मन के भीतरी पर्तों पर इस तरह से अंकित हो गया है कि जागृत और स्वप्न दोनों स्थितियों में उसकी चेतना उससे ग्रसित रहती है। "कवि के सपनों में भी आलोचना चलती रहती है।"[3]

स्वप्न के भीतर एक स्वप्न/
विचारधारा के भीतर और/
एक अन्य सघन विचारधारा प्रच्छन्न।"[4]

मुक्तिबोध के काव्य में बाह्य जगत् एवं अन्तर्जगत् के यथार्थ का जितनी व्यापकता और गहराई से चित्रण मिलता है, उतना प्रगतिवाद के अन्य कवियों में दिखायी नहीं पड़ता। बाह्य-जगत् के चित्रण में मुख्यतः वर्ग वैषम्य, शोषित जन-मनों के चित्रण दिखायी पड़ते हैं और अन्तर्जगत् के चित्रण में चिन्ता, विषाद, क्षोभ, ईर्ष्या, द्वेष, अहंकार, आत्महीनता, भोगलिप्सा आदि भाव स्थितियों का अंकन हुआ है।

4. प्रगतिवाद-प्रगतिशीलता

वस्तुतः सन् 1930 के आस-पास छायावाद के क्रोड़ से जिस नयी सामाजिक साहित्य धारा का उदय हुआ है, उसे 1936 में 'प्रगतिशील लेखक संघ' की स्थापना

---

1. 'चाँद का मुँह टेढ़ा है', पृ. 161.
2. भूरी-भूरी खाक धूल, पृ. 24.
3. भूरी-भूरी खाक धूल, पृ. 234.
4. वही, पृ. 54.

के बाद प्रगतिशील साहित्य या प्रगतिवादी साहित्य कहा गया। अतः संगठित रूप से प्रगतिवाद 'प्रगतिशील लेखक संघ' की स्थापना के बाद आया। इस साहित्यान्दोलन के सम्बन्ध में यह जान लेना भी अत्यन्त जरूरी है कि यह शुरू से ही मार्क्सवादी दर्शन से प्रभावित रहा है। मार्क्स का वैज्ञानिक समाजशास्त्रीय विश्लेषण और सामाजिक अन्तर्विरोधों की समझ उसके लिए प्रकाश स्तम्भ रही है। साथ-ही-साथ प्रारम्भ से ही लेखक संघ के झण्डे के नीचे, भारतीय साम्यवादी दल के निर्देशन में काम करने के कारण इसे प्रतिक्रियावादी और अभिजातवर्गीय लेखकों के कोप का भी सामना करना पड़ा। कई तरह के आरोप उस पर लगाये गये "राजनीतिक उद्देश्य से प्रेरित, गैर-साहित्यिक, प्रचारात्मक, वर्ग विद्वेषक, रूस का अन्धानुयायी, विदेश की जूठन, रोटीवाद, मार्क्सवाद का पिछलग्गू आदि कहकर निन्दित किया गया।"[1]

परन्तु प्रगतिशील आन्दोलन जिस गति से आगे बढ़ा, उसकी तुलना हम केवल मध्यकाल के भक्तिकालीन साहित्य से ही कर सकते हैं। सुमित्रानन्दन पन्त, प्रसाद, निराला, हरिवंश राय बच्चन यहाँ तक कि अज्ञेय जैसे प्रतिक्रियावादी साहित्यकार भी इसके तीव्र आवेग में बहते हुए शामिल हो गये।

1936 का समय बहुत ही राजनीति-पूर्ण था। उसी समय भारतीय राष्ट्रीय कांग्रेस के अधिवेशन में सभापति के रूप में मंच से पं. जवाहरलाल नेहरू समाजवाद की उद्घोषणा कर रहे थे और उसी समय मुंशी प्रेमचन्द लेखक मंच के अध्यक्ष पद से देश के साहित्यकारों को समाजवादी विचारधारा से नया आलोक ग्रहण करने की सलाह दे रहे थे। एक ओर वे साहित्यिकं सौन्दर्य की जो परिपाटी चली आ रही थी, उसे बदलने की प्रेरणा दे रहे थे तो दूसरी ओर प्रगतिशीलता की कसौटी निर्धारित करते हुए इस बात पर जोर दे रहे थे कि—"हमारी कसौटी पर केवल वही साहित्य खरा उतरेगा, जिसमें उच्च चिन्तन हो, स्वाधीनता का भाव हो, सौन्दर्य का सार हो, सृजन की आत्मा हो, जीवन की सच्चाइयों का प्रकाश हो, जो हममें गति, संघर्ष और बेचैनी पैदा करे, सुलाये नहीं, क्योंकि अब और ज्यादा सोना मृत्यु का लक्षण है।"

प्रगतिशील लेखक संघ के लखनऊ अधिवेशन के कुछ महीने पूर्व नागपुर में 'भारतीय साहित्य परिषद्' का अधिवेशन हुआ था। इसमें जवाहरलाल नेहरू, प्रेमचन्द, नरेन्द्र देव, मौलवी अब्दुलहक, अख्तर हुसेन रायपुरी के हस्ताक्षरों से एक प्रस्ताव पारित हुआ, जो 'विशाल भारत' जुलाई, '36 में प्रकाशित हुआ। उसका एक अंश इस प्रकार है—"इन्सानियत के नाते हम पूछते हैं कि आज जब तरक्की और उन्नति तथा अवनति की ताकतों में आखिरी लड़ाई छिड़ी हुई है, तो क्या साहित्य उससे अपने को अलग रख सकता है? क्या कला, सौन्दर्य आदि का पल्ला पकड़कर वह जिन्दगी

1. डॉ. लल्लन राय : हिन्दी की प्रगतिशील कविता, पृ. 2.

से भाग सकता है? क्या वह यथार्थ की धरा पर बैठकर क्रान्ति और प्रतिक्रिया के द्वन्द्व का तमाशा खामोशी से देख सकता है? हर कला की जड़ एहसास भावना में है। तो फिर किसानों की पुकार, मजदूरों की कराह और भिखारियों की आह हमें बहिरा क्यों रख सकती है? जब जीवन का सबसे बड़ा मामला यह है कि समाज की देह से बेकारी, गरीबी और शोषण का कोढ़ किस तरह धोया जाय तो क्या यह कहने की जरूरत रह जाती है कि साहित्य का इशारा किस तरफ हो, वह क्या कहे, किनसे कहे और किस तरह कहे? हमें विश्वास है कि हमारे देश के साहित्यकार जीवन और साहित्य के अलगाव की खाईं को पाटकर, साहित्य को इन्कलाब का सन्देशवाहक बनायेंगे।[1]

जब प्रगतिवादियों ने किसानों, मजदूरों, शोषितों, पीड़ितों को साहित्य में स्थान देने की बात उठायी तो कुछ मध्यवर्गीय लेखक इसका विरोध करने लगे। 'विशाल भारत' में इसका विरोध करते हुए अज्ञेय ने लिखा है कि किसानों, मजदूरों के साथ आज निम्न मध्य वर्ग भी पीड़ित है। यही नहीं, बल्कि इस समाज व्यवस्था में छोटे-बड़े सभी लोग परेशान हैं, इसलिए साहित्य सबके लिए, सम्पूर्ण मानव जाति के लिए है। परन्तु सब विरोधों के बावजूद रुख प्रगतिवाद की ओर ही था।

प्रगतिशील और प्रगतिवाद के मध्य प्रश्न को उपर्युक्त सन्दर्भ में प्रगतिवाद विरोधियों की ओर से उठाया गया। इसका मुख्य उद्देश्य यह था कि प्रगति के अन्तर्गत वह साहित्य आता है, जो मार्क्सवादी साहित्य-सिद्धान्त के अनुगमन और 'प्रगतिशील लेखक संघ' के निर्देशन में रचा गया है। उनके अनुसार प्रगतिशील साहित्य के अन्तर्गत वह सम्पूर्ण साहित्य आता है, जो छायावाद के बाद व्यापक सामाजिक चेतना के आधार पर रचा गया है। इस कृत्रिम भेद के आधार पर वे यह सिद्ध करना चाहते हैं कि प्रगतिवादी साहित्य संकीर्ण और साम्प्रदायिक है, तथा 'प्रगतिशील साहित्य' अधिक व्यापक और उदार।"[2]

प्रगतिशील और प्रगतिवादी साहित्य में मूलतः कोई विशेष अन्तर नहीं है। डॉ. नामवर सिंह ने बहुत ठीक लिखा है—"जिस तरह छायावाद और छायावादी कविता भिन्न नहीं है, उसी तरह प्रगतिवाद और प्रगतिशील साहित्य भी भिन्न नहीं है। 'वाद' की अपेक्षा 'शील' को अधिक अच्छा और उदार समझ कर इन दोनों में भेद करना कोरा बुद्धि-विलास है और कुछ लोगों की इस मान्यता के पीछे प्रगतिशील साहित्य का विरोध भाव छिपा है।"[3]

'वाद' और 'शील' में वाद-विवाद खड़ा नहीं करना है, क्योंकि दोनों ही शब्द समाज और उसकी सम्पूर्ण समस्याओं से समग्रता के साथ जुड़े हैं।

---

1. जनवादी साहित्य विशेषांक उत्तरार्द्ध अंक-29 परिशिष्ट पृ. 68.
2. डॉ. लल्लन राय : हिन्दी की प्रगतिशील कविता, पृ. 4.
3. डॉ. नामवर सिंह : आधुनिक साहित्य की प्रवृत्तियाँ, पृ. 78, संस्करण-87.

5. प्रगतिशील लेखक संघ की भूमिका

भारत में प्रगतिशील लेखक संघ की स्थापना को लेकर अलग-अलग धारणाएँ हैं। इस सम्बन्ध में पहले यह स्पष्ट कर लेना जरूरी है कि 1934 में गोर्की के नेतृत्व में रूस में **सोवियत लेखक संघ** की स्थापना हुई, जो विश्व का प्रथम लेखक संगठन था। हेनरी बारबूस की पहल पर 1935 में गोर्की, रोम्याँ रोलाँ, टामस मान आदि के संयोजकत्व में पेरिस में एक विश्व लेखक अधिवेशन हुआ। उसका उद्देश्य घोषित था अन्तरराष्ट्रीय स्तर पर साम्राज्यवाद और फासिज्म से संस्कृति की रक्षा के लिए विश्व भर के प्रगतिशील संस्कृति कर्मियों को संगठित करना। इस कार्य के लिए विश्व भर के प्रगतिशील रचनाकारों की एक समिति चुनी गयी। इसके अध्यक्ष ई. एम. फॉस्टर बनाये गये। इसका कार्यालय पेरिस में था। इस घटना से प्रभावित होकर इंग्लैण्ड में शिक्षा प्राप्त कर रहे कुछ प्रगतिशील भारतीय नौजवानों ने एक बैठक जुलाई, 1935 में की और उसमें **भारतीय प्रगतिशील लेखक संघ** का गठन किया। ये छात्र थे : मुल्कराज आनन्द, सज्जाद जहीर, ज्योति घोष, के. एम. भट्ट, हीरेन मुखर्जी, एम. सिन्हा, मोहम्मद्दीन तासीर। मुल्कराज आनन्द को इस संगठन का अध्यक्ष और सज्जाद जहीर को महासचिव चुना गया। इसका पहला अधिवेशन, मुंशी प्रेमचन्द की अध्यक्षता में लखनऊ में सम्पन्न हुआ। प्रगतिवाद का विरोध करते हुए कुछ लेखक यह आरोप लगाते हैं कि—"प्रगतिवाद को विदेशों से लाकर हमारे यहाँ रोपा गया। रूस से प्रेरणा मिली। लन्दन में गर्भाधान हुआ और हिन्दुस्तान में पैदा होकर उसका रंग-रूप हिन्दुस्तानी नहीं हुआ।"[1]

"यह सर्वथा अभारतीय और विदेशी विचारधारा है, क्योंकि एक तो यह मार्क्सवाद पर आधारित है, दूसरे इसका सूत्रपात जिस 'प्रगतिशील लेखक संघ' के द्वारा हुआ, वह फ्रान्स के विदेशी वातावरण में स्थापित हुआ था और अब भी वह उस कम्युनिस्ट पार्टी द्वारा संचालित होता है, जिसकी लगाम सोवियत रूस के हाथ में है।"[2]

किन्तु हिन्दुस्तान के अनेक पाठकों और आलोचकों ने प्रगतिशील साहित्य को अपनाकर इसकी भारतीयता प्रमाणित कर दी। नामवर सिंह के शब्दों में—"प्रगतिशीलता ने तमाम विरोधी आलोचकों को मुँहतोड़ जवाब दिया है। इसलिए प्रगतिवाद की भारतीयता और अभारतीयता को लेकर बहस करना अब बेकार है। फिर भी लोगों की तुष्टि के लिए उस ऐतिहासिक पृष्ठभूमि की ओर संकेत (पिछले पृष्ठों में प्रगतिवाद की आवश्यकता को दर्शाया गया है) किया जा सकता है, जिसके अनिवार्य परिणामस्वरूप प्रगतिवाद पैदा हुआ।[3]

---

1. रामवृक्ष बेनीपुरी : जनवाणी, मार्च, 1948.
2. डॉ. नामवर सिंह : आधुनिक साहित्य की प्रवृत्तियाँ, पृ. 80.
3. डॉ. नामवर सिंह : आधुनिक साहित्य की प्रवृत्तियाँ, पृ. 80.

प्रगतिवादी साहित्य का सैद्धान्तिक आधार मार्क्स का वह सामाजिक दर्शन है, जिसे 'वैज्ञानिक भौतिकवाद' के नाम से जाना जाता है। विश्व के अन्यान्य प्रमुख दर्शनों में इसकी विशिष्टता रही है। यह समाज की व्याख्या मात्र तक अपने को सीमित न रखकर उसके परिवर्तन की आवश्यकता पर अधिक बल देता है। वह सामाजिक परिवर्तन की कार्यविधि की जानकारी देने के साथ ही समाज को एक क्रान्तिकारी दर्शन भी देता है। इस दर्शन से प्रगतिवाद का गहरा सम्बन्ध है। अपने समाजेतिहास के विश्लेषण में इस दर्शन ने यह सिद्ध कर दिया है कि सामाजिक विकास का इतिहास वर्ग संघर्ष का इतिहास है। समाज जब से दो वर्गों में विभक्त हुआ, तभी से उसमें शोषक और शोषित दो वर्गों की स्थिति बनी और वहीं से संघर्ष की स्थिति की शुरुआत होती है। क्योंकि इसमें एक प्रमुख एवं अल्पसंख्यक वर्ग, दूसरे बहुसंख्यक किन्तु कमजोर वर्ग का शोषण करता है, यह परम्परा की तरह युग में शामिल है। तभी से समाज में शोषण और शोषित दो प्रमुख वर्गों की स्थिति बनी। ये हमेशा से संघर्षरत रहे। "इस संघर्ष में संघर्षरत वर्गों का स्वरूप और वर्ग संघर्ष की स्थिति की भिन्नता के बावजूद यह एक ज्वलन्त सत्य है कि हर अगली संरचना में शोषित उत्पीड़ित वर्गों को पहले से अधिक मुक्ति मिली है। दासप्रथात्मक समाज की अपेक्षा सामन्त किसान समाज में और सामन्त किसान समाज की अपेक्षा पूँजीपति श्रमिक समाज में शोषित वर्ग ने लगातार अधिक स्वतन्त्रता का अनुभव किया है। इसमें सामाजिक रूपान्तरण तो हुआ, लेकिन शोषण का आधार बना रहा केवल उसका रूप बदला।"[1]

वर्ग संघर्ष की विशेषता पर प्रकाश डालते हुए मार्क्स ने कहा कि, "पिछली तमाम सारी क्रान्तियाँ एक नये अल्पसंख्यक शोषक वर्ग के नेतृत्व में उसी के हित में, दूसरे शोषक वर्ग को पदच्युत करने के लिए हुई है। "इसका परिणाम यह हुआ कि एक के स्थान पर दूसरे शोषक वर्ग ने समाज और राज्य पर अपना आधिपत्य जमाया है। लेकिन इस प्रक्रिया से तो शोषित, उत्पीड़ित जनता को राहत नहीं मिली। प्रगतिवाद शोषण को अपना मुख्य उद्देश्य मानकर चलता है, लेकिन इसके लिए समाज की मुख्य शोषक और शोषित शक्तियों की पहचान आवश्यक है। इस स्थिति में ही वह समाज की शोषक-शोषित, प्रतिक्रियावादी और प्रगतिशील शक्तियों की सही पहचान कर सकता है।

उपर्युक्त सिद्धान्त विश्लेषण के आलोक में यहाँ एतत् सम्बन्धी कतिपय कवियों के काव्य और उनमें वर्णित जीवन संघर्षों की समीक्षा प्रस्तुत है।

---

1. डॉ. लल्लन राय : हिन्दी की प्रगतिशील कविता, पृ. 8.

केदारनाथ अग्रवाल

केदारनाथ अग्रवाल का जन्म एक निम्न मध्यमवर्गीय परिवार में हुआ था। वे प्रगतिवादी धारा के प्रमुख कवि माने जाते हैं। उन्होंने साहित्य सृजन को एक स्वैच्छिक साहित्यिक कार्य के रूप में स्वीकार किया था। केदारनाथ अग्रवाल की कविता की वास्तविक धरती का आरम्भ तो मार्क्सवादी चिन्तन के प्रभाव से होता है। 'नींद के बादल' की प्रेम और शृंगार से सम्बन्धित रचनाओं को लेकर उन्होंने अपने कवि जीवन की शुरुआत की थी, जब कि 'नींद के बादल' काव्य-संग्रह 'युग की गंगा' के बाद प्रकाशित हुआ। यद्यपि कवि को अपनी इन कविताओं से गहरा लगाव है, उन्हीं के शब्दों में 'नींद के बादल' कविताएँ वैयक्तिक हैं, तथापि मेरे कवि विकास की पहली मंजिल के स्पष्ट चिह्न हैं, जो अभी तक ज्यों-के-त्यों कागज के कलेजे पर जमे हुए हैं, हीरे के ऊपर नक्श हो गये हैं।

केदारनाथ अग्रवाल प्रगतिवादी कवि हैं, यह सर्वमान्य तथ्य है। फिर भी उन्होंने मार्क्सवाद में अपने देश, काल, समाज और जन-जीवन के परिवेश को बड़ी ईमानदारी के साथ प्रस्तुत किया है। इसका प्रमाण स्वयं उनकी रचना है, जिसे कवि ने अपनी लगन और साधना से प्राप्त किया है। केदार की कविता एक गति से छायावादी धरती को छोड़कर प्रगतिवादी धरती की ओर बढ़ती है। कविता के प्रति यह बदलाव इतिहास के घटना क्रम से चलता है। 1942 के 'भारत छोड़ो आन्दोलन' के साथ साम्राज्यवादी शासन के खिलाफ विद्रोह शुरू किया गया। जन-मन में आन्दोलन की लहर चल पड़ी। इसका प्रभाव पढ़े-अपढ़े दोनों पर पड़ा और जागरण की नयी दिशाएँ खुलने लगीं। व्यक्ति, समाज, इतिहास, साहित्य में परिवर्तन दिखायी पड़ने लगा। कवि चेतना भी वैयक्तिकता की धरती से उठकर सामाजिक धरती की ओर बढ़ी। मार्क्सवादी जीवन दृष्टि ने भी अर्थनीति और राजनीति के साथ कवियों के मानस को छुआ। केदार का कवि भी मार्क्सवादी जीवन दर्शन से प्रभावित हुआ। 'युग की गंगा' की भूमिका में कवि की वैचारिक चेतना को देखा जा सकता है। "हिन्दी का यह युग समाजवाद, यथार्थवाद, प्रगतिवाद और मार्क्सवाद का युग है। जनता ने साम्राज्यवादी मोर्चे के विरोध में अपना नया जनमोर्चा बनाया है और साम्राज्यवादी अर्थनीति का अन्तकाल आ गया है। यदि ऐसे में भी हिन्दी के वर्तमान कवि इस जीवन में अपना काव्ययोग नहीं देते, तो वे अपमानित और अवहेलित होंगे और परम्परा अवरुद्ध होकर विश्राम ले लेगी।

केदारनाथ अग्रवाल का रचना सोपान इस प्रकार है—'नींद के बादल' (1947), 'युग की गंगा' (1947), 'फूल नहीं रंग बोलते हैं' (1965), 'गुलमेंहदी' (1978), 'कहें केदार खरी-खरी (1983), 'आत्मगन्ध' (1988)। इसके साथ-ही-साथ 'पंख और पतवार', आग का आईना', 'देश-देश की कविताएँ', 'मार प्यार की धापें', 'हे मेरी तुम', 'अपूर्वा', 'बोल-बोल-अबोल', 'जो शिलाएँ तोड़ते हैं', 'बस्ती खिले गुलाबों

की' इनके अनेक काव्य संग्रह हैं। केदार ने राजनीतिक और सामाजिक कविताएँ ज्यादा लिखी हैं। सामाजिक और राजनीतिक व्यवस्था में अपनी निष्पक्षता, साफगोई के कारण शायद इनकी कविताएँ प्रकाशन से वंचित रही हैं, जैसे—'कहें केदार खरी-खरी' 1983 में प्रकाशित संग्रह का रचना काल 1946-1955 तक ही है। केदार की कविताओं के सम्बन्ध में कहा जा सकता है कि, "अब हिन्दी की कविता न 'रस' की प्यासी है, न 'अलंकार' की इच्छुक है, और न 'संगीत' की तुकान्त पदावली की भूखी है। भगवान् अब उसके लिए व्यर्थ हैं। आज जिसके कि राजा शासक हैं और पूँजीपति शोषक हैं, अब वह चाहती है, किसान की लाठी और जन-जन की वाणी।"[1]

स्वाधीनता के बाद भारत सरकार ने देश के लिए जो कदम उठाया, उससे किसानों, मजदूरों, श्रमिकों के मन में गहरा असन्तोष व्याप्त हो गया। 1947 के बाद उन्नति तो दूर, अवनति को रोकने का संघर्ष चला। आजादी के बाद सत्ता के वर्ग चरित्र को अभिव्यक्ति देने का कार्य नागार्जुन, त्रिलोचन, शील, शैलेन्द्र, मुक्तिबोध जैसे अनेक कवियों ने किया। केदारनाथ अग्रवाल ने आजादी के पूर्व ही आजादी का स्वरूप भाँप लिया था। अपनी सन् '46 की लिखित कविता 'लाकेट लूँगी', 'हमका न मारौ नजरिया', 'नकली मिली या कि असली मिली है' में इस बात को देखा जा सकता है—

लन्दन गये लौट आये/ बोलौ? आजादी लाये?
नकली मिली या कि असली मिली है?/ कितनी दलाली
में कितनी मिली है?/ राजा ने दी है, कि वादा
किया है?/ पन्थिक ने दी है कि वादा किया है?/
आशा दिया है, दिलासा दिया है!/ ठेंगा दिखा
कर रवाना किया है!/ दोनों नयन भर लाये!/
अच्छी आजादी लाये/ [2]

केदारनाथ अग्रवाल ने अपनी कविताओं में स्वतन्त्र रचना की बात उठायी है। उन्होंने पूँजीवादी लेखकीय परतन्त्रता पर गहरा आघात किया है। उन्होंने व्यंग्यात्मक ढंग से कहा कि जिन लेखकों ने अपनी स्वतन्त्रता सत्ता के हाथों बेच दी है, वे वास्तव में उसकी तरफदारी और खुशामद कर अपने मन और आत्मा की हत्या करते हैं। केदार ने सच्चे और ईमानदार लेखक की बात की है—

'सूर के, कबीर के वंशज को/
आज के लेखक को दाम से खरीदो नहीं/
राजशाही गुम्बद की छाया में लेखक को पालो नहीं/

---

1. लेखक त्रय : कवि केदार, सन् 1986.
2. डॉ. रामविलास शर्मा : प्रगतिशील काव्यधारा और केदारनाथ अग्रवाल, पृ. 132.

लेखक को हुक्म या हिदायत से बाँधो नहीं/
बल्कि उसे सच्ची आजादी दो/
ताकि वह मजूर और किसान की हिमायत करे/
जालिम के साथ नहीं कोई रियायत करे/
ताकि वह जमीन को हसीन बनाये/
ताकि वह मनुष्यों को अर्थ और वाणी दे/
ताकि वह स्वदेश को नवीन रूप से गढ़े।''[1]

इस प्रकार कलाकार की स्वतन्त्रता इस बात में है कि वह अपनी रचना के लिए जीवन के हर स्रोत में बेरोक-टोक जा सके। केदारनाथ अग्रवाल ने बिना किसी दबाव के निष्पक्ष ढंग से कविता लिखी है। वे राजनीति में चलनेवाले दुराग्रहों को अच्छी तरह पहचानते थे। देश की जनता ने स्वतन्त्रता से उम्मीद की थी, वह उम्मीद 15 अगस्त, 1947 से दूसरी करवट लेती है। सत्ता ने भारतीय 'जन-गण-मन' के साथ विश्वासघात करके उस साम्राज्यवाद से समझौता किया, जिसके विरोध में एक लम्बे अरसे से आम जनता संघर्ष कर रही थी। अपनी सत्ता को बनाये रखने के लिए सामन्ती तत्त्वों से गठ-जोड़ कर लिया। फलस्वरूप जनता का संघर्ष तिहरा हो गया। उसकी पराधीनता की बेड़ियाँ और भी मजबूत हो गयीं। स्पष्ट है कि केदार जिस भारत के आम नागरिक से जुड़े हैं, वह पराधीन, शोषित, किन्तु प्रगतिवादी है। कवि व्यंग्य करते हुए लिखता है—

हमका न मारौ नजरिया/ ऊँची अटरिया मा बैठी रहौ
तुम/ राजा की ओढ़े चुनरिया/ वेवेल के संग मा घूमौ
झमाझम/ हमका बिसारे गुजरिया/ हमका पियारा है
भारत हमारा/ तुमका पियारा फिरंगिया।[2]

शोषितों, उत्पीड़ियों के प्रति लगाव प्रगतिवादी कवियों की विशेषता रही है। अपने समूचे इतिहास में कविता पहली बार किसानों, मजदूरों, उनकी मटमैली गन्दी बस्तियों, भूख, गरीबी में प्रवेश करती है। केदारनाथ अग्रवाल ने श्रम करते हुए आदमी को अपनी कविता में पूरी तरह जगह दी है। 'कटुई की गीत', 'मैंने उसको जब-जब देखा', 'मार हथौड़ा कर-कर चोट' आदि बहुत सारी कविताएँ इस बात की प्रमाण हैं—

मैंने उसको/ जब-जब देखा/ लोहा देखा/ लोहा जैसा/
तपते देखा/ गलते देखा/ ढलते देखा/ मैंने उसको
गोली जैसा चलते देखा।[3]

---

1. केदारनाथ अग्रवाल : फूल नहीं रंग बोलते हैं, पृ. 80.
2. रामविलास शर्मा : प्रगतिशील काव्यधारा और केदारनाथ अग्रवाल, पृ. 131, 132.
3. रामविलास शर्मा : प्रगतिशील काव्यधारा और केदारनाथ अग्रवाल, पृ. 207.

इसी तरह—

मार हथौड़ा/ कर-कर चोट/ लाल हुए काले लोहे को/
जैसा चाहे वैसा मोड़/ दुनिया की जाती ताकत हो/
जल्दी छवि से नाता जोड़।[1]

धरती और किसान के सहज सम्बन्ध को केदारनाथ अग्रवाल ने अनेक चित्रों द्वारा रेखांकित किया है। वे जमीन पर उसी व्यक्ति का अधिकार समझते हैं, जो बरसात, घाम, जाड़ा में खेत में हल चलाता है—

यह धरती है उस किसान की/ जो बैलों के कन्धों पर/
बरसात घाम में/ जुआ भाग्य का रख देता है/ खून
चाटती हुई वायु में/ पैनी कुर्सी के भीतर/ दूर कलेजे तक
ले जाकर/ जोत डालता है मिट्टी को/ अपने तन की खाद
मिलाकर/ मिट्टी को जीवित रखता है/ खुद जीता है।

× × ×

नहीं किसी की, नहीं किसी की धरती है केवल किसान की।[2]

इस तरह हाड़-तोड़ मेहनत करने के बावजूद किसान अपने बच्चों को पैतृक सम्पत्ति में कुछ भी नहीं दे पाता। इसका चित्रण कवि ने बहुत ही मार्मिक ढंग से किया है—

जब बाप मरा तब पाया/ भूखे किसान के बेटे ने/
घर का मलबा/ टूटी खटिया/ कुछ हाथ भूमि, वह
भी परती/ चमरौंधे जूते का तलवा/ बनिया के रुपयों
का कर्जा/ जो नहीं चुकाने पर चुकता/ बस यही नहीं,
जो भूख मिली/ सौगुनी बाप से अधिक मिली/ अब
पेट खलाए फिरता है/ चौड़ा मुँह बाये फिरता है/ वह
क्या जाने आजादी क्या? आजाद देश की बातें क्या?[3]

यह आजाद देश के आजाद जन की स्थिति है। यह कविता स्वाधीनता के तुरन्त बाद लिखी हुई है। आज भी हमारे गाँव में एक बड़ा तबका ऐसा है, जो इस तरह की जिन्दगी जी रहा है। उसके पास बहुत ही अपर्याप्त जमीन और टूटी-फूटी मड़ई शेष है। वह घर और जमीन के मोह में पड़कर जिन्दगी भर मजदूरी करने के लिए विवश होता है। जमींदारों से प्राप्त थोड़ी-सी जमीन पर वह खेती भी करता है, परन्तु आधा से ज्यादा हिस्सा लगान में भर देता है। यदि गाँव में विपदा सूखा पड़ जाय या फसल

1. वही, पृ. 118.
2. रामविलास शर्मा : प्रगतिशील काव्यधारा और केदारनाथ अग्रवाल, पृ. 108.
3. केदारनाथ अंग्रवाल : 'युग की गंगा' पैतृक सम्पत्ति, पृ. 50.

न हो तो भी किसानों को जमींदार की वसूली देनी पड़ती है। ऐसा न करने पर जमींदार उन्हें कोड़ों से मारता है, यहाँ तक कि जान से भी उन्हें मार देता है। ऐसी परिस्थिति में दैनिक मजदूरी के सिवाय उनके पास कुछ भी शेष नहीं बचता। ऐसे गाँव में मजदूरों की एक बड़ी जमात पैदा हो जाती है। इस यातना भरे जीवन से छुटकारा पाने के लिए उन्हीं के बीच से आवाज आती है, जो लोगों को एकत्रित करके जमींदारों को चुनौती देती है। इस बात को केदारनाथ अग्रवाल की कविता 'डंका बजे गाँव के भीतर' में रेखांकित किया जा सकता है। केदारनाथ अग्रवाल ने इस कमजोर वर्ग को कभी बेबस और निरुपाय नहीं माना। उसकी अन्तिम विजय के प्रति कवि को गहरा अनुराग है।

चाहे जितने अत्याचार हों/ चाहे जितना खून-खराबा/
और शोषण उत्पीड़न हो/ जनता नहीं मरती है।
देशों में सब राष्ट्रों में/ शासक-ही-शासक मरते हैं/
शोषक-ही-शोषक मरते हैं/ किसी देश या किसी
राष्ट्र की कभी नहीं जनता मरती है।[1]

इनकी कविताओं में मजदूर किसान वर्ग उभर कर आता है। कवि का रिश्ता मजदूरों, किसानों, श्रमिकों से अत्यन्त ही सहज है। वह जब भी उनके विषय में कुछ लिखता है, तो वह सिर्फ देखी-दिखायी नहीं होती। सच्ची अनुभूति होती है। कवि जानता है कि मजदूर अपना पेट पालने के लिए काम करते हैं। वे सुबह ही कारखाने में काम के लिए जाते हैं और वहाँ उनसे कठोर परिश्रम करवाया जाता है। उसके बाद भी उन्हें पूरा पारिश्रमिक नहीं दिया जाता। ये रोटी के दीवाने किस तरह संघर्ष करते हैं—

हम सब मजदूर/ बड़ी कड़ी मेहनत में पिसते हैं/
भोंपू के बजते ही/ भिंसारे फाटक में घुसते हैं/
काम कर आधा दिन/ चूर हो हड्डी से/ पसली से,
मुरदा होने तक/ फिर साँसे भर छाती में/ सूरज
के डूबे तक/ पंजों को पावों को पीठ को पेट को/
कुत्ते से बदतर हम/ घिसते हैं रोटी के दीवाने/
पाते हैं छह आने दस आने/ भोंपू के बजते ही/
मैले ही पैसों से मत्थों को मलते हम/ भाड़े के
दरबे में बसने को जाते हैं/ थोड़ी ही देर में आग
की आँच में/ पोते/ पनेती है/ खाते हैं/ पेट की

---

1. केदारनाथ अग्रवाल : कभी नहीं जनता मरती है।

थैली में गाड़ते/ रोटी के टुकड़ों को दाँत से काटते/
माँजते हैं बरतन/ नंगी ही धरती पर सोते हैं/
काँखते-हाँफते/ रोज की बदबू में सड़ते हैं दुनिया की।[1]

इन पंक्तियों में मजदूरों की जिन्दगी का अत्यन्त ही स्वाभाविक वर्णन है। मजदूरों को इतनी मेहनत के बाद भी भर पेट रोटी नहीं मिलती। अपनी आवश्यकताओं को वे पूरा नहीं कर पाते। केदारनाथ अपनी कविताओं के माध्यम से गरीब, बेबस जनता को उठाना चाहते हैं—

हमारे हाथ में हल है/ हमारे हाथ में बल है/
कि हम बंजर को तोड़ेंगे/ बिना तोड़े न छोड़ेंगे/
हमें जो कोई टोकेगा/ पकड़कर हाथ रोकेगा/
कि हम उसको हटायेंगे/ न कुछ कानून मानेंगे/
हम अपना बीज बोयेंगे/ हम अपना प्राण होमेंगे।[2]

किसान अपनी जमीन के लिए लड़ रहा है। वह अपनी जमीन, अधिकारपूर्वक लेना चाहता है। इसके लिए वह एकजुट होकर पूरी तरह तैयार है। कवि के मन में परिवर्तन की कामना बहुत जबरदस्त है। वे ऐसे भारत को देखना चाहते हैं, जहाँ सभी समान हों।

रनियाँ कहती है, जग बदले/ जल्दी बदले/ जल्दी बदले/
मैं कहता हूँ कभी न बदले/ कभी न बदले/ कभी न बदले/
किन्तु आज, मेरे विरोध में/ पूरा हिन्दुस्तान खड़ा है/
अब रनियाँ के दिन आये हैं/ जग उसके माफिक बदला है।[3]

केदारनाथ अग्रवाल ने सिर्फ मजदूरों, श्रमिकों, देश, राजनीति पर ही नहीं लिखा है, बल्कि उस पक्ष पर भी उनकी लेखनी चली है, जो मन का सबसे निजी कोना है। मैं इस बात को किंचित विस्तार से भी लेना चाहती हूँ क्योंकि प्रगतिशील कविता को अब तक हृदयहीनता, बाह्यार्थमूलक और क्रान्तिकारी गर्जन-तर्जन से ही अधिक जोड़कर देखा गया है, जब कि राग-रंजित प्रेम भी प्रगतिशील कविता का एक सशक्त पक्ष है। इस तथ्य को केदारनाथ अग्रवाल की कविताओं में मुखर रूप से देखा जा सकता है। नागार्जुन, त्रिलोचन, शमशेर, मुक्तिबोध आदि अनेक प्रगतिशील कवियों में प्रेम के इस वैयक्तिक पक्ष को देखा जा सकता है। मुक्तिबोध ने 'एक साहित्यिक की डायरी' में 'विशिष्ट और अद्वितीय' शीर्षक के अन्तर्गत लिखा है कि—"समय पर विवाह न होने से उनके सुकोमल तन्तुओं का विस्तार नहीं हुआ है और वे सुकोमल

---

1. केदारनाथ अग्रवाल : युग की गंगा 'मजदूर' पृ. 36.
2. केदारनाथ अग्रवाल : युग की गंगा 'किसानों का गाना' पृ. 52,53.
3. केदारनाथ अग्रवाल : युग की गंगा, रनियाँ, पृ. 39-40.

तन्तु समाज की विभिन्न संस्थाओं से, समाज के विविध रूपों में घनिष्ठ रूप से जुड़ नहीं पाये हैं। इसलिए समाज के वास्तविक प्रत्यक्ष संवेदनात्मक बोध से समाज के भीतर व्यक्त मानवता से, जो उसकी विभिन्न सस्थाओं के भीतर से ही किसी-न-किसी मात्रा में व्यक्त होती है—हार्दिक परिचय उन्हें नहीं है। इसलिए वे मुक्त हृदय भी नहीं हैं। जीवन में अत्यन्त सारभूत सुकोमल अनुभवों से वे बच गये हैं। उनके लिए समाज केवल आत्म प्रक्षेप है, रेत का ढेर है, भीड़-भाड़ है, ढोरों की खड़-पड़ करती हुई भीड़ है।'' इस दृष्टि से केदारनाथ अग्रवाल की कविताएँ अत्यन्त ही मुखर और महत्त्वपूर्ण हैं। 'आत्म-गन्ध' कविता में कवि के प्रेम की महत्ता देखी जा सकती है—

प्रेम ने छुआ/ जानवर से आदमी हुआ/ पथराया
दिल/ कुमुद हुआ/ सूर्य की आग बरदानी हुई/
भूमि की देह धानी हुई ।

'आत्म-गन्ध' की भूमिका में उन्होंने पति-पत्नी प्रेम की सामाजिक शक्ति का भाव-विह्वल उद्घाटन करते हुए लिखा है—''मैं कवि हूँ, पत्नी प्रेमी हूँ। मेरी पत्नी दिवंगत हो चुकी है। फिर भी वह मेरी चेतना में जीवित है। हम दोनों एक-दूसरों को जिलाये हुए हैं। वह मुझे द्वन्द्व झेलने के लिए प्रेरित करती है। मैंने ऐसे चेतन प्रेम से जीना सीख लिया है और अभी पूर्ववत् अपने देश की मिट्टी से काम-काज करते आदमी, औरतों से और मानवीयता के अनेक कार्यक्रमों से दायित्वों और अधिकारों से जुड़ा हुआ हूँ और आगे भी जुड़ा रहूँगा।'' अर्थात् प्रेम के माध्यम से ही उन्हें जीवन के विविध स्रोतों में, रचना में, संघर्ष करने की प्रेरणा मिल रही है। उनकी रचनाओं में विविधता है। वे केवल आन्दोलन के कवि नहीं वरन, उन सबके कवि हैं, जिसे मनुष्य आन्दोलन के द्वारा प्राप्त करना चाहता है। इसलिए उनकी कविताओं में इतनी विविधता है।[1] ''महत्त्व की बात है कि केदार की कविता में निष्क्रिय जन का चित्रण हो या सक्रिय जन का, उसमें निराशा का वर्णन हो या आशा का, अन्तर्वस्तु हमेशा एक ही होती है—संघर्ष।''[2]

केदारनाथ अग्रवाल के प्रगतिवादी रचना संघर्ष के दौर में हम देखते हैं कि उनकी बाद की कविताओं में मुख्य रूप से राजनीतिक कविताओं में बदलाव आया है। उन्होंने 1945-1947 के देश के क्रान्तिकारी उभार के दौर से लेकर 1955 तक अनेक विषयों पर अपनी जबर्दस्त लेखनी चलायी। लेकिन 'लन्दन में बिक आये नेता', 'कांग्रेस के राज में', 'कहीं न देखा ऐसा राज' इस तरह की कविताएँ देखने को नहीं मिलीं। ''केदार की राजनीतिक कविताओं में परिवर्तन हुआ। क्रान्तिकारी जन उभार को देखकर

---

1. डॉ. रामविलास शर्मा : प्रगतिशील काव्यधारा और केदारनाथ अग्रवाल, पृ. 87.
2. नन्दकिशोर नवल : 'आलोचना' अप्रैल, जून-81, पृ. 65.

जो उल्लास 'युग की गंगा' में व्यक्त हुआ है, वह बाद की कविताओं में नहीं है।''[1] 1988 में प्रकाशित 'आत्म-गन्ध' संग्रह में लिखते हैं—

ठहरो ठाकुर, ठहरो/ करो न मारा-मारी/ छौंक बघारी/
खून-खराबी-ख्वारी/ आ धमकेगी पुलिस गाँव में,/
बधियायेगी थानेदारी/ भूल जायेगी/ सिट्टी-पिट्टी सारी/
अब तो लाठी बल्लम धारी/ सामन्ती
सुरधाम सिधारी/ नरक भोगती/ लटबर धारी।[2]

यह कविता सन् 1981 में लिखी गयी है। कवि के कहने का तात्पर्य है कि अब थाना प्रशासन में नयी सक्रियता आ गयी है, अब जनता पर सामन्तवादी का कोई अत्याचार नहीं होगा। अतः अब आम जनता को सामन्तवादियों से संघर्ष करने की कोई जरूरत नहीं है। कहने का तात्पर्य है कि 1955 के बाद ऐसा लगता है, केदारनाथ अग्रवाल की दृष्टि समझौतावादी हो गयी है। जो जोश पूर्व रचनाओं में है, वह बाद की रचनाओं में कहाँ? इसकी अनुभूति इसलिए हो रही है कि सामन्तवाद और साम्राज्यवादी संघर्ष का दौर प्रगतिवादी कविता का मुख्य विषय रहा है, जो स्वाधीनता के बाद और उग्र हो जाता है। इस वास्तविकता को अपने मूल विषय से थोड़ा दूर हटाने के कारण उनकी कविताओं के संघर्ष का व्यक्तित्व थोड़ा क्षीण होता है। ''इस वास्तविकता को नजरअन्दाज कर देने के कारण केदारनाथ अग्रवाल का संघर्ष चेतना क्षीण और संकुचित हुआ है।''[3]

इसके बावजूद केदारनाथ अग्रवाल प्रगतिवादी काव्यधारा के प्रतिनिधि कवि हैं। उन्होंने अपने देश, काल, समाज की समस्याओं को बहुत ही ईमानदारी से व्यक्त किया है। इसके अलावा युगीन विषमताओं के प्रति कांग्रेस सरकार का रवैया और रामराज्य की कल्पना के प्रति भी आक्रोश व्यक्त किया है। इनकी रचनाएँ प्रगतिशील कविता की एक मानक है।

मुक्तिबोध

मुक्तिबोध का हिन्दी कविता में आगमन एक महत्त्वपूर्ण घटना है। मुक्तिबोध का आगमन एक ऐसे सन्धि बिन्दु पर होता है, जहाँ छायावाद का पतन हो रहा था और दूसरी ओर प्रगतिवाद का उदय हो रहा था। यह बिन्दु सिर्फ मुक्तिबोध के सन्दर्भ में ही महत्त्व नहीं रखता, बल्कि हिन्दी कविता में बदलाव की दृष्टि से भी अत्यन्त महत्त्वपूर्ण है। सन् 1935-36 के साहित्य में एक गुणात्मक परिवर्तन आता दिखायी देता है। इसे गद्य और पद्य दोनों दृष्टिकोणों से देखा जा सकता है। कवियों, कथाकारों

1. डॉ. रामविलास शर्मा : प्रगतिशील काव्यधारा और केदारनाथ अग्रवाल, पृ. 79.
2. डॉ. रामविलास शर्मा : प्रगतिशील काव्यधारा और केदारनाथ अग्रवाल, पृ. 79.
3. लल्लन राय : हिन्दी की प्रगतिशील कविता, पृ. 184.

ने सामाजिक यथार्थ के लिए अपनी रचनाओं को सामाजिक घटनाओं एवं परिवर्तनों से जोड़कर सर्जनात्मक बनाया और साहित्य को यदि एक ओर आदमी से जोड़ा तो दूसरी ओर सामाजिक प्रक्रिया से।

प्रारम्भ में मुक्तिबोध छायावादी शैली की ही रचनाएँ लिखते रहे। उनकी तारसप्तक-वाली रचनाओं में छायावादी प्रभाव को देखा जा सकता है—

तीव्र गति/ अति दूर तारा/ वह हमारा/
शून्य के विस्तार नीले में चला है/
और नीचे लोग/ उसको देखते हैं/
नापते हैं गति/ उदय और अस्त का इतिहास।''[1]

मुक्तिबोध अपने समय के अकेले और विशिष्ट कवि हैं। मुक्तिबोध हिन्दी कविता को नयी भावभूमि के साथ-साथ नयी दृष्टि देते हैं। मुक्तिबोध का काव्य-संसार एक ऐसा संसार है, जिसे समझने-परखने के लिए उनके विचारों को समझना पड़ेगा। मुक्तिबोध जैसे विशिष्ट और गम्भीर कवि की कविताओं पर काफी कुछ लिखा गया है, लेकिन आज भी उनकी पहचान बाकी है। छायावादोत्तर कविता को समझने के लिए मुक्तिबोध को समझना जरूरी है। ''मुक्तिबोध निःसन्देह एक सचेत और सजग कवि तथा आलोचक हैं। छायावाद और प्रगतिवाद की जिस सन्धि-रेखा पर मुक्तिबोध की कविता की शुरुआत होती है, स्वाभाविक है कि मुक्तिबोध पर उसका प्रभाव पड़ता। यही कारण है कि प्रगतिशील-काव्य परम्परा की ओर झुकाव होते हुए भी छायावादी काव्य परम्परा को पूरी तरह नकार नहीं सके। उन पर छायावादी काव्य परम्परा का गहरा प्रभाव है।''[2]

सन् 1942 में मुक्तिबोध मार्क्सवाद के नजदीक आये। उसी समय 'तारसप्तक' का प्रकाशन हुआ था। मार्क्सवाद में शामिल होने पर भी ये अपने विकास से असन्तुष्ट थे। 'तारसप्तक' के वक्तव्य में वे लिखते हैं—''मेरी हर विकास की स्थिति में मुझे घोर असन्तोष रहा और है। मानसिक द्वन्द्व व्यक्तित्व में बद्धमूल है।''[3] मुक्तिबोध और अन्य प्रगतिवादियों में केवल यही अन्तर था कि उनके लिए मार्क्सवाद ऐसी विचारधारा नहीं थी, जिसे अपनी सुविधा के अनुरूप जब आवश्यकता पड़ी, स्वीकार कर लिया और जब अनावश्यकता महसूस हुई, अस्वीकार कर दिया। उनके लिए तो कविता विचार, वस्तु, जीवन-मरण का प्रश्न था। 'भारत-भूषण' अग्रवाल ने 'तारसप्तक' में अपने बारे में कहा था, ''मार्क्सवाद को आज के समाज के लिए रामबाण मानता हूँ। कम्युनिस्ट हूँ। जब तारसप्तक का दूसरा संस्करण प्रकाशित हुआ, तब उन्होंने कहा, ''अब

1. तारसप्तक : पृ. 13
2. डॉ. सुरेन्द्रप्रताप : मुक्तिबोध : विचारक, कवि और कथाकार, पृ. 60.
3. वही, पृ. 168.

कम्युनिस्ट नहीं हूँ/ यही नहीं, अब तो लगता है कि तब भी नहीं था।''[1] इस तरह आसानी से स्वीकृति और अस्वीकृति मुक्तिबोध की प्रकृति में नहीं थी। वह केवल प्रगतिशील लेखक ही नहीं, राजनीतिक रूप से भी कम्युनिस्ट थे। 30 अक्टूबर, 1945 के पत्र में उन्होंने नेमिचन्द्र जैन जी को लिखा था—"उसने एक व्यक्ति के साथ नाजुक खेल खेला है। उसे कम्युनिस्ट बनाया, दुर्धर्ष घृणा के उत्ताप से पीड़ित।''[2] "मार्क्सवादी प्रवृत्ति का होने के कारण मुक्तिबोध शोषक वर्ग से घृणा करते थे। इसके साथ-ही-साथ और भी जीवन की परिस्थितियाँ थीं, जिनसे उनकी कविता में संघर्ष की स्थिति उत्पन्न हो गयी थी।

शोषित, उत्पीड़ित वर्गों के प्रति सहानुभूति प्रगतिवादी काव्यों की सबसे बड़ी विशेषता रही है। अपने पूरे इतिहास में पहली बार कविता ने किसान, मजदूरों के मटमैले अभावग्रस्त और विषाद भरे जीवन में उनके उद्धार के उपायों से बँधकर प्रवेश किया। प्रगतिवादी कवियों में मुक्तिबोध जनकवि के रूप में मजदूरों, शोषितों, पीड़ितों के सबसे ज्यादा नजदीक हैं। उनकी पीड़ाओं को उन्होंने अपने भीतर आत्मसात् किया। मुक्तिबोध की कविता का केन्द्रीय लक्ष्य-अस्मिता की खोज, उनकी अधिकांश कविताओं में प्रत्यक्ष और अप्रत्यक्ष रूप से विद्यमान है। अस्मिता के लोप का सबसे महत्त्वपूर्ण कारण है शोषण। इसलिए कवि की चिन्ता का मुख्य विषय वही है। उनकी दृष्टि में—

समस्या एक/
मेरे सभ्य नगरों एवं गाँवों की/
सभी मानव सुखी-सुन्दर व शोषण-मुक्त कब होंगे?''[3]

मुक्तिबोध जिस मुक्ति की तलाश में हैं, वह आध्यात्मिक या भौतिक नहीं है। वे मानव मुक्ति की बात करते हैं। मुक्तिबोध इसी बात को अपनी कविता में भी व्यक्त करते हैं। वे पूरे परिवेश, समाज को शोषण से मुक्त करना चाहते हैं। मुक्तिबोध हिन्दी के अन्य कवियों की तरह निजी दुःख-सुख की बात नहीं करते, सामूहिक मुक्ति की बात करते है। वे समाज में आमूल चूल परिवर्तन के हिमायती हैं, इसीलिए उनकी दृष्टि साफ और व्यापक है। यह कहकर वह लोगों को आगाह भी करते हैं और सामूहिक मुक्ति के लिए आम-आदमी को संघर्ष करने के लिए प्रेरित भी करते हैं। इस संघर्ष के लिए कवि को बहुत कुछ करना पड़ा है। वह गरीब गलियों में घूमा है, भूख के घर पर और प्यास के आँगन गया है। उसमें हरिजन की बदरंग चाँदनी मुफलिसी के टूटे-

---

1. रामविलास शर्मा : नयी कविता और अस्तित्ववाद, पृ. 168 संस्करण-78.
2. आलोचना जुलाई-सितम्बर, 1968.
3. चाँद का मुँह टेढ़ा है, पृ. 162.

फूटे घर, गन्दी बस्तियों के पास बिखरे नाले, श्याम तन, गन्दे बच्चे, वजनदार घड़ों से पानी भरती गर्भवती नारी, 'शोषित व्यभिचारिता' पागल युवती, भयानक बदनसीबी से पीड़ित असंख्य श्याम चेहरे, काठ होते पैर और ठूँठ होते तन देखे हैं। रास्ते पर बिखरे हुए दानों को बीननेवाले लोगों का प्रत्यक्षदर्शी रहा है। इन्हीं सब रूपों में वह हिन्दुस्तान को देखता है। यह सब देखकर उसका मन उसी से सवाल करने लगता है—

क्यों मानव के/
इस तुलसी वन में आग लगी/
दुःख के कीड़ों ने खायी क्यों/
ये जूही की पत्तियाँ जीवन की।[1]

एक ओर शोषित वंचितों का जीवन है तो दूसरी ओर पूँजीपति, सत्ताधारी एवं शोषकों का जीवन है। शोषक, 'किंग्सवे'-जैसे समृद्ध इलाके में रहता है, जहाँ की चाँदनी 'सँदली' है। शोषक एवं शोषित जीवन के गहरे वैषम्य को कवि अपने भीतर पग-पग पर अनुभव करता है। उसके मन में निरन्तर सामाजिक व्यवस्था का विश्लेषण घुलता है। उसे यह समझने में देर नहीं लगती कि मानव के 'तुलसी वन' में आग क्यों लगी। कारण उसके सामने स्पष्ट है। वह जानता है कि पूरी व्यवस्था में ही खोट है और वह उससे मुक्ति की बात सोचने लगता है। मुक्तिबोध के काव्य में समाज को धीरे-धीरे बदलने का भाव नहीं है। कवि समाज को शीघ्र बदलना चाहता है, क्योंकि अनेकानेक नीति, विचार हजारों वर्षों से समाज में कोई परिवर्तन नहीं ला सके। शोषण तो हजारों वर्षों से विद्यमान है। यदि अब तक समाज सिद्धान्तों से नहीं बदला, तो आगे बदलेगा, इसका विश्वास कवि को नहीं है। इसलिए वह मानता है—"बिना संहार के सर्जन असम्भव है। समन्वय झूठा है। वह स्पष्टतः पूँजीवादी समाज का नाश चाहता है और क्रान्ति का सवेरा होने का स्वप्न देखता है।"[2]

समाज में बुद्धिजीवी की भी सबसे बड़ी ट्रैजिडी यही है कि वह अपने विचार (ज्ञान) को व्यावहारिक स्तर पर परिवर्तित नहीं कर पाता। वह जो सोचता है, या परिकल्पना करता है, उसे कार्य रूप में नहीं परिणित कर पाता। उस (बुद्धिजीवी) की ट्रैजिडी का शिकार मुक्तिबोध की कविता में 'ब्रह्मराक्षस' है। ब्रह्मराक्षस बुद्धिजीवी वर्ग का प्रतिनिधित्व करता है और अन्ततः संघर्ष करते-करते क्या होता है—

---

1. चाँद का मुँह टेढ़ा है,
2. चाँद का मुँह टेड़ा है—बिना संहार के सर्जन असम्भव है, पृ. 180। क्रान्ति का स्वप्न कई स्थलों पर दृष्टव्य है—"काल मूर्ति के रूप में क्रान्ति का दर्शन है, पृ. 72 : क्रान्ति की मुस्कराती आँखें, पृ. 148 : जनक्रान्ति का स्वप्न पृ. 226. पूँजीवाद समाज के नाश की कामना-तारसप्तक, पृ. 25.

पिस गया वह भीतरी/ औ बाहरी दो कठिन
पाटों के बीच/ ऐसी ट्रैजिडी है नीच।[1]

मुक्तिबोध में वर्ग-वैषम्य को मिटाने की भावना इतनी तीव्र है कि स्वप्न में भी उनका नायक इस भावना से मुक्ति नहीं पाता। उसका मन क्रान्तिकारी संकल्पों से भरा है। 'जिन्दगी का रास्ता' कविता में मुक्तिबोध पूँजीवादी व्यवस्था की अमानवीय क्रूरता, उसमें कला की चिन्तनीय स्थिति, मध्य वर्ग की घोर पतनोन्मुखता, शोषित, उत्पीड़ित जनजीवन की पीड़ा को मूर्त रूप देते हुए उसके बीच से ही जिन्दगी का रास्ता ढूँढ़ते हैं। यह रास्ता संघर्ष का रास्ता है, जो वास्तविकता के निकट लाता है। इसी संघर्ष के माध्यम से वे अपनी जिन्दगी के साथ ही दूसरों की वास्तविक जिन्दगी के निकट आते हैं और तब अपने सुख-दुःख दूसरों के साथ मिलाकर एक होते हैं। मुक्तिबोध का यही आत्म-विस्तार 'विश्वचेतस्' की अवधारणा है।

संघर्ष विचारों का लोहू/
पीड़ित विवेक की शिरा-शिरा/
में उठा-गिरा/
मस्तिष्क तन्तुओं में प्रदीप्त/
वेदना यथार्थों की जागी/
मरे सुख-दुःख ने/ अकस्मात् भावुकतावश/
सुख-दुःख के चरणों को मन-ही-मन यों ही पालागी।[2]

वास्तविक यथार्थ, पीड़ा, सन्त्रास बौद्धिकता से प्राप्त नहीं होता, बल्कि पीड़ित विवेक से प्राप्त होता है। इसके लिए पूरी ईमानदारी के साथ समूचे परिवेश से जुड़ना पड़ता है, आत्मीयता, स्थापित करनी पड़ती है।

मुक्तिबोध की कविताओं में सर्वत्र परिवेश का जुड़ाव है। वे कहीं भी परिवेश से कटते नहीं हैं। अपने 'स्व' का सामाजीकरण करने पर ही जिन्दगी के वास्तविक सत्य का साक्षात्कार होता है।

इस गली के नुक्कड़ पर/ मैंने देखी/ वह फक्कड़
भूख/ उदार प्यास/ निस्वार्थ तृषा/ जीने
मरने की तैयारी/ मैं गया भूख के घर और
प्यास के आँगन में/ चिन्ता की काली कोठरी में/
तब मुझे दिखे कार्यरत वहाँ/ विज्ञान-ज्ञान/ नित
सक्रिय हैं/ सब विश्लेषण-संश्लेषण में/ तन-मन

---

1. तारसप्तक : ब्रह्मराक्षस, पृ. 91-92.
2. मुक्तिबोध रचनावली-1, जब प्रश्न चिह्न बौखला उठे, पृ. 326.

में जादू की-सी आग लगी/ मस्तिष्क तन्तुओं में
प्रदीप्त/ वेदना यथार्थों की जागी।[1]

भूख और प्यास के घर जाना वर्तमान शोषण व्यवस्था के तह में प्रवेश करना है। भूख और प्यास के घर-आँगन जाकर कवि निराश नहीं होता है, क्योंकि वहाँ पर ज्ञान-विज्ञान सक्रिय है।

मुक्तिबोध ने अपनी कविताओं में शोषकों और पूँजीवादी व्यवस्था के पोषकों का चित्र बड़ी सावधानीपूर्वक खींचा है। 'मेरे सहचर मित्र', 'डूबता चाँद कब डूबेगा', 'ओ काव्यत्मन कविधर', 'मुझे याद आते हैं', 'अँधेरे में', 'चम्बल की घाटी' आदि अधिकांश कविताओं में मनुष्य की पीड़ा, सन्त्रास, मानव सभ्यता का प्रश्न दिखायी पड़ता है।

क्यों मानव के/ तुलसी वन में आग लगी/
क्यों मारी-मारी फिरती है/ मन की गहरी
सज्जनता/ दुःख के कीड़ों ने खायी क्यों/
ये जूही पत्तियाँ जीवन की/ क्यों मानव
सुलभ सहज/ आकांक्षाओं के तरु/ यों ठूँठ
हुए वृन्दावन के/ मानव आदर्शों के गुम्बद में
आज यहाँ/ उलटे लटके चिमगादड़ पापी/
भावों के/ क्यों स्वार्थ, घृणा, कुत्सा
के थूहर जंगल में/ भटक गये ये लक्ष्य।[2]

कवि ने वर्तमान पूँजीवादी सभ्यता के सम्बन्ध में कुछ प्रश्न उपस्थित किये हैं। वह यह जानना चाहता है कि जो हमारी मानवीय सभ्यता थी, उसमें आग लगने का क्या कारण है, तदुपरान्त कवि उस समस्या के जड़ में पहुँचता है।

वह पागल युवती सोयी है/ मैली दरिद्र अस्त
व्यस्त/ उसके बिखरे हैं बाल व स्तन लटका-सा/
अनगिनत वासना ग्रस्तों का मन अटका था/
उनमें से जो उच्छृंखल था/ विशृंखल भी था/
उसने काले पल में स्त्री को गर्भ दिया/ शोषिता
व व्यभिचारिता आत्मा को पुत्र हुआ/ स्तन
मुँह में डाल/ मरा बालक!/ उसकी झाँई/ अब तक
लेटी है पास उसी की परछाईं/ आधुनिक सभ्यता

---

1. चाँद का मुँह टेढ़ा है, पृ. 167, 70.
2. मुक्तिबोध रचनावली, पृ. 274.

संकट की प्रतीक रेखा/ उसको मैंने सपनों में कई
बार देखा/ जीने के पहले करे समस्याओं के
हल!! ओ नागराज, चुपचाप यहाँ से चल।[1]

इसी समाज का जो अपनी सभ्यता के सारे स्तर भूलकर, भयानक रूप लेकर सामने खड़ा है, उपर्युक्त कविता सटीक वर्णन करती है। शोषित, पीड़ित, अर्द्धविक्षिप्त युवतियों के साथ बलात्कार, व्यभिचार, हमारे समाज के आस-पास चारों तरफ है। साथ-ही-साथ मुक्तिबोध, शोषक वर्ग का खुला रूप भी सामने रखते हैं। वर्तमान सभ्यता के दुखते कराहते गर्भ से मृत बालकों का जन्म और वर्तमान सभ्यता रूपी अस्त-व्यस्त पागल, युवती द्वारा कुछ उच्छृंखल एवं वासना ग्रस्तों के संसर्ग से मृत बालक की सृष्टि वस्तुतः पूँजीवादी व्यवस्था में घोर व्यक्तिवादी शिक्षित मध्यम वर्ग द्वारा कलात्मक सृजन की स्थिति की काव्यात्मक अभिव्यक्ति है। मुक्तिबोध निम्न वर्ग की सामाजिक विकृतियों, विडम्बनाओं का कविता में पर्दाफाश करते हैं।

मुक्तिबोध की कविताओं का दूसरा संकलन है— 'चाँद का मुँह टेढ़ा है'। इसमें मुख्यतः 1959 से 1964 के बीच लिखी गयी कविताएँ संकलित हैं। 'भूरी-भूरी खाक धूल' का रचना-काल प्रायः 1949 से 1963-64 ई. तक फैला हुआ है। इसमें कुल 47 कविताएँ संगृहीत हैं, जो मुक्तिबोध के काव्य-संसार का परिचय कराती हैं। 'भूरी-भूरी खाक-धूल' इस दृष्टि से विशिष्ट काव्य-संग्रह है कि हमारा ध्यान उनकी कविता के कोमल और मधुर पक्ष की ओर जाता है। कठोर और कोमलता में कोई विरोध नहीं है, बल्कि प्रगतिवाद का इससे गहरा सम्बन्ध है।

माना कि जिन्दगी बदरंग विकृताकृति-सी है/
पर उसके दरिद्र परिदृश्यों के भीतर भी/
वे मानवीय माधुर्य अनुभवों की छवियाँ
जाने क्या-क्या कर सकती हैं/
दिल में मीठी ताकत-सी एक कसकती है
व्यक्तित्व महकते रहे हैं।[2]

आमतौर पर माना जाता है कि प्रगतिवादी कवि पूँजीवाद का कट्टर विरोधी होता है, वह पूँजीवाद के विरुद्ध प्रगतिशील शक्तियों का समर्थक होता है। समाजवादी समाज के निर्माण के लिए श्रमजीवी वर्ग का समर्थन करता है। 'कंचन-रेखा' में कोमल मानवीय भाव हैं, जो सामाजिक संघर्ष की प्रेरणा देते हैं। मुक्तिबोध स्वयं कहते हैं—

वे मानवीय माधुर्य अनुभवों की छवियाँ/यह कहती हैं/
पारकर मुश्किलें सभी/ जादुई अरुण कमल/ उस दूर देश

---

1. मुक्तिबोध रचनावली, पृ. 197.
2. भूरी-भूरी खाक धूल : मानव निर्झर की झर-झर कंचन रेखा।

के रश्मि विकिरणशील सरोवर का/ तुम ला देना/ एकाग्र
प्यालों का/ वह कोमल अमृत पिला देना/ सन्तापग्रस्त जीवन
की दुर्निवार ओषधि लानी होगी/ यों मर-मर कर
जिन्दगी यहाँ/ पानी होगी।

आगे वे पुनः कहते हैं—

बस इसीलिए/ हम प्रियजन की/ मृदु कृपा दृष्टि
या कोमल स्मित के लिए/ तरसते रहते हैं।

पुराने जर्जरित मूल्यों में जकड़े हुए समाज में प्रेम हमें संघर्ष के लिए उत्प्रेरित करता है और ऐसे समाज में परिवर्तन का मतलब ही है—'कोमल रंगों की वर्षा।' उनके लिए क्रान्ति तभी सार्थक है, जब मनुष्य-मनुष्य के बीच मधुर सम्बन्ध विकसित हो। यहाँ प्रेम क्रान्ति से अलग नहीं, बल्कि उससे घनिष्ठ रूप से सम्बन्धित है—

प्रेम राग-रागिनी, युद्ध सब/ एक साथ
एक ओर पंक्तिबद्ध चलेंगे और गूँजेंगे।

इन सारी परिस्थितियों का चित्रण वे संघर्षरत परिस्थितियों से ही करते हैं। 'इसी बैलगाड़ी को' शीर्षक कविता में किसान कहते हैं—

इस वक्त/ परेशान हमने एक काम किया/
रास्ते में एक ओर/ कण्डे की लाल आग
टिक्कड़ लगी सेंकने/ बहुत-बहुत परेशान
थके हुए हम भी हैं/ लेकिन सुगन्ध उस
टिक्कड़ की खूब जो कि/ आत्मा में
फैलती ईमान की भाप बन।

ये किसान कठिन संघर्ष में पड़े हैं। पहाड़ी के ऊपर वे अपनी बैलगाड़ी चढ़ा रहे हैं। मेहनत से भूखे किसान कण्डे की आग में रोटियाँ सेंकते हैं। ये संघर्षरत किसान रोजी-रोटी की तलाश में अपने परिजनों से दूर चले गये हैं। 'कण्डे की लाल आग' में उन्हें परिजन पत्नी, माँ, बहन, बच्चे, पिता सभी याद आते हैं। यहाँ मुक्तिबोध छायावादी और प्रयोगवादी कवियों से अलग अपनी पहचान बनाते नहीं हैं, बल्कि पहचान उनकी कविताएँ बनाती हैं। वे अपनी अनुभूति सुख-दुःख की बात अन्य कवियों की तरह नहीं करते। वे उन मेहनतकशों कृषकों के जो भूखे हैं, अपने घर-परिवार से बहुत दूर, याद करते हैं। यही उनकी दृष्टि है, यही सोच है। ये सारी स्थितियाँ मुक्तिबोध की कविता को एक बड़ा कैनवस प्रदान करती हैं। मुक्तिबोध की कविता श्रमिकों, कृषकों, पीड़ितों की कविता है। वे जीवन में प्रेम, सौन्दर्य की प्रतिष्ठा करना चाहते हैं, उसी कारण उन्हें जिन्दगी से बहुत ज्यादा प्यार है। यही कारण है कि निराशा का चित्रण करते हुए कभी निराश नहीं हुए। त्रास का चित्रण करते हुए कभी त्रस्त नहीं हुए।

मुक्तिबोध मूलतः सामाजिक संघर्ष के कवि हैं। 'भूरी-भूरी खाक धूल' में मिलनेवाले ओज और करुणा के सम्बन्ध में तो कुछ कहने की आवश्यकता ही नहीं है। ओज और करुणा का घनिष्ठ सम्बन्ध है। यदि मनुष्यता के प्रति करुणा की भावना न रहे, तो ओजस्विता का कोई अर्थ ही नहीं रह जायेगा। यही करुणा प्रगतिशील कवि को संघर्ष करने के लिए प्रेरित करती है—

उलझी हुई जिन्दगी की/ आयी हुई दुखती
हुई लाल आँख/ मुझे भड़का देती है/ देह
से लिपटे हुए नागपाश भींचने/ दिन के
उजास में/ किसी ध्रुव लक्ष्य की सपनों-भरी
चिन्ताएँ सताती हैं/ भीतर प्रयास मेरे मन का।
जगा देता प्राणों में/ साहसी विजय हेतु।[1]

यह कवि की करुणा ही है, जो उसे पीड़ितों के सुखों-दुःखों में शामिल होने के लिए बाध्य करती है। कारण यह कि वे मार्क्सवादी कवि हैं, जिनमें अपने आपको पहचानकर सावधानी से पूँजीवादी व्यवस्था पर प्रहार करने का संयम है, अराजकतावादी बेचैनी नहीं। इस सन्दर्भ में से उनकी कविता में वैसी ओजस्विता आयी है, जैसी तुलसीदास या निराला में ही दिखायी पड़ती है।

"मुक्तिबोध एक कठिन समय के कवि हैं। उन्होंने अपने सच को कठिन वैचारिक और भावात्मक संघर्ष से पाया और कविता में चरितार्थ किया।"[2]

"उसका संसार हमारा जान-पहचान रोजमर्रा का संसार है, जिसमें मनुष्यता का गहरा संघर्ष अनेक स्तरों पर बराबर चलता है। यह वही संसार है जिसकी प्राणवत्ता, संघर्षशीलता और परिवर्तन की इच्छा पर आज सबसे अधिक हमले हो रहे हैं। मुक्तिबोध इस खुरदुरे और रसहीन लगते संसार की बहुलता और विविधता के, मनुष्य की अपराजेयता के पक्षधर एक जुझारू कवि हैं।"[3]

मुक्तिबोध का काव्य "भीतरी और बाहरी संघर्ष का काव्य है। भीतरी और बाहरी संघर्ष मुक्तिबोध के काव्य की सही जमीन है। वे गहन मानसिक अन्तर्द्वन्दों और तीखे सामाजिक अनुभवों के कवि हैं।"[4]

मुक्तिबोध की कविता में जिस शब्द का सबसे अधिक प्रयोग हुआ है, वह है—'अँधेरा और इसी से मिलते-जुलते कई शब्द जैसे-स्याह, काला, साँवला, रात, तिमिर, विवर इत्यादि। यह अँधेरा क्या है? जो कवि की प्रत्येक कविताओं में छाया है। यह

1. भूरी-भूरी खाक धूलः मुक्तिकामी पैरों की मोच की चीख।
2. सम्पादक अशोक वाजपेयी : प्रतिनिधि कविताएँ , भूमिका, पृ. 5.
3. सम्पादक अशोक वाजपेयी : प्रतिनिधि कविताएँ, भूमिका, पृ. 5.
4. विश्वनाथ प्रसाद तिवारी : समकालीन हिन्दी कविता, पृ. 35.

कवि के भीतर बाहर का अँधेरा है, इसी अँधेरे में कवि अपने आत्म-सत्य की तलाश करता है। "मुझे लगता है, मन एक रहस्यमय लोक है। उसमें अँधेरा है। अँधेरे में सीढ़ियाँ हैं। सीढ़ियाँ गीली हैं। सबसे निचली सीढ़ी पानी में डूबी हुई है। वह अथाह काला जल है। उस अथाह जल से स्वयं को ही डर लगता है। इस अथाह जल में कोई बैठा है, वह शायद मैं ही हूँ।"[1]

'वह शायद मैं ही हूँ', यही रहस्य 'मैं' मुक्तिबोध की कविताओं में बार-बार आता है। तम-विवर, बावड़ी, सुरंग, गलियाँ सभी इसी अँधेरे तह की ओर जाती हैं—

चला जा रहा हूँ/ सूखे हुए झरने की पथरीली
गली में/ भयानक गुहाओं में घुसता हूँ काट
कर/मन मार/ उतरता हूँ गड्ढों में/ खोहों के तल में/

मुक्तिबोध का संघर्षरत मन इस खोहों के तल में उमड़-उमड़ परेशान रहता है। इसी में वह अपनी समस्याओं को सुलझाता है और उन्हीं सवालों से जूझता है। उनकी कविता का मूल स्वर संघर्ष है, और वह लगभग सभी कविताओं में है, इसलिए उनका पूरा काव्य एक लम्बी कविता प्रतीत होता है।[2]

रचनाकार का आत्म-संघर्ष मुक्तिबोध की सृजन चिन्ता का केन्द्रीय बिन्दु है।"[3] तारसप्तक के वक्तव्य में मुक्तिबोध ने कहा है—"मेरे बाल मन की पहली भूख सौन्दर्य और दूसरी विश्वमानव का सुख-दुःख, इन दोनों का संघर्ष मेरे साहित्यिक जीवन की पहली उलझन थी।"[4]

इस आत्म-संघर्ष के कई कारण हैं—"मुक्तिबोध की अधिकांश कविताओं का अन्त किसी हड़ताल या जन-आन्दोलन अथवा किसी जन-क्रान्ति के आरम्भ से होता है। काव्यनायक कभी तो उस आन्दोलन या क्रान्ति का स्रष्टा मात्र होता है और कभी उसका प्रेरक। जो भी हो, किसी-न-किसी रूप में काव्य-नायक इस घटना से अपना लगाव जरूर महसूस करता है। इस तरह आत्म-संघर्ष की परिणति अन्ततः सामाजिक संघर्ष में होती है। कुल मिलाकर मुक्तिबोध के सम्पूर्ण साहित्य के तथ्य का बुनियादी ढाँचा यही है। यह सही है कि प्रत्येक रचना में यह पूरा ढाँचा नहीं आ सका है, किन्तु आंशिक सीमा में भी हर रचना किसी-न-किसी प्रकार समग्र तथ्य का आभास अवश्य देती है।"[5]

---

1. एक साहित्यिक की डायरी, पृ. 3.
2. विश्वनाथ प्रसाद तिवारी : समकालीन हिन्दी कविता।
3. पहल : सितम्बर-दिसम्बर 1989.
4. तारसप्तक : वक्तव्य
5. रामविलास शर्मा : नयी कविता और अस्तित्ववाद, पृ. 24.

मुक्तिबोध को उनकी कविताओं से अलग करके देखना उन्हें अपूर्णता में रखना है। वे मूल रूप से अपने अनुभवों, समस्याओं को अपनी कविता में ढालते हैं। ये समस्याएँ निम्न मध्यवर्ग को छोड़कर अन्य वर्गों के साथ नहीं जुड़तीं। इनमें मुक्तिबोध की मानसिक उलझनें, असामान्य दशाएँ भी शामिल हैं। अपनी समस्याओं के सामने वे कभी हथियार डालकर बैठते नहीं, निरन्तर उनसे जूझते रहते हैं। उसके प्रत्येक बिन्दु से वे संघर्षरत रहते हैं। मुक्तिबोध ने संघर्ष की यह शिक्षा मार्क्सवाद से ग्रहण की थी। उनकी यह मान्यता थी कि पूँजीवादी समाज व्यवस्था को बदले बिना, निम्न मध्यवर्ग और श्रमिक वर्ग की मूल समस्याओं का समाधान सम्भव नहीं है और ऐसे समाज को बदलने के लिए संघर्ष आवश्यक है। यह बात उनकी कविताओं से पूर्णतः स्पष्ट है। इनकी कविता में जहाँ भी मजदूर वर्ग दिखायी पड़ता है, इनके पास आत्म-निर्वासन जैसी समस्या नहीं है, न व्यक्तित्व विभाजन की समस्या है, और न व्यक्तित्व के रूपान्तर की समस्या है। "मुक्तिबोध के लिए मजदूर वर्ग एक स्वस्थ वर्ग है, जिसमें मानसिक और शारीरिक दोनों प्रकार की शक्ति है।"[1]

मुक्तिबोध सारे खतरे उठाकर अभिव्यक्ति की खोज करते हैं—

अब अभिव्यक्ति के सारे खतरे/उठाने
ही होंगे/ तोड़ने होंगे ही मठ और गढ़ सब/
जहाँ मिल सके मुझे/ मेरी खोयी हुई परम
अभिव्यक्ति अनिवार/ आत्म-सम्भव।[2]

यह परम अभिव्यक्ति भीतर और बाहर में द्वन्द्व में करने की कोशिश है, जिसे कवि अपनी लेखनी के माध्यम से व्यक्त कर देना चाहता है। हरिशंकर परसाई का मत है—"आजकल सन्त्रास का दावा बहुत किया जा सकता है, मगर मुक्तिबोध का एक चौथाई तनाव भी कोई झेलता तो उनसे आधी उम्र में मर जाता। मृत्यु से दो साल पहले जबलपुर आये थे। रात-भर वे बड़बड़ाते थे। एक रात चीख कर खाट से गिर पड़े, सँभले, तब बताया कि बहुत बड़ी छिपकली सिर पर गिर पड़ी थी। उन दिनों उनकी पुस्तक 'भारत इतिहास और संस्कृति' पर प्रतिबन्ध लग चुका था। अँधेरे में कविता का यही रचनाकाल है। उन दिनों मुक्तिबोध बहुत ही आशंकाग्रस्त थे। छोटी-छोटी बात उन्हें विचलित कर देती थी जैसे कोई बड़ा षड्यन्त्र उन्हें घेर रहा है।"[3]

किसी अनपेक्षित/ असम्भव घटना का
भयानक सन्देह/ अचेतन प्रतीक्षा/ कहीं

---

1. रामविलास शर्मा : नयी कविता और अस्तित्ववाद, पृ. 244.
2. विश्वनाथ प्रसाद तिवारी : समकालीन हिन्दी कविता।
3. आलोचना-6, पृ. 53,54.

कोई रेल ऐक्सीडेण्ट न हो जाय/ चिन्ता
के गणित अंक/ आसमानी रेल पटरी पर
चमकते खिड़की से दिखते।[1]

यही दौर उनके मानसिक और सामाजिक द्वन्द्व और तनाव का दौर है। इन्हीं दिनों इनके भीतर और बाहर एक गहरा संघर्ष चल रहा था। वास्तव में बाहर और भीतर के टकराव से ही उनकी कविता का निर्माण होता है। मुक्तिबोध एक सजग तथा संवेदनशील रचनाकार हैं। वे कहीं आशंकाग्रस्त नहीं हैं, क्योंकि परिवर्तनवादी हैं, क्रान्तिकारी हैं। हाँ, क्रान्ति की सफलता के प्रति उन्हें आशंका हो सकती है।

मुक्तिबोध जिस समाज में जी रहे थे, उसे भली-भाँति जानते थे। क्या हो रहा है और राजनीतिज्ञ, व्यापारी, नौकरशाह किस तरह मिलकर षड्यन्त्र कर रहे हैं, इसका उन्होंने 'अँधेरे में' वर्णन किया है। यह निश्चित है कि फैण्टेसी कल वास्तविक होगी।''[2] वह जानते हैं कि फैण्टेसी ही कल यथार्थ है। 'फैण्टेसी उनके लिए अभिव्यंजना का माध्यम मात्र नहीं है, जिसे वह चाहे अपनाएँ, चाहे छोड़ दें। स्वप्न उनके मन की सहज वृत्ति है। यथार्थ को स्वप्न चित्रों में बदले बिना वह मानों उसे समझा नहीं सकते।''[3]

डायरी में मुक्तिबोध लिखते हैं—

''कला का पहला क्षण है, जीवन का उत्कृष्ट तीव्र अनुभव-क्षण। दूसरा क्षण है इस अनुभव का अपने दुखते हुए मूल्यों से पृथक् हो जाना और एक ऐसी फैण्टेसी का रूप धारण कर लेना, मानों वह अपनी आँखों के सामने ही खड़ी हो। तीसरा अन्तिम क्षण है—इस फैण्टेसी के शब्द वहाँ होने की प्रक्रिया का आरम्भ और इस प्रक्रिया की परिपूर्ण अवस्था तक गतिमानना''[4] फैण्टेसी के माध्यम से मुक्तिबोध को कम-से-कम शब्दों में गतिशील यथार्थ को अभिव्यक्त करने में आसानी हो जाती है।

मुक्तिबोध का अध्ययन करने से पता चलता है कि इनका जीवन अत्यन्त ही त्रासद-पूर्ण था, परन्तु ये कभी त्रस्त नहीं हुए। पूरी ईमानदारी के साथ मुक्तिबोध अभिव्यक्ति के खतरों से जूझते रहे और उस यथार्थ संघर्ष को पूरी तरह रचना में व्यक्त करते हैं।

शमशेर के शब्दों में—''मुक्तिबोध ने छायावाद की सीमाएँ बाँधकर प्रगतिवाद से मार्क्सवादी दर्शन ले प्रयोगवाद के अधिकांश हथियार सँभाले और उसकी स्वतन्त्रता महसूस कर स्वतन्त्र कवि के रूप में सब वादों और पार्टियों से ऊपर उठकर निराला की सुधरी और खुली मानवतावादी परम्परा को बहुत आगे बढ़ाया।''[5]

---

1. चाँद का मुँह टेढ़ा है : पृ. 252-253.
2. चाँद का मुँह टेढ़ा है : पृ. 115.
3. रामविलास शर्मा : नयी कविता और अस्तित्ववाद, पृ. 151.
4. एक साहित्यिक की डायरी, पृ. 16-17.
5. चाँद का मुँह टेढ़ा : भूमिका, पृ. 26.

नागार्जुन

नागार्जुन का जन्म बिहार के बरौनी नामक ग्राम में हुआ था। बचपन का नाम बैद्यनाथ मिश्र था। इन्होंने 'यात्री' नाम से अपने लेखन का प्रारम्भ किया। जैसा कि 'नाम' से ही स्पष्ट हो रहा है, ये घुमक्कड़ी प्रवृत्ति के थे। इनके पैर एक जगह नहीं टिके। "इन्हें राहुल जी का लघु संस्करण समझना चाहिए। यात्रा का वही शौक, अध्ययन का वही अभ्यास और बहुत-सी भाषाओं में अपने को अभिव्यक्त करने की वही क्षमता।"[1] निर्धन परिवार में पैदा होने के कारण इनकी शिक्षा-दीक्षा ठीक से नहीं हो पायी। स्वाध्याय के माध्यम से ही नागार्जुन ने अपने को ज्ञान सम्पन्न और जीवन संघर्षों से अपने को जागरूक बनाया। कृषक जीवन के प्रति असीम प्रेम नागार्जुन की मूल प्रेरक शक्ति रही है। भारतीय साम्यवादी दल और मार्क्सवादी दर्शन के प्रति आस्था के कारण उनकी सम्पूर्ण रचना आम आदमी की ऊबड़-खाबड़ जिन्दगी के आस-पास मँडराती है। उन्होंने अपने साहित्य को जनता की सेवा में नियोजित किया। कवि और कथाकार के रूप में पहचाने जानेवाले नागार्जुन का रचना क्षेत्र अत्यन्त ही व्यापक है। नागार्जुन का पहला काव्य-संग्रह 'युगधारा' 1953 में प्रकाशित हुआ। इसके बाद 'सतरंगे पंखोंवाली', 'हजार-हजार बाहोंवाली', 'ऐसे भी हम क्या', 'ऐसे भी तुम क्या', 'आखिर ऐसा क्या कह दिया मैंने', 'पुरानी जूतियों का कोरस' आदि काव्य-संग्रह समय-समय पर प्रकाशित हुए हैं। अनेक उपन्यास भी नागार्जुन ने लिखे। मैथिली, बँगला और संस्कृत की कविताओं में भी इनकी अपनी विशेष छाप है।

प्रगतिवादी कवियों की यह विशेषता रही है कि वे अपने युग की सभी समस्याओं को लेकर उभरते हैं। परन्तु नागार्जुन की कविताएँ अपनी एक अलग ही लीक बनाती हैं। अपने सम्पूर्ण वैभव के साथ गाँव की सोंधी मिट्टी की खुशबू, उस पर रहनेवाले गरीब, भूखे, पीड़ित, अनाथों की भूख-प्यास, उनकी संघर्ष क्षमता, सामन्तवाद एवं साम्राज्यवाद के साथ ही देश के शोषक वर्ग के चरित्र को उन्होंने अत्यन्त प्रभावी ढंग से अपनी कविता में व्यक्त किया है। सत्ताधारी वर्ग और उसके प्रशासन तन्त्र की जन-विरोधी नीतियों से लेकर अन्याय और उत्पीड़नकारी शक्तियों का पूरी कलात्मक संवेदना के साथ पर्दाफाश करने में नागार्जुन अद्वितीय हैं। उनकी कविता तेज कैंची की धार की तरह चलती है। अपने समय की ताजा गन्ध कविता में समायी है, जो उन्हें अनेक प्रगतिवादी कवियों से अलग करती है। बिहार, सम्पूर्ण राष्ट्र और विश्व स्तर पर घटित होनेवाली महत्त्वपूर्ण घटनाओं पर उन्होंने अपनी प्रतिक्रियाएँ एक पत्रकार की तरह व्यक्त की हैं। रोजमर्रा की जिन्दगी में घटित खबरों व अखबारी समाचार पत्रों से सम्बन्धित नागार्जुन ने काफी कविताएँ लिखी हैं। ये कविताएँ प्रचारात्मक शैली में लिखी

1. डॉ. बच्चन सिंह : आधुनिक हिन्दी साहित्य का इतिहास, पृ. 280.

हुई लगती हैं। "इन कविताओं को 'नुक्कड़ कविताओं' की संज्ञा दी जा सकती है।"[1] कभी-कभी लगता है कि नागार्जुन कवि नहीं, पत्रकार हैं। पत्रकारिता जब लोभ, सेंसर, दमन के भय से अपने उत्तरदायित्वों से मुँह मोड़ लेती है तो आपातकाल में जन-समस्याओं से जुड़े प्रगतिवादी कवि का यह दायित्व हो जाता है कि वह अपनी पूरी कलात्मक संवेदना के साथ पत्रकारिता के क्षेत्र में उतरे। दरअसल नागार्जुन के साथ भी यही हुआ। इनकी अनेक कविताएँ राजनीतिक पत्रकारिता के स्तर पर क्रान्तिकारी भय उभारने के लिए लिखी गयी है। जैसे—'लुमुम्बा' पर—

अफ्रीका की काली मिट्टी लाल हो गयी आज
गोरे बौनों की साजिश विकराल हो गयी आज।[2]

नागार्जुन गरीब मध्यम वर्ग परिवार में पैदा हुए और अपने चारों ओर गरीबी, दैन्यता, विषमता देखी। अतः उन जैसे संवेदनशील व्यक्ति के लिए इन समस्याओं से जुड़े सवालों पर कविता लिखना बाध्यता हो गयी।

कैसे लिखूँ शान्ति की कविता/ अमन चैन को कैसे
कड़ियों में बाँधू/ मैं दरिद्र हूँ / पुश्त-पुश्त की यह
दरिद्रता/कटहल के छिलके जैसी खुरदुरी जीभ से/
मेरा यह लहू चाटती आयी/ मैं न अकेला/
मुझ जैसे तो लाख-लाख हैं, कोटि-कोटि हैं।[3]

हिन्दी कविता के मंच पर नागार्जुन छायावाद के परवर्ती दौर में आते हैं। चूँकि वे प्रगतिशील आन्दोलन के पूर्व उत्थान के कवि हैं प्रारम्भ से ही यथार्थ और प्रतिबद्धता की जमीन से जुड़े रहते हैं। गहरे-से-गहरे रोमानी भाव में भी वे धरती तथा युग के यथार्थ से अलग नहीं होते। प्रगतिवादी युग में कविता का नजरिया ही बदल जाता है। कविता पूरे सामाजिक, आर्थिक, राजनीतिक परिवेश के साथ अवतरित होती है। प्रगतिशील कविता जीवन की समग्रता की कविता है, जिसके भीतर मनुष्य का वैयक्तिक और सामाजिक जीवन अपने समूचे अन्तर्बाह्य के साथ अभिव्यक्त हुआ है। नागार्जुन भी इसी परिवेश के साथ कविता से जुड़े हैं। "नागार्जुन देश, जनता तथा धरती के कवि हैं। देश, जनता तथा धरती उनके यहाँ अमूर्त न होकर एकदम सगुण साकार है। देश तथा धरती के नरक को भोगते हुए, किन्तु उससे उबरने के लिए आकुल और संघर्षरत साधारण जनता के मन, वचन तथा कर्म से समर्पित रहे हैं।"[4]

---

1. डॉ. बच्चन सिंह : आधुनिक हिन्दी साहित्य का इतिहास, पृ. 281.
2. डॉ. रामविलास शर्मा : नयी कविता और अस्तित्ववाद, पृ. 162.
3. डॉ. बच्चन सिंह : आधुनिक हिन्दी साहित्य का इतिहास, पृ. 28.
4. सम्पादक शोभकान्त मिश्र : नागार्जुन चुनी हुई रचनाएँ, भूमिका पृ. 11.

"इस देश की धरती और जनता की सार्वजनिक मुक्ति के प्रत्येक अभियान में, उससे बेहतर जीवन के लिए छेड़े गये हर संग्राम में देश, धरती और जनता का बहुआयामी सामाजिक यथार्थ, जो नागार्जुन की कविता में इतने पारदर्शी रूप में सामने आया है कि उनकी कविता सामाजिक यथार्थ की जीती-जागती प्रतिमा बन गयी है।"[1]

"नागार्जुन स्वाधीन भारत के प्रतिनिधि जनकवि हैं। तरल आवेगोंवाला अति भावुक हृदयधर्मी जनकवि।"[2] नागार्जुन के ऊपर मार्क्सवाद का प्रभाव है। जिस समय नागार्जुन सृजन प्रक्रिया से जुड़ते हैं, उस समय मार्क्सवादी चिन्तनधारा दुनिया के तमाम मेहनतकश मजदूरों, किसानों, गरीबों को लेकर क्रान्ति का आह्वान करते हुए आगे बढ़ रही थी। नागार्जुन भी इसी तबके के कवि थे और इससे अछूते नहीं रहे। समाज में दो वर्ग थे। शोषक और शोषित। नागार्जुन की कविता शोषित वर्ग का प्रतिनिधित्व करती है। मार्क्सवादी सिद्धान्त के ही अनुरूप नागार्जुन भी समाज का विकास आर्थिक और भौतिक मानते हैं। इसलिए अपने साहित्य का आधार ऐतिहासिक और भौतिक मानते हैं, जिसका मुख्य उद्देश्य पूँजीवादी व्यवस्था का आमूल नाश और वर्गहीन समाज की स्थापना। मार्क्सवादी दर्शन से प्रभावित होने के कारण नागार्जुन सामूहिक क्षेत्र में क्रान्तिकारी, राजनीतिक क्षेत्र में साम्यवादी, आर्थिक क्षेत्र में समाजवादी और साहित्यिक क्षेत्र में प्रगतिवादी है। इन्हीं आधारों पर नागार्जुन की काव्य सृजन प्रक्रिया का मूल्यांकन करना चाहिए। क्रान्ति के सन्दर्भ में नागार्जुन स्वयं लिखते हैं—"जनहित के लिए समय-समय पर संघर्ष आवश्यक है। उसे रोकने का प्रयास या थोपे हुए सामान्य भाव सामाजिक विकास की दृष्टि से अनर्थकारी होते हैं। मेरे उपन्यास 'बलचमा', 'बाबाबटेसर नाथ', 'वरुण के बेटे' इस प्रकार के जन संघर्षों से भरे पड़े हैं।"[3] नागार्जुन जितने क्रान्तिकारी रूप से सचेत हैं, उतने ही अचेत रूप से भी हैं। उनका क्रान्तिकारीत्व एक ओर साम्राज्यवाद, सामन्तवाद और पूँजीवाद की प्रखर आलोचना में प्रकट होता है, दूसरी ओर वह उनकी कला द्वारा हिन्दी जातीयता के स्तर पर विभिन्न जनपदों की श्रमिक जनता को एकताबद्ध करने में भी प्रकट होता है।"[4] बाबा नागार्जुन ने अभावों से ग्रसित गरीब परिवार में जन्म लिया था। उनकी आँखें अभावों में ही खुलीं, तभी से संघर्ष सहचर रहा है, क्रान्ति की भावना उनके भीतर बचपन से ही भरी है। पूँजीपति तथा जमीदारों के विरोध में वे अपने उपन्यास पात्रों का सृजन भी करते हैं, जहाँ वे रूढ़ी, अन्धविश्वास, जर्जरित परम्परा व संकीर्णता को समाज के विकास में बाधक

---

1. वही, पृ. 11.
2. आलोचना : जनवरी, मार्च, अप्रैल, जून, 1981 पृ. 1 सम्पादकीय जमीन कविता और कविता की जमीन।
3. हिन्दी उपन्यास साहित्य में जनहित भावना का विकास, पृ. 479.
4. डॉ. रामविलास शर्मा : नयी कविता और अस्तित्ववाद, पृ. 154 संस्करण, 1987.

मानते हैं। जनहिताय इसे नष्ट करने के लिए क्रान्ति का आह्वान करते हैं। नयी पीढ़ी के प्रगतिशील कवियों से संघर्ष करने का आग्रह करने के पीछे समाज-परिवर्तन की उत्कृष्ट कामना है।

स्वाधीनता प्राप्ति के बाद वर्ग चरित्र को कलात्मक अभिव्यक्ति देने का जो कार्य नागार्जुन को मिला, उसे उन्होंने बखूबी निभाया। आजादी के बाद सत्ता ने देशी पूँजीपतियों के नेतृत्व में सामन्तवाद और साम्राज्यवाद से जो गठजोड़ किया, उसके भीषण परिणाम जनता के सामने आने लगे। अपने 'स्वदेशी शासक' शीर्षक कविता में लिखते हैं—"जहाँ न भरता पेट, देश वह कैसा भी हो, महानरक है।" आजादी का फल तो सिर्फ पूँजीपतियों और साम्राज्यवादियों को ही प्राप्त हुआ। सर्वहारा वर्ग तो उसी तरह पीड़ित है, ऐसी स्थिति में भारत की आजादी एक झूठा भुलावा है, जनता के साथ बेईमानी है। 15 अगस्त, 1948 को एक तरफ सारे देश ने हर्षोल्लास के साथ आजादी की पहली वर्षगाँठ मनायी, दूसरी ओर नागार्जुन ने लिखा—

आज क्या है/ कुछ नहीं बस/ जन्मदिन शिशु राष्ट्र का
है/ आज ही तुम मिल गये थे दुश्मनों से/ गुनहगारों से/ छोड़
कर संघर्ष का पथ/ भूलकर अन्तिम विजय की घोषणाएँ/
भोंक कर लम्बा छुरा तुम सर्वहारा जनगण की पीठ में।[1]

समाज के निम्न मध्यवर्ग को आजादी से सिर्फ एक ही लाभ हुआ, वह सम्मान के साथ विश्व क्या परलोक में भी अपने को स्वतन्त्र भारत का नागरिक कहने में तनिक भी संकोच नहीं करता—'ओरे प्रेत'/ कड़ककर बोले नरक के मालिक यमराज/ 'सच-सच बतला' कैसे मरा तू?/ भूख से?/ अकाल से?/ बुखार काला जार से?/ पेचिस बदहजमी, प्लेग महामारी से?/कैसे मरा तू, सच-सच बतला/ सच-सच कहूँगा, नागरिक हैं हम स्वाधीन भारत के।"[2] स्वाधीनता प्राप्ति के पहले महात्मा गाँधी का स्वप्न था कि देश में रामराज्य की स्थापना होगी, लेकिन आजादी मिलने के साथ ही वह कल्पना ध्वस्त हो गयी। उसके स्थान पर गाँधी के नाम पर सत्तासीन होनेवालों ने रावणराज्य की स्थापना कर दी—

रामराज में अबकी रावण नंगा होकर नाचा है
सूरज शकल वही है भैया बदला केवल ढाँचा है
नेताओं की नीयत बदली फिर तो अपने ही हाथों
भारत माता के गालों पर कसकर पड़ा तमाचा है।[3]

1. लल्लन राय : हिन्दी की प्रगतिशील कविता, पृ. 67.
2. सम्पादक नामवर सिंह : नागार्जुन प्रतिनिधि कविताएँ, पृ. 95, 96.
3. हंस : जून, 1949.

जहाँ लोगों के लिए पेट भर अन्न, नग्न शरीर को ढँकने के लिए वस्त्र, रहने के लिए झोंपड़ी, बीमारी से मुक्ति के लिए दवा नहीं उपलब्ध हो रही है, उसी देश में विदेशी नेताओं के स्वागत के लिए करोड़ों का खर्चा हो रहा है तो कवि का असन्तुष्ट मन तिलमिला उठता है। उसने देखा रानी एलिजाबेथ के आगमन पर टके की मुस्कान देखने के लिए करोड़ों का खर्च हो रहा है—

बीत गयी सर्दी बीत गया माघ
रानी के खसम ने मारा है बाघ
खुद बेचारी को दिखी नहीं एक बिल्ली
सवाई माधोपुर से सीधे आ गयी नयी दिल्ली
टके की मुस्कान करोड़ों का खर्चा
इस ताम-झाम की कहाँ नहीं है चर्चा।[1]

नागार्जुन ने अपने पहले काव्य-संग्रह 'युगधारा' की पहली कविता 'जनवन्दना' के माध्यम से अपनी काव्य-यात्रा का मंगलाचरण प्रारम्भ किया है। आज तक वह उनकी कविता की अपरिवर्तित भूमिका मानी जाती है। नागार्जुन अपने आपको पहले मनुष्य, बाद में कवि मानते हैं। 'मनुष्य हूँ' शीर्षक कविता में लिखते हैं—

कवि हूँ पीछे/ पहले तो मैं मानव ही हूँ/
सुख-सुविधा में हुलस-हुलस कर/ दुःख-दुविधा
में झुलस-झुलस कर/ सब जैसे अपने जीवन को बिता
रहे हैं/ वैसे मैं भी अपना जीवन बिता रहा हूँ।

स्पष्ट होता है कि कवि का कलाकार होने के लिए सबसे पहले मनुष्य होना जरूरी है। मनुष्यता के लिए कवि कलाकार को भी उन्हीं समस्याओं से जूझना पड़ेगा, जिनसे जनता जूझ रही है। श्रमशील जूझारू जनता का पक्षधर होकर ही कवि कलाकार अपनी मनुष्यता का वास्तविक परिचय दे सकता है। शोषित पीड़ित वर्गों के प्रति पक्षधरता केवल उनके साथ आँसू बहाने से ही नहीं होती, बल्कि उनके उद्धारार्थ मुक्ति अभियानों में सम्मिलित होना पड़ता है। नागार्जुन देश और देश की जनता के कवि के रूप में समग्र यथार्थ से सबल हुए। देश और धरती को नरम बनानेवाली परिस्थितियों का पर्दाफाश किया, जनता के संघर्ष के साथ जुड़े और इन सारी चीजों को अपनी कविता में पूरी जीवन्तता के साथ प्रस्तुत किया। भारतीय जनता की सबसे बड़ी समस्या जीवन की समस्या है और साथ ही जमीन विभाजन की समस्या है। देश के बिहार तथा कुछ अन्य प्रदेशों में जमींदारी उन्मूलन के बावजूद यह समस्या ज्यों-की-त्यों बनी हुई है। वहाँ भूमि अधिकार को लेकर आये दिन झगड़े होते रहते हैं। अपनी 'धरती' शीर्षक कविता में वे लिखते हैं—

---

1. नागार्जुन : प्यासी पथराई आँखें, पृ. 60.

धरती-धरती है पेन्हाई हुई गाय नहीं/ कि
चट से दुह ले कटिया भर दूध/ चावल या गेहूँ
की ढेर नहीं/ कि कुर्क कराके उठा ले जाओ/
बेच दो मण्डियों में जाकर/ नहीं है वह आटोमोबाइल/
कि स्विच दबाकर ड्राइव करोगे
छोड़ दोगे पटना या दिल्ली।[1]

नागार्जुन ने धरती की गरिमा का गुणगान नहीं किया है, वे धरती को उस भूमिहीन गरीब, अकिंचन जनता के साथ जोड़कर देखते हैं, जिन्हें उसकी आवश्यकता है। धरती का वसुन्धरत्व तो उस धरती पर रहनेवाले के श्रम पर निर्भर है। इसलिए देश तथा धरती के नरक को भोगती हुई संघर्षरत जनता के प्रति नागार्जुन पूरी तरह समर्पित हैं। "जनशक्ति के रूप में इस श्रमजीवी जनता का जितना मार्मिक और प्रामाणिक अंकन नागार्जुन ने किया है, वह अन्यत्र दुर्लभ है। उनकी बेहतर जिन्दगी के लिए छेड़े गये हर संग्राम में हम उन्हें शिरकत करते हुए पाते हैं।"[2] 1948 में तेलंगाना के युद्ध में वे कृषकों को उद्वेलित करते हुए कहते हैं—

होशियार, कुछ देर नहीं है लाल सवेरा आने में
लाल भवानी प्रकट हुई हैं सुना कि तेलंगाने में।[3]

नागार्जुन केवल श्रमशील, शोषित जनता का ही चित्रण नहीं करते, बल्कि जनता की तमाम विरोधी शक्तियों पर जमकर प्रहार करते हैं। वर्तमान शोषण मूलक व्यवस्था, राजनीतिक नेतृत्व का छल-छद्म, पूँजीवाद, साम्राज्यवाद, सामन्तीवाद शासन व्यवस्था, अर्थनीति, धर्मनीति, अत्याचार, पाखण्ड आदि कोई भी विषय नागार्जुन की प्रखर लेखनी से अछूता नहीं रहा है। आजादी के बाद से लेकर अब तक राजनीति, समाजनीति, अर्थनीति या कोई अन्य बात, जो एक आम जनता के विरोध में हो, नागार्जुन की नजर से नहीं बच पायी। उनकी पैनी दृष्टि चारों तरफ लगी हुई है।

नागार्जुन ने स्वाधीनता के बाद से आज तक की देश-दशा की सम्पूर्ण परिस्थितियों की व्यंजना की है। केदारनाथ अग्रवाल ने अपनी 'मैं लड़ाई लड़ रहा हूँ मोर्चे पर' शीर्षक कविता में अपने जैसे लेखकों की संघर्ष सीमा-निर्धारित कर दी है। लेकिन नागार्जुन ने वैसा नहीं किया। उनका मोर्चा असीम है, उनकी संघर्ष सीमा विस्तृत है। वे अपनी कविताओं में गाँधी, नेहरू, पटेल, जगजीवनराम जैसे राष्ट्रीय नेतृत्वकारी व्यक्तियों, राज्यों के विशिष्ट मुख्यमन्त्रियों और नेताओं, टाटा, डालमिया जैसे पूँजीपतियों के साथ लालबहादुर शास्त्री, गुलजारीलाल नन्दा, इन्दिरा गाँधी और उनकी 'इण्डीकेट',

---

1. लल्लन राय : हिन्दी की प्रगतिशील कविता, पृ. 116.
2. लल्लन राय : हिन्दी की प्रगतिशील कविता पृ. 117.
3. वही

'सिण्डीकेट' के सभी सदस्यों मोरारजी से लेकर राजीव गाँधी तक सबकी खबर लेते हैं। दूसरी ओर ट्रूमन, आइजनहावर, जॉनसन, मैकार्थी आदि पर घोर प्रहार करते हैं। उनकी कविताएँ पूर्णतः शाश्वत हैं। उनके मूल्य स्थायी हैं। हजारों वर्ष बाद भी इनकी कविताएँ जो कोई उठायेगा, निश्चित रूप से उसके आस-पास वातावरण में हजारों वर्ष पहले की खुशबू फैल जायेगी। अपनी लेखनी से नागार्जुन ने 'युगगन्ध' को अमर किया है। उन्होंने प्राइमरी स्कूल का मार्मिक चित्र खींचा है—

बरसाकर बेबस बच्चों पर मिनट-मिनट पर पाँच तमाचे
दुखरन मास्टर गढ़ते रहते किसी तरह आदम के साँचे
लिखा अन्त में "ध्यान दीजिये, बहुत दिनों से मिला न वेतन
किससे कहूँ, दिखायी पड़ते कहीं नहीं अब वे नेतागण।[1]

इस कविता में शिक्षा के प्रति स्वाधीन सरकार का कड़ा रुख और साथ ही बच्चों के साथ देश के भविष्य की ओर भी संकेत किया गया है। दुखरन मास्टर को स्कूल के गम ने केवल चिड़चिड़ा ही नहीं बना दिया है, बल्कि उनकी तनख्वाह भी रोक ली गयी है। स्वाधीनता संग्राम में वे जेल भी काट चुके हैं। बस उनका यही दुर्भाग्य है कि वे इन परिस्थितियों में भी बच्चों को एक अच्छी शिक्षा और नागरिकता देने का व्रत ले बैठे हैं। "नागार्जुन मूलतः ग्राम कवि हैं।"[2] शहर के मजदूरों की पीड़ा भी उनके लिए दुखदायी है। वे उनकी पीड़ा को भी उसी किसान की निगाह से देखते हैं। गाँव के वही मुफलिस किसान रोजी-रोटी के लिए शहर आते हैं, गाँव के श्रमिक जब शहर में रिक्शा चलाते हैं तो नागार्जुन की सहानुभूति सहज ही जाग उठती है।

खूब गये/ दुधिया निगाहों में/ फटी बिवाइयों
वाले खुरदुरे पैर/ देर तक तकराये/ उस दिन इन
आँखों से वे पैर/ भूल नहीं पाऊँगा बिवाइयाँ/
धँस गयी कुसुम कोमल मन में।[3]

नेताओं, पर जो खादी की सफेद पोशाक पहने घूम रहे हैं तथा अन्धविश्वासों, रूढ़ियों, जर्जरित परम्पराओं पर उन्होंने करारा व्यंग्य किया है। उनके व्यंग्य का एकमात्र कारण था—समाज की बुराइयों को सामने लाना और नवीन समाज की स्थापना करना। एक ऐसा समाज जहाँ कोई किसी का शोषण न कर सके। स्वच्छन्दतापूर्वक व्यक्ति अपना सहज विकास कर सके। अपने व्यंग्य से कवि सामाजिक व्यवस्था के सड़ेपन, सड़ायँध को बड़ी सफाई से ऊपर लाया है। कवि का "व्यंग्य पाठक के क्षोभ और

---

1. सम्पादक नामवर सिंह : नागार्जुन प्रतिनिधि कविताएँ, पृ. 99.
2. रामविलास शर्मा : नयी कविता और अस्तित्ववाद, पृ. 161.
3. सम्पादक नामवर सिंह : नागार्जुन प्रतिनिधि कविताएँ, पृ. 35.

क्रोध को जगाकर प्रकारान्तर से उसे अन्याय के विरुद्ध संघर्ष करने के लिए सन्नद्ध करता है।''[1]

नागार्जुन के व्यंग्य को देखकर विश्वम्भर मानव लिखते हैं—''हरिश्चन्द्र युग के साहित्यकारों को छोड़कर पिछले पचास वर्षों में नागार्जुन जैसी तीखी और सीधी चोट करनेवाला व्यंग्य हमारे साहित्य में नहीं हुआ।''[2]

''कबीर के बाद हिन्दी कविता में नागार्जुन से बड़ा व्यंग्यकार अभी तक कोई नहीं हुआ। नागार्जुन के काव्य में व्यक्तियों के इतने व्यंग्य चित्र हैं कि उनका एक विशाल एलबम तैयार किया जा सकता है।''[3]

नागार्जुन की व्यंग्य विदग्धता ने उनकी व्यंग्य कृतियों को कालजयी बना दिया है, जिसके कारण वे अब भी प्रासंगिक हैं। उनमें बासीपन नहीं आया है। नागार्जुन की सबसे बड़ी विशेषता यह है कि वे कभी भी किसी के सामने झुके नहीं हैं, चाहे वह व्यक्ति कितना ही बड़ा हो। उनके मन में डर, लोभ तनिक भी न थी। इसी कारण वे अपनी कलम निर्भीकतापूर्वक हर जगह चलाते थे। उनके व्यंग्यों का फैलाव सबसे ज्यादा राजनीति के क्षेत्र में हुआ है। क्योंकि आज सारे भ्रष्टाचार की जड़ राजनीतिक नेता तथा उनसे सम्बन्धित सरकारी कर्मचारी ही हैं। 'घिन तो नहीं आती है?', 'नया तरीका', 'आओ रानी', 'हम ढोयेंगे पालकी', 'आये दिन बहार के' अनेक कविताएँ यथार्थवादी हैं। नागार्जुन की हँसी साधारण श्रमिक की हँसी है, ऐसी हँसी जो पूँजीपतियों, नेताओं, असमंजस में पड़े हुए बाबुओं को देखकर आती है। ट्राम के निचले दर्जे में कुली मजदूर ठसाठस भरे हैं, उनमें कोई भद्रलोक फँस गया है। नागार्जुन उनकी परेशानी का मजा लेते हुए पूछते हैं—

पूरी स्पीड में है ट्राम/ खाती है दचके पै दचका/ सटता है बदन-
से-बदन पसीने से लथपथ/ छूती है निगाहों को/ कत्थई
दाँतों की मोटी मुस्कान/ बेतरतीब मूँछों की थिरकन/ सच-सच
बतलाओ/ घिन तो नहीं आती है, / जी तो नहीं कुढ़ता है।[4]

नागार्जुन व्यंग्यों के शिल्पी हैं। इनके व्यंग्य की नोंक से कोई भी बच नहीं पाया है। अपने व्यंग्य के माध्यम से वास्तविक सत्य को प्रदर्शित कर देते हैं। इनकी कृतियों में व्यंग्य के सभी प्रकार सहज ही प्राप्त किये जा सकते हैं। राजनीति, गैर-सरकारी, भ्रष्टाचार, घूसखोरी, बेईमानी, मन्त्रियों, मठाधीशों की ऐयाशी और खोखलापन कुछ भी

---

1. अमृत राय : नयी कहानियाँ (सम्पादकीय), नवम्बर, 1969.
2. विश्वम्भर मानव : नयी कविता, पृ. 30.
3. सम्पादक नामवर सिंह : नागार्जुन प्रतिनिधि कविताएँ, भूमिका, पृ. 9.
4. सम्पादक नामवर सिंह : नागार्जुन प्रतिनिधि कविताएँ, भूमिका, पृ. 36.

नहीं बचा है, जिसकी धज्जियाँ उन्होंने कलम की नोंक से न उड़ायी हो। "उनके व्यंग्यों की पीड़ा का वे ही अनुभव कर सकते हैं, जो उनके लक्ष्य बने हों।"[1]

कवि का व्यंग्यकार बनने का एकमात्र कारण है, जन-जीवन में संघर्षों को झेलते रहना तथा जनजीवन के विकास का मार्ग अवरुद्ध होना। एक जागरूक, सजग, संवेदनशील कवि नागार्जुन की नजर समाज और शासन से सम्बन्धित हर कोने पर पड़ी। इसलिए पूँजीवादी सभ्यता और संस्कृति को सर्वप्रथम अपने व्यंग्य का केन्द्र बनाया। उसके बाद प्रहार राजनीति और सामान्य जनता पर है। चुनाव का टिकट जब नेताओं को मिल जाता है, उस स्थिति का जिक्र वे अपनी कविताओं में किस तरह कर रहे हैं—

स्वेत-स्याम-रतनार अँखियाँ निहार के/
सिण्डिकेट प्रभुओं की पग-धूर झार के/
लौटे हैं दिल्ली से कल टिकट मार के/
खिले हैं दाँत ज्यों दाने अनार के/
सपने दिखे कार के/ गगन बिहार के/
सीखेंगे नखरे/ समुन्दर पार के/
लौटे टिकट मार के/ आये दिन बहार के।"[2]

नागार्जुन की सशक्त व्यंग्य रचना आपातकालीन स्थिति के बाद दिखायी देती है। लोकनायक जयप्रकाश द्वारा चालित सम्पूर्ण क्रान्ति को ग्यारह महीने जेल में रहने के बाद कवि नागार्जुन सन्देह की निगाह से देखने लगते हैं, क्योंकि सम्पूर्ण क्रान्ति का आन्दोलन, खाते-पीते मध्यम वर्ग को अपनी ओर आकर्षित कर रहा था। इसे नागार्जुन ने स्वयं स्वीकार किया है—"कारा जीवन में जीवन के ग्यारह महीने बीते। इस अवधि में तीन जेलों में रहा सीवान, छपरा और केन्द्रीय कारागार बक्सर। तीनों जगहों पर जनसंघ और विद्यार्थी परिषद्वाले आन्दोलनकारियों का परसेण्टेज पछहत्तर प्रतिशत से अस्सी प्रतिशत तक रहा। बिहार की दूसरी जेलों में भी यही स्थिति रही। इससे स्पष्ट हो गया कि सम्पूर्ण क्रान्तिवाले इस आन्दोलन पर दक्षिणपन्थी सम्प्रदायवादियों और प्रतिक्रियावादियों का कब्जा हो गया था। बाहर नुक्कड़ों पर काव्यपाठ के समय यही कड़वी सच्चाई बिलकुल सामने नहीं आयी थी। अब तो गठबन्धन, मठबन्धन जे.पी. करवा रहे हैं। उसमें भी जनसंघ और दक्षिणपन्थी अन्य दलों का ही दबदबा कायम रहेगा। महामुनि जयप्रकाश ऊपर से छतरी ताने रहेंगे।"[3]

---

1. डॉ. शिवकुमार मिश्र : प्रगतिवाद, पृ. 59.
2. सम्पादक नामवर सिंह : नागार्जुन प्रतिनिधि कविताएँ, पृ. 104.
3. पहल : 8 जुलाई, 1976 नागार्जुन से अशोक 'सुमन' की बातचीत।

इस तरह जयप्रकाश जी के द्वारा चलाये गये खोखले आन्दोलनों को कवि ने जनता के सामने रखा। जनवादी कवि होने के नाते क्रान्ति के धुरन्धरों की धोखा-धड़ी की भी चर्चा की—

"खिचड़ी विप्लव देखा हमने/
भोगा हमने क्रान्ति विलास/
अब भी खत्म नहीं होगा क्या/
पूर्ण क्रान्ति का भ्रान्ति विलास।
प्रवचन की पहली धारा का रुद्ध हो गया शान्ति विलास।"[1]

नागार्जुन सफलता-असफलता की परवाह किये बिना अपने कर्म में सतत लगे रहे हैं। "नागार्जुन की व्यंग्य-रचना में कबीर की तल्खी, भारतेन्दु की करुणा और निराला की विनोद वक्रता का विलक्षण सामंजस्य है। अन्य व्यंग्यकारों से नागार्जुन की भिन्नता इस अर्थ में है कि जहाँ और लोग सोच-विचार कर किसी रचना को व्यंग्य बहुल बनाते हैं, वहाँ नागार्जुन में व्यंग्य एक जन्मजात संस्कार के रूप में अथवा यों कहें कि चुभोना इनका स्वभाव-सा है।"[2] उनके व्यंग्य की सर्वाधिक महत्त्वपूर्ण उपलब्धि है, आक्रोश, करुणा, अमर्ष, हास्य का समुचित मिश्रण और कथन की गम्भीरता। इसी कारण नागार्जुन अनेक कवियों से अलग दिखते हैं। ऊबड़-खाबड़ लेकिन चट्टान की-सी मजबूती रखनेवाले तीव्र हथौड़े के समान उनके व्यंग्य चोट करते हैं। इनके तीखे व्यंग्य देखकर कई आलोचक इनके ऊपर औचित्य, अनौचित्य का आरोप भी लगाते हैं। डॉ. इन्द्रनाथ मदान का आरोप है कि, "नागार्जुम का व्यंग्य कहीं-कहीं अतितीक्ष्ण बनकर औचित्य की सीमा का उल्लंघन कर बैठता है।"[3] लेकिन यह बात ठीक नहीं है, जिस व्यक्ति ने बचपन से ही संघर्ष शुरू कर दिया हो, उसके हृदय में व्यक्ति विशेष की बुराइयाँ देखते-देखते घाव हो गया हो, निश्चित है, वह कब तक चुप रहेगा? वह उन बुराइयों के विरुद्ध आवाज उठायेगा और तब भी कहीं कोई बदलाव नहीं दिखायी देगा तो गाली के निम्न स्तर पर उतर आयेगा। इसमें कोई अतिशयोक्ति नहीं। कवि के मन से जो तीव्र आक्रोश या व्यक्तिगत आरोप निकलता है तो उससे साहित्यकार और बुद्धिजीवी वर्ग क्यों बौखला उठता है, बौखलाना तो चाहिए नेताओं और भ्रष्टाचारियों को। नागार्जुन सच्चे अर्थों में स्वाधीन भारत के प्रतिनिधि जनकवि हैं। अपने जनकवि के दायित्व को इन्होंने पूर्णतः निभाया है। स्पष्टतः कहा जा सकता है कि नागार्जुन एकमात्र ऐसे व्यंग्यकार हैं जो वर्तमान हिन्दी कविता के विकास में अपना सहयोग देते चले आ रहे हैं। सम-सामयिक व्यवस्था पर ऐसा प्रहार शायद ही किसी

1. पहल : जुलाई, 1987 नागार्जुन की दस कविताएँ।
2. हरिनारायण मिश्र : नयी कविता, सम्पादक बाबूनन्दन प्रसाद मिश्र, पृ. 100.
3. डॉ. इन्द्रनाथ मदान : आधुनिक कविता का मूल्यांकन, पृ. 62.

कवि ने किया हो। व्यंग्य प्रगतिवादी कविता की महत्त्वपूर्ण विभूति रही है, जिसका पूर्ण विकास नागार्जुन जैसे कवि के हाथ हुआ। नागार्जुन की कविता उनके सम्पूर्ण जीवन-दर्शन को व्यक्त करती है। अपनी कविताओं के माध्यम से उन्होंने युग की ताजा गन्ध को प्रस्तुत किया है। वे जीवन के शाश्वत, यथार्थ सत्य को अपनी कविता में आँक देना चाहते हैं। इनसे हर युग में नयी प्रेरणा ली जा सकती है। प्रगतिशील कवियों में नागार्जुन अपनी एक अलग पहचान बनाये हुए हैं।

त्रिलोचन शास्त्री

त्रिलोचन का जन्म उत्तर प्रदेश के सुलतानपुर जनपद के अन्तर्गत चिरानी पट्टी कटघरा ग्राम के एक साधारण परिवार में हुआ था। वे आरम्भ से ही अपनी सहजता और सादगी के लिए प्रसिद्ध रहे। गँवई संस्कृति इनके भीतर रच-बस गयी। प्रगतिवादी प्रतिनिधि कवि के रूप में त्रिलोचन का काव्य-जीवन जगत् के अत्यन्त व्यापक, किन्तु सहज और स्वाभाविक अनुभवों पर आधारित है। प्रस्तुतीकरण की सहजता और काव्य-शिल्प ही इनकी पहचान है। 'धरती' इनका प्रमुख काव्य-संग्रह है। इसका प्रकाशन सन् 1945 में हुआ था, जबकि केदारनाथ अग्रवाल की 'युग की गंगा' 1947 में और नागार्जुन का पहला संग्रह 'युग-धारा' 1953 में प्रकाशित हुआ था। इसके साथ ही इनके और भी काव्य-संग्रह हैं। इन संग्रहों की रचनाएँ 1952 तक की हैं, परन्तु इनका प्रकाशन बहुत देर से हुआ है। गुलाब और बुलबुल (गजलें और रुबाइयाँ 1956) ('दिगन्त') (सानेट 1957) ('ताप के ताये हुए दिन') (काव्य-संग्रह 1980) 'शब्द' (काव्य-संग्रह 1980) 'उस जनपद का कवि हूँ' (सानेट (1981), 'अरधान' (काव्य संग्रह 1984), 'तुम्हें सौंपता हूँ' (काव्य संग्रह 1985) 'फूल नाम है एक' (सानेट 1985), 'अन कहनी भी कुछ कहनी है' (काव्य संग्रह 1986) आदि इनके प्रमुख काव्य संग्रह हैं, जिसमें कवि अपने पूरे व्यक्तित्व के साथ संघर्षरत रचना कर्म से जुड़ा हुआ है।

त्रिलोचन प्रगतिवाद के कवि हैं। उन्होंने उसे व्यापक रूप से विस्तृत करने के लिए अतुलनीय योगदान दिया। सैद्धान्तिकता से बहुत दूर, उनकी कविताओं में वे अनुभव बोलते हैं, जो उन्होंने अपने को तपा-गलाकर प्राप्त किये थे। ''त्रिलोचन मानव संघर्ष के कवि हैं।''[1] अपने देश की धरती के श्रमजीवियों, किसानों, मजदूरों, भूखे-नंगे बच्चों से वे वास्तविक प्रेम करते हैं। मार्क्सवाद की सैद्धान्तिक भावनाएँ उनके काव्य में व्यावहारिक रूप से दिखायी पड़ती हैं। अपने जीवन के सभी संघर्षों, आघातों का सामना वे बड़ी ही आस्था के साथ करते हैं और कहीं पीछे नहीं हटते। निरन्तर संघर्ष

1. सम्पादक काशीनाथ सिंह : त्रिलोचन प्रतिनिधि कविताएँ भूमिका, पृ. 8.

करते हुए प्रगति के पथ पर अग्रसर रहनेवाले 'धरती' के कवि त्रिलोचन पहले कवि हैं, जो अन्य प्रगतिवादी कवियों से पहले गाँव की मिट्‌टी की 'खुशबू' और 'बदबू' अपने भीतर आत्मसात् किये हुए हैं, जिसमें नवीन प्रयोग किये गये हैं।

यह सत्य है कि त्रिलोचन की कविता में ऐसा कुछ भी नहीं है, जो चौंका दे। इनकी कविता में न तो अकेलापन है, न आयातित पीड़ा, न संगीत। इन सबके बावजूद एक चीज जरूर है, जो इन सभी को बाँधे है, वह है 'संघर्ष'। अपनी बात को बिना लाग-लपेट के कहना इनकी खूबी है। त्रिलोचन यदि अपनी बात सीधी सरल शैली में रखते हैं, तो लोग उसे सपाट-बयानी समझते हैं। इसके लिए कवि को बहुत बड़ी कीमत चुकानी पड़ी। "बात के मर्म को सहजता से किन्तु पोढ़ेपन के साथ छूना और सांस्कृतिक उन्नयन के साथ प्रस्तुत करना, त्रिलोचन की ऐसी विशेषता है जो आधुनिकता का ढोल पीटनेवालों में न मिलेगी।"[1] इस बात को केदारनाथ सिंह और भी स्पष्ट करते हैं— "लगभग यह मान लिया गया है कि त्रिलोचन एक अत्यन्त सहज-सरल कवि हैं, बहुत कुछ अपने व्यक्तित्व की तरह ही। इससे एक बहुत सीधा-सा निष्कर्ष निकाल लिया गया है कि उनके यहाँ आधुनिक बोध की जटिलता का एकान्त अभाव है। जो लोग ऐसा मानते हैं, वे 'रैन-बसेरा' कविता को ध्यान से पढ़ें। वस्तुतः त्रिलोचन एक समग्र कवि हैं, जिनके अनुभव का एक छोर यदि "चम्पा काले-काले अच्छर नहीं चीन्हती" जैसी सीधी सरल कविता में है, तो दूसरा 'रैन-बसेरा' जैसी कविता की बहुस्तरीय बनावट में। वास्तविकता यह है कि त्रिलोचन की सहज-सरल-सी प्रतीत होनेवाली कविताओं को भी यदि ध्यान से देखा जाय तो उनकी तह में अनुभव की कई पर्तें दिखायी पड़ेंगी।"[2] त्रिलोचन् की कविताओं में 'अकेलेपन' का जिक्र बहुत कम है, परन्तु जो बेचैनी व अकेलेपन का दर्द है, वह अन्यत्र दुर्लभ है।

सचमुच, इधर तुम्हारी याद तो नहीं आयी/ झूठ क्या
कहूँ/ पूरे दिन मशीन पर खटना/ बासे पर आकर पड़
जाना/ और कमाई का हिसाब जोड़ना/ बराबर चित्त
उचटना/इस उस पर मन दौड़ना/ फिर उठकर रोटी
करना/ कभी नमक से कभी साग से खाना/

× × ×

धीरज धरो आज-कल करते तब आऊँगा
जब देखूँगा अपना घर कुछ कर पाऊँगा।[3]

---

1. आलोचना : जुलाई, सितम्बर, 1988, पृ. 36.
2. सम्पादक केदारनाथ सिंह : त्रिलोचन प्रतिनिधि कविताएँ, भूमिका, पृ. 6, 7.
3. त्रिलोचन प्रतिनिधि कविताएँ—"ताप के ताए हुए दिन" पृ. 51.

त्रिलोचन की ये पंक्तियाँ पढ़ते हुए फैज का एक शेर याद आ जाता है—

दुनिया ने तेरी याद से बेगाना कर दिया
तुझसे भी दिल फरेब है गम रोजगार के।

गालिब ने भी इसी मौजूँ पर लिखा है—

गो मैं रहा रहीने-सितम हाए रोजगार
लेकिन तेरे ख्याल से ग़ाफिल नहीं रहा।

जमाने में उत्तरोत्तर बढ़ती हुई तल्ख सच्चाइयों—'दुनिया ने तेरी याद से बेगाना कर दिया', 'तेरे ख्याल से गाफिल नहीं रहा', 'और सचमुच इधर तुम्हारी याद तो नहीं आयी' का तुलनात्मक अध्ययन करने से यह बात सहज ही समझ में आ जाती है कि त्रिलोचन की कविता में अकेलेपन की अतिरेकता नहीं है। सचमुच 'पूरे दिन मशीन पर खटना, बाँसे पर आकर पड़ जाना' जैसी सहज संवेदनात्मक अनुभूति त्रिलोचन के ही पास हो सकती है। उनका अनुभूत अकेलापन उधार लिया हुआ नहीं है, वह तो भारत के अधिकांश उस ग्रामीण समाज का सच है, जहाँ पेट पालने, दो पैसा कमाने के लिए ग्रामीण जन अपने परिजनों, बच्चों से दूर चले जाते हैं और रात-दिन बैल की तरह खटते हैं। "अस्तित्ववादी अकेलेपन की छाया से कोसों दूर इस अकेलेपन में कुछ ऐसी संघर्षशील रचनात्मकता है, जो रातों-रात धूल में कोई फूल उगा दे।"[1]

मिलकर वे दोनों प्रानी।
दे रहे खेत में पानी।।[2]

आज हिन्दी काव्य साहित्य में इस प्रकार का गँवई चित्र दुर्लभ है। कितना प्रेम, कितनी सहजता है इस चित्र में। कवि ने गाँव की जमीन से रची-बसी पंक्तियों को सँजोया है। त्रिलोचन ने इसके लिए अपने को 'रेणु' से बचाकर रखा है। इसके लिए उन्हें कभी प्रभावित करने की आवश्यकता नहीं पड़ी। 'धरती' जब प्रकाश में आयी, तब ऐसा लगा, जैसे कोई गँवई संस्कृति, प्रकृति की पहरेदारी कर रही हो। उसके चित्रण में किसानी जीवन को अपनी आँखों से देखा और हाथों से छुआ, पहचाना अपलक संसार है। कहीं भी किसी प्रकार की कमी नहीं है। इसकी पृष्ठभूमि में त्रिलोचन के काव्य व्यक्तित्व में एक पृथक् नैतिकता, घोर ईमानदारी और मानवीय संघर्ष में अटूट आस्था का आग्रह दिखायी पड़ता है। यही कारण है कि उनकी रचनाओं में आवेग और अनुभूति का अतिक्रमण नहीं दिखायी देता, जो हमें मुक्तिबोध, शमशेर, नागार्जुन, केदार में दिखायी पड़ता है।

यों ही मुस्कराकर तुमने/
परिचय की यह गाँठ

---

1. आलोचना : जुलाई, सितम्बर, 1988 पृ. 36.
2. वही, पृ. 37.

लगा दी थी/ पथ पर मैं भूला-भूला/
फूल उपेक्षित कोई फूला/
जाने कौन लहर थी उस दिन/
तुमने अपनी याद जगा दी।[1]

× × × ×

आज मैं अकेला हूँ, अकेले रहा नहीं जाता,
ओखी धार दिन की, अकेले सहा नहीं जाता।[2]

इन कविताओं में और कवि के जीवन में कोई अन्तर नहीं है। 'ओखी धार दिन की' पंक्ति लिखनेवाले कवि ने लगातार आर्थिक संकटों का सामना किया है। सन् '44 से या उससे भी पहले 'हंस' पत्रिका में रु. 30 प्रतिमाह में हिन्दी साहित्य की चाकरी की। नौकरियाँ छूटीं तो कवि त्रिलोचन देशी-विदेशी छात्रों को संस्कृत तथा उर्दू पढ़ाने के लिए ट्यूशन करने लगे। न जाने कितनी पत्र-पत्रिकाओं में सम्पादक का कार्य किया। त्रिलोचन जैसे बहुभाषाविद् कवि, पण्डित को दो वक्त की रोटी कमाने तथा बच्चों का पेट पालने के लिए दरबदार की ठोकरें खानी पड़ीं। यही है, हमारी व्यवस्था और सभ्य समाज, जिसमें योग्यता का अपमान होता देखकर भी कवि के चेहरे पर कभी शिकन नहीं आयी। अत्यन्त ही संयमित स्थिरता उनके भीतर थी। उपर्युक्त पंक्तियों में इश्कबाजी या तुनकमिजाजी नहीं है, अकेलेपन का दंश है, जिसे छूनेवाली उँगलियाँ और ज्यादा सुन्दर और संघर्षशील और कर्मठ हो उठती हैं।

ध्वनि ग्राहक हूँ मैं/ समाज में उठनेवाली/ ध्वनियाँ
पकड़ लिया करता हूँ/ इस पर कोई अगर चिढ़े तो उसकी
बुद्धि कहीं है खोयी/ लड़ता हुआ समाज/ नयी आशा
अभिलाषा/ नये चित्र के साथ नयी देता हूँ भाषा।[3]

जहाँ पर न कोई विश्वास है, न आशा है, कवि कहता है, वह आये, मेरे सपने और मुझसे विश्वास ले आये। एक प्रहरी की तरह कवि की निगाहें समाज पर टिकी हैं। समाज की प्रत्येक प्रक्रिया को वे अपने कविता में उतारते हैं और समाज में व्याप्त भ्रष्टाचार से लड़ते हैं, क्योंकि दुनिया में एक नवीन सभ्यतापरक समाज का निर्माण करना उन्हें इष्ट है—

1. त्रिलोचन : प्रतिनिधि कविताएँ : पश्यन्ति, पृ. 25.
2. त्रिलोचन : 'तुम्हें सौंपता हूँ', पृ. 86.
3. त्रिलोचन : धरती, पृ. 60.

करता हूँ आक्रमण धर्म के दृढ़ दुर्गों पर/
कवि हूँ, नया मनुष्य मुझे यदि अपनायेगा/
उन गानों में अपने विजय-गान पायेगा।[1]

स्वाधीनता प्राप्ति के बाद हिन्दी लेखकों का एक ऐसा समुदाय था, जो बूर्जुआ वर्ग की अप्रगतिशील मान्यताओं से जुड़ा हुआ था। यह दल आधुनिकतावाद के नाम पर कुछ ऐसे भ्रमित प्रचार करने लगा, जिससे प्रगतिवाद के विकास को धक्का भी लगा। आधुनिकतावादी इन मूल्यों को स्वीकार करनेवाले उन तमाम कवियों और समीक्षकों ने सुनियोजित ढंग से अपने शत्रु प्रगतिवादियों पर हमला किया। छद्मपूर्ण नारों के द्वारा साहित्य को जिन्दगी, समाज, राजनीति से अलग करने की कोशिश की। दुःख हताशा, कुण्ठा, निरर्थकता जैसी अगतिशील भावनाओं को शाश्वत मूल्यों का पुट देते हुए इन्होंने सामाजिक परिवर्तन में लोगों की आस्था और संघर्ष को क्षीण किया। इनका सबसे ज्यादा प्रभाव साहित्य में कविता पर पड़ा। यहाँ तक कि शमशेर जैसा समर्थ कवि भी रूपवादी प्रभाव से अछूता नहीं रहा। इस दौर में मुक्तिबोध एक ऐसे कवि थे, जिनके ऊपर कोई प्रभाव नहीं पड़ा। त्रिलोचन, नागार्जुन भी अपनी मान्यताओं के प्रति कटिबद्ध थे। इस सम्बन्ध में त्रिलोचन लिखते हैं—"देशी और विदेशी लादी ढोते-ढोते जिनकी पीठ कट गयी थी, वे गधे शान से घोड़ा कहलाते फिरते हैं, आन-बान से साम्यवाद के पथ में लीद किया करते हैं। मानवता का पोस्टर देखा/ लगे रेंगने/ क्या प्रतीक और तथ्य क्या, दूर-दूर है/ समझ बड़ी भोली है/ व्यस्त जिया करते हैं/ संस्कृति की हरियाली देखी लगी छेंकने, अपनी नतिया के मद में सदाचूर है।"[2] त्रिलोचन ने आधुनिकतावादी रचनाकारों के देशी-विदेशी वस्तुओं का भारवाहक, साम्यवाद विरोधी, मानवता विरोधी, निरर्थक अस्त-व्यस्त जीवन जीनेवाला, संस्कृति विरोधी कहकर चित्रित किया है।

पूरे प्रगतिशील कवियों में त्रिलोचन ऐसे कवि हैं, जिन्होंने शोषितों, उत्पीड़ितों के ऊपर कम लिखा है, लेकिन किसान, गाँव की धरती, ग्राम्य रहन-सहन, प्रकृति, सन्ध्या, सुबह, खेत-खलिहानों से जुड़े लोगों का जो भाव चित्र प्रस्तुत किया है, वह अन्यत्र दिखायी नहीं पड़ता। इन्होंने किसानों, उत्पीड़ितों से अपने को अलग न करके बल्कि उनके साथ जुड़कर देखा है/ कवि कहता है—

जिस समाज का तू सपना है/
जिस समाज का तू अपना है/
मैं भी उस समाज का जन हूँ/

---

1. नागार्जुन प्रतिनिधि कविताएँ : ध्वनि ग्राहक, पृ. 16.
2. त्रिलोचन : फूल नाम है एक, पृ. 9.

उस समाज के साथ-साथ ही/
मुझे भी उत्साह मिला है।[1]

अपने आपको उन्हीं का हिस्सा मानने के कारण उनकी रचनाओं में यथार्थ है। वे जिन्दगी का वास्तविक परिचय देती हैं। जीवनगत अनेक संघर्षों के बाद भी त्रिलोचन की मानवता के प्रति आस्था प्रबल है—

मानवता की जय होगी/ धोखे पर धोखा/ खाकर
भी/ यह विश्वास नहीं टूटा है/ माना थके थकाये
हैं पथ पर उद्योगी/ थकन दबा देगी, विश्वास नहीं
जमता है/ जिनकी साँसों ने आस्था का ही स्वर
गाया/ आज नहीं तो कल, उनकी अवश्य जय होगी।[2]

इसी संघर्ष के माध्यम से विश्वास पाने के कारण कवि का दुःख आत्मनिबिड़ भावनाओं का न रह कर अधिक स्वस्थ और आसक्तिपूर्ण हो गया है, जिसके कारण आत्मानुराग के अभिशापों का स्वर नहीं, प्रत्युत अधिक व्यापक मानवीयता का वरद कर उसे प्राप्त है। इस वस्तुमुख, बाह्यपेक्षी, आत्मोत्सर्गमयी प्रवृत्ति के कारण उसकी भावनाएँ उदार और भव्य हो गयी हैं।[3]

एक आदमी जिसे अपनी शक्ति का अहसास नहीं है, वह समाज में अन्य वर्ग के दबाव में पिस रहा हो, उसका अस्तित्व, रूप, अधिकार सब समाप्त हो गया हो, ऐसे समय कवि बिल्कुल नये संघर्ष के रूप में जनता के सामने आता है, जहाँ 'करनेवाले' और 'हरनेवाले' के आमने-सामने खड़ा हो जाता है और पूरी प्रतिबद्धता के साथ आम जनता की मशाल को ऊपर करता है और उस करनेवाले आम आदमी की शक्ति का अहसास करा देता है—

महसूस करने लगा है वह/
अपनी पीठ पर लिखे गये सैकड़ों उपन्यासों/
अपने हाथों से खोदी गयी नहरों और सड़कों को/
कविता की एक महान् सम्भावना यह/
कि मामूली आदमी अपनी कृतियों को महसूस करने लगा है/
अपनी टाँग पर टिके महानगरों और/
अपनी कमर पर टिकी हुई राजधानियों को/
महसूस करने लगा है वह/
धीरे-धीरे उसका चेहरा नये गँड़ासे में बदल रहा है/

---

1. डॉ. लल्लन राय : हिन्दी की प्रगतिशील कविता, पृ. 122.
2. डॉ. लल्लन राय : हिन्दी की प्रगतिशील कविता, पृ. 122.
3. मुक्तिबोध रचनावली पाँच, पृ. 382.

हल्के चमचमाते हुए फाल की तरह पंजों को/
बीज, पानी और जमीन के सही रिश्तों को/
वह महसूस करने लगा है।''[1]

धरती के कवि त्रिलोचन ने द्वितीय विश्वयुद्ध की पृष्ठभूमि को ध्यान में रख लिया है। पूँजीवादी व्यवस्था अपने साम्राज्यवादी, एकाधिकारवादी दौर में पहुँचकर स्वयं अपने हाथों, धर्म-निरपेक्षता, कला, साहित्य, समाज, नैतिक मूल्यों का गला घोंट देती है। ज्ञान-विज्ञान, संस्कृति के क्षेत्र की सभी उपलब्धियाँ अमानवीय और अकल्याणकारी बन जाती है। त्रिलोचन लिखते हैं—

पूँजीवादी जिस डाल पर बैठता है/ वही डाल काटता है,
सर्वनाश करता है स्वयमेव/अतुलित धनराशि पर/
साँप के समान जब कुछ पूँजीपति/ अपने विषबल का
आतंक फैलाये हुए/ शेष रह जायेंगे/ तब जनता उससे उस
धन का उद्धार करके जीवन के नये भवन-निर्माण करेगी।[2]

लेकिन पूँजीवादी पूरी शक्ति से इस धन को दबोचे हुए हैं, उसके उद्धारार्थ एक लम्बे संघर्ष की प्रक्रिया चलेगी। इसी प्रकार मुक्तिबोध पूँजीवादी समाज के प्रति अपनी सारी घृणा उड़ेल देते हैं—

तेरे ह्रास में भी रोग कृमि है उग्न/
तेरा नाश तुझ पर क्रुद्ध/
तुच्छ पर व्यग्र। तू है मरण, तू है रिक्त, तू है व्यर्थ/
तेरा ध्वंस केवल एक तेरा अर्थ।''[3]

त्रिलोचन की अपेक्षा मुक्तिबोध का आक्रोश पूँजीवादी समाज के प्रति आवेगात्मक है। वे लम्बे समय की प्रक्रिया के दौर से नहीं गुजरना चाहते, बल्कि तुरन्त उसका ह्रास, मृत्यु चाहते हैं। लेकिन दोनों ही कवि पूँजीवादी व्यवस्था को बदलकर एक स्वस्थ, समाज की स्थापना करना चाहते हैं।

त्रिलोचन गहरे संघर्ष के कवि हैं। उनकी प्रतिनिधि रचना-संग्रह 'धरती' इस बात का प्रमाण है। इनमें गीतों का क्षेत्र अत्यन्त ही व्यापक है, जिसमें सिर्फ काव्य सामर्थ्य ही नहीं, बल्कि जीवन के विभिन्न भागों का विस्तृत वर्णन है। उसमें एक प्रकार का लय-संयम है, उसमें आवेग, आक्रोश चीख नहीं है—

मुझमें जीवन की लय जागी/
मैं धरती का हूँ अनुरागी/

---

1. डॉ. लल्लन राय : हिन्दी की प्रगतिशील कविता, पृ. 123.
2. वही, पृ. 150.
3. वही. पृ. 151.

जड़ीभूत करती थी मुझको/
वह सम्पूर्ण निराशा त्यागी।''[1]

धरती की रचनाशीलता को देखकर मुक्तिबोध लिखते हैं—

''धरती पढ़ जाने पर मालूम होता है कि उसके संघर्ष भाग को निकाल देने पर जो भी काव्य बचता है, वह लँगड़ा है। इसीलिए सबसे पहले मैं उस संघर्ष को ही लूँगा। इस संघर्ष की वास्तविकता उसके मन में गहरा गयी है कि न वह प्रलयवादी रोमाण्टिक स्वप्नों में डूबता है और न किसी समझौते की भावना से परिचालित हो आदर्शवादी रवैये को अपना समग्र समझता है। यह संघर्ष इतना यथार्थ है कि उसमें सफलता के लिए धीर-गम्भीर व्यक्तित्व की आवश्यकता है।''[2] मुक्तिबोध, त्रिलोचन को एक संघर्षशील कवि के रूप में मानते हैं, इस बात को उनकी कविताएँ पुष्ट करती हैं। इस संघर्ष ने कवि की चेतना को मात्र विकसित ही नहीं किया है, उसे चहुँओर विस्तृत भी किया है। इन संघर्षात्मक वृत्तियों ने कवि को 'वस्तु-मुख' और 'बुद्धि-प्रधान' बना दिया है। इसी कारण इनके काव्य में विह्वलता और बेचैनी न होकर एक प्रकार का संयम और तटस्थता है। इनकी रचना में माथुर की भाँति सेण्टिमेण्टेलिटी भी नहीं है, इनका संघर्ष ध्वंसात्मक न होकर सृजनात्मक है।

संघर्षशील कवि का व्यक्तित्व साधारण रूप से एकाकी नहीं रह पाता। जीवन की कठोर वास्तविकताएँ बरबस उसे अपनी ओर खींचती हैं। संघर्ष के कारण चेतना विकसित होती है, जिसकी सहायता से वह विपरीत वास्तविकताओं से जूझकर विजय प्राप्त करने का प्रयत्न करता है।[3]

कवि अपनी बात को व्यक्तिगत रूप से न कहकर उसे सामाजिक रूप से व्यक्त करते हैं। जीवन की वास्तविकता को वे कितनी सहजता से कहते हैं—

पत्ते केवल पतझर आने पर ही नहीं झरा करते हैं/
जीवन का रस जभी सूख जाता है तभी बिना कुछ झिझके/
बिना मुहूर्त्त प्रतीक्षा के ही झर जाते हैं।[4]

त्रिलोचन ने अपनी प्रगतिवादी चेतना को जिस प्रकार प्रस्तुत किया, है, वह उन्हें अन्य प्रगतिवादी कवियों से अलग करती है और स्वतन्त्र पहचान देती है। तुकान्त, अतुकान्त मुक्त छन्दों के साथ ही उन्होंने चौपदे, गजल, सानेट जैसे हिन्दी

1. मुक्तिबोध रचनावली, पृ. 375.
2. मुक्तिबोध रचनावली. पृ. 376.
3. मुक्तिबोध रचनावली, पृ. 375.
4. वही, पृ. 381.

के लिए विजातीय छन्दों का भी प्रयोग किया है। सानेट में जो सफलता इस कवि को मिली, हिन्दी के अन्य किसी कवि को नहीं मिली। जीवन की गहन-से-गहन वास्तविकताओं तथा अपने व्यक्तिगत अनुभवों को जिस सरलता और सहजता के साथ कवि ने बोलचाल के लहजे में रखा है, उसे देखकर शमशेर ने लिखा है—

सानेट और त्रिलोचन काठी दोनों की है/
एक/ कठिन प्रकार में बँधी सत्य सरलता/
साधे गहरी साँझ सहज ही ऐसा लगता/जैसे
पर्वत तोड़ रहा हो कोई निर्भय/ सागरतल
में खड़ा अकेला/ बज्र हृदयतम्।[1]

यहाँ शमशेर ने त्रिलोचन और सानेट दोनों की विशेषताओं को रेखांकित किया है। सानेट अंग्रेजी कविता का अत्यन्त अनुशासनपूर्ण छन्द है जैसे हिन्दी में छप्पय, कुण्डलिया, छन्द। लेकिन त्रिलोचन ने मात्र उसके बाह्याकार प्रकार की रक्षा करते हुए अत्यन्त ही नमनीय बना दिया है। हिन्दी में सर्वप्रथम इसका प्रयोग निराला ने किया था। 'राम की शक्ति पूजा' इसका प्रमाण है। फिर सानेट प्रयोग की दृष्टि से दुष्कर कार्य त्रिलोचन ने सिद्ध किया। ''सानेट के माध्यम से ही त्रिलोचन का व्यक्तित्व सर्वाधिक उद्घाटित हुआ है।''[2]

''सानेट प्रयोग के साथ-ही-साथ उन्होंने काव्य शिल्प के क्षेत्र में अन्य प्रयोग भी किया है, जैसे 'चम्पा काले अक्षर नहीं चीन्हती' 'नगई महरा' 'मैं तुम' आदि लम्बी कविताएँ। त्रिलोचन की प्रत्येक कविता उनके व्यक्तिगत की अलग छाप छोड़ती है। इस छाप की मूलाधार उनकी सहजता है, बात को बिना लाग-लपेट के कहना। शमशेर ने 'धरती' संग्रह के विषय में लिखा है कि 'धरती' का पद्य पढ़ा है, उसकी सहजता प्राण है। ''यही बात उनके सम्पूर्ण व्यक्तित्व और कृतित्व को लेकर कही जा सकती है। उदाहरण—

और कहीं जो ब्याह हो गया/ तो मैं अपने बालम
को संग-साथ रखूँगी/ कलकत्ता में कभी
न जाने दूँगी/ कलकत्ते पर बजर गिरे।[3]

---

1. डॉ. लल्लन राय : हिन्दी की प्रगतिशील कविता, पृ. 199.
2. डॉ. लल्लन राय : हिन्दी की प्रगतिशील कविता, पृ. 200.
3. नागार्जुन : प्रतिनिधि कविताएँ, पृ. 66 संस्करण-1985.

सहज संघर्षों से जुड़े कविवर त्रिलोचन सच्चे अर्थों में सामाजिक संघर्ष के कवि हैं। उनका संघर्ष परत-दर-परत छिपा है। जैसे-जैसे हम शब्दों को तौलते हैं, उनका अवलोकन करते हैं, वैसे-वैसे उसका स्वरूप सामने आने लगता है। त्रिलोचन की कविता में जीवन का रंग बहुत गहरा है, जिसमें अनेक प्रक[illegible] की विविधता, सरलता, कटुता भरी हुई है। कवि स्वयं अपने प्रति निर्मम है, यह निर्ममता उन्हें सामाजिक संघर्षों, विरोधों से जुड़ने का मौका देती है—"भीख माँगते उसी त्रिलोचन को देखा करता।" अपने प्रति अचूक निर्मम दृष्टि समकालीन कवियों में कम ही दिखायी पड़ती है। उनकी कविता ही उन्हें प्रमाणित करती है कि वे गहरे संघर्ष यथार्थ के प्रगतिवादी कवि हैं।

प्रयोगवाद : नवीन राहों का अन्वेषण

1. प्रयोगवाद का अभिप्राय

छायावादी और प्रगतिवादी काव्यधारा के विरुद्ध विकसित व्यक्तिवादी काव्य प्रवृत्ति ही प्रयोगवाद है। प्रयोगवाद पर पाश्चात्य चिन्तनधाराओं का गहरा प्रभाव है। 'प्रयोगवाद' नाम चलने का कारण 'तारसप्तक' का वक्तव्य है, जिसमें 'प्रयोग' शब्द का कई बार प्रयोग हुआ है। इस संज्ञा का मूल बीज वहीं विद्यमान है। प्रयोग शब्द अंग्रेजी कविता में प्रचलित 'एक्सपेरिमेण्ट' से आया, लेकिन हिन्दी में जो 'प्रयोगवाद' चल पड़ा, उसके लिए अंग्रेजी में 'एक्सपेरिमेण्टलिज्म' नामक वाद नहीं है। जिस प्रकार हिन्दी की रोमाण्टिक कविताओं को 'रोमेण्टिसिज्म' नाम न देकर 'छायावाद' नाम से अभिहित किया गया, ठीक उसी प्रकार कविता में होनेवाले नये प्रयोग को 'प्रयोगवाद' की संज्ञा दी गयी। 'प्रयोगवाद' नाम निरर्थक और अपर्याप्त होते हुए भी हिन्दी साहित्य के इतिहास में अब स्थापित तथ्य है।''[1] इस तरह प्रयोगवाद के नामकरण को लेकर बहस करना बेकार है। प्रायः नामकरण औचित्य-अनौचित्य का ध्यान रखे बिना भी हो जाता है, जो देश, काल, परिस्थिति के अनुरूप मान्य भी होता है।

सन् 1946 से 'प्रतीक' का प्रकाशन हुआ। प्रयोगवाद की चर्चा 'तारसप्तक' के साथ शुरू हो गयी थी। दूसरा सप्तक 1951 में प्रकाशित हुआ। परन्तु इसका मतलब यह नहीं है कि इसमें जितनी भी कविताएँ छपीं, वे सब प्रयोगवादी हैं। 'प्रतीक' में मैथिलीशरण गुप्त, सुमित्रानन्दन पन्त, नवीन से लेकर नागार्जुन, त्रिलोचन आदि कवियों की कविताएँ भी छपीं। सप्तकों में रामविलास शर्मा जैसे अनेक प्रगतिवादी कवि भी शामिल किये गये हैं, लेकिन प्रयोग की जो धारणा साहित्य में बनी है, वह केवल अज्ञेय, माथुर, प्रभाकर माचवे, शमशेर, रघुवीर सहाय, नेमिचन्द्र, भारत भूषण, भारती, मुक्तिबोध, नरेश मेहता आदि की रचनाओं पर ही आधारित है।

तारसप्तक के प्रकाशन के पहले भी अनेक कवि शमशेर, केदारनाथ अग्रवाल आदि नये ढंग से कविताएँ लिख रहे थे, जिससे नये परिवर्तन का आभास होने लगा

---

1. डॉ. नामवर सिंह : आधुनिक साहित्य की प्रवृत्तियाँ, पृ. 122.

था। इसलिए नयी संवेदना के प्रारम्भिक रूप की पहचान के लिए 'तारसप्तक' के पूर्व प्रयासों को भी ध्यान में रखना पड़ेगा।

आचार्य नन्ददुलारे वाजपेयी ने अपनी पुस्तक 'आधुनिक साहित्य' में 'प्रयोगवादी रचनाएँ, नाम से एक समीक्षात्मक निबन्ध संकलित किया है। इस निबन्ध में वाजपेयी जी 'तारसप्तक' को प्रयोगवादियों की प्रतिनिधि कृति मानते हैं। तारसप्तक के विचार अलग-अलग हैं तथा वे राहों के अन्वेषी हैं, आदि कथनों पर उन्होंने व्यंग्य किया है। सप्तक के कवियों की मत-भिन्नता को उन्होंने उनकी स्वच्छन्दता मान लिया है। उनका कहना है कि राहों के अन्वेषण की बात ही नहीं उठती, क्योंकि "अन्वेषण के लिए इनके पास अन्वेषी की दृष्टि नहीं केवल दृष्टिकोण है।"[1] अज्ञेय की भूमिका के आधार पर वाजपेयी ने प्रयोगवाद की एक परिहासपूर्ण परिभाषा बना डाली। वाजपेयी ने अपना निष्कर्ष इस रूप में दिया : (1) प्रयोगवादी रचनाएँ पूरी तरह काव्य की चौहद्दी में नहीं आतीं। वे अतिरिक्त बुद्धिवाद से ग्रस्त हैं। (2) प्रयोगवादी रचनाएँ वैचित्र्य-प्रिय हैं, वृत्ति का सहज अभिनिवेश उनमें नहीं। (3) प्रयोगवादी रचनाएँ वैयक्तिक अनुभूति के प्रति ईमानदार नहीं हैं और सामाजिक उत्तरदायित्व को पूरा नहीं करतीं।"[2]

डॉ. देवराज ने अपनी पुस्तक 'साहित्य चिन्ता' प्रयोगशील साहित्य नामक निबन्ध में प्रयोगमूलक साहित्य और तारसप्तक पर पूरी सहानुभूति के साथ विचार किया है। उन्होंने प्रयोगवादी कवियों को यथार्थवादी, बहिर्मुखी, विशेषणों से युक्त करते हुए लिखा है— "हिन्दी कविता को छायावादी आध्यात्मिकता और भावुकता की झंकार से मुक्त करना चाहते है।" और साथ-ही-साथ उन्होंने आशंका भी व्यक्त की है। ये विषय से अधिक टेक्नीक पर ध्यान देते हैं और टेक्नीकपरक साहित्य ज्यादा दिन स्थिर नहीं रहता। प्रयोगवाद की चर्चा अनेक बड़े समीक्षकों ने की। बाद में भी इस पर चर्चा, गोष्ठियों, पत्रिकाओं तथा पुस्तकों में छपी आलोचनाएँ, मूल्यांकन, पुनर्मूल्यांकन सामने आये, जिसने प्रयोगवाद पर की गयी समीक्षाओं और आरोपों का खण्डन किया। सन् 1951 में प्रयोगशील कविता पर एक रेडियो गोष्ठी का आयोजन किया गया। इस गोष्ठी में पन्त, सुमन, अश्क, भगवतीचरण वर्मा तथा अज्ञेय ने हिस्सा लिया। बाद में इसका विवरण जून, 1951 में 'प्रतीक' में छपा। इस गोष्ठी में 'सुमन' ने प्रयोगवादी कविता को 'युग की बड़ी माँग' कहा तथा हिन्दी साहित्य के विकास में 'ऐतिहासिक घटना' मानकर उसे सम्मान दिया।[3] इस गोष्ठी के ऐतिहासिक महत्त्व को 'भारती' ने भी स्वीकार किया। भगवतीचरण वर्मा का यह मत था कि, "प्रयोगवादी कविता मुख्यतः शैली प्रधान कविता रही है।" अज्ञेय इस बात से सहमत नहीं हुए। उन्होंने प्रयोगवादी

1. नन्द दुलारे वाजपेयी : आधुनिक साहित्य, पृ. 16, 17.
2. नन्द दुलारे वाजपेयी : आधुनिक साहित्य, पृ. 16,17.
3. प्रतीक : जून, 1951 प्रयोगशील कविता, पृ. 26.

कविता का सम्बन्ध शैली से न जोड़कर 'विषय और वस्तु' तथा 'नये रागात्मक सम्बन्धों' से जोड़ा। अज्ञेय की दृष्टि में—"जिसे प्रयोगशील कविता कहा जाता है, उसमें नये सत्य या नये यथार्थ का जीवन बोध भी है। उन सत्यों के साथ नये रागात्मक सम्बन्ध भी और उनको पाठक या सहृदय तक पहुँचानेवाली साधारणीकरण करने की चेष्टा भी है।"[1]

1951 में दूसरा सप्तक प्रकाशित हुआ। इसकी सम्पादकीय भूमिका में अज्ञेय ने नन्ददुलारे वाजपेयी के मतों का उत्तर दिया।

इस तरह प्रयोगवादी कविता अनेक घातों-प्रतिघातों को सहती हुई स्वच्छन्द रूप से अपना विकास करने लगी और साहित्य में इसकी स्थापना हो गयी। तारसप्तक का ऐतिहासिक महत्त्व इस तथ्य से भी बढ़ जाता है कि उसका सम्बन्ध बाद की कविता एक स्वतन्त्र धारा से जोड़ा गया। 'तारसप्तक' की भूमिका में अज्ञेय ने 'संगृहीत' कवियों का दूसरा मूल सिद्धान्त यह बताया कि वे सभी कवि कविता को प्रयोग का विषय मानते हैं। इसी कारण 'प्रयोग' शब्द को आधार बनाकर समीक्षक इस नयी धारावाली कविता को 'प्रयोगवाद' कहने लगे। "प्रयोगवाद नाम चलाने का कारण 'तारसप्तक' के सम्पादकीय तथा कुछ अन्य वक्तव्य हैं।"[2]

2. प्रयोगवाद का दर्शन

दर्शन का अर्थ है देखना अर्थात् स्थूल नेत्रों से स्थूल और सूक्ष्म नेत्रों से सूक्ष्म तत्त्वों को देखना। गीता में दर्शन तत्त्वज्ञान, आत्म-ज्ञान को कहा जाता है, परन्तु वर्तमान समय में दर्शन की यह परिभाषा बदल गयी है। अब इसका प्रयोग सामान्य जीवन के लिए होता है। व्यक्ति के हृदय में जीवन और जगत् के विषय में जो-जो जिज्ञासाएँ तथा प्रश्न उठते हैं, उन जिज्ञासाओं, प्रश्नों एवं रहस्यों का वह अपने व्यक्तित्व विश्लेषण के उपरान्त जो निष्कर्ष प्राप्त करता है, वही जीवन दर्शन है। यह दर्शन भौतिक और आध्यात्मिक किसी भी क्षेत्र में हो सकता है।

प्रयोगवादी कविताओं पर शिल्पगत आरोप लगाया जाता है, यह उचित नहीं है। प्रयोगवाद का भी अपना एक जीवन दर्शन है, जिसका साहित्य में सहज विकास हुआ है। अब हमारे सामने प्रश्न उपस्थित होता है कि प्रयोग का दर्शन क्या है? उसका मूल क्या है?

प्रयोगवादी कवि अपने को वाद के विरुद्ध मानते हैं। वे अपने को किसी भी 'वाद' या बन्धन में नहीं बाँधना चाहते। 'तारसप्तक' की भूमिका में इस बात को स्पष्ट किया गया है। "प्रयोग का कोई वाद नहीं है। हम वादी नहीं रहे, न ही हैं। न प्रयोग अपने

---

1. प्रतीक : जून, 1991 प्रयोगशील कविता।
2. डॉ. नामवर सिंह : आधुनिक साहित्य की प्रवृत्तियाँ पृ. 221.

आप में इष्ट या साध्य है। ठीक इसी तरह कविता का भी कोई वाद नहीं है। हमें "प्रयोगवादी कहना उतना ही सार्थक या निरर्थक है, जितना 'कवितावादी' कहना।"[1] वाद का विरोध करने से तात्पर्य राजनीतिक या दार्शनिक किसी भी वाद का निषेध। उनका ऐसा मानना है कि वाद को मानने से व्यक्तिगत और स्वतन्त्र विचारों में बाधा पड़ती है। "प्रयोगशील दृष्टि का सूत्रपात ही इस धारणा से हुआ कि पूर्व निश्चित कोई भी वाद सत्य तक पहुँचने या पहुँचाने में समर्थ नहीं है।"[2]

प्रयोगशील कविता की दूसरी विशेषता है सत्य की निरन्तर खोज करना। जहाँ भी वाद से बचाव की स्थिति आती है, वहाँ सत्य का अन्वेषण अनिवार्य हो जाता है। इस प्रकार "प्रयोगशीलता व्यक्तिगत अन्वेषण की वस्तु है। प्रयोगशील नितान्त अनुभव-परक जीवन दृष्टि है।"[3] अज्ञेय ने प्रयोगशील कवियों की तुलना मोती खोजनेवाले गोताखोरों से की है, जो सत्य का अन्वेषण कर उसे प्राप्त करने के लिए समुद्र की अतल गहराई में जाने की 'जोखिम' उठाते हैं। वस्तुतः प्रयोगकर्त्ता के साथ एक अनिवार्य शर्त यह है कि किसी सत्य के अन्वेषण के लिए उसे स्वयं जीये। सत्य के साथ यह जो प्रक्रिया होती है, वह अत्यन्त ही दुसाध्य है।

प्रयोगवाद का व्यक्तिवाद दो सीमान्तों में बँटा है—इनमें से एक सीमान्त है मध्यवर्गीय परिवेश के प्रतिमध्यमवर्गीय कवि का असन्तोष और दूसरा जन-साधारण से डर कर आत्म-रक्षा की भावना। कुल मिलाकर यह चरम व्यक्तिवाद ही प्रयोगवाद का केन्द्र बिन्दु है।"[4] प्रयोगवादी कविताएँ तत्कालीन सामाजिक परिस्थिति के विरुद्ध व्यक्ति द्वारा की गयी भावात्मक प्रतिक्रिया है।"[5] व्यक्ति अब छायावादी नहीं है, वह जो देखता है, वही लिखता है। उसमें भावुकता नहीं है। प्रयोगवादी अपने ही दो सीमान्तों में बँटे होने के कारण अपनी बात कह नहीं पाते। समाज उनकी बातों का विरोध करता है। उनका अपना वर्ग भी उन्हें कुचलता है। "समाज में पुरानापन है, दकियानूसी, जड़ता है, उसमें कुचलने की शक्ति है। व्यक्ति इससे विद्रोह करता है, परन्तु विद्रोह का तरीका उसे मालूम नहीं है। इसलिए वह मात्र भावात्मक विस्फोट करके रह जाता है।"[6] बौद्धिक लक्ष्यानुगामी होने के कारण विद्रोह में प्रगतिवादिता नहीं आ पाती। समाज के सामंजस्य के अभाव के परिणामस्वरूप घोर व्यक्तिवाद का जन्म हुआ। कुछ में अन्तर्मुखी चेतना मुखरित हुई और कुछ-कुछ में बहिर्मुखी, परन्तु चेतना

1. सम्पादक अज्ञेय : दूसरा सप्तक : पृ. 6.
2. डॉ. नामवर सिंह : आधुनिक साहित्य की प्रवृत्तियाँ, पृ. 123.
3. डॉ. नामवर सिंह : आधुनिक साहित्य की प्रवृत्तियाँ, पृ. 124,125.
4. डॉ. नामवर सिंह : आधुनिक साहित्य की प्रवृत्तियाँ, पृ. 128.
5. मुक्तिबोध रचनावली : भाग-5, पृ. 287.
6. वही.

यथार्थोन्मुख रही। अनेक विरोधों के बावजूद भी प्रयोगवादी कविता आगे बढ़ती रही। "प्रयोगवादी प्रवृत्ति ऐतिहासिक कारणों से उत्पन्न हुई थी। उसी से उसका विकास भी हुआ और हो रहा है।"[1]

निजी संघर्ष का तात्पर्य है व्यक्ति (कवि) के भावों और विचारों के मध्य संघर्ष, इसे व्यक्तिगत, आन्तरिक या मनौवैज्ञानिक संघर्ष भी कहा जा सकता है। व्यक्ति का जीवन विभिन्न सहजात प्रवृत्तियों (इन्स्टिक्ट्स) से बना है। कभी-कभी दो या दो से अधिक प्रवृत्तियों में संघर्ष उपस्थित होता है। बाहर और भीतर की प्रवृत्तियों में टकराव शुरू होता है, एक चुनने का। इसे आत्मगत संघर्ष भी कह सकते हैं। जहाँ व्यक्ति सोचने, समझने चुनने में अकेला हो और परिस्थितियों का दबाव हो, ऐसी स्थिति में व्यक्ति निजी हो जाता है और अपने में सिमट कर जीने लगता है। तभी व्यक्तिवादिता का उदय होता है। जब हमारी इच्छाओं, प्रवृत्तियों, उद्‌देश्यों की पूर्ति नहीं होती या विलम्ब होता है, तभी हम संघर्ष की स्थिति में आते हैं। यह संघर्ष सामाजिक भी हो सकता है और वैयक्तिक भी।

3. प्रयोगवाद पर वैचारिक आन्दोलनों का प्रभाव

प्रयोग पर अनेक कलागत आन्दोलनों का प्रभाव पड़ा है। इस प्रवृत्ति को एक ओर मनो-विश्लेषणवादी फ्रायडीय दृष्टि प्रभावित करती है तो दूसरी ओर कलागत आन्दोलन जैसे—बिम्बवाद, प्रकृतवाद, प्रभाववाद, प्रतीकवाद, अति-यथार्थवाद आदि। फ्रायड ने चेतन और उप-चेतन के सम्बन्ध में चिकित्सक के रूप में ही अपना मत प्रस्तुत किया था। उसने अवचेतन सम्बन्धी ग्रन्थिक, कमजोरियों और मनोविकारों के निदान के लिए ही मुक्त आसंग पद्धति को अपनाया। अवचेतना की इस दृष्टि के साथ ही उन्होंने अवचेतना को चेतन से भी अधिक मुख्य माना था। लेकिन प्रयोगवादी कलाकार फ्रायडीय सिद्धान्तों की अवहेलना करते हुए पश्चिमी कलागत आन्दोलनों की क्षयोन्मुखी प्रवृत्तियों के परिपार्श्व में अपने काव्य, वस्तु और शिल्प को सँवारने लगे। इसी कारण काव्य में अति-वैयक्तिकता के मोह में अहं एवं काम सम्बन्धी प्रयोग होते रहे। मनोविज्ञान और अति-यथार्थवादी विचारकों ने नैतिक चेतना का विरोध किया। इसका परिणाम यह हुआ कि काव्य में यौनाचार, बर्बर भोगवाद का तिरस्कार होने लगा। ये प्रवृत्तियाँ जीवन के प्रति स्वस्थ दृष्टिकोण के अभाव में दीर्घकालीन प्रभाव नहीं रख सकीं। कवि काव्य वस्तु के सम्बन्ध में नित्य नव-प्रसूत प्रवृत्तियों को आधुनिकता के रूप में स्थापित करने लगे तो कहीं कलापक्ष को समृद्ध करने लगे। प्रतीक और बिम्बवादियों के सम्पर्क में आकर उनका शिल्प पक्ष समृद्ध हुआ और वह छायावादी अति-सूक्ष्म कलापक्ष से मुक्त हुआ। इस तरह क्षयोन्मुखी प्रवृत्तियों के परिप्रेक्ष्य में

---

1. मुक्तिबोध रचनावली, भाग-5 पृ. 287.

विकसित व्यक्तिवादी चेतना और तद्‌गत मानसिक यथार्थ के स्वरूप को समझा जा सकता है।

इस विवेचन को स्पष्ट करने के लिए कतिपय कवियों की रचनाओं का एक सन्दर्भित मूल्यांकन प्रस्तुत करना अपेक्षित है। सबसे पहले अज्ञेय की विचारधारा से परिचित होना समीचीन प्रतीत होता है।

अज्ञेय

हिन्दी काव्य जगत् में अज्ञेय का आविर्भाव अत्यन्त ही महत्त्वपूर्ण घटना है। अज्ञेय प्रयोगवादी काव्य-धारा के प्रवर्तक माने जाते हैं। हिन्दी कविता में उनका आविर्भाव ऐसे बिन्दु पर हुआ, जहाँ एक ओर छायावाद अपने चरमोत्कर्ष पर आकर समाप्त हो रहा था और दूसरी ओर प्रगतिवाद का उदय हो रहा था। अज्ञेय पर छायावाद का भी प्रभाव माना जाता है। ''वस्तुतः अज्ञेय का कवि छायावादी काव्यधारा से ही जन्मा है।''[1] यद्यपि छायावादी काव्य की रोमाण्टिक प्रवृत्ति से हट कर अज्ञेय में सृजन प्रवृत्ति दिखायी पड़ती है, तथापि, ''अज्ञेय की कविता गैर-रोमाण्टिक है, यह कहना शायद बहुत ठीक न हो, पर अज्ञेय में गैर-रोमाण्टिक कविता की सम्भावना व्यक्त होती अवश्य दिखायी पड़ती है।''[2] अज्ञेय पर फ्रायड का भी प्रभाव पड़ा, इसलिए वे व्यक्ति के अस्तित्व को पूर्णतः स्वीकार करते हैं। तारसप्तक में अपने वक्तव्य में वे कहते हैं— ''आधुनिक युग का साधारण व्यक्ति यौन वर्जनाओं का पुंज है।''[3] अज्ञेय अपने चिन्तन, सोच, मनन और प्रयोग के माध्यम से हिन्दी कविता को नया शिल्प और नयी भाषा देते हैं। दरअसल अज्ञेय एक कुशल शिल्पकार, चित्रकार हैं, और उसी के माध्यम से सम्पूर्ण परिवेश, व्यक्ति, प्रकृति में रंग भरकर सृजन करते हैं। उनको समझने के लिए उनकी सम्पूर्ण कविताओं का अध्ययन बिना किसी पूर्वाग्रह के करना पड़ेगा। वस्तुतः अज्ञेय व्यक्ति के अस्तित्व को पूर्णतः स्वीकार करते हैं और उसी के मूल्यों, संघर्षों एवं स्थापनाओं की बात अपनी रचना में करते हैं।

''मैं मानव समाज का आधार व्यक्ति इकाई को मानता हूँ।''[4] अज्ञेय पर प्रयोगवादी, व्यक्तिादी कवि का आरोप लगाया जाता है। उनके प्रयोग की विशेष आग्रहवाली बात को लेकर नन्ददुलारे वाजपेयी ने उन्हें प्रयोगवादी की संज्ञा दे डाली।[5]

---

1. डॉ. बच्चन सिंह : आधुनिक हिन्दी साहित्य का इतिहास, पृ. 297.
2. डॉ. रामस्वरूप चतुर्वेदी : अज्ञेय और आधुनिक रचना की समस्या, पृ. 1.
3. अज्ञेय : तारसप्तक वक्तव्य, पृ. 272.
4. स्रोत और सेतु, पृ. 112.
5. पं. नन्ददुलारे वाजपेयी : आधुनिक साहित्य, पृ. 69.

यद्यपि, अज्ञेय ने व्यक्ति की सत्ता को महत्त्वपूर्ण ढंग से प्रतिपादित किया है, तथापि उनकी पूरी बात को समझे बिना उन पर व्यक्तिवादी होने का आरोप आज तक बरकरार है। यह ठीक है कि अज्ञेय का सम्पूर्ण चिन्तन व्यक्ति पर ही आधारित है, लेकिन वे जिस व्यक्ति की बात करते हैं, वह एक स्वतन्त्र मूल्यसृष्टा मानव है। व्यक्ति की पृथक्, स्वतन्त्र, मूल सत्ता का आग्रही होने के कारण ही अज्ञेय पर तरह-तरह के आरोप लगाये जाते हैं। कभी समाज, कभी संस्कृति, कभी भारतीयता की दुहाई देते हुए उन्हें चिन्तन और सृजन दोनों क्षेत्रों से बहिष्कृत करने के उपाय किये गये, लेकिन अज्ञेय की आस्था अडिग रही। उन्होंने अपनी राह नहीं छोड़ी। उनकी सत्यान्वेषी मनीषा मिथ्यावादियों के आरोप, खण्डन से कभी हतप्रभ नहीं हुई। आज अज्ञेय ने अपने सृजन-चिन्तन से व्यक्ति की मूल सत्ता को पूरी तरह प्रभावित किया है। अज्ञेय का चिन्तन सदैव व्यक्ति के मानव होने की प्रक्रिया में लगा रहता है। मानव यानी आत्मचेतस्, मूल्यसृष्टा, संवेदनशील, मुक्त, ममेतर के प्रति समर्पित व्यक्ति। उनकी दृष्टि वास्तव में समाज से भी कभी ओझल नहीं हुई। समाज को लेकर जो उनकी दृष्टि है, वह 'मैं' की दृष्टि नहीं है, बल्कि संवेदनशील आत्मचेतस् कला सृष्टा का एक जीवन दर्शन है। उन्होंने समाज में व्यक्ति के स्थान को, उसकी सत्ता अस्मिता की पहचान को प्रतिष्ठापित किया है। अज्ञेय ने इस बात को आस्था से नहीं, बल्कि तर्क से सिद्ध किया है कि समाज व्यवस्था जिन मूल्यों पर आधारित है, उनकी संरचना व्यक्ति द्वारा होती है। "मानव-जाति व्यक्ति इकाइयों के योग से अधिक कुछ नहीं है।"[1]

"व्यक्ति के विकास में, पूरा व्यक्ति होने में, एक समाज की अवधारणा और उससे जुड़ने की बात बहुत जरूरी है और व्यक्ति के विकास का यह मतलब नहीं कि सबसे कटकर एक इकाई का विकास, यद्यपि एक इकाई का विकास उसमें अनिवार्य है, लेकिन उसके साथ यह बात जुड़ी है कि समाज में जीना और समाज के साथ जीना और उसके साथ जुड़े रहना अपने लिये सम्भव बनाते चलना और बनाये रखना।"[2]

अज्ञेय ने जितनी बार व्यक्ति की चर्चा की है, उतनी ही बार उन्होंने हर प्रसंग में व्यक्ति की मूल सत्ता और समाज के साथ गहरे जुड़ाव की बात की है। "समाज किधर जा रहा है, यह सवाल जब भी हम पूछते हैं तो समाज से नहीं पूछते, व्यक्तियों से ही पूछते हैं, क्योंकि समाज सोच नहीं सकता। सोचने का काम व्यक्ति करता है। इसमें इस बात का खण्डन नहीं है कि उस चिन्तन पर सामाजिक परिवेश का, परिस्थितियों का प्रभाव पड़ता है, जैसे कि इस बात का भी खण्डन

1. अपरोक्ष : पृ. 150.
2. अपरोक्ष, पृ. 208.

नहीं है कि व्यक्तियों का चिन्तन भी समाज को प्रभावित करता है, स्थितियाँ बदलती या नयी स्थितियाँ पैदा करता है।''[1]

तारसप्तक के सम्पांदन-कर्त्ता अज्ञेय ने अनेक काव्य-ग्रन्थों का सृजन किया है। इसके अतिरिक्त 'तारसप्तक' में भी छह कवियों के साथ इनकी रचनाएँ संकलित हैं। काल क्रमानुसार अज्ञेय के काव्य संकलन इस प्रकार हैं—भग्नदूत (1933), चिन्ता (1942), इत्यलम (1946), हरीघास पर क्षणभर (1949), बावरा अहेरी (1954), इन्द्र धनुष रौंदे हुए थे (1957), अरी ओ करुणा प्रभामय (1959), आँगन के पार द्वार (1961), सुनहले शैवाल (1965), कितनी नावों में कितनी बार (1967), क्योंकि मैं उसे जानता हूँ (1969), सागरमुहा (1971), प्रिजन डेज ऐण्ड अदर पोयट्स (अंग्रेजी में 1946) इत्यादि।

कवि का सबसे बड़ा संघर्ष है 'आत्म-सत्य'। वह अपनी काव्य प्रक्रिया के माध्यम से सत्य को तलाश लेना चाहता है और वह सत्य समिति नहीं है, व्यापक है, जितना ही व्यापक है, उतना ही काव्योत्कर्षकारी है।''[2] उस सत्य के माध्यम से उसे जो अनुभूति होती है, उसे व्यक्ति से समष्टि तक सम्पूर्णता में कैसे पहुँचाये, यह अज्ञेय की पहली समस्या है। तदुपरान्त अनेक समस्याएँ सृजन के क्षेत्र में गौण रूप से आती हैं। कवि स्वयं कहता है, ''जो व्यक्ति का अनुभूत है, उसे समष्टि तक कैसे उसकी सम्पूर्णता में पहुँचाया जाय, यही पहली समस्या है, जो प्रयोगशीलता को ललकारती है। इसके बाद इतर समस्याएँ हैं कि वह अनुभूति कितनी बड़ी या छोटी, घटिया या बढ़िया, सामाजिक या असामाजिक, ऊर्ध्व या अधः या अन्तः या बहिर्मुखी है इत्यादि।[3] अज्ञेय अपनी अनुभूति को क्षणों में भी तलाश लेते हैं, उनके पास 'क्षण' कोई दर्शन नहीं है, बल्कि 'क्षण' उनकी रचना की अभिव्यक्ति और जीवन का एक रूप है। वह जीने का एक आग्रह है, जिजीविषा है। वह कुण्ठित समाज के बीच क्षण-भर की छूट माँग लेना चाहते हैं—

एक क्षण भर और
रहने दो मुझे अभिभूत।

इसी क्षण के माध्यम से वर्तमान को भोगने की लालसा है। अज्ञेय के शब्दों में—''क्षण का आग्रह क्षणिकता का आग्रह नहीं है, अनुभूति की प्राथमिकता का आग्रह है।''[4] अज्ञेय के लिए अनुभूति का क्षण सर्जना का क्षण, प्यार का क्षण और समर्पण का क्षण ही सत्य है, क्योंकि उसी में वे जीवित हैं।[5]

---

1. अन्तरा, पृ.112, 113.
2. सम्पादक अज्ञेय तारसप्तक वक्तव्य, पृ. 269.
3. वही, पृ. 271.
4. आत्मनेपद : पृ. 169.
5. विश्वनाथ प्रसाद तिवारी : समकालीन हिन्दी कविता, पृ. 11.

"प्यार एक जो है न, उसी के द्वारा
जीवनमुक्त मैं किया गया हूँ।"[1]

इन्हीं क्षणों में जो अनुभूति उन्हें होती है, उसका एकमात्र कारण अनुभूति के प्रति ईमानदारी और सच्चाई है।

"अच्छे/ अनुभव की भट्ठी में तपे हुए दो कण/
अन्तर्दृष्टि के झूठे/ नुस्खे, वाद, रूढ़ि, उपलब्धि
परायी प्रकाश से/ रूप-शिव-रूप-सत्य की सृष्टि के।[2]

ऐसा ही तप्त क्षण साहित्य का वास्तविक वर्तमान है।

"यह दुःसह सुख क्षण/ मिला अचानक हमें/
अतर्किक/ तभी गया तो छोड़ गया/ यह दर्द
अकथ्य, अकल्पित/"[3]

क्षणवादी विचारधारा पर पाश्चात्य भोगवाद (एपीक्यूरियनिज्म) सार्त्र के अस्तित्ववाद, लारेन्स के मनो-विश्लेषण का भी प्रचुर प्रभाव है। इन सबका प्रभाव अज्ञेय की कविताओं में दिखलायी पड़ता है। अज्ञेय प्रत्येक क्षण सजग रहनेवाले रचनाकार हैं।

अज्ञेय की कविता में कोरी भावुकता नहीं है, बल्कि बौद्धिकता का समावेश है और यही "बौद्धिकता उन्हें छायावादी भावबोध से अलग करती है।"[4] अपनी बुद्धि और सत्य के सहारे ही वे कला के क्षेत्र में आते हैं और रागदीप्त सत्य का आग्रह करते हैं। वह सच सम्पूर्ण सच हो, अधिक-से-अधिक वह उनकी पकड़ में आये और उसी को वह व्यक्त करें। अज्ञेय की कविता में भावना का यही पका हुआ रूप प्राप्त होता है। उनका चिन्तन उनकी कविता में सर्वत्र उभरा हुआ है।

अज्ञेय की कविता में पूरे परिवेश को बदलने का संकल्प एवं संघर्ष कम है। कवि वैयक्तिक साधना के मार्ग से समाज को बदलना चाहता है। वह समाज सामन्ती मूल्यों का ही एक अंग है। इसका तात्पर्य यह नहीं है कि अज्ञेय का काव्य-संग्रह विपन्न है। वह अस्तित्वबोध से सम्पन्न है। उनके बदलाव की इस प्रक्रिया को समझने के लिए उनकी कविताओं में आते हुए 'मैं' के स्वरूप को समझना पड़ेगा। उनका 'मैं' से तात्पर्य विशिष्ट व्यक्ति की खोज है। यह 'मैं' जिस रागदिप्त सत्य को खोजता है, वह उनके 'मैं' को विशिष्टता प्रदान करता है, किन्तु बाद में यह बदलता भी है और सबके हित में सत्य को प्रेषित करता है। अज्ञेय अपना व्यक्तित्व 'दीप' को समर्पित कर देना चाहते हैं। यह दीप ऐसे व्यक्ति का प्रतीक है, जो मूल्यों के लिए जलता है। समाज में अपने

---

1. अज्ञेय : आँगन के पार द्वार, पृ. 38.
2. अज्ञेय : अरी ओ करुणा प्रभामय
3. सदानीरा : सुखक्षण, पृ. 306.
4. विश्वनाथ प्रसाद तिवारी : समकालीन हिन्दी कविता, पृ. 13.

को बनाये रखने के लिए संघर्ष करता है और इसके लिए ताप-पूर्ण जीवन का भी वरण करता है—

"यह दीप अकेला स्नेह भरा/ है गर्व भरा
मदमाता/ पर इसको भी पंक्ति को दे दो/
यह अद्वितीय/ यह मेरा/ यह मैं स्वयं विसर्जित।"[1]

इस प्रकार से व्यक्तित्व संघर्ष का दायरा फैलते-फैलते 'पर' को भी अपने में लेने हेतु विसर्जित हो जाता है। अज्ञेय की अन्य आत्मान्वेषी कविताओं में 'मैं' का दूसरा स्वरूप रहस्यान्वेषी का रूप धारण करनेवाला है। वह 'मैं' एक साधक का रूप धर लेता है मानो आत्म-सत्य पाने के लिए कविता कर रहा हो और कोई उनके इस सत्य को समझ सके तो कविता सार्थक होगी। 'आँगन के पार-द्वार' में 'चक्रान्तशिला' शीर्षक के अन्तर्गत अधिकांश कविताओं एवं 'असाध्य वीणा' में ऐसा लगता है कि कवि ने अपने 'मैं' का अन्तिम विकल्प चुन लिया है। परन्तु वह वहाँ से वापस आता है। विगत व्यक्ति अस्तित्व के पास।

अज्ञेय की अनेक कविताओं में एक अजीब किस्म का द्वन्द्व विद्यमान है। ऐसा लगता है, कवि ने भीतर 'साँईं की झलक' देख ली है। अज्ञेय वहाँ रहना चाहते हैं, परन्तु ऐसा नहीं हो पाता। वे पुनः बाहर लौटकर आते हैं, तब बाहर भी अधिक देर तक टिक नहीं पाते। पुनः वे भीतर की ओर जाते हैं, क्योंकि वास्तविक 'सत्य' उन्हें वहीं प्राप्त होता है—

आँगन के पार/ द्वार खुले/
द्वार के पार/ आँगन/
भवन के ओर-छोर/ सभी मिले/
उन्हीं में कहीं खो गया भवन।"[2]

इस तरह अज्ञेय का मैं भीतर और बाहर दोनों तरफ संघर्ष करता है। वह बुद्ध की करुणा का सान्निध्य भी पाना चाहता है, तब उनका ध्यान मानव करुणा की ओर जाता है, वहाँ शोषक और शोषित अलग-अलग नहीं हैं जहाँ सांसारिकता से लड़ने का स्थान पीछे छूट जाता है और बाह्य जीवन के स्थान पर अभ्यन्तर जीवन ज्यादा महत्त्वपूर्ण हो उठता है। इसका मतलब यह नहीं है कि अज्ञेय बाह्य समाज से अपना नाता तोड़ लेते हैं।

भरे-भरे हैं खेत/ मगर खलिहान नहीं/ बहुत
महतों का मान/ मगर दो मुट्ठी धान नहीं/ भरी

---

1. अज्ञेय : सदानीरा, पृ. 261, 262, भाग-1.
2. अज्ञेय : आँगन के पार-द्वार, पृ. 68.

हैं आँखें/ पेट नहीं/ भरे हैं बनिये के कागज/ टेंट नहीं।[1]

समाजवादी, राजनीति एवं प्रगतिवादी कविता ने किसानों, श्रमिकों या सर्वहारा वर्ग की जिन समस्याओं को उभारा, महत्त्व प्रदान किया और उनके माध्यम से वर्ग संघर्ष तथा सत्ता परिवर्तन और व्यवस्था परिवर्तन का आवाहन किया, उन समस्याओं ने व्यक्ति के स्तर पर सही, व्यक्तिवादी कवियों अथवा व्यक्ति को केन्द्र में रखकर सामाजिक अधिरचना का अध्ययन करनेवाले कवियों को भी भरपूर प्रभावित किया। समस्याओं से घिरे, सर्वहारा किसान के शोषण से पीड़ित कवि का मन एक बार क्रान्ति न सही, विद्रोह पर उतारू हुआ है और उस विद्रोह की सशक्त क्रान्तिकारिता को इस कविता ने वाणी दी है।

इस तरह की अनेक कविताएँ देखी जा सकती हैं, किन्तु यह अज्ञेय के चिन्तन का प्राथमिक सरोकार नहीं है। मुख्य है, आत्मान्वेषण द्वारा व्यक्ति को पहचानना। उन दिनों प्रगतिवादियों में इस प्रकार की कविता लिखने की होड़ लगी हुई थी। किसानी जीवन पर यह गहरा व्यंग्य सामने आ गया। कवि सिर्फ शोषितों के जीवन संग्राम का योद्धा नहीं है, वह उसका गौण रूप है। मुक्तिबोध का काव्यनायक अपने भीतरी और बाहरी पाटों के बीच पिस रहा होता है, लेकिन अज्ञेय का 'मैं' अपने मानसिक कारणों से पीड़ित है। उसे अपने व्यक्तित्व की अस्मिता खो जाने का भय है, लेकिन 'आँगन के पार-द्वार' में असाध्यवीणा और चक्रान्तशीला में 'मैं' निर्वैयक्तिक होने के कारण वह सभी पीड़ाओं से मुक्त हो जाता है। वहाँ 'महाशून्य का शिविर' है, दिग्विहीन बहती सरिता है, आलोक का उत्सव है।

अज्ञेय ने अपनी प्रणय सम्बन्धी अनुभूति को व्यक्त करने के लिए विशेष शैली का विकास किया, जो छायावादोत्तर कवि बच्चन, अंचल, नरेन्द्र से अलग दिखती है। 'दूसरा सप्तक' की भूमिका में अज्ञेय ने लिखा है—"मनुष्य के मूल रागात्मक सम्बन्ध नहीं बदलते, वे तो प्रारम्भ से ही ज्यों-के-त्यों बने हुए हैं, परन्तु रागात्मक सम्बन्धों की प्रणालियाँ बदलती रहती हैं। प्रेम अब भी प्रेम है और घृणा अब भी घृणा है, किन्तु उसकी अभिव्यक्ति की प्रणाली बदल जाती है। वे प्रतीक बदल जाते हैं, जिनके माध्यम से इन सम्बन्धों को हम युग-युग में व्यक्त करते आये हैं। "वे इस बात को अपनी कविताओं में कहते हैं—

यह नहीं कि मेरा प्यार मैला है/ या कि उथला है/
ये उपमान मैले हो गये हैं/ देवता इन प्रतीकों के/
कर गये हैं कूच"[2]

---

1. अज्ञेय : सदानीरा, प्रथम भग, पृ. 314.
2. अज्ञेय : हरी घास पर क्षण भर।

अज्ञेय की प्रणय अनुभूति में उनकी 'शालीनता' मानसिक गठन, संस्कार और उनके व्यक्तित्व की छाप दिखायी पड़ती है। वे प्रणय को पूरी समग्रता में ग्रहण करते हैं। वे बार-बार कहते हैं कि अश्लीलता वस्तु में नहीं, दृष्टि में होती है। अधूरी दृष्टि ही अश्लीलता को जन्म देती है। 'चिन्ता' अज्ञेय की पहली प्रणय-कृति है। यह सघन प्रेमानुभूति के क्षणों में लिखी गयी है। जहाँ-तहाँ वैयक्तिकता पूरे वेग से फूटी है।

हतसंज्ञ, विमूढ़ हुआ मैं/ नत शिर हूँ तेरे आगे/
क्यों हाथ लग गया सहसा/ मेरे प्राणों का स्पन्दन?
मुझको बाँधे ये कैसे/ अस्पृश्य किन्तु दृढ़ बन्धन।[1]

अथवा

तेरी आँखों में क्या मद है जिसको पीने आता हूँ
जिसको पीकर प्रणय-पाश में तेरे मैं बँध जाता हूँ।[2]

यहाँ अज्ञेय नव्य स्वच्छन्दतावादियों से कहीं भिन्न नजर नहीं आते। ये पंक्तियाँ भावुकता-परक मांसल कविताएँ हैं। इन पंक्तियों में उन्होंने अपने प्रणय को बिलकुल सीधे ढंग से कहा है। इसमें कोई घुमाव या आरोपण नहीं है। अज्ञेय के लिए प्रेम कोई हल्की-फुल्की अनुभूति नहीं है। प्रेम का उनके जीवन में साँसों की तरह महत्त्व है। वे अपनी बात को सिद्ध करने के लिए सृष्टि से भी प्रमाण देते हैं—

श्वास की हैं दो क्रियाएँ/ खींचकर, फिर छोड़ देना/
कब भला सम्भव हमें इस/ अनुक्रम को तोड़ देना है?
श्वास की उस सन्धि-सा है/ इस जगत् में प्यार का पल।[3]

अज्ञेय 'क्षण' के महत्त्व को समझते हैं। उनकी कविताओं में यह 'क्षण' कई जगह प्रयुक्त हुआ है। वे प्यार के 'पल' के प्रति अत्यन्त संवेदनशील हैं। प्यार के प्रति ऐसी बेचैनी, ललक और कशिश कवि को अत्यन्त रोमानी बनाती है। उनकी प्रणयानुभूति जहाँ इतनी सघन है, वहीं समर्पणशील भी है। उनका अपराजेय व्यक्तित्व प्रियतम के सम्मुख सब-कुछ समर्पित कर देता है—

एक दिन जब/ प्यार से,/ संघर्ष से,/ आक्रोश से,/
करुणा-घृणा से,/ रोष से,/ विद्वेष से,/ उल्लास से,/
सब निविड़ संवेदनाओं की सघन अनुभूति से/
एक दिन जब/ हाय! पहली बार! जानूँगा कि जीवन/
को कभी हारा नहीं था, / हारता ही किसी से जो नहीं/

---

1. अज्ञेय : चिन्ता
2. वही
3. अज्ञेय : पूर्वा, पृ. 227.

अपने से चला अब हार/ एक दिन/
उस दिन जिसे अपनी पराजय भी/
दे सकूँगा समुद्र/ निस्संकोच उसी को आज/
अपना गीत देता हूँ।[1]

कवि जीवन में पहली बार एहसास करता है, अपनी हार का। इस हार को वह पूरी ईमानदारी से स्वीकार भी करता है। यह पराजय स्वीकार कर वह सर्जनात्मक हो उठता है। हम अच्छी तरह देख और समझ सकते हैं कि अज्ञेय ने अपनी रचना के द्वारा हिन्दी साहित्य को एक नयी दिशा की ओर मोड़ने का प्रयास किया है और साथ-ही-साथ साहित्य को नया वैचारिक धरातल भी प्रदान किया है।

जब प्रगतिवादी काव्यान्दोलन देश में छाया हुआ था, उसी समय मार्क्सवादी कटघरे से कविता को मुक्त करने के लिए प्रयोगवाद का काव्यान्दोलन शुरू हुआ। इसका नेतृत्व अज्ञेय ने किया। तारसप्तक के प्रकाशन से अज्ञेय ने काव्यान्दोलन को एक नयी दिशा दी। अज्ञेय ने नये शिल्प, बिम्ब, प्रतीक, उपमान और भाषा का प्रयोग ही नहीं किया, कविता को एक दिशा दी। भाव सम्प्रेषण के प्रति अज्ञेय एक सजग कलाकार हैं। भाषा के प्रति जितने सचेत अज्ञेय हैं, उतना कोई ही कवि होगा।''[2]

वे शब्द के सार्थक प्रयोग को अपने आप में एक सिद्धि मानते हैं।''[3]

'ये उपमान मैले हो गये हैं' में अज्ञेय ने इसी बात की ओर संकेत किया है।

इस प्रकार अज्ञेय की कविताओं में व्यक्ति को लेकर एक संघर्ष जारी है। व्यक्ति यानी एक व्यापक सत्ता, विराट्, उसी के सृजन में सम्पूर्ण सृजनरत रहता है। कवि की मान्यता है कि समाज को सही रूप से व्यवस्थित करने के लिए उसकी इकाइयों को मानव बनने-बनाने के बारे में सोचना पड़ेगा। गम्भीरतापूर्वक उनकी कविताओं का विश्लेषण करने से यह बात साफ जाहिर हो जाती है कि उनकी दृष्टि असामाजिक, अव्यवहारिक या कोरी आदर्शवादी नहीं है। वह लक्ष्य तक पहुँचने के लिए एक पथ है और साथ-ही-साथ व्यक्ति के मानव होने की एक कसौटी भी है। "पिछली दो पीढ़ियों के साहित्य ने भी यह मान लिया कि व्यक्ति के लिए स्थान चाहना व्यक्तिवादिता है और समाज के विरुद्ध जाना है, जबकि अच्छे व्यक्ति के बिना अच्छा समाज बन ही नहीं सकता।''[4]

---

1. अज्ञेय : इन्द्र धनुष रौंदे हुए थे, पृ. 12, 13.
2. भवन्ती : पृ. 20, 22.
3. आत्मनेपद : पृ. 21.
4. अपरोक्ष : पृ. 19.

गिरिजाकुमार माथुर

कवि माथुर ने अपनी कविताओं को किसी वाद, गुट और धारा में न बाँधकर सतत, जागरूक एवं तटस्थ कवि के रूप में काव्य सृजन किया है। उनकी सहज रचना, सहज निष्ठा और चेतना रोमाण्टिक को साथ लेकर यथार्थ बोध से जुड़ी हुई है। एक ओर यदि उनके काव्य में सूक्ष्मता रंग-रोमांस, माँसल अभिव्यक्ति है तो दूसरी तरफ चेतना का सामाजिक दायित्व भी, जो नित प्रयोग धर्मिता के माध्यम से नयी कविता तक पहुँचा है। माथुर के काव्य-सृजन की प्रक्रिया सन् 1934-35 से ही शुरू हो जाती है। उनका पहला काव्य-संग्रह 'मंजीर' का प्रकाशन 1942 में हुआ। तदुपरान्त 'नाश और निर्माण' (1946) 'धूप के धान' (1955), 'शिला पंख चमकीले' (1961) 'जो बँध नहीं सका' (1968), 'भीतरी नदी की यात्रा' (1975), 'कल्पान्तर' (1983) जैसे काव्य-संग्रह सामने आते हैं। वे बच्चन, नरेन्द्र शर्मा, अँचल की परम्परा के कवि हैं। उनकी कविता में प्रेम और सौन्दर्य की मुख्यता है। 'उच्छृंखल' से लेकर 'जो बँध नहीं सका' तक तीस वर्षों की दीर्घ अवधि में गिरिजाकुमार ने जो राग साधा है, वह देहरसवाला राग है। इनका किशोर मन न वयस्क होता है, न प्रौढ़। वार्द्धक्य तो दूर की बात है।[1]

इसके बाद की रचना 'भीतरी नदी की यात्रा' में भी इन्हीं अनुभूतियों का जिक्र है। सभी रचनाएँ एक अन्तःसूत्र में जुड़ी हैं। "यह भूमि ममता, मोह, मानवीय संवेदना, मर्मशीलता से जुड़ी हुई है। जीवन के भरपूर स्वाद और जीने की आकांक्षा है किसी प्रकार का पलायन नहीं।"[2]

अपने कविता-संग्रह 'भीतरी नदी की यात्रा' की भूमिका में उन्होंने लिखा है—"इन कविताओं में मैं आदमी के प्रति प्यार और ममत्व को पुनः प्रतिष्ठित करना चाहता हूँ। उसका एक खास कारण यह है कि पिछले दस-बारह वर्षों में नयी हिन्दी कविताओं में एक व्यापक निषेध, नफरत, वीभत्सता, गलाजत, आक्रोश, आक्रामकता, हिंसा और यथार्थ तथा सपाट-बयानी के नाम पर फूहड़ता, असभ्यता, देह के नाम पर घृणित व्यापार और गाली-गलौज तक का वातावरण बढ़ता चला गया है। इस तरह निषेध वीभत्सता और व्यवस्था-विद्रोह का तेवर दिखानेवाली रचनाएँ अपने अन्तिम विश्लेषण में आदमी, प्रकृति और जीवन के प्रति एक आकण्ठ अरुचि और नफरत का भाव पैदा करती है।"[3]

---

1. डॉ. रामविलास शर्मा : नयी कविता और अस्तित्ववाद, पृ. 71.
2. गिरिजाकुमार माथुर : भीतरी नदी की यात्रा, भूमिका।
3. गिरिजाकुमार माथुर : भीतरी नदी की यात्रा, भूमिका।

माथुर के वक्तव्य से स्पष्ट है कि वे बदलते सामाजिक मानदण्डों तथा आदमी की बदलती मानसिकता के कारण अपनी कविता के लिए नयी जमीन की तलाश करते हैं। "ममता, मोह, मानवीय संवेदना, मर्मशीलता, आसक्ति, जीवन के भरपूर आस्वाद और जीने की आकांक्षा"[1] को पुनर्स्थापित करना चाहते हैं। वे जिस "प्यार की बूँद को अर्पित करने के लिए बेचैन हैं, वह प्यार की बूँद उनकी कविता में बराबर अर्पित होती रही है। मंजीर से : 'भीतरी नदी की यात्रा' तक प्रेम और सौन्दर्य ही उनकी सहज भूमि है।"[2]

माथुर की प्रेम-विरह सम्बन्धी रचनाएँ बच्चन से मिलती-जुलती हैं। 'नशा का तुम शाप या वरदान दे दो' 'जीवन भर मन में रोना है' 'कितनी तुम्हारी याद आयी' अनेक पंक्तियाँ बच्चन के गीतों की याद दिलाती हैं। माथुर की वैयक्तिकता निश्चित रूप से प्रणय अनुभूति में डूबी हुई हैं। प्रणय के विभिन्न रंगों से रंगी हुई इनकी कविताओं में भीतर और बाहर दोनों संघर्ष हैं, लेकिन वे बाहर के संघर्षों को मन के संघर्षों से कहीं ज्यादा बोझिल मानते हैं— "मन के संघर्षों से बाहर के संघर्ष अधिक बोझिल हैं।"[3] इन संघर्षों को वे सतही स्तर पर व्यक्त नहीं करते, बल्कि 'दैनिक जीवन' की भट्ठी में तपाकर इस बात की पुष्टि करते हैं।

जब दैनिक जीवन की भट्ठी में/
गल जायेंगे/ खोटे सिक्के सारे मन के/
तब जानोगे इन आदर्शों की सच्चाई।"[4]

माथुर निजीपन, रोमानियत के कुहासे से निकलकर दैनिक जीवन की सच्चाई को देखते हैं। प्रेम-रोमांस के प्रति औरों की तरह माथुर का भी एक समय बाद मोह भंग होता है। इस मोह भंग का कारण भी है, इसलिए वह 'रंगीन कल्पनाओं' से जीवन के यथार्थ की ओर उन्मुख होते हैं।

और क्योंकि हमने भुजबल से/
अपना मार्ग प्रशस्त बनाया/
दुःखों से कर युद्ध/ परिस्थितियों से लड़कर/
और जूझकर भारी-से-भारी अन्धड़ से/
अपना ऊँचा सिर न झुका कर/
केवल मिथ्या आदर्शों से नहीं/
नहीं कोरी रंगी कल्पनाओं से/

---

1. गिरिजाकुमार माथुर : भीतरी नदी की यात्रा, भूमिका।
2. विश्वनाथ प्रसाद तिवारी : समकालीन हिन्दी कविता, पृ. 93.
3. गिरिजाकुमार माथुर : धूप के धान, पृ. 23.
4. गिरिजाकुमार माथुर : धूप के धान, पृ. 23.

किन्तु जिन्दगी की मिठास का रस लेने को/
हमने कटुता से खुलकर संघर्ष किया है।[1]

इन कविताओं तक आते-आते माथुर काफी कुछ बदल जाते हैं, जीवन की रोमानियत की जगह जीवन की कटुता से संघर्ष करते हैं। उन्होंने अपने जीवन में जितने भी संघर्ष किये, वे कोरे नहीं थे, उनके पीछे सच्चाइयों का एक गहरा तथ्य रहा है। मंजीर की अधिकांश कविताओं में मिलन के चित्र तो अस्पष्ट, पर उससे वियोग, अवसाद, निराशा के चित्र स्पष्ट रूप से दिखायी पड़ते हैं। 'चूड़ी का टुकड़ा' में अभिव्यक्ति अनुभूतियाँ कुछ इसी तरह की हैं।

आज अचानक सूनी-सी सन्ध्या में/
जब मैं यों ही मैले कपड़े देख रहा था/
किसी काम में जी बहलाने/
एक सिल्क के कुर्ते की सिलवट में लिपटा/
गिरा रेशमी चूड़ी का छोटा-सा टुकड़ा/
मैं वैसा-का-वैसा ही रह गया सोचता/पिछली बातें/[2]

माथुर अपने मन के भावों को क्लिष्टता से न कहकर अत्यन्त ही सहज भाव से प्रस्तुत करते हैं। 'छोटी मृदु (डेलिकेट) प्रतिक्रियाएँ आदमी को अधिक स्वाभाविक और परिपूर्ण रूप से व्यक्त करती हैं।''[3]

'नाश और निर्माण' की कविता छायावादी रूमानियत और प्रगतिवादी चिन्तन के सन्धि बिन्दु पर खड़ी दिखायी पड़ती हैं। कवि दुहरी मनः स्थिति से गुजरता है। अनेक कविताओं को पढ़ने से लगता है कि कवि थकान, पराजय, उदासी के भावों से घबड़ा गया है और वह कुछ नया सृजन करना चाहता है। इस दृष्टि से 'नाश और निर्माण' शीर्षक सार्थक है। परन्तु उपर्युक्त भाव (दुःख, अवसाद, पराजय) कवि की सजग चेतना के आगे स्थायी नहीं रह पाते। यहाँ तक आते-आते कवि की अति-वैयक्तिक सीमा विविधात्मक हो जाती है। यह विविधता वैयक्तिक सीमाओं से आबद्ध होते हुए भी सामाजिक और युगीन सन्दर्भों से जुड़ती है। 'धूप के धान' जैसे काव्य-संग्रह में कवि रंग-रोमांस के साथ यथार्थ को भी स्वीकार करता है। 45 कविताओं का यह संग्रह उनकी कविता को नयी जमीन देता है। इन कविताओं को दो वर्गों में विभाजित किया जा सकता है। रोमानी और मानवीय। रोमानी भावबोध में 'प्रौढ़ रोमांस' 'आग और फूल' 'चन्दरिमा' इत्यादि। इन कविताओं में रोमानी दृष्टिकोण होते हुए भी जीवन के संघर्षों की अभिव्यक्ति माथुर अपने ढंग से करते हैं।

1. गिरिजाकुमार माथुर : धूप के धान, पृ. 26.
2. गिरिजाकुमार माथुर : तारसप्तक, पृ. 173.
3. गिरिजाकुमार माथुर : वक्तव्य, पृ. 190 सम्पादक अज्ञेय।

ज्वालामुखी के द्वीप-सा/ संघर्ष का यह लोक है/
हिलती हुई धरती यहाँ/ हिलते हुए आधार हैं/
कमजोर मिट्टी की जड़ें/ जमकर न जम पातीं कभी/
उठते बगूले दर्द के दुःख के यहाँ/ हर लहर पर आते
नये भूचाल हैं/ उजड़ा पड़ा यह द्वीप बिकने की
तरह/फिर-फिर सदा/संघर्ष का अणुबम यहाँ जाँचा गया।[1]

कवि को प्रत्येक राह में कदम-कदम पर संकट दिखायी देता है। वह संघर्षों के 'अणुबम' से बार-बार टकरा कर भी वह टूटता नहीं, पुनः कहता है—

वह भूमि/ किन्तु न मिट सकी/
आगत फसल की राह में/
वह फूल मुरझाया नहीं/
वह अग्नि बीजों को सतत बोती रही/
फिर से नया सूरज उगाने के लिए।[2]

भावुक और रोमाण्टिक होते हुए भी कवि 'अग्नि बीज' तथा 'नया सूरज' उगाने की बात करता है।

मानवीय कविताओं में 'एशिया का जागरण', 'पहिये', 'नींव रखनेवालों का गीत' आदि नाम लिये जा सकते हैं। माथुर राग संवेदनों के प्रति सहज आस्था रखनेवाले कवि हैं। इस दृष्टि से 'शिला पंख चमकीले' रागात्मक संस्पर्श से अभिभूत होते हुए भी वैचारिक संस्पर्शवाली कविता है। उनका रागात्मक संस्पर्श ही उन्हें यथार्थ और सामाजिक बोध से जोड़ता है। मूल्यगत संक्रमण और भीतरी संघर्ष को इस संग्रह में देखा जा सकता है। 'चन्द्र खण्डों की आत्मा' शीर्षक कविता देखें—

छिपती-छिपती मद्धिम पड़ती/ धुँधली/ पूरी फिरकती
फाँक/ यह मैं मेरा व्यक्तित्व बोध/ क्षण जीवन का
उपभोग परम/ पंखों-सी गिरी शिलाएँ/ जिसकी
चमकदार/ पंखों की नियति छूट/ जाना पर्वत की
नियति शिला होना/ दुःख की अनुभूति नियति
क्षण की/ आगम की नियति विलय होना/ होगा जो
अभी हो चुका है।[3]

---

1. गिरिजाकुमार माथुर : धूप के धान, पृ. 52.
2. वही, पृ. 53.
3. गिरिजाकुमार माथुर : शिला पंख चमकीले, पृ. 41,42.

ये पंक्तियाँ उनके मन में उभरे द्वन्द्व और मूल्यगत संक्रमण को अपने में छिपाये हुए हैं। ऐसा लगता है माथुर में बाहरी परिवेश के प्रति हुई प्रतिक्रिया भीतरी टूटन और दबाव की भावना के जरिये आकार पाती है।

दूर, बहुत/ दूर अँधियारे क्षितिज पर/ क्या टिमटिमाने
लगीं/ मंजिल की बत्तियाँ/ भोर जलती बत्तियाँ/
मंजिल क्या पास है/ उमंग रहे हैं क्या/ सुबह के
आभास कहीं/ दर्द के सफर का/ क्या अन्त पास
आया है/ टूटती नहीं है दर्द दुःख की घुमेर यह/ झूठ
सभी लगता है/ सच है सिर्फ अन्धकार।[1]

जीवन के सुख-दुःख संघर्षों के बीच कवि मंजिल की तलाश करता है। वह कल्पना और यथार्थ के द्वन्द्व में पिस रहा है।

इसी तरह अपाहिज जिन्दगी, जो एक खाट से बँध गयी है और उससे मुक्ति के लिए हाथ-पैर मारती है। ऊब, घबराहट, बेचैनी, बोरियत, आशंका, आकूलता अनेक संघर्षों से वह अपने में लीन होता जा रहा है। उसका अहसास कवि को बहुत ही गहरा है—

ऊब, घबराहट,/ बेचैनी, बोरियत/ आशंका,
आकुलता, चिन्ता, अनास्था क्षणजीवी/ त्वचा
सुखी बदमिजाज नुक्ताची/ अपने में लीन/ किन्तु
आत्मविश्वासहीन/ तबीयत है काँटे पर/ दोष सभी
रखता है/ किस्मत के माथे पर।[2]

इस क्षीणता और निराशा के बावजूद कवि-मन मानवीय आस्था के प्रति अडिग है। कवि की भावना— "जिन्दगी की पियरी केसर कभी चुके नहीं/ मन में विश्वास का यह सोन चक्र नहीं।" के इर्द-गिर्द घूमती रहती है। इसी विश्वास पर वह अपनी काव्य यात्रा करता है। "जो बँध नहीं सका" में उनकी वैयक्तिक पीड़ा, इतिहास पीड़ा मुखर हो उठी है। जीवन की व्यस्तता आदमी को जिस अकेलेपन का अहसास करा रही है, वह आकुलता की टीस उसे निष्क्रियता से भर देती है। हर आदमी आसिद्ध की व्यथा भोगता हुआ इन्तजार-रत है—

"क्यों सारी दुनिया की/ मनचीती बातें सभी/
लगती रही मलिन/ क्यों मन की दूर तहों में बैठा रहा, अडिग/

---

1. वही, पृ. 37,38.
2. वही, पृ. 22, 23.

ऊसर एक उदासीन/ हँसने का नाट्य किया/
खुशियों का रूप धरा/ ओ मेरी आत्मा में ठहरे हुए इन्तजार[1]

कवि की पीड़ा है कि जिधर भी देखता है, उधर आदमी दो पाटों के बीच पिस रहा है। शोर, मुर्दनी और कचरा इतना है कि उसमें आम आदमी की चीख दबी जा रही है। इसी क्रम में हम 'बौनों की दुनिया' को देख सकते हैं—

हम सब बौने हैं/ मन से, मस्तिष्क से भी/ भावना
से भी/ चेतना से भी/ बुद्धि से/ विवेक से भी/
क्योंकि हम जन हैं/ साधारण जन हैं।[2]

इस बात को कहकर कवि जिस साधारणता की ओर संकेत करता है, वह ठीक लगता है, परन्तु कविता अपना पूरा प्रभाव नहीं छोड़ पाती। संग्रह का एक खण्ड प्रकृति और प्रणय बिम्बों पर आधारित है। कवि के रोमानी संस्कार, प्रेमगत लगाव और उसकी अनगिनत मासूम स्थितियाँ नयी छायावादी शैली में प्रकट हुई हैं। 'गन्ध लेने लगी आकार', 'चाँदनी बिखरी हुई', 'कार्तिक चाँद की रात', 'रूप विभ्रमा चाँदनी', 'एक टुकड़ा चाँद', 'प्यार की तीन व्यंजनाएँ', 'शरद नीहारिका का देह स्वप्न' आदि कविताओं में प्रेम, सौन्दर्य के चित्र खींचे गये हैं।

स्लीवलेस ब्लाउज पहने छरहरी चाँदनी पेड़ों की चमकदार
जालियाँ तले/ बेफिक्र मस्ती से/ हल्के कदम रख
चलती/ मुँह में मन्द-मन्द इलायची चबाती/ नशीले
सेक्स रचे नखरे से/ जान जान कर/ अठखेलियाँ
करती अदा से/ ठीक यही तो कभी तुम्हारी भी
चाँदनी-सी आदत थी।[3]

कवि माथुर की कविताओं में यौन कल्पनाएँ अधिकता से प्रस्तुत हुई हैं। उनकी कविता में देह की चेतना तीव्र है। नारी देह की अनेक छवियाँ जैसे प्यासे अधर, चोली कसे अंग, नयनडोर, कुन्द कपोल, गोरी-गोरी कलाइयाँ, चन्दन बाहें हर जगह अंकित हैं। गोरा रंग ही कवि का सबसे प्रिय रंग है। गोरे कपोल, गोरी बाहें, गोरे दम्पति, गोरी सुबह-शाम, गोरी हवा आदि अनेक गौर प्रिय शब्द मिलते हैं।

तुम्हारे आते ही/ मेरे कमरे का रंग गोरा हो जाता
है/ हर आइने का चेहरा प्यारा हो जाता है।[4]

---

1. गिरिजाकुमार माथुर : जो बँध नहीं सका, पृ. 99.
2. गिरिजाकुमार माथुर : जो बँध नहीं सका, पृ. 9.
3. गिरिजाकुमार माथुर : जो बँध नहीं सका, पृ. 55.
4. गिरिजाकुमार माथुर : भीतरी नदी की यात्रा, पृ. 5.

इनकी कविताओं में नारी का आकर्षण व प्रेम की प्यास बहुत अधिक है। "इस कवि में देह की चेतना और यौन-कल्पना बहुत है।"[1] कवि को प्रकृति में भी नारी देह का ही आकर्षण दिखायी पड़ता है।

सीरी हवा दूर से आती/
मन्द-मन्द शीतल साँसों-सी/
जैसे दिग्वधुओं को भुजपाशों में भर-भर/
उनके पतले अधर मेघ ने झुककर चूमे।[2]

माथुर की कविताओं में गहरी सामाजिक संवेदना ढूँढ़ना कठिन है। उनकी कविता का मूल स्वर प्रेम और विरह ही है। उनकी कविता का शिल्प पक्ष भी बहुत ही सुसंगठित है। बिम्बों, चित्रों की सजावट उनमें काफी आकर्षक है। उनकी कविता, चित्रों, बिम्बों, सौन्दर्य शिल्प आदि की दृष्टि से निश्चित रूप से अपने समकालीनों में उल्लेखनीय और पृथक् समझी जायेगी।

अनेक कविताओं में जिस व्यक्ति चेतना को अभिव्यक्ति दी गयी है, वे समष्टि से प्रेरित हैं। उनमें व्यक्ति जीवन के साथ सामाजिक जीवन की पूरी भाव-संवेदना एक साथ मुखरित हुई है। वैयक्तिक अनुभूतियों का खरापन उनकी कविता की विशेषता है। उन्होंने न तो वायवीय कल्पना को और न ही सतही बाहरी दुःख-दर्द को चित्रित किया है, बल्कि जीवन के सुख-दुःख अर्थात् राग-द्वेष-जनित संघर्ष को भोगा है। जीवन की सच्चाइयों को अनुभूत किया है और उसे अपने काव्य में अभिव्यंजित किया है। 'नया बसन्त', 'चूड़ी का टुकड़ा', 'प्रौढ़ रोमांस', 'मशीन का पुर्जा' जैसी अनेक कविताओं में हम पीछे इसकी चर्चा कर चुके हैं। जीवन के अनेकानेक रागात्मक पक्षों से सम्बन्धित और सामाजिक समस्याओं में आक्रान्त जीवन की सच्ची अनुभूतियाँ माथुर के काव्य में अभिव्यक्त हुई हैं।

कवि माथुर ने अपनी रचनाओं में विशेषकर शब्द, स्पर्श, रूप रस, गन्ध का अद्‌भुत समन्वय किया है। इनकी कविताएँ किसी सजग और कुशल चित्रकार की कविताएँ लगती हैं। उन्होंने नये बिम्बों-प्रतीकों का प्रयोग किया है। इन्हीं रंगीन, बिम्बों, प्रतीकों और चित्रों से माथुर की अलग पहचान बनती है। नयी कविता के आरम्भिक विकास में माथुर का योगदान महत्त्वपूर्ण है। इनका वास्तविक जुड़ाव व्यक्ति के अन्त-रंग पक्षों से ही रहा है, परन्तु इसके साथ-ही-साथ इन्होंने सामाजिक जुड़ाव की भी कविताएँ लिखी हैं।

---

1. विश्वनाथ प्रसाद तिवारी : समकालीन हिन्दी कविता, पृ. 95.
2. गिरिजाकुमार माथुर : नाश और निर्माण पृ. 73.

शमशेर बहादुर सिंह

छायावाद के बाद आधुनिक हिन्दी कविता में अपने काव्यशिल्प के कारण शमशेर चर्चित रहे हैं। अपनी रचना को विभिन्न वादों से दूर रखकर घेराबन्दी से मुक्त, मौन में मौन का काव्य सृजन करते हुए शमशेर ने विभिन्न प्रयोग किये हैं, इसीलिए उन्हें कवियों का कवि कहा जाता है। उनके काव्य में विविधता है। भावोत्तेजना के चरम बिन्दु पर पहुँचकर भी उनकी कविता में सुशृंखला देखने को मिलती है। व्यक्ति जीवन की छोटी-छोटी सूक्ष्म भावानुभूतियों के साथ-साथ जीवन के वास्तविक सत्य को उन्होंने सहज, सामान्य शिल्प में बाँधने का प्रयास किया है। पाँच दशकों में शमशेर के कुल सात कविता संग्रह प्रकाशित हुए, यह बहुत बड़ी उपलब्धि है। सन् 1943 में 'तारसप्तक' में संकलित होने के बाद 'कुछ कविताएँ' (1961), 'कुछ और कविताएँ' इसमें 1940-60 तक की रचनाएँ संकलित हैं। चौदह वर्षों के अन्तराल के बाद 'चुका भी हूँ मैं नहीं' (1975) 'इतने पास अपने' (1980), 'उदति' यह कवि के अभिव्यक्ति का अत्यन्त महत्त्वपूर्ण दस्तावेज है। तदन्तर सन् 1981 में 'बात बोलेगी' संग्रह अपना नया तेवर लेकर आया। शमशेर अपनी कविताओं से पूर्णतः जुड़े हुए हैं। 'दूसरा सप्तक' की भूमिका में वे लिखते हैं—"कविता में हम अपनी भावनाओं की सच्चाई खोजते हैं। इस खोज में उस सच्चाई का अपना खास रूप भी हमें मिलना चाहिए। क्योंकि किसी भी चीज का असली रूप उस चीज से अलग तो सम्भव नहीं।"[1]

शमशेर काव्य में अपने शिल्प के माध्यम से ज्यादा जाने जाते हैं। विषय की महत्ता उनके लिए द्वितीयक रही है। उनकी रागबद्ध रचनात्मक क्षमता अविराम बहकर मनुष्य-मनुष्य के नितान्त निजी रिश्तों एवं उससे आत्मालाप का एक विराट् मानवीय महासागर का निर्माण करना चाहती है। शमशेर की कविता में निजता उनकी पहली विशेषता है और दूसरी विशेषता है—सामाजिक संघर्ष के प्रति प्रतिबद्धता है। उनका सामाजिक संघर्ष किसी भी प्रकार के आग्रह से मुक्त स्व-चित्रित सामाजिक संघर्ष है। इसमें उनके निजी संस्कारों की ईमानदारी पहली शर्त है। वे समाज में भावों का अवरोपण करने से बेहतर उसका भोक्ता बनना पसन्द करते हैं, इसलिए उनका संघर्ष बाहर और भीतर दोनों है। "चारों तरफ जिन्दगी में दिलचस्पी लेना, उसको ठीक-ठीक यानी वैज्ञानिक आधार पर समझना, अनुभूति और अपने अनुभव को इसी समझ एवं जानकारी से स्पष्ट करके, गुप्त करके अपनी कला-भावना को जगाना। यह आधार इस युग के हर सच्चे और ईमानदार कलाकार के लिए बेहद जरूरी है और इसी में कलाकार का संघर्ष छिपा हुआ देखता हूँ।"[2] शमशेर का कवि व्यक्तित्व निहायत निजी है। इसका कारण यह

---

1. सम्पादक अज्ञेय : दूसरा सप्तक, पृ. 79 द्वितीय संस्करण।
2. सम्पादक अज्ञेय : दूसरा सप्तक, पृ. 80 द्वितीय संस्करण, 1970.

है कि वे आत्म-बिम्ब को वस्तुबिम्ब नहीं बना पाते। यही कारण है कि उनकी कविता अधिक निजी और दुरूह हो गयी है। इसी में वह अपने को पाता है।''[1]

"शमशेर अन्तर्दृष्टि सम्पन्न कल्पना के कवि है।''[2]

शमशेर के ऊपर कई व्यक्तियों और आन्दोलनों का प्रभाव पड़ा है जैसे—एजरा पाउण्ड, डायलन टामस, फ्रान्सीसी प्रतीकवाद, अति-यथार्थवाद आदि। 'एजरा पाउण्ड' के बारे में उन्होंने खुद लिखा है—"टेक्नीक में एजरा पाउण्ड शायद मेरा सबसे बड़ा आदर्श बना गया है।''[3] अंग्रेज कवि कीट्स और हिन्दी कवि गिरिजाकुमार माथुर जैसी सघन ऐन्द्रिकता शमशेर की कविता में पायी जाती है। इनके ऊपर उर्दू के रीतिवाद का बहुत गहरा प्रभाव है। जब वे नयी कविता लिखते हैं, तब भी रीतिवादी असर रहता था। उस प्रभाव को यहाँ देखा जा सकता है—

आह, तुम्हारे दाँतों से जो दूब के तिनके
की नोंक उस पिकनिक में चिपकी रह गयी थी,
आज तक मेरी नींद में गड़ती गयी है।[4]

इसी तरह—'ये नजाकत देखो आरिज उनके नीले पड़ गये' मैंने तो बोसा लिया था ख्वाब में तस्वीर का/ कुछ इस तरह की नाजुक मिजाजी दूब के तिनके की नोंक में हैं। छायावादी कवि पन्त और निराला का भी प्रभाव इन पर पड़ा है, परन्तु ये अपने को रीतिवादी संस्कारों से मुक्त नहीं कर सके। जिस समय कविवर शमशेर ने काव्य रचना प्रारम्भ की, वह समय छायावाद का ह्रास-काल था। अंग्रेजी का उत्तर छायावादी काव्य बच्चन के मन को सहज ही छूता था। इसी समय वे मार्क्सवाद से भी प्रभावित हुए। "शमशेर का आत्म-संघर्ष उनके मार्क्सवादी विवेक और इस उत्तर छायावादी इलियट एजरा पाउण्डवाले काव्यबोध का संघर्ष है।'' दूसरे सप्तक में वक्तव्य देते हुए शमशेर लिखते हैं—"कला का संघर्ष समाज के संघर्ष से एकदम अलग चीज नहीं हो सकती और इतिहास आज इन सघंर्षों का साथ दे रहा है। टूटते हुए मध्यवर्ग के मुझ जैसे कवि उस भेद को पाने की कोशिश में लगे हुए हैं।'' इन वक्तव्यों में शमशेर के आत्म-संघर्ष का पता चलता है। शमशेर का व्यक्तित्व एक सफल, चित्रकार का व्यक्तित्व है।

शमशेर की मूल मनोवृत्ति एक इम्प्रेशनिस्ट चित्रकार की है।''[5] जब भाषा की सीमाएँ समाप्त हो जाती हैं, तब वह रंग-रेखाओं से, कोणों के बिन्दुओं आदि में कविता

---

1. डॉ. बच्चन सिंह : आधुनिक हिन्दी साहित्य का इतिहास, पृ. 310.
2. वही
3. वही
4. डॉ. रामविलास शर्मा : नयी कविता और अस्तित्ववाद, पृ. 92.
5. मुक्तिबोध रचनावली, भाग-5.

करती हैं। कई बार तो गोंद चितेरे हुए कागज के टुकड़ों से इन्होंने अपनी कविता की पंक्तियों को सँजोया है। 'कुछ और कविताएँ' की 'ये लहरें घेर लेती हैं' शीर्षक इसका अच्छा उदाहरण है। अपनी इस विशेषता को इन्होंने स्वयं स्वीकार किया है। "बचपन से मुझे शौक था चित्रकारी का। आप यकीन मानिये कि मैं ये फैसला नहीं कर सका मुद्दतों तक, आज भी मेरे मन में यह सवाल उठता आया है कि मैं साहित्य में रहूँ, साहित्य रचना ही करूँ, कविता ही लिखूँ या चित्र बनाऊँ। रचना प्रक्रिया जो चित्र में है, वही रचना प्रक्रिया कविता में भी आयेगी।"[1] रंगों पर उनका ध्यान बहुत जाता था—

कत्थई गुलाब/ दबाये हुए हैं/
नर्म-नर्म/ केसरिया साँवलापन मानों/
शाम की/ अँगुरी रेशम की झलक।[2]

शमशेर की कविताओं में निजता, अकेलापन, वैयक्तिक संघर्ष पाया जाता है, जो उन्हें अन्तर्मुखी बनाता है। व्यक्तिगत जीवन के संघर्ष और दुःख ने कवि को गहराई से प्रभावित किया। केदारनाथ अग्रवाल शमशेर के संघर्ष पर लिखते हैं—

शमशेर मेरा दोस्त/ चलता जा रहा है अकेला/
काँधे पर लिये नदी/ मुँड पर धरे नाव/
वह उस आइन में खड़ा है मेरा दोस्त शमशेर/
उम्र कैद का अकेला अपराधी,
बाहर न निकलने के लिए दृढ़ प्रतिज्ञ/
आश्चर्य है कि वह/ ढहा नहीं/
सत्य की समाधि पर अब भी अजेय खड़ा।"[3]

केदारनाथ अग्रवाल शमशेर के प्रति अधिक संवेदनशील दीखते हैं। वह शमशेर की निजता और अकेलेपन के संघर्ष पर आश्चर्य प्रकट करते हैं। शमशेर की रचनाओं में प्रेम, मौन शब्द अधिक मुखर हुआ है, जो उनकी निजता को व्यक्त करता है। प्रेम तो जीवन की बुनियादी आवश्यकताओं में से है। शमशेर का प्रेम कहीं भी भेदभाव नहीं मानता। कवि का तो मूलमन्त्र ही यही है।"[4] शमशेर मुख्यतः प्रणय जीवन के प्रसंगबद्ध रसवादी कवि हैं। कवि को अपने अतीत से बेहद लगाव है। वह अपने प्रेममय अतीत में वापस लौट जाने के लिए कभी-कभी बाध्य हो उठता है। 'अतीत को फिर से देखेंगे' की तड़प कविता को गहरी रोमाण्टिक बेबसी से भर देती है। "लौट आ, ओ फूल की पंखुड़ी, फिर फूल में लग जा।" में अपने विगत को फिर लौटानेवाली

1. साक्षात्कार : अगस्त, 1981.
2. शमशेर बहादुर सिंह : इतने पास अपने, पृ. 15.
3. केदारनाथ अग्रवाल : फूल नहीं रंग बोलते हैं, पृ. 183.
4. मुक्तिबोध : शमशेर मेरी दृष्टि में, मुक्तिबोध रचनावली, खण्ड-5 पृ. 426.

मानसिक बेचैनी का परिचय देती है और अन्ततः कवि इस विगत स्मृति को ही सँजो लेता है। "चूमता है धूल का फूल कोई हाय।"[1]

इसी प्रकार की मार्मिक अभिव्यक्ति 'शाम और रात', 'जिन्दगी का प्यार', 'टूटती हुई बिखरी हुई शाम' 'आओ' आदि कविताओं में है। अतीत की गहरी तड़प, बेचैनी और कशिश के साथ कवि के टूटे-बिखरे अनेकानेक क्षण इन कविताओं में व्यक्त हैं। टूटी हुई, बिखरी हुई की भाव पीठिका एक ऐसे आदमी की ओर इशारा करती है, जो प्रेम में दीवानगी की लहर से गुजर गया है लेकिन प्रेम की उपेक्षाजन्य पीड़ा को शिद्दत से महसूस कर रहा है।

कबूतरों ने एक गजल गुनगुनायी
मैं समझ न सका, रदीफ काफिले क्या थे
इतना खफीफ, इतना हल्का इतना मीठा, उनका दर्द था।

कबूतरों के माध्यम से कवि अपनी पीड़ा गुनगुना रहा है। कितना संयम है, उसके इस दर्द में, कितने मनोवैज्ञानिक भाव छिपे हैं। मुक्तिबोध ने यह ठीक ही कहा है, शमशेर एक मनोवैज्ञानिक यथार्थवादी हैं। शमशेर का प्रेम गहरा है। वे प्रेम के हल्के स्तर पर नहीं उतरते। प्रेम उनके लिए निहायत एक पाक जज्बा है। ईर्ष्या के लिए उनमें कोई जगह नहीं है। प्रेम उनके व्यक्तित्व को समृद्ध बनाता है।

अगर मुझे किसी से ईर्ष्या होती तो मैं
दूसरा जन्म बार-बार हर घण्टे लेता जाता
पर मैं तो जैसे शरीर से अमर हूँ

इस तरह टूटी हुई, बिखरी हुई कविता में प्रेम की अभिव्यक्तियाँ हैं। शमशेर आम आदमी के स्वभाव एवं उसकी कमजोरियों व विकृतियों से ऊपर उठे दिखायी देते हैं। वह पूरी तरह निर्लिप्त, निश्चिन्त दिखायी देते हैं। 'आओ' शीर्षक कविता भी प्रेम और यादों से जुड़ी अनुभूति-परक कविता है। कवि इस कविता में सकून तलाश रहा है। वस्तुतः यह कविता अपनी दिवंगत पत्नी को सम्बोधित है। 1935 में उनकी पत्नी का क्षय से देहान्त हुआ था, तभी उन्होंने यह कविता लिखी—

सहसा आ सम्मुख चुपचाप
सन्ध्या की प्रतिमा-सी मौन करती प्रेमालाप
प्रेयसी नहीं, परिचिता-सी वह कौन?

वह पुनः दिवंगत पत्नी को सम्बोधित करते हुए पूछता है—

फिर क्यों मुझे (अंगों में सिमट कर अपने)
तुम भूल जाती हो/ पल में/ तुम कि हमेशा होगी/
मेरे साथ/ तुम भूल न जाओ मुझे इस तरह।

---

1. शमशेर : कुछ और कविताएँ, पृ. 120.

वे प्रेम को जीने की आवश्यकता मानते हैं। उनका प्रेम सौन्दर्य से जुड़ा हुआ है। प्रेम और सौन्दर्य का इतना अविभाज्य सम्बन्ध है कि जहाँ पर भी प्रेम की सम्भावना है, सौन्दर्य की सृष्टि स्वयमेव हो जाती है।

और पहुँचकर वहीं/ अपने प्रेम की/ बाँहों में बाँहें डाल दी
मैंने/ और उस सीमा पर खड़े हुए/ हम दोनों प्रसन्न थे/
अमर सौन्दर्य का/ कोई इशारा-सा/ एक तीर।"[1]

और जहाँ प्रेम और सौन्दर्य का मिलन होता है, वहीं विजय का प्रतीक बन जाता है। उनकी प्रणय-संवेदना समर्पित हो जानेवाला प्रेम है। वे अपनी प्रेयसी की कठोरता से कितनी बार आहत होते हैं। प्रेयसी उनका सर्वस्व है, पर वह इतनी कठोर है कि 'कल आने का वादा' भी पूरा नहीं करती—

वो कल आयेंगे वादे पर/ मगर कल देखिये कब हो?
गलत फिर हजरते-दिल/ आपका तख्मीना होना।"[2]

प्रेम और दुःख की तीव्रता से कवि मन दुःख से भर आता है, गला आँसुओं से रूँधने लगता है—

मेरी बाँसुरी है एक नाव की पतवार/ जिसके स्वर गीले हों
गये हैं/ छप-छप मेरा हृदय कर रहा है/ छप-छप छप।"[3]

प्रेम की तीव्रता इस हद तक पहुँचती है कि कवि का अहं भाव विगलित हो उठता है और कहता है—

तुम मुझसे प्रेम करो,/ जैसे मछलियाँ लहरों से करती हैं/
जिनमें वह फँसने नहीं आतीं/ जैसे हवाएँ मेरे सीने से
करती हैं/ जिसको वह गहराई तक दबा नहीं पातीं।"[4]

शमशेर ने प्रेम में ही जीवन का विश्वास पाया है। प्रेम के जिस स्वरूप को पाने की इच्छा उनके मन में है, वे पा नहीं सके हैं—

चुका भी हूँ मैं नहीं/ कहाँ किया मैंने प्रेम/ अभी
जब करूँगा प्रेम/ पिघल उठेंगे/ युगों के भूधर/
उफन उठेंगे सात सागर।"[5]

शमशेर यह मानने के लिए तैयार नहीं हैं कि वे चुक गये हैं। वे अपने काव्य कर्म के प्रति सतर्क हैं। निराला और मुक्तिबोध अपने अन्तिम काव्य में अपने सृजन के प्रति सशंकित हो उठे थे। वे जो कुछ सोचते थे, चाहते थे, सम्भवतः पूरा नहीं कर पाये

---

1. शमशेर : कुछ कविताएँ, पृ. 62.
2. वही, पृ. 90.
3. शमशेर : 'उदिता' पृ. 97.
4. शमशेर : 'कुछ कविताएँ, पृ. 52.
5. शमशेर : चुका भी हूँ नहीं मैं, पृ. 103.

थे। शमशेर का रास्ता बिल्कुल दूसरा है। उनका यह लिखना की कि, 'चुका भी हूँ मैं नहीं' काफी कुछ संकेत करता है। अपनी निजी दुनिया या जीवन के किसी पक्ष में विप्लव होने के बावजूद वे हार नहीं स्वीकारना चाहते।

उनके प्रेम का इतना विराट् और पावन स्वरूप है। उदासी, मौन, मृत्यु-बोध, एकाकीपन, विरह आदि उनकी कविता का एक रूप है। परन्तु दूसरों के लिए वे बहुत आशावादी हैं। वे अधिकतर अपने को, फिर दूसरे व्यक्ति विशेष को सम्बोधित करते हैं। उनकी कविताओं में शाम का जिक्र बार-बार होता है। मालूम पड़ता है, शाम उनकी रचना-प्रक्रिया से गहरे जुड़ी है। वे अक्सर रचना प्रक्रिया के समय उदास रहते हैं और शाम उनकी उदासी की रचना करते हुए कविता में सृजित होती है।

एक पीली शाम/ पतझर का जरा अटका हुआ पत्ता/ शान्त।[1]

सन् 1942 में अप्रकाशित 'उदिता' की भूमिका में उनका वक्तव्य द्रष्टव्य है— 'बात की पृष्ठभूमि' अपने शामों की झुरमुट में जब पश्चिम के मैले होते हुए लाल, पीले, बैगनी रंग हर चीज को लपेटकर अपने गहरे मिले-जुले धुँधलके में खोने-से लगते हैं— आपने क्या उस वक्त कभी ध्यान दिया है कि कैसे हर चीज खामोश राग में डूबने लगती है? वक्त के बहते हुए धार में ठहराव-सा महसूस होता है। इस अजीब से शान्ति के क्षण में कहीं दूर उदासी की घण्टी-सी बजती हुई सुनायी देती है।''[2]

शमशेर अपनी रचना के प्रति समर्पित चित्रकार हैं। उन्होंने जीवन के उलझे हुए सूत्रों, भाव-प्रसंगों को अपनी अभिव्यक्ति का माध्यम बनाया है। ''शमशेर मनोवैज्ञानिक यथार्थवादी कवि होते हुए भी आत्मपरक हैं। उनकी आत्मपरकता उन्हें भाव-प्रसंग भीतर उपस्थित अपनी संवेदनाओं के चित्रण के लिए बाध्य करती है।''[3] प्रेम के जितने चित्र शमशेर की रचनाओं में हैं, उतने कहीं भी दिखायी नहीं पड़ते। प्रणय-जीवन के भाव-प्रसंगों के अभ्यान्तर विविध सूक्ष्म घटनाओं के अनूठे चित्र मिलते हैं। काव्य-रचना करते हुए उन्होंने काव्याभ्यास पर बहुत बल दिया है। शमशेर की छन्द प्रियता उनका आदर्श है। ''जीवन का प्रत्येक क्षण बीते हुए वर्तमान से लयात्मक सम्बन्ध बनाये हुए है। इसी तरह कविता जीवन का स्पन्दन है, उसमें लय क्यों न हो, जरूर होना चाहिए।''[4]

शमशेर की काव्य कृतियाँ मूलतः प्रयोगवादी हैं। उन्होंने काव्य में विविध प्रयोग करते हुए समीचीन अर्थ-बोध को ही कविता का लक्ष्य माना है। इनकी काव्य-चेतना इन्हीं अर्थों में विशिष्ट है। वास्तव में सूक्ष्म संवेदनाओं की पकड़ इतनी जबरदस्त है कि सूक्ष्मता का एक छोटा तन्तु भी बच नहीं पाता है। यही बात इन्हें 'कवियों का कवि' सिद्ध करती है।

---

1. शमशेर : कुछ कविताएँ, पृ. 21.
2. शमशेर : 'उदिता' भूमिका, पृ. 102.
3. मुक्तिबोध : रचनावली, पाँचवाँ भाग, पृ. 437.
4. डॉ. जगदीश कुमार : कवितालोक पृ. 55.

नयी कविता : दृष्टि और उपलब्धि

1. प्रयोगवाद का अगला कदम

प्रगतिवाद और प्रयोगवाद के समानान्तर नयी कविता एक नयी काव्य प्रवृत्ति है। इसका स्वरूप प्रगतिवाद के ह्रास में दिखलायी पड़ने लगा था। इसे प्रयोगवाद का ही अगला कदम माना जाता है। प्रयोगवाद और नयी कविता आन्दोलन इतिहास के एक ही बिन्दु से प्रादुर्भूत हुए माने जाते हैं। प्रयोगवाद के विकास की भूमि ही नयी कविता की भी भूमि है।

वास्तव में किसी भी काव्य प्रवृत्ति का विकास आकस्मिक नहीं होता। उसके सृजन की अनेक प्रक्रियाएँ एक दूसरी से सम्पृक्त रहती हैं। कवि समाज का सबसे संवेदनशील प्राणी होता है। समकालीन जीवन की संवेदनाएँ उसे आन्दोलित करती रहती हैं। वह कविता को कल्पना की उड़ान न मानकर सामूहिक जीवन और सहचिन्तन की अभिव्यक्ति का माध्यम बनाता है। उसकी संवेदना या चेतना का यह संसार अस्तित्व, परिवेश, संस्कृति और रीति-रिवाजों के परिवर्तन के साथ-साथ, परिवर्तित होता रहता है। इस परिवर्तन में ही कविता की संरचना और शैली का परिवर्तन छिपा रहता है, जिससे काव्यजगत् में नये-नये सापेक्षिक आन्दोलन सामने आते रहते हैं।

वर्तमान युग विज्ञान और मनुष्य के शौर्य का युग है। जीवन-मृत्यु के प्रश्न अनुत्तरित रहने के बावजूद मानव जिजीविषा निरन्तर अपनी सफलता और विजय का उत्सव मना रही है और अपने ही चाहे और अनचाहे व्यूहों में फँसती जा रही है। इसके समानान्तर भीतर-ही-भीतर आदिम संस्कारों का पुंज विद्यमान रहने से आदमी की स्थिति द्वन्द्वात्मक हो गयी है। नयी कविता में इस द्वन्द्वात्मक परिणति के स्पष्ट प्रभाव दिखायी पड़ते हैं। वास्तव में नयी कविता में आधुनिकता की पूरी प्रतिष्ठा है। 'आधुनिकता' शब्द अपने आप में बहुत विस्तृत और अर्थगर्भित है। हम यहाँ पर एक सामान्य आधुनिकता की बात कर रहे हैं। सामान्यतः आधुनिकता का आरम्भ वहाँ से होता है, जहाँ मनुष्य अपने विचारों में परिवर्तन लाता है। वह पौराणिक मिथकों, सत्या-सत्य के ऊहापोहों से अपना अस्तित्व बचाकर वर्तमान जीवन में विश्वास करने लगता है और बुद्धि की शरण में आता है। तत्पश्चात् वर्तमान को, जो नाशवान है, केन्द्र बनाकर सोचने लगता है। जब उसे शान्ति का कोई विकल्प नजर नहीं आता, वह भय, द्वन्द्व, अनास्था, अविश्वास में घिर जाता है। इसी द्वन्द्वात्मकता के बीच नयी कविता आविर्भूत होती है।

"उद्दाम आवेगों के मूलतः धनी किन्तु प्रतिक्षण अपने आपको साँचे में ढालनेवाली आदमी की टूटती हुई रगों और संवेदनाओं के तन्तुओं को मुखर करनेवाली नयी कविता है।"[1] नयी कविता के प्रादुर्भाव की कोई निश्चित तिथि नहीं है। काव्यधाराओं का विकास सन्-संवतों में नहीं बाँधा जा सकता। इसका एक निश्चित कारण है। प्रायः पुरानी परम्पराओं के साथ-साथ नयी परम्पराएँ बढ़ती रहती हैं। अतः नयी कविता का बीज प्रयोगवाद में निहित है। "मतलब यह कि नयी कविता प्रयोगवादी कविता का ही क्रमिक विकास है।[2]

'नयी कविता' का नाम सर्वप्रथम अज्ञेय ने अपने एक रेडियो परिसंवाद में प्रस्तावित किया था। यह परिसंवाद प्रयोग की एक लघु पत्रिका 'नये पत्ते' में छपा था। इस पत्रिका का प्रकाशन परिमल के कुछ उत्साही सदस्य करते थे। बाद में उन्हीं में से कुछ ने 'नयी कविता' त्रैमासिक चलायी। उनमें से अधिकांश की स्थापना थी कि नयी कविता उन्हीं के द्वारा प्रवर्तित हुई, अर्थात् वे नयी कविता की प्रवृत्ति को उस प्रवृत्ति से भिन्न मानते थे, जो 'प्रयोगवाद' कहलाती थी। नयी कविता के उद्भव काल के सन्दर्भ में साहित्यकोषकार की व्याख्या उल्लेखनीय है—"ऐतिहासिक दृष्टि से नयी कविता 'दूसरा सप्तक' (1951) के बाद की कविता को कहा जा सकता है, किन्तु इस ऐतिहासिक क्रम के अतिरिक्त भी नयी कविता का वास्तविक रूप उस समय प्रतिष्ठित हुआ, जब 'दूसरा सप्तक' के बाद के कवियों ने सारी कविता को 'दूसरा सप्तक' के निकटवर्ती पाते हुए भी किन्हीं अर्थों में कुछ भिन्नता का अनुभव किया। नयी कविता मूलतः 1953 ई. में 'नये पत्ते' के प्रकाशन के साथ विकसित हुई और जगदीश गुप्त तथा रामस्वरूप चतुर्वेदी के सम्पादन में प्रकाशित होनेवाले संकलन 'नयी कविता' (1954 ई.) में सर्वप्रथम अपने समस्त प्रतिमानों के साथ प्रकाश में आयी।"[3]

प्रयोगवाद का विकसित रूप ही नयी कविता है। 'नयी कविता' प्रयोगवादी कविता का नया संस्कार है।[4]

लक्ष्मीकान्त वर्मा ने प्रयोगवाद के नये विकास को ही नयी कविता स्वीकार किया है।[5]

"नयी कविता की सीधी सहज धारा निराला से लेकर दुष्यन्त, अजित, केदारनाथ सिंह, कीर्ति चौधरी, नागार्जुन, त्रिलोचन और सिद्ध कुमार तक आती है। बीच में उस धारा से एक क्षीण धारा कट कर अलग हो जाती है और वक्र और अस्वाभाविक गति से बहती है। यही 'प्रयोगवाद' है।"

---

1. अनन्त मिश्रा : स्वातन्त्र्योत्तर हिन्दी कविता।
2. डॉ. बच्चन सिंह : आधुनिक हिन्दी साहित्य का इतिहास, पृ. 292.
3. साहित्यकोश : भाग-1, पृ. 401, 402.
4. डॉ. बच्चन सिंह : आधुनिक हिन्दी साहित्य का इतिहास, पृ. 290.
5. लक्ष्मीकान्त वर्मा : नयी कविता के प्रतिमान

"नयी कविता में स्वयं कई भाव धाराएँ हैं—एक भावधारा नहीं। इनमें से एक भावधारा में प्रगतिशील तत्त्व पर्याप्त है।"[1] स्पष्ट है कि नयी कविता विकास की स्थिति से गुजर कर अपने रूप को प्राप्त हुई है।

'नयी कविता' नाम से भी कुछ आलोचकों को आपत्ति रही है। 'नयी कविता' नाम देने का मुख्य कारण यह था कि वे कवि, वादों, प्रवादों के घेरे से निकल कर अपना विस्तार पाना चाहते थे। वे किसी घेरे में बँधना नहीं चाहते थे। "मुख्य कारण यह है कि कवि अपने को किसी वादग्रस्त शिविर में बन्द नहीं रखना चाहते थे।"[2] इस नाम के पीछे अंग्रेजी के 'न्यू पोएट्री' काव्यान्दोलन का भी प्रभाव है। नयी कविता के नाम पर विचार करते हुए डॉ. शम्भूनाथ सिंह ने लिखा है—"कुछ लोग नयी कविता के नाम पर ही यह आपत्ति करते हैं कि आज यह पुरानी कविता की तुलना में नयी है तो इसका 'नयी कविता' नाम उपयुक्त है, किन्तु कुछ दिनों बाद या कभी-न-कभी तो उसका ह्रास होगा ही और उसकी जगह दूसरी 'नयी कविता' ले लेगी, उस समय इसे किस नाम से पुकारा जायेगा। यह एक मौलिक प्रश्न है, जिसका सम्बन्ध केवल नाम से ही नहीं, उस दृष्टि बिन्दु से भी है, जिसके कारण वर्तमान कविता का नाम नयी कविता पड़ा। हिन्दी की वर्तमान आलोचना कविता को वादों के बन्धन में जकड़कर देखने की अभ्यासी है। छायावाद, रहस्यवाद, प्रगतिवाद और प्रयोगवाद के बाद कौन-सा वाद आये, यह जाने बिना जैसे उसकी गति ही अवरुद्ध हो जाती है। नयी कविता में कौन 'वाद' है, और यदि उसका कोई 'वाद' नहीं है तो वह कविता कैसी, कुछ इस तरह के विचार हिन्दी के पुराने खेमे के आलोचकों के हैं। नयी कविता नाम से उक्त अभ्यास को धक्का लगता है, जिससे वे इस पर आपत्ति करते हैं, किन्तु इन वादोंवाली बात के अतिरिक्त एक और बात भी है, जो नयी कविता नाम को सार्थक बनाती है। वह नयी कविता की नित्य नवीनीकरण की प्रवृत्ति है।

नयी कविता पर पाश्चात्य साहित्य का भी व्यापक प्रभाव पड़ा है, परन्तु इस सन्दर्भ में कवि आलोचक एक मत नहीं हैं। आचार्य नन्ददुलारे वाजपेयी मानते हैं कि—"नयी कविता में पश्चिमी अनुकरण की मात्रा आवश्यकता से अधिक है।"[3] इसके ठीक विपरीत भारतभूषण अग्रवाल का कहना है कि, "हमारा यह दावा है कि नयी कविता में कुछ भी विदेशी नहीं है।"[4] वस्तुतः प्रभाव है या नहीं है, इस तरह के दावे विशेष मनःस्थिति के बीच किये गये हैं। यह बिलकुल सत्य है कि नयी कविता पर पाश्चात्य साहित्य का प्रभाव पड़ा है। किसी भी देश के साहित्य

1. ग. मा. मुक्तिबोध : नयी कविता का आत्मसंघर्ष, पृ. 10.
2. डॉ. बच्चन सिंह : आधुनिक हिन्दी साहित्य का इतिहास, पृ. 291.
3. नन्ददुलारे वाजपेयी : नयी कविता-2, पृ. 3-4.
4. प्रसंगवश, पृ. 5.

पर दूसरे देश के समकालीन साहित्य का प्रभाव पड़ना स्वाभाविक है। इसमें सन्देह नहीं कि पाश्चात्य साहित्य के साथ-साथ यहाँ की परम्परा युद्धोत्तर साहित्य, नवलेखन का भी प्रभाव है।

पश्चिम में नवलेखन का उदय दो विश्वयुद्धों से उत्पन्न मानसिकता से हुआ। व्यापक विभीषिका का सबसे ज्यादा प्रभाव मनुष्य की आस्था पर पड़ा। आदमी का आदमी पर से विश्वास उठ गया। आदर्श छिन्न-भिन्न हो गये। मूल्य ध्वस्त हो गये। सामाजिक, मानसिक संघर्ष तथा तनाव के इन्हीं दिनों में नयी काव्य चेतना का उदय हुआ।

यूरोपीय नवलेखन का जन्म 1932 में प्रकाशित 'न्यू सिग्नेचर्स' काव्य संकलन से माना जाता है। इस संकलन के कवि थे, डब्ल्यू. एच. ऑडेन, सेसिल ले लुईस, रिचर्ड एबरहर्ट, जूलियन बेक, स्टीफेण्ड स्पेण्डर, टेसीमोण्ड आदि। इन सभी कवियों का प्रारम्भिक जीवन महायुद्ध के परिणामों से प्रभावित था। 'न्यू सिग्नेचर्स' की रचनाओं में आधुनिक जीवन के संघर्ष, तन्त्र युग के भाव-चित्र, इतिहास, दर्शन, मार्क्सवाद के प्रति रूझान, नये प्रकार की बिम्ब योजना आदि प्रकाशित थी। इसके बाद 'न्यू पोएट्री' नामक संकलन का प्रकाशन हुआ। इन दोनों संकलनों ने पश्चिम में आन्दोलन का रूप ले लिया।

उपर्युक्त कवियों के अतिरिक्त नये कवियों पर टी.एस. इलियट, एजरा पाउण्ड, ई. ई. कामिंग्स, एलेन गीन्सबर्ग आदि कवियों का विशेष प्रभाव है। नयी कविता पर पाश्चात्य साहित्य में टी. एस. इलियट का प्रभाव स्पष्ट है। 1922 में इलियट की 'द वेस्टलैण्ड' नामक कविता प्रकाशित हुई। इसमें प्रतीकात्मक रूप से यूरोपीय जीवन संस्कृति विषयक अनेक विघटनकारी तत्त्वों का चित्रण किया गया है। नयी कविता पर इसका व्यापक प्रभाव पड़ा है।

स्पष्ट है कि नयी कविता काल विकास की प्रक्रिया से गुजरते हुए अपनी अवस्था को प्राप्त हुआ है। इसके ऊपर तत्कालीन भारतीय पाश्चात्य जीवन का प्रभाव परिलक्षित होता है। इसमें सन्देह नहीं कि नयी कविता प्रयोगवाद के बाद स्वाभाविक संवेदनाओं की सफल अभिव्यक्ति है। यहाँ नयी कविता के क्षेत्र में बहुचर्चित कतिपय कवियों की काव्य प्रवृत्ति की भी समीक्षा करना उचित प्रतीत होता है।

धर्मवीर भारती

धर्मवीर भारती की कविता का युग द्वितीय विश्वयुद्ध के बाद आरम्भ होता है। यह युग दो परस्पर विरोधी मानसिकता का युग था। भारत के लिए आशा का युग है और पश्चिम यूरोप के लिए निराशा और कुण्ठा का। भारत की अन्य भाषाओं तथा हिन्दी का साहित्यिक सम्बन्ध यूरोप के साहित्य और समाज की समस्याओं से भी बना हुआ था, लेकिन साहित्यकार मूलतः भारतीय राजनीतिक और सामाजिक परिवेश से प्रभावित थे, जो वस्तुतः एक द्वन्द्व की स्थिति थी।

इसका स्पष्टीकरण हम इस प्रकार कर सकते हैं कि जहाँ द्वितीय विश्वयुद्ध में इटली, जर्मनी, फ्रान्स और इंग्लैण्ड की पराजय हुई और उनका समाज विघटन की ओर अग्रसर हुआ, उपनिवेशवाद और साम्राज्यवाद की शक्तियाँ कमजोर हुईं। सोवियत संघ और पूर्वी यूरोप के देश या समाजवादी खेमा मजबूत होकर सामने आये, जिसके कारण पश्चिम में सन्त्रास और अस्तित्व संकट की भयानक स्थिति उत्पन्न हुई। वहाँ पहले दौर में प्रयोगवादी और दूसरे दौर में अस्तित्ववादी साहित्य में अभिव्यक्ति पायी, ठीक उन्हीं दिनों अर्थात् द्वितीय विश्वयुद्ध के बाद भारत में महात्मा गाँधी और नेहरू के नेतृत्व में भारतीय स्वतन्त्रता संग्राम तेज हुआ। नया समाज, नया देश बनाने की कल्पना लोगों को उत्साहित करने लगी। भारतीयों को विभाजित भूमि मिली। इसका दुःख जनता के साथ-साथ साहित्यकारों के मन में भी था, लेकिन अपनी स्वतन्त्रता, अपना शासन, अपना संविधान और पूरे राष्ट्र की मुक्ति और नव-निर्माण का उल्लास इतना बड़ा था कि पश्चिम का आयातित अस्तित्ववाद का संकट नकल के एक झोंके की तरह आकर भारतीय साहित्य की विराटता में खो गया। जो कवि पश्चिमी सन्त्रास और अस्तित्ववाद की ओर कुछ समय के लिए आकर्षित हुए थे और उसके आधार पर उसी तरह की चीजें भारतीय जन-जीवन में खोजने लगे थे, उन्हें निराशा हुई, क्योंकि यूरोप में पराजय बोध था और भारत में विजय की भावात्मक स्थिति थी। अतः हमारे कवियों ने अपने साहित्यिक और वैचारिक सम्बन्धों के कारण कुछ समय तक पश्चिमी साहित्य के भाव-बोध, अभिव्यक्ति और सम्प्रेषण में उस ढंग के संघर्ष व सुख-दुःख को अपनी कविता का विषय बनाया, किन्तु अत्यन्त शीघ्र वे व्यापक भारतीय संस्कृति के महत्त्वपूर्ण आकर्षण केन्द्रों और जीवन सन्दर्भों की ओर आकर्षित हुए। जैसे अज्ञेय ने 'असाध्य वीणा' में कई युग के पौराणिक सन्दर्भों को समाहित किया। नरेश मेहता ने 'संशय की एक रात' में रामायण कालीन सन्दर्भों को अभिव्यक्ति दी, उसी तरह धर्मवीर भारतीय ने महाभारतकालीन सन्दर्भों को अनेक रूपों में प्रस्तुत किया और साहित्य का आकर्षण बढ़ाया। इन्हीं के माध्यम से उन्होंने आधुनिक और वर्तमान अर्थात् सम-सामयिक जीवन संघर्षों को प्रतीकों और अन्य उक्तियों, व्यंजनाओं के माध्यम से समाज के सम्मुख रखा। इस तरह धर्मवीर भारती के साहित्य में जीवन संघर्ष का आयाम बहुत विस्तृत रूप में हमारे सामने आया, जिससे हम महाभारत से लेकर सम-सामयिक जीवन की टूटती-जुड़ती शृंखला में स्थूल जीवन और सूक्ष्म जीवन या भौतिक जीवन और दार्शनिक जीवन के नानाविध संघर्षों को उत्पन्न होते, विकसित होते और जीवन को मोड़ देते तथा अन्त में जय-पराजय का रूप लेते एवं सत्य की जय और असत्य की पराजय का संकेत देखते हैं। अपनी कविताओं में कवि ने इतिहास के इन्हीं नियमों को घटनाओं और भावनाओं के माध्यम से बाँधने का प्रयत्न किया और उन्हीं में से आधुनिक जीवन के निर्माण के लिए एक जीवन दर्शन की तलाश की है।

"अपनी चरम अनुभूति और व्यापक संसार, क्षण और निरवधि काल के बीच अँधेरी राह पर कहीं एक भूमि है, जहाँ शून्य को पराजित कर हम 'रचते' हैं स्थायित्व देने के लिए और सार्थकता पाने के लिए।"[1]

यहाँ एक बड़ा प्रश्न हमारे सामने उपस्थित होता है कि भारती का जीवन मूल्य या दर्शन है क्या? उनकी कविता में जीवन मूल्य ढूँढ़ने के पहले उनके राजनीतिक विचारों की ओर मुड़ना होगा। धर्मवीर भारती, विजयदेव नारायण शाही, कुँवर नारायण, रघुवीर सहाय, श्रीकान्त वर्मा आदि युवा अवस्था से ही भारतीय समाजवादी आन्दोलन के साथ जुड़े हुए थे। भारतीय समाजवादी आन्दोलन की सबसे बड़ी विशेषता यह थी कि उसने यूरोप में क्रान्ति के पथ से भी सामाजिक नव-निर्माण का समर्थन किया था, वहीं भारत में महात्मा गाँधी, आचार्य नरेन्द्र देव, जयप्रकाश नारायण और कुछ हद तक पण्डित नेहरू के प्रभाव ने भारत में पूर्णतः अहिंसात्मक और लोकतान्त्रिक ढंग से भारतीय समाजवाद का दर्शन दिया। सामाजिक द्वन्द्व तथा वर्ग संघर्ष के पक्षधर आचार्य नरेन्द्र देव जैसे भारतीय समाजवादियों ने गौतम बुद्ध की करुणा और 'बहुजन हिताय बहुजन सुखाय' के जीवन मूल्य को भी अपनाया और पश्चिम से आये समाजवाद को एक बड़ी व्यापकता दी। स्मरण रहे कि गौतम बुद्ध भी समाजवादियों की तरह भौतिकवादी थे। अतः दार्शनिक धरातल पर पश्चिमी और भारतीय दर्शन में अद्भुत सामंजस्य दिखायी पड़ा, तो समाजवादी आन्दोलन नये सामाजिक संघर्ष और पुनर्रचना की दृष्टि से उपयोगी प्रतीत हुआ। अतः धर्मवीर भारती का एक कवि और चिन्तक के रूप में मुख्य दर्शन 'समाजवाद' का दर्शन है। यह वैज्ञानिक समाजवाद या साम्यवाद के दर्शन से भिन्न है, क्योंकि साम्यवाद जहाँ एक अन्तरराष्ट्रवाद या एक विश्वसमाज की मान्यता को लेकर सामाजिक संघर्ष को प्रोत्साहित कर रहा था, वहीं भारतीय समाजवाद ने राष्ट्रीयता को और सांस्कृतिक विभेद को अनिवार्य माना है।

आरम्भ में जयप्रकाश नारायण और नरेन्द्र देव के प्रभाव से यह कल्पना की गयी थी कि भारत में अत्यन्त शीघ्र जनता समाजवाद को अपनायेगी, समाजवादी सरकार बनायेगी और इसके माध्यम से एक सुखमय समाजवादी समाज का निर्माण किया जायगा, इसीलिए भारतीय संविधान में भी समाजवाद का लक्ष्य उल्लिखित किया गया। लेकिन 1952 के प्रथम निर्वाचन के बाद भारत का समाजवादी आन्दोलन छिन्न-भिन्न हो गया। उससे धर्मवीर भारतीय और अन्य साहित्यकार बड़े खिन्न थे, तब भी जयप्रकाश और राममनोहर लोहिया के नेतृत्व में समाजवादी बुद्धिजीवी अपने सामाजिक संघर्ष में साहित्य और रचना के माध्यम से लगे रहे। इन समाजवादियों ने प्रगतिवादियों की तरह जीवन को मोड़ देने के लिए उपदेशात्मक वृत्ति नहीं अपनायी या बहुत कम अपनायी। इसी कारण कविता के क्षेत्र में धर्मवीर भारती ने इतिहास, संस्कृति, युद्ध, चरित्र-चित्रण, व्यक्तित्व निरूपण, सामाजिक विश्लेषण, यौवन, सौन्दर्य निरूपण, प्रेम,

1. भारती : सात गीत वर्ष भूमिका, पृ. 13.

प्रकृति-चित्रण, काम इत्यादि विविध विषयों की अभिव्यक्ति में भी बिम्ब, प्रतीक, व्यंजना, मुहावरा, मिथक या सन्दर्भ के माध्यम से जीवन संघर्षों का ही चित्रण किया है। उनकी मुक्त भावनाएँ या मुक्त अभिव्यक्तियाँ ऊपर से निरपेक्ष दिखायी पड़ने पर भी पूर्वा पर कहीं-न-कहीं करुणा, बहुजनहिताय वर्ग संघर्ष और समाजवादी नव-निर्माण के मूल्यों से विरत नहीं। जब तक हम धर्मवीर भारती के इन सामाजिक मूल्यों को अपने दृष्टिपथ पर नहीं रखेंगे, तब तक उनकी रचनाओं का सम्यक् मूल्यांकन सम्भव नहीं हो सकेगा।

अपने इन्हीं राजनीतिक विचारों और सामाजिक दर्शन के आलोक में भारती ने हमारे समाज और जीवन की समस्याओं को देखा और अपनी रचनाओं में उन्हीं सन्दर्भों को चित्रित करने का प्रयत्न किया। उनका स्पष्ट मत है कि हमारा समाज वर्गों से निर्मित है, जिसके घटक शोषण और शोषित हैं। शोषित वर्ग अपनी मुक्ति के लिए युगों से छटपटा रहा है। संघर्ष भी कर रहा है। लेकिन सामाजिक मुक्ति सुगम नहीं है। क्षण भर के प्रेम या सौन्दर्य के आह्लाद से वह भावात्मक मुक्ति का अनुभव करता है। वह क्षण उसके जीवन का चरम आह्लाद बन जाता है, किन्तु उस आह्लाद की स्थिति में भी उसके द्वन्द्व संघर्ष की वास्तविकता मिटती नहीं। मनुष्य की जिजीविषा और मुक्ति की आकांक्षा इतनी शक्तिशाली होती है कि वह जीवन के एक प्रस्थान बिन्दु से दूसरे और दूसरे प्रस्थान बिन्दु से अगले प्रस्थान बिन्दु पर कहीं-न-कहीं किसी-न-किसी रूप में किसी माध्यम से लड़ता हुआ दिखायी पड़ता है। मुक्ति और परिवर्तन के लिए वह अग्रसर होता रहा है। इसी चिन्तनधारा को उन्होंने अपनी कविता 'सात गीत वर्ष' में युवावस्था के सहज भावात्मक वेग को काम, प्रेम और सहज सौन्दर्य-बोध में चित्रित किया है। इस विषय की कविताएँ जहाँ एक ओर सहज रोमांस को चित्रित करती हैं, मनुष्य की ऊर्जा और उसकी चेतना को अभिव्यक्ति देती हैं, शेष सृष्टि के साथ उसके रागात्मक सम्बन्ध को स्थापित करती हैं, मनुष्य में सोयी अनन्त शक्तियों को जागृत करती हैं और एकान्तिक संसार में शारीरिक सम्बन्धों के माध्यम से भावात्मक कल्पनाशील, रंगोमय सुखद संसार की सृष्टि करती हैं, वहीं उसी रागात्मक वृत्ति के आधार पर इतर मनुष्य समाज, देश और मानवता की ओर उसे अग्रसर करती है। अंग्रेजी में शेली, कीट्स, वर्ड्सवर्थ की कविताएँ जो कभी नितान्त व्यक्तिगत कविताएँ मानी जाती थीं या हिन्दी छायावादी कवियों की इस प्रकार की कविताएँ पलायनवादी या सीमित परिक्षेत्र की या समाज से विमुख मानी जाती थीं, उन्हीं कविताओं में अब व्यापक अध्ययन और समीक्षा के कारण विश्व प्रेम, मानव प्रेम तथा परिवर्तन और क्रान्ति का सन्देश खोजा जा रहा है। भारती की प्रेम और सौन्दर्य सम्बन्धी कविताओं में हम उस तरह के परिवेश और व्यापक जीवन आयाम को देख सकते हैं क्योंकि कवि अपने जीवन या साहित्य में नितान्त व्यक्तिवादी नहीं रहा। वह हर कविता में किसी-न-किसी रूप में इतर जगत् से जुड़ता है, संघर्षों का सन्देश देता है, उसके उतार-

चढ़ाव को चित्रित करता है, संघर्षरत् मनुष्यों की दुर्दमनीयता को देखने की चेष्टा करता है। इसलिए हमें सात गीत वर्ष की कविताओं को उसी तरह देखना चाहिए, जिस तरह कीट्स शेली की कविताएँ देखी जाती हैं।

हमें इन कविताओं को भावना या संवेग या यौवन के क्षणिक प्रवाह के रूप में ही नहीं देखना चाहिए, उनमें हमें बौद्धिक सूझ-बूझ और आधुनिक चेतना की विशेषताओं को भी देखना चाहिए। कवि ने अपनी अभिव्यक्तियों के लिए कल्पना के प्राचीन वायवीय उपमानों के स्थान पर गाँव और नगर के जीवन से सम्बद्ध अनेक यथार्थवादी उपमान प्रस्तुत कर हमें रोमाण्टिक कविताओं के माध्यम से जीवन के यथार्थ से जोड़ा है तो दूसरी ओर परिवर्तनकारी सिद्धान्त के आलोक में उन्हीं रोमाण्टिक कविताओं में परिवर्तन और संघर्ष के नये तर्क भी दिये हैं। कविता को जीवन के व्यापक धरातल पर प्रस्तुत करने का प्रयत्न किया है।

तुम क्या जानोगे ओ प्रभु/
संघर्षों के ही अभ्यासी ये प्राण/ हो जाते कितने बेचैन/
छिन जाते हमसे जब शस्त्र/छिन जाते ईमान/[1]

'पराजित पीढ़ी' शीर्षक से लिखी गयी उपर्युक्त कविता अपने आप में जीवन संघर्षों को व्यक्त कर रही है। शीर्षक से ही स्पष्ट है कि समाज वर्गों में विभाजित हो गया है। यहाँ व्यक्ति पराजित नहीं हो रहा है, बल्कि पूरी पीढ़ी पराजित हो रही है। प्रभु शब्द शोषक वर्ग के लिए प्रयुक्त किया गया है, जिससे पूरा समाज लड़ रहा है। लड़ाई भी ऐसी है कि गरीब, असहाय, मजदूर, किसान, जिसके पास लड़ने के लिए कोई शस्त्र नहीं है, प्रभु वर्ग से निशस्त्र लड़ाई कर रहे हैं और यह लड़ाई इनकी नियति बन गयी है। प्रेमचन्द के 'गोदान' में 'होरी' की भी यही समस्या थी। वह आजीवन पूँजीपति वर्ग की गुलामी, जी-हुजूरी करता रहा। गोदान करने के लिए भी उसके पास पैसे नहीं थे। वह नियति की भट्ठी में पिसकर मर गया। इस संघर्ष और पीड़ा की स्थिति में व्यक्ति अपना ईमान भी बेच देता है। असहायता के सिवाय उसके पास कुछ भी नहीं रह जाता। भारती की 'कस्बे की शाम' नामक कविता में इसी से मिलते-जुलते सन्दर्भ चित्रित हैं। भारतीय किसान और मजदूर अपनी यातनाओं से ऊबकर, गाँव-कस्बा छोड़कर एक नया जीवन और एक नया संसार पाने के लिए महानगरों या उद्योग केन्द्रों की ओर भागते हैं, भटकते हैं और कल्पना करते हैं कि विज्ञान की नित नयी उपलब्धियों के चलते शायद उन्हें मुक्ति मिले, उनकी आकांक्षा का संसार मिले, किन्तु वहाँ भी वही तनाव-घुटन है। वे पाते हैं कि जिस तरह गाँव-कस्बों में उनका जीवन रौंद दिया गया है, उसी तरह उद्योग केन्द्रों या महानगरों में वे उससे भी अधिक जर्जर और उत्पीड़ित हैं। धन-दौलत की नगरियों में मनुष्य का इतना अवमूल्यन हो गया है कि उसकी अस्मिता नहीं रह गयी। वहाँ उसका अपना कोई नहीं है। इस पूँजीवादी

1. धर्मवीर भारती : सात गीत वर्ष, पृ. 44.

उद्योग केन्द्र की सभ्यता की तुलना में गाँव की सामन्तवादी संस्कृति कहीं श्रेष्ठ थी। इसका यह तात्पर्य न समझा जाय कि कवि सामन्तवाद से पूँजीवाद को अच्छा मानता है। इसका मतलब है, पूँजीवाद में सभ्यता का विकास अवश्य हुआ, किन्तु मनुष्य का संकट घटने के बदले बढ़ता गया। धीरे-धीरे वह सीधे संघर्षों में हारा। पराजित मन में पुनः क्षण भर की मुक्ति के लिए अतीत की ओर अर्थात् गाँव और कस्बे की ओर लौट जाने की भावनाएँ जागीं। वह अनुभव करने लगा :

लगता है/ इन पिछले वर्षों में/ सच्चे झूठे, मीठे, कड़वे
संघर्षों में/ इस घर की छाया भी छूट गयी अनजाने/
जो अब झुक कर मेरे सिरहाने/ कहती है/ भटको बे बात
कहीं/ लौटोगे अपनी हर यात्रा के बाद यहीं/
धीरे-धीरे उतरी शाम।[1]

इतिहास और समाज विकास की व्याख्या करते हुए कवि ने लिखा है कि चेतना के अभाव में सामाजिक संरचना की विशेषताओं के प्रति अपनी अज्ञानता के कारण लम्बे युग से नाना प्रकार के संशय अर्थात् धर्म, ईश्वर, प्रभु, पुस्तक, महापुरुष, दैवी चमत्कार, अध्यात्म, स्वर्ग-नरक, कोप, मुल्ला, सन्त, भिक्षु इत्यादि के कारण मनुष्य युग-युग से भटकता हुआ अपनी यातना की बेड़ियों को गढ़ रहा है। यही मानव इतिहास का एक अन्धा निश्चय है। यहाँ अन्धा से तात्पर्य है, वैज्ञानिक ज्ञान और प्रमाण का अभाव। हमारे बन्धन का कारण है कवि की आकुल प्रतिभा अर्थात् उसकी बेचैन चिन्तनधारा, जो वर्तमान सामाजिक जीवन की त्रासदी को समाप्त करने के लिए किसी समतल मार्ग की तलाश कर रही है व सामाजिक परिवर्तन के लिए अत्यन्त व्याकुल है। श्रेष्ठ मूल्यों को जीवन में तत्काल उतारना चाहता है, यही उसकी मूल्यवत्ता है। कवि के शब्दों में—

भटके हुए व्यक्ति का संशय/ इतिहासों का अन्धा
निश्चय/ ये दोनों जिसमें पा आश्रय/ बन जायेंगे सार्थक
समतल/ ऐसे किसी अनागत पथ का/ पावन माध्यम भर है/
मेरी आकुल प्रतिभा/ अर्पित रसना/ गैरिक वसना मेरी वाणी।[2]

'ठण्डा लोहा' की भूमिका में भारती ने लिखा है—"कैशोरावस्था के प्रणय, रूपाशक्ति और आकुल निराशा से एक पावन आत्मसमर्पणमयी वैष्णव भावना और उसके माध्यम से अपने मन के अहम् का शमन कर अपने से बाहर की व्यापक सच्चाई को हृदयंगम करते हुए संकीर्णताओं और कट्टरता से ऊपर एक जनवादी भावभूमि की खोज मेरी इस छन्दयात्रा के यही प्रमुख मोड़ रहे हैं। मैं अपना पथ बना रहा हूँ। जिन्दगी से अलग रहकर नहीं, जिन्दगी के संघर्षों को झेलता हुआ उसके दुःख-दर्द में एक

---

1. धर्मवीर भारती : सात गीत वर्ष, पृ. 62.
2. धर्मवीर भारती : सात गीत वर्ष, पृ. 53.

गम्भीर अर्थ ढूँढ़ता हुआ और उस अर्थ के सहारे अपने को जनव्यापी सच्चाई के प्रति अर्पित करने का प्रयास करता हुआ, जिससे विराट् जीवन, उसका सुख-दुःख उसकी प्रगति और उसका अर्थ व्यक्त हो सके। यही मेरी कविता की सार्थकता होगी।''[1] 'ठण्डा लोहा' एक प्रतीकात्मक शब्द है, सामाजिक संघर्षों के चित्रण और इतिहास की व्याख्या के सन्दर्भ में कवि पाता है कि उसके मन को जितनी क्रान्ति करनी चाहिए, उतनी क्रान्ति नहीं करता। उसका मन गरम लोहा नहीं बनता और उसी के मन की तरह आस-पास का समाज भी पाता है कि औरों का भी मन ठण्डे लोहे की तरह बनकर निष्क्रिय हो गया है। तब नये जीवन के निर्माण की यात्रा कैसे होगी, जब कि निर्माण के लिए लोहे का गरम होना आवश्यक है। मुहावरे में गरम लोहा क्रान्ति का और ठण्डा लोहा सुषुप्ति का प्रतीक माना जाता है। इस तरह के संशय और निराशा के क्षणों में लिखी कविता को कवि ने ठण्डा लोहा में रखा है, लेकिन कवि अपना पथ बनाने की चेष्टा करता रहता है। कवि के शब्दों में—

अगर जिन्दगी की काश में/
कभी छटपटा कर मुझको आवाज लगाओ/
और न कोई उत्तर पाओ/
यही समझना कोई इसको धीरे-धीरे निगल चुका है/
इस बस्ती में कोई दीप जलानेवाला नहीं बचा है/
सूरज और सितारे ठण्डे/ राहें सूनी/ शीश झुकाये/
खड़ी मौन हैं/ बचा कौन/ठण्डा लोहा/ ठण्डा लोहा/ ठण्डा लोहा।/[2]

'कनु प्रिया' भारती की एक लोकप्रिय रचना है। कवि ने इसमें द्वापर के अनेक मिथकों को चित्रित कर आज के जीवन की व्याख्या की है। कृष्ण और राधा भी वहाँ प्रतीक पात्र हैं। कृष्ण थके, हारे, निराश मन का प्रतीक है और राधा अत्यन्त सहनशीलता, ममता, प्रेम, करुणा और नारी की उदात्तता तथा महिमा का प्रतीक है। कवि ने राधा के चित्रण में कामायनी की श्रद्धा के कुछ बिम्बों को उतारने और जीवन की अपेक्षाओं के अनुरूप यत्र-तत्र उसका विकास करने का प्रयत्न किया है। इसमें जहाँ एक ओर पौराणिक मिथकों के सन्दर्भ हैं, वहीं दूसरी ओर जीवन की मनोवैज्ञानिक व्याख्या भी है। सबसे बड़ी बात यह है कि जहाँ विज्ञान ने मनुष्य को पुरातन या प्राचीनता के प्रति संशय के घेरे में पहुँचा दिया, वहीं धर्मवीर भारती ने बड़े कौशल से पौराणिक कथानकों की आधुनिक वैज्ञानिक मानदण्डों के आधार पर व्याख्या कर नये जीवन सन्दर्भों में प्रस्तुत किया है।

इसके अतिरिक्त सबसे बड़ी बात यह है कि इन्हीं दिनों भारत और विश्व में नारी मुक्ति का एक नया आन्दोलन चला। रोमाण्टिसिज्म या छायावाद के युग में नारी मुक्ति

1. धर्मवीर भारती : ठण्डा लोहा, भूमिका।
2. धर्मवीर भारती : ठण्डा लोहा, भूमिका पृ. 9.

आन्दोलन वास्तव में भावात्मक था, जहाँ उसे प्रेम और सौन्दर्य की देवी, उपासना की वस्तु, पुरुष की कोमल कामना का लक्ष्य और प्रकृति के वरदान के रूप में चित्रित किया गया था। उस नारी महिमा में यथार्थ कम भावुकता अधिक थी। जो काम शेली और कीट्स ने किया, वही काम प्रसाद और पन्त ने भी किया। नारी की वेदना का चित्रण करने के पश्चात् महादेवी भी नारी मुक्ति की स्पष्ट सीमा रेखा निर्धारित नहीं कर सकीं। द्वितीय विश्व युद्ध के बाद पश्चिम में नारी भी घर से बाहर कार्यालयों, कारखानों या जीवन के अन्य क्षेत्र में ठीक पुरुष की तरह आ गयी, किन्तु उसके बन्धन में कोई कमी नहीं रही। उसके शोषण के तौर-तरीकों में और विकास हो गया। सेक्स की दृष्टि से अभी भी नारी एक सीमा से बँधी रह गयी। वास्तविक सामाजिक सम्मान उसे नहीं मिला। व्यक्ति और समाज के जीवन में उसकी महत्ता उभर कर नहीं आयी। पुनः औद्योगिक मुक्ति का एक नया आन्दोलन पश्चिम में खड़ा हुआ। भारती ने नारी को नये रूप में देखा। भावुकता के आधार पर नहीं, वैज्ञानिक चेतना के आधार पर। कवि ने कनु प्रिया में राधा को प्राचीन और आधुनिक श्रेष्ठ नारी मूल्यों से सम्पृक्त करने का प्रयास किया है। वह चाहता है, भारत में नारी को अपनी मुक्ति के लिए भी सामाजिक प्राणी के रूप में देखा जाय। उसे पुरुष की शक्ति के रूप में देखा जाय। कवि ने नारी को प्रेम की देवी, समाज की शक्ति और संवेगों के सन्तुलन का आधार-तीनों रूपों में देखा।

कनु प्रिया में आज के आधुनिक नारी मन की व्यथा, शंका, पीड़ा, उधेड़बुन, विवशता और घुटन के साथ-साथ तर्क-वितर्क पूर्ण स्वतन्त्र विचारों का पूर्ण निरूपण किया गया है। कवि की ऐसी मान्यता है कि आज के युग में निःसन्देह हमारे पुराने मूल्य टूटे हैं, परिवर्तित हुए हैं। पाश्चात्य सम्पर्क के कारण नारी में जागृति आयी है। वह अपने अधिकारों, कर्त्तव्यों को समझने लगी है। नवीन सांस्कृतिक जागरण के कारण ही विधवा विवाह, मुक्त भोग, विवाह-मुक्त जैसी प्रणालियों के संघर्ष को स्वीकारा है, लेकिन नारी का हृदय आज भी यथावत् है। आज भी वह पुरुष की अपेक्षा उदार, त्यागी और सदाशया है। 'कनु प्रिया' नारी यानी राधा आधुनिक नारी के सदाशयी भावाकुल रूप को उजागर करती है। वह स्वयं स्वीकार करती है, लेकिन वह क्या करे, जिसने अपने मन से जीवन जिया है। तन्मयता के क्षणों में डूबकर सार्थकता पायी है और अब उद्घोषित महानताओं से अभिभूत और आतंकित नहीं होती। वह चाहती है कि उसी सहज की कसौटी पर समस्त को कसे। इस तरह के भाव को लेकर कनु प्रिया अर्थात् राधा अपने कर्मक्षेत्र में अवतरित है। श्री कृष्ण महाभारत के सृजनकर्त्ता बन कर चले गये। राधा कृष्ण के बिना अत्यन्त अकेली रह जाती है। इसी अकेलेपन में वह स्वयं की कसौटी पर समस्त को कसना चाहती है। जिस कनु को वह तन-मन से प्रेम करती है, उनके साथ उसने तन्मयता के क्षणों में सार्थकता अनुभव की है, उसे वह कैसे भुलाये? पुरुष की अपेक्षा नारी हृदय

अत्यन्त ही कोमल होता है। कृष्ण को भुलाना उसके लिए दुसाध्य है। यही कारण है कि जिस कसौटी पर वह कृष्ण की महानताओं से अभिभूत और आतंकित न होकर समस्त को कसना चाहती है, उसकी उपलब्धि क्या है—केवल मैं, तन और स्मृति। निराशा, व्यथा, भ्रम और संशयग्रस्त नारी मन को कवि ने राधा के अन्तर्मन से प्रकट कर दिया। राधा आज की नारी के प्रतीक रूप में उपस्थित है। आज नारी स्वयं को आरक्षित निरर्थक, निर्जीव-सा अनुभूत करती है। उसे अपना प्रेम आस्था, मूल्य सर्प की केंचुली के समान प्रतीत होता है। जिस पुरुष की चन्दन बाहों में लिपटकर समा जाने की अदम्य आकांक्षा उसे एक अज्ञात भय, अपरिचित संशय, आग्रह भरे सोपान तथा उदासी के क्षणों में भी ऊर्जा प्रदान करती रही, वही पुरुष कालान्तर में उसे पौरुषहीन लगने लगा। पुरुष की इसी पुरुषहीनता से आज नारी खिन्न है—

अक्सर आकाश गंगा के/
सुनसान किनारों पर खड़े होकर/
जब मैंने अथाह शून्य में/
अनन्त प्रदीप्त सूर्यों को/
कोहरे की गुफाओं में पंख टूटे/
जुगनुँओं की तरह रेंगते देखा है/
तो मैं भयभीत होकर लौट आयी हूँ।[1]

राधा कृष्ण के स्वधर्म, निर्णय, दायित्व आदि को नितान्त अर्थहीन घोषित करती है। भारती स्त्री और पुरुष दोनों को समान धरातल पर देखना चाहते हैं। कृष्ण जब राधा को छोड़कर युद्ध के लिए चले जाते हैं। राधा प्रेम में अनन्त जीवन की पगडण्डी पर खड़ी होकर इन्तजार करती है और प्रश्न करती है—

सुनो मेरे प्यार/
प्रगाढ़ के क्षणों में अपनी अन्तरंग/
सखी को तुमने बाहों में गूँथा/
पर इतिहास में गूँथने से हिचक क्यों गये प्रभु।[2]

प्रेम की घनीभूत स्थिति में उसके मन में तरह-तरह के प्रश्न उठते हैं। नारी सहज मन। इतिहासों का अर्थ नहीं समझता, वह तो सीधे अपने प्रियतम से तादात्म्य चाहता है—

आस-पास जाने कितना है/
तुम्हारे इतिहास का वर्तुल जिसका
कुछ अर्थ मुझे समझ नहीं आता है।[3]

---

1. धर्मवीर भारती : कनुप्रिया, पृ. 46.
2. धर्मवीर भारती : कनुप्रिया, पृ. 78.
3. धर्मवीर भारती : कनुप्रिया, पृ. 70.

'अन्धा युग' पर जब हम दार्शनिक दृष्टि से विचार करते हैं तो यह एक बड़ा प्रश्न खड़ा होता है कि जिस युग में व्यास जैसे महापण्डित हुए, कृष्ण जैसे ज्ञानी हुए और युधिष्ठिर जैसे विवेक सम्पन्न धर्मपुत्र हुए। गीता जैसा दर्शन का अद्वितीय ग्रन्थ लिखा गया, कवि ने उस युग को अन्धा युग क्यों कहा? यह अन्धा युग एक मिथक, प्रतीक है। यह मनुष्य के मन से उत्पन्न होता है। हम अपनी क्षुद्र भावनाओं, काम और अर्थ की भावनाओं से दुष्प्रेरित होकर जब प्रकृति के नियमों को दुत्कारने लगते हैं तो ज्ञानियों और पण्डितों के रहने पर भी, श्रेष्ठ ग्रन्थों और दर्शन के रहने पर भी अज्ञात विनाश के गर्त में प्रवेश कर जाते हैं और पीढ़ियों द्वारा बनायी गयी सृष्टि मानव मूल्यों को विकसित करने के बदले उन्हें नष्ट-भ्रष्ट कर देते हैं। आँख न रहने पर धृतराष्ट्र को दिखायी नहीं पड़ता लेकिन तब भी वह राष्ट्र, सम्पत्ति, परिवार, पुत्र-स्वार्थ को पकड़कर रख लेना चाहता है। वह मन और विवेक से भी अन्धा है। क्या धृतराष्ट्र के लिए यह सम्भव है कि वह समाज विकास और प्रकृति के नियम को भंग कर दे? परिणामस्वरूप उसका सर्वनाश होता है। भीष्म पितामह को आँखें हैं। वे पूज्य और सम्मानित हैं। द्रोणाचार्य ज्ञानी गुरु हैं। इन्हें सत्य दिखायी पड़ता है। लेकिन वे अन्धे हैं। बहुत कुछ नहीं देखते, यहाँ तक कि द्रौपदी का चीरहरण भी नहीं देखते। इसी तरह धनुर्धर अर्जुन रणक्षेत्र में जाकर आँख रहते हुए अन्धा बन जाता है। उसे शत्रु और मित्र, सत्य और असत्य का भेद दिखायी नहीं पड़ता। वह भी अन्धत्व में जा पहुँचता है। यह अन्धा युग केवल द्वापर या महाभारत काल में ही नहीं आया, इसके विनाशकारी परिणाम उसी युग ने नहीं झेले, वरन् उस तरह का अन्धा युग बार-बार आता है। आज भी हम अन्धा युग में रहते हैं। महत्त्वपूर्ण प्रश्न है, उस अन्धा युग में कृष्ण जैसा ज्ञानी योगेश्वर मिला, जिसने मार्ग प्रशस्त किया, लेकिन आज हमारा कृष्ण, हमारा मार्ग कहाँ है? कवि ने इसी कृष्ण और मार्ग की तलाश करने के लिए 'अन्धा युग' की रचना की है। उसने प्रस्तावना में लिखा है—"पर एक नशा होता है—अन्धकार के गरजते महानगर की चुनौती स्वीकार करने का, पर्वताकार लहरों से खाली हाथ जूझने का, अनमापी गहराइयों में उतरते जाने का, फिर अपने को सारे खतरों से बचाकर, धरातल तक ले आने का।"[1]

अन्धा युग के पात्र ऐतिहासिक पौराणिक होते हुए भी विशिष्ट अन्तर्प्रवृत्तियों के प्रतीक के रूप में सामने आये हैं, जो आज के मानव का अर्थपूर्ण काव्य बन गये हैं—

उस दिन से जो अन्धा युग अवतरित हुआ जग पर/
बीतता नहीं वह रह-रह कर दोहराता है/
हर क्षण होती है, प्रभु की मृत्यु कहीं-न-कहीं/
हर क्षण अँधियारा गहरा होता जाता है/
हम सबके मन में गहरा उतर गया है युग/
अँधियारा है/ अश्वत्थामा है/ संजय है/

1. धर्मवीर भारती : अन्धा युग।

है दास-वृत्ति उन दोनों वृद्ध प्रहरियों की/
अन्धा संशय है, लज्जाजनक पराजय है।

कहने का तात्पर्य यह है कि महाभारतकालीन समाज में जो अँधियारा व्याप्त था, वह आज भी व्याप्त है, उसका रूप अब और भी गहरा होता जा रहा है। हर समय कहीं-न-कहीं सत्य की मृत्यु हो रही है। आज भी हमारे समाज में दासत्व की प्रवृत्ति है, जो संजय, अश्वत्थामा, धृतराष्ट्र आदि के अन्धत्व के रूप में समाज की आँखें नहीं खुलने देती। इन परिस्थितियों में भी कवि के मन में आशा का एक बीज विद्यमान है, जो संघर्ष कर नव-सृजन करने के लिए आगे बढ़ाता है—

पर एक तत्त्व है, बीज स्थित मन में/
साहस में, स्वतन्त्रता में/ नूतन सर्जन में/
वह है निरपेक्ष उतरता है पर जीवन में/
दायित्व मुक्त, मर्यादित, मुक्त आचरण में/
उतना जो अंश हमारे मन का है/
वह अर्द्ध-सत्य से, ब्रह्मास्त्रों के भय से/
मानव-भविष्य को हरदम रहे बचाता/
अन्धे संशय, दासता, पराजय से।[1]

पौराणिक मिथक और आधुनिक युग के समन्वित मन्थन से यहाँ कवि ने ऐसे ही सत्य की तलाश के लिए संघर्ष किया, जो महाभारत काल से लेकर वर्तमान काल तक साझा है। हम कह सकते हैं कि मानव प्रकृति का ही साझा सत्य है। कवि जिस सत्य की तलाश कर रहा है, उसका मुख्य लक्ष्य मूल्यबोध की पहचान को सुरक्षित करने हेतु 'अन्धों के माध्यम से ज्योति की कथा' कहना है। "कुण्ठा, निराशा, रक्तपात, प्रतिशोध, विकृति, कुरूपता, अन्धापन इनसे हिचकिचाना क्या, इन्हीं में तो सत्य के दुर्लभ कण छिपे हुए हैं।"[2]

इसी तरह हम देखते हैं, आधुनिक जीवन सन्दर्भों, सामाजिक और राष्ट्रीय समस्याओं, गाँव और नगर में रहनेवाले भारतीयों की समस्याओं, किसानों और मजदूरों की समस्याओं, शोषित वर्ग की समस्याओं, मुक्तिकामी वर्ग की संघर्ष यात्रा में निरन्तर मिल रही असमानता और पराजय की समस्याओं, पौराणिक और ऐतिहासिक सन्दर्भों में यथावत् मिलनेवाली आधुनिक पीड़ित जनों की समकक्ष समस्याओं और द्वन्द्वों में भारती जिस तरह जीवन की व्याख्या कर अपनी कविता में भावाभिव्यक्ति करते हैं, वह निश्चय ही इस बात का प्रमाण है कि उन्होंने केवल कविता के साथ ही नहीं, बल्कि भारतीय समाज की वर्तमान अपेक्षाओं के साथ पूरा न्याय किया है। भारती का रचना

---

1. धर्मवीर भारती : अन्धा युग।
2. धर्मवीर भारती : अन्धा युग, भूमिका।

संघर्ष सम्पूर्ण मानव जाति के मूल्यों का संघर्ष है। इनकी कविता अत्यन्त सहज और सरल होते हुए भी रचना के धरातल पर उसकी प्रक्रिया अत्यन्त विस्तृत है। कविता के मूल में एक व्यापक जीवन दर्शन छिपा है, जो मानवता के संघर्ष को व्यक्त करता है।

रघुवीर सहाय

रघुवीर सहाय की रचना और व्यक्तित्व त्रिगुणात्मक है। कवि, पत्रकार, विचारक—ये तीनों गुण कवि के व्यक्तित्व में समाहित हैं। हिन्दी कविता की आधुनिक प्रवृत्ति और शैली के श्रेष्ठ कवि रघुवीर सहाय का जन्म लखनऊ में 9 दिसम्बर, 1929 को हुआ। वे प्रतिभाशाली विद्यार्थी थे। 1951 में अंग्रेजी साहित्य से एम.ए. (लखनऊ) किया। फिर हिन्दी साहित्य में आये। जीविका और सृजन के लिए 'नवजीवन' दैनिक में पत्रकारिता तथा आकाशवाणी में प्रसारण सेवा की, किन्तु उसी वर्ष अज्ञेय के बुलाने पर वे दिल्ली चले गये तथा उनके द्वारा सम्पादित मासिक पत्र 'प्रतीक' में सहायक सम्पादक बने। इन्हीं दिनों डॉ. रामविलास शर्मा साम्यवादी 'नया पथ' का सम्पादन सँभाल रहे थे। राजनीति के क्षेत्र में जिस तरह साम्यवादी और समाजवादियों के परस्पर विरोधी खेमें बन चुके थे, उसी तरह साहित्य में भी प्रगतिवादियों और उनके विरोधी खेमे कार्यरत थे। द्वितीय विश्वयुद्ध के परिणामस्वरूप साम्राज्यवादी देशों और लूट के महाभोज के साझीदारों, बुद्धिजीवियों तथा फैशनपरस्त साहित्यकारों के अस्तित्व पर आया भारी संकट हिन्दी के प्रयोगवादी कवियों को अपनी ओर आकर्षित करने लगा। बाद में यह आकर्षण ठीक सिद्ध हुआ।

डॉ. राममनोहर लोहिया के मित्र और दक्षिण भारत में चीनी उद्योग के एकाधिकारी तथा समाजवादी सेठ ब्रद्रीविशाल पित्ती ने हिन्दी की एक श्रेष्ठ साहित्यिक पत्रिका 'कल्पना' का जब हैदराबाद से प्रकाशन किया, तब रघुवीर सहाय को 1957 में उसका सम्पादक बनाया। सन् 1963 में रघुवीर जी डालमिया की सेवा में आये और नवभारत टाइम्स के संवाददाता बने। फिर डालमिया के ही दिनमान के सम्पादक बने। रघुवीर सहाय अपनी रचना में एक बारीकी से प्रवेश करते हैं। वे समाज को पूरे वैज्ञानिक तरीके से बदलना चाहते हैं। 'दूसरा सप्तक' के वक्तव्य में उन्होंने लिखा—"कोशिश तो यही रही है कि सामाजिक यथार्थ के प्रति अधिक-से-अधिक जागरूक रहा जाये और वैज्ञानिक तरीके से समाज को समझा जाये। वास्तविकताओं की ओर ऐसा ही दृष्टिकोण रहना चाहिए और यही जीवन को स्वस्थ बनाये रख सकता है। वास्तविकताएँ जिनसे हम कविता की प्रेरणा लेते हैं, विचार-वस्तु का कविता में खून की तरह दौड़ते रहना कविता को जीवन और शक्ति देता है और यह तभी सम्भव है, जब हमारी कविता की जड़ें यथार्थ में हों।"[1] उपर्युक्त वक्तव्य से रघुवीर सहाय की

---

1. सम्पादक अज्ञेय : दूसरा सप्तक, पृ. 138, 139.

कविता की जड़ें कितनी गहरी और कवि अपनी रचना को लेकर कितना ईमानदार है, स्पष्ट होता है। ईमानदारी वक्तव्य से तो स्पष्ट हुई ही है, रचना का मूल्यांकन करने पर और स्पष्टता होती चलती है।

पारिवारिक परिवेश पर उन दिनों के जोरदार सांस्कृतिक आन्दोलन आर्य समाज का प्रभाव था। उसके प्रभाव से अनेक प्रकार के धार्मिक और सामाजिक बन्धनों को तोड़ने की हिन्दू समाज में आँधी चल रही थी। जो कुछ भी भारत के प्राचीन में श्रेष्ठ था, उसकी ओर बढ़ने पर उसे जीवन में उतारने का एक अभियान भी पूरे देश में चल रहा था। उसने केवल सांस्कृतिक क्षेत्र में ही क्रान्ति उत्पन्न नहीं की, वरन् साहित्यिक क्षेत्र में भी उथल-पुथल उत्पन्न कर दी। 1910 के बाद छायावादी कवियों या अन्य प्रवृत्ति के कवियों यथा राष्ट्रवादी प्रगतिवादी कवियों पर भी आर्यसमाज के जातिमुक्त, छूआछूत मुक्त, स्त्रियों के लिए अनेक प्रकार के बन्धनों से मुक्त मानवीय समाज स्थापित करने का श्रेष्ठ आदर्श स्थापित करने का प्रभाव पड़ चुका था। इसी प्रकार चन्द्रधर शर्मा गुलेरी और प्रेमचन्द के नेतृत्व में लिखे गये गद्य साहित्य पर उसी का प्रभामण्डल देखते हैं। प्रेमचन्द ने आरम्भिक उपन्यास और कहानियाँ तो आर्यसमाजी दर्शन के आलोक में ही लिखीं। उन्होंने आर्यसमाज को भारतीय समाज की रोशनी कहा, जिससे अँधेरा मिटा। आर्यसमाज के विविध आन्दोलनों का सबसे बड़ा लाभ यह हुआ कि उसने सामान्यजन को स्त्री-पुरुष, पीड़ित, अछूत, विधवाओं, वेश्याओं को मानवीय महिमा प्रदान की। उन्हें श्रेष्ठ मनुष्यों के स्तर पर पहुँचाने का अभियान चलाया।

सामाजिक, आर्थिक, सांस्कृतिक क्षेत्र में हो रहे बुनियादी परिवर्तनों तथा आर्यसमाज के परिणामप्रद कार्यक्रमों से रघुवीर सहाय के पिता प्रभावित थे। वे स्वयं हिन्दू समाज का, और उसके माध्यम से पूरे देश का कायाकल्प करना चाहते थे। उन दिनों बड़े शहरों का सामान्य कायस्थ परिवार अंग्रेजी या उर्दू का भक्त हुआ करता था, किन्तु रघुवीर सहाय के घर में स्वामी दयानन्द और सत्यार्थ प्रकाश की भाषा हिन्दी स्थापित हो चुकी थी। इन सभी राष्ट्रीय और पारिवारिक परिवेशों का प्रभाव रघुवीर सहाय पर बचपन में ही पड़ा। फलस्वरूप उनकी समाज समाजोन्मुखता को हम आर्यसमाज की देन कह सकते हैं।

जिन दिनों रघुवीर सहाय लखनऊ विश्वविद्यालय में विद्यार्थी थे, उन दिनों आचार्य नरेन्द्र देव वहाँ कुलपति थे। आचार्य जी के व्यक्तित्व और विचारों का वहाँ के छात्र समाज पर इतना गहरा प्रभाव था कि जब वे काशी हिन्दू विश्वविद्यालय के कुलपति नियुक्त हुए, तब लखनऊ के छात्रों ने इस बात के लिए आन्दोलन किया कि इस कुलपति को न हटाया जाय। संवेदनशील रघुवीर सहाय पर आचार्य जी के इस महिमा मण्डित व्यक्तित्व का पूरा प्रभाव था। इसके अतिरिक्त उनके सामाजवादी दर्शन और विचारों का भी उन पर प्रभाव था। आचार्य जी जहाँ मार्क्सवाद से प्रभावित थे, वहीं वे बौद्ध दर्शन की करुणा से प्रभावित थे। उन्हें भारत में बौद्ध दर्शन का प्रकाण्ड पण्डित

माना जाता था। इस तरह उनके सिद्धान्तों पर मार्क्स और बुद्ध दोनों का प्रभाव था। अस्तु आचार्य जी के विचार संक्षेप में इस प्रकार थे—भारतीय समाज या विश्व समाज मुख्यतः दो वर्गों—उत्पादक अर्थात् किसान और श्रमिक तथा शोषक, सामन्त, पूँजीपति और बड़े व्यापारी से बना हुआ है। ये दोनों मुख्य वर्ग हैं। इनके अतिरिक्त समाज में कुछ अन्य वर्ग भी कार्यरत रहते हैं जैसे स्वतन्त्र कारीगर, मध्यम वर्ग, चिकित्सक, वकील, छोटे व्यापारी इत्यादि, किन्तु समाज के भाग्य का निर्धारण ये वर्ग नहीं करते। मुख्य निर्धारण किसान और श्रमिक वर्ग ही करता है। सामाजिक विकास प्रक्रिया के लिए किसी देश की सामाजिक संस्कृति अत्यन्त महत्त्वपूर्ण होती है। उसके महत्त्वपूर्ण साहित्यिक योगदान की उपेक्षा नहीं की जा सकती। बहुमत होने पर भी किसान और श्रमिक अपने आप जीवन संघर्ष में विजयी नहीं होता और न ही सामाजिक परिवर्तन कर पाता है। उसे समाजवाद के आदर्श से परिचित कराना पड़ता है तथा उसके मस्तिष्क में एक क्रान्तिकारी विचारधारा प्रवाहित करनी पड़ती है। जब तक इस विचारधारा से प्रेरित होकर सारे देश के किसान श्रमिक संगठित नहीं होंगे, तब तक सामाजिक विकास की आशा नहीं की जा सकती। न तो वे जीवन संघर्ष में सफल होंगे, न सामाजिक परिवर्तन ही होगा। समाजवाद एक जीवन दर्शन है, जिसमें प्रत्येक मनुष्य को स्वतन्त्रता, समानता और बन्धुता के साथ न्यूनतम भौतिक आवश्यकताओं की पूर्ति (रोटी, कपड़ा, मकान, चिकित्सा, अवकाश) के साथ मनोरंजन, सांस्कृतिक कार्यकलाप, साहित्यिक गतिविधि, विश्वमानवता के उत्थान और आध्यात्मिक उन्नति के लिए पूरा अवसर दिया जायेगा।'' आचार्य जी के समाजवाद की यही कल्पना थी। रघुवीर सहाय आचार्य जी के इस सामाजिक दर्शन से अत्यधिक प्रभावित थे, जीवन भर वे इस दर्शन को किसी-न-किसी रूप में साहित्य और भारतीय जनजीवन में उतारने का प्रयत्न करते रहे।

रघुवीर सहाय ने एक मुक्त कवि की तरह प्रकृति सौन्दर्य, मुक्त प्रेम, स्त्री-पुरुष के सम्बन्ध, जीवन में भावात्मक द्वन्द्व, मानवीय मनोवृत्ति, सामाजिक सम्बन्ध जैसे नितान्त व्यक्तिगत सीमा से सम्बद्ध विषयों पर भी पर्याप्त रचनाएँ लिखी हैं। इन रचनाओं में एक स्वच्छन्दतावादी कवि की तरह मुक्तभाव से काव्य वस्तु को ग्रहण किया है और उसे कभी निश्चित छन्दों में और कभी मुक्त छन्दों में प्रस्तुत किया है। इसके अतिरिक्त उनकी अधिकांश कविताएँ राजनीतिक और सामाजिक जीवन संघर्ष के विविध आयामों से जुड़ी हैं, जहाँ कवि का सामाजिक व्यक्तित्व, दर्शन और विचारपक्ष मुखरित हुआ है। वहाँ कवि एक सामाजिक प्रहरी के रूप में दिखायी पड़ता है। ऐसे प्रसंगों में उसे कहीं-कहीं इतनी ऊँचाई उपलब्ध है कि हम उसे एक कवि ही नहीं, वरन् एक क्रान्तदर्शी के रूप में देखते हैं, क्योंकि ऐसे स्थलों पर वह समग्र मानव पीड़ा से छटपटाता हुआ दिखायी पड़ता है।

अज्ञेय द्वारा सम्पादित 'दूसरा सप्तक' में हिन्दी के प्रतिष्ठित कवि के रूप में प्रयोगवाद का झण्डा ऊँचा करते हुए रघुवीर सहाय हिन्दी के पाठकों के सम्मुख

आये। प्रयोगवादी कविता को उन्होंने मुक्ति की स्वतन्त्रता और व्यक्ति की अस्मिता की कविता माना। 1960 में 'सीढ़ियों पर धूप' 1967 में 'आत्महत्या के विरुद्ध', 1975 में 'हँसो हँसो जल्दी हँसो' 1982 में 'लोग भूल गये हैं' जैसे कविता संग्रह प्रकाशित हुए।

रघुवीर सहाय काव्य क्षेत्र में अज्ञेय के व्यक्ति स्वातन्त्र्य की विचारधारा से प्रभावित थे तथा वैचारिक क्षेत्र में वे सामान्य भारतीय जनसमाज के पक्षधर रहे। उनकी कविताओं से यह स्पष्ट है कि वे प्रगतिवादी सर्वहारा के पक्षधर नहीं हैं वरन् आम आदमी के पक्षधर हैं, जो बम्बई, दिल्ली, कलकत्ता की सड़कों पर जिन्दगी घसीट रहा है।

राजकमल प्रकाशन ने अधिकारिक तौर से लिखा है—"बनी बनायी वास्तविकताओं और पिटी-पिटायी दृष्टि से इस कवि का हमेशा विरोध रहा है। वह परम्परावादियों के यहाँ सहज कहकर मान्य हुआ, जबकि सहज बिल्कुल नहीं था। रघुवीर सहाय ने पिछले दौर से निकल कर आत्महत्या के विरुद्ध एक व्यापकतर संसार में प्रवेश किया है। इस संसार में भीड़ का जंगल है, जिसमें कवि अपने को एक साथ खो देना और पा लेना चाहता है। वह इस जंगल में बुरी तरह फँसा हुआ है लेकिन उसमें से निकलना किन्हीं सामाजिक राजनीतिक शर्तों पर उसे स्वीकार नहीं।"[1]

भारतभूषण अग्रवाल ने कवि का मूल्यांकन करते हुए लिखा है—"भीड़ से घिरा एक व्यक्ति, जो भीड़ बनने से इन्कार करता है और उससे भाग जाने को गलत समझता है—रघुवीर सहाय का साहित्यिक व्यक्तित्व है।"[2] अभी यह पहचाना जाना शेष है कि सहज सौन्दर्य और सूक्ष्म अनुभूति से निर्मित रघुवीर सहाय का काव्य संसार जितना निजी है, उतना ही हम सबका है—एक गहरे और अराजनैतिक अर्थ में जनवादी ऐसे ही कवि को जनता से घृणा करने का अधिकार दिया जा सकता है। दूसरा सप्तक में संग्रहीत रघुवीर सहाय की ज्यादातर कविताएँ प्रकृति और प्रेम सम्बन्धी हैं। एक प्रकार से यह कवि की रचना का पहला दौर है। इनकी अनेक कविताओं में जैसे 'पहला पानी', 'बसन्त', 'मुँह अँधेरे' में प्रकृति और वर्षा के चित्र हैं। 'पहला पानी' में वर्षा के पूरे बिम्ब और वर्षा से सामान्य जनजीवन में कैसी प्रक्रिया होती है, को चित्रित किया है। कविता गाँव के जनजीवन से पूरी तरह सम्पृक्त है।

लो, सहसा झर-झर कर पहला झोंका आया/ हम बढ़े घरों
की ओर तनिक जल्दी-जल्दी दौड़े-दौड़े/ दो गोरे-गोरे
बलगर बैलों की रोई/ हो गयी ठुमक कर खड़ी पकरिया के
नीचे/ उड़ गयी चहक कर नीबी की सबसे ऊँची फुनगी पर बैठी गौरैया/

× × ×

---

1. रघुवीर सहाय : आत्महत्या के विरुद्ध, फ्लैप से।
2. वही

खुलकर बरसा पहला पानी/ इन धुले
धुले बिरवों के नीचे से होकर/ बह चली गाँव के गैल-गैल/
कच्ची मिट्टी की सुघर गेहुँई दीवारें/ मन-ही-मन भीगीं।[1]

सारा गाँव वर्षा की फुहार से हर्षोल्लसित है। व्यक्ति के साथ-साथ सम्पूर्ण प्रकृति भी मग्न है। इस आशा में मगन है कि—

जितनी बूँदें/ उतने जौ के दाने होंगे/ इस आशा
में चुपचाप गाँव यह भींग रहा है/ खड़े-खड़े।[2]

अत्यन्त वर्षा में भी अन्न के दाने के लिए गाँव का सामान्य जन भींग रहा है। वह वर्षा की परवाह न करके अपने खेत में काम कर रहा है। 'प्रभाती' कविता में कवि ने भोर का अत्यन्त सुन्दर चित्र प्रस्तुत किया है। इसमें प्राकृतिक सौन्दर्य के साथ-साथ जीवन के सौन्दर्य का भी चित्रण है। जीवन का सबसे बड़ा सौन्दर्य कर्म है। कवि आम जनता से आग्रह और आवाहन कर रहा है कि उठो और अपने कर्म और संघर्ष में रत हो जाओ।

आया प्रभात/ चन्दा जग से कर चुका बात/ गिन-गिन
जिनकी थी कटी किसी से दीर्घ रात/ अनगिन किरणों
की भीड़ भाड़ में भूल गये/ पथ और खो गये, वे तारे।[3]

× × ×

जागो जन-जन/ ज्योतिर्मय हो दिन का क्षण-क्षण/
ओ स्वप्न प्रिये, उन्मीलित कर दे आलिंगन/ इस गरम
सुबह, तपती दुपहर में/ निकल पड़े/ श्रमजीवी धरती के प्यारे।[4]

कवि की एक महत्त्वपूर्ण कविता 'भला' शीर्षक से लिखी गयी है। यद्यपि इसमें प्रसंग के सन्दर्भों का उल्लेख है, लेकिन प्रेयसी के आलम्बन की कोई चर्चा नहीं है। केवल इतनी ही है कि उसने कभी पेड़ के नीचे कागज पर किसी प्रेमिका को पत्र लिखा था, लेकिन अपने को उपेक्षित और असहाय समझकर उसने उस पत्र का सम्प्रेषण नहीं किया, क्योंकि पानेवाला काफी दिन पहले गुजर चुका था। कवि के शब्दें में—

मेरे जीवन का विवरण उसमें लिखा हुआ है। उस विवरण में उसने अपने जीवन की वेदना का इतिहास, जीवन और इतिहास के प्रति उसके कुछ विश्वास और एक कोमल जिज्ञासा की कि क्या उसका स्वप्न इस संसार में कभी सत्य हो सकता है, लेकिन पत्र सम्प्रेषित न करने की स्थिति में बहुत दिनों बाद इस प्रेम पत्र को उलट कर देखा अर्थात् अपने पाँच, दस, बीस वर्ष पूर्व के जीवन को उलट कर कवि ने देखा

---

1. दूसरा सप्तक, सम्पादक अज्ञेय, पृ. 142.
2. दूसरा सप्तक, सम्पादक अज्ञेय, पृ. 145.
3. वही, पृ. 144.
4. वही।

तो प्रतीत हुआ कि वह पत्र लिखा नीला कागज जिस तरह फीका हो गया था, उसी तरह उसके जीवन का लम्बा समय तरह-तरह की मधुर और स्वप्निल कामना करते-करते मानों चुक गया है। कवि की वह मधुर कामना जैसे पहले अधूरी थी, वैसे आज भी अधूरी रह गयी। जीवन का परिवेश और अव्यवस्था आज एक व्यक्ति को इतना भी अवसर नहीं देती कि उसकी कोई मधुर कामना पूरी हो सके। आज भी कवि सामान्य नागरिकों की तरह स्वप्न सँजोये हुए है कि क्या इस समाज में उसकी कोई कामना, कोई स्वप्न पूरा होगा। उत्तर में कवि का यही स्पष्ट कथन है कि अभी उसके हाथ निराशा ही लगी है, जीवन के सुनहले दिन दूर हैं।

उनकी 'कोशिश' कविता अन्तर्द्वन्द्व और जीवन की विसंगति का एक श्रेष्ठ उदाहरण है। कवि अपने अतीत की तह-प्रति-तह उलट-पुलट कर देखना चाहता है और देखता है। वह अपने संघर्षपूर्ण किन्तु आकांक्षाओं से भरे अतीत को उलट-पुलट कर देखने की कोशिश भी करता है, लेकिन जीवन में मिली असफलताएँ उसे व्यथित करती हैं। समाज में कभी कदम सफलता के साथ नहीं रख पाया है। इस संसार में बहुमूल्य जीवन के इस प्रकार नष्ट हो जाने पर बहुत दुःख है। ऐसा प्रतीत होता है, उसका जीवन बस एक अज्ञात यात्रा की तरह धीरे-धीरे बीत गया।

मैं कितनी दूर निकल आया अपने घर से/ धुँधला
दिखलायी पड़ता है/ बाहर-भीतर कुहरा छाया है,
जाड़ों की भारी सन्ध्या-सी यह विस्मृति।[1]

कवि ने प्रगतिवादी कवियों की तरह से स्थूल, सामाजिक परिवेश, वेदना या शोषण के आर्थिक, सामाजिक कारणों का उल्लेख नहीं किया है, क्योंकि वह प्रचारवाद से पृथक् केवल अनुभूत को ही कविता का विषय बनाने का पक्षधर है। अपनी वेदना या सामाजिक शोषण को वह जीवन के धरातल से उठाता है। कविता में प्रयोगवादी, किन्तु विचार में समाजवादी रघुवीर सहाय अपने जीवन की असफलता को भौतिक कारणों में प्रस्तुत करते हैं। वह एक बुद्धिजीवी और श्रमिक हैं। उनके पास सुख के भौतिक साधनों का अभाव है और इन साधनों के बिना न तो किसी की सहानुभूति मिलती है, न करुणा। आदर्श और भावनाओं का इस संसार में कोई मूल्य नहीं है। इस संसार में धन या साधनों की ही महिमा है। अभावग्रस्त कवि संघर्ष करने, असफल होने और अपने जीवन के बहुमूल्य क्षणों को क्रम-क्रम से नष्ट करने के लिए बाध्य है, तब भी वह श्रेष्ठ जीवन यात्रा को सफल बनाने की कोशिश करता है। वह अपनी यात्रा में बार-बार पीछे मुड़कर देखता है क्योंकि उसके कटु अनुभव उसे छोड़ते नहीं। उसके अतीत के जीवन में यही सब-कुछ है—

ठिठक-ठिठक जाते हैं, सम्मुख चित्र विगत के कोई तो
मेरे ऊपर मुसकाता है/ कोई मुझको गुस्से से घूर देखता है/

1. दूसरा सप्तक : सम्पादक अज्ञेय, पृ.149.

कुछ मित्र पुराने ऐसे कतरा जाते हैं/
जैसे मैं उनसे पूछूँगा, बोलो भाई/
यह भी माना तुम केवल एक निमिष भर थे/
लेकिन फिर भी कुछ तो आखिर कर सकते थे/
क्या? पश्चात्ताप? नहीं, यह मेरा ध्येय नहीं/
मेरे जीवन की कोई घटना हेय नहीं/
कुछ कर न सका इसका भी मुझको खेद नहीं/
लेकिन अब जो करना है, उसकी चिन्ता है[1]

कवि अतीत और कविता को मिलाकर अपनी जीवन यात्रा पर मन में सँजोये मूल्यों के साथ अग्रसर होना चाहता है। दृढ़ विश्वास के साथ वह आस्था के स्वर में भविष्य की चिन्ता करता है और सारी कठिनाइयों को झेलते हुए संघर्षपथ पर चरण बढ़ाता है।

रघुवीर सहाय की 'समझौता' कविता दूसरे सप्तक में प्रकाशित हिन्दी की एक श्रेष्ठ कविता मानी जाती है। उस कविता में कवि अपनी प्रेयसी को भौतिक संसार के पूँजीवादी समाज के क्षणिक सुखों में जीवन नष्ट करने से वर्जित करता है। वह इस कविता में प्रणयगान, दुपट्टे की छाया और आँखों की कनखियों को उसकी रणयात्रा में बाधक न बनाने का आग्रह करता है। यहाँ आते-आते कविता की दो स्थितियाँ उत्पन्न हो जाती हैं। एक स्थिति है, क्षणिक प्रेम की। दूसरी स्थिति है, जीवन के नवनिर्माण के संघर्ष की। कवि का व्यापक लक्ष्य एक नया जीवन, एक नया समाज बनाना है, जिसमें समानता हो, स्वतन्त्रता हो और न्याय हो, लेकिन यह तात्पर्य नहीं है कि वह स्त्री-पुरुष के प्रेम का मूल्यांकन कम करके आँकता है। वह जानता है कि प्रेम जीवन की एक ऊर्जा है, वही मन के सोये हुए शक्तिशाली भाव-राग को जागृत करता है। स्त्री-पुरुष के माध्यम से प्रेम ही मनुष्य को संसार से जोड़ता है, कर्म की प्रेरणा देता है, उसकी नसों में स्फूर्ति पैदा करता है, रक्त में गर्मी पैदा करता है। उसकी सूक्ष्म चेतना को जगाता है। नारी उस प्रेम का मिला-जुला समुच्चय है, वह सौन्दर्य है, प्रेरणा है। इस महान् और शक्तिशाली प्रेम की अभिव्यक्ति शास्त्रीय परिभाषा में वाचिक और कायिक अनुभवों के माध्यम से होती है। प्रणय के गान, दुपट्टे की छाया, कनखियों का दृष्टिपात यहाँ सक्रिय प्रेम या जीवन प्रेम शृंगार (कायिक) का अनुभाव है। इसमें बड़ी शक्ति है। जीवन को बाँधने की अपार क्षमता है। कवि का इसके प्रति आकर्षण भी है। हर मनुष्य का आकर्षण होता है, लेकिन जीवन क्या इसी के लिए है? इससे परे क्या कोई जीवन नहीं है? कवि रघुवीर सहाय निषेधवादी या भोगवादी कवि नहीं हैं। उसके पास अपना एक विचार है, निर्माण का लक्ष्य है और उसकी दिशा है। यहाँ तक कि कवि इतने आकर्षक प्रेम को उस निर्माण के लिए तिलांजलि देता है व अपनी

1. दूसरा सप्तक : सम्पादक अज्ञेय, पृ. 149-150.

प्रेयसी से अनुरोध करता है कि अभी उसे प्रेम के आकर्षण में आबद्ध न करे, अभी उसे संघर्ष पथ पर चलने दें, क्योंकि संघर्ष और निर्माण का लक्ष्य प्रेम के लक्ष्य से कहीं ज्यादा श्रेयस्कर और वरेण्य है।

अब यह नहीं अवसर करूँ विश्राम/ कम होगा
नहीं, यह धाम/ तेरी प्रीत पाने से।[1]

कवि ने इसका कारण बताते हुए लिखा और स्वयं ही नहीं, बल्कि अपनी प्रेयसी को भी संघर्ष यात्रा में साथ चलाते हुए निर्देश दिया है—

और आँखों को गड़ा दो क्षितिज के भी पार/
क्योंकि बसता है, क्षितिज के पार भी संसार।[2]

हिन्दी के कुछ कवियों, विशेषकर हरिऔध, पन्त, निराला ने अपने युग के सन्दर्भों में और विभिन्न शौलियों में सन्ध्या का चित्र प्रस्तुत किया है। कवि ने पुनः उसी सन्ध्या का वर्णन अपनी सायंकाल कविता में किया है।

हरिऔध ने लिखा—'दिवस का अवसान समीप था' इसमें प्रकृति के स्थूल दृश्य का एक अभिधात्मक शब्द चित्र है। पन्त जी ने इसी तरह 'सन्ध्या' और 'सन्ध्या का झुरमुट' कविताओं में मानवीकरण और ध्वन्यालंकार की शैली को प्रस्तुत करने की चेष्टा की है। निराला ने मानवीकरण, ध्वन्यालंकार, प्रतीक विधानः, परिवेश चित्रण, आकाश से धरती तक के जीवन का मार्मिक चित्रण कर सन्ध्या कविता को हिन्दी कविता की श्रेष्ठ कविता बनाने की चेष्टा की। उसमें छायावादी वक्रता और प्रभावकारिता भी अपनी समग्रता में प्रस्तुत है।

कवि रघुवीर सहाय ने सायंकाल कविता को प्रयोगवादी शैली में प्रस्तुत किया और दूसरे ढंग से हिन्दी की महत्त्वपूर्ण कविता बनाने की चेष्टा की है। इसमें अभिव्यक्ति कौशल है। नये अलंकारों का सृजन, नये उपमान, इन उपमानों का नूतन प्रयोग इस कविता में मुख्य रूप से दिखायी पड़ता है। अब तक कवियों ने घोड़े के रथ पर सूर्य के आने-जाने का वर्णन किया। कवि ने नये प्रयोग में सोने का रथ लिया। सूरज के डूबने की तुलना कवि ने बीतती बातें भुलाने की प्रक्रिया से की है। उन बोये खेतों या उजलेपन का प्रयोग उसने हिन्दी में पहली बार किया है। इसी तरह क्षितिज पर महुओं की दीवार का भी वर्णन हिन्दी में पहली बार हुआ है। गाँव की दीवार पर बच्चे चढ़ जाते हैं, इसी तरह नये प्रयोग में कवि ने लिखा है—

"जिस पर चढ़कर सूरज का शैतान छोकड़ा झाँक रहा है।"[3] सूरज के डूबते समय ऐसा देखा गया है कि छोटी-छोटी वस्तुओं की छाया बड़ी लम्बी हो जाती है। इन छायाओं के बारे में कवि ने सूक्ष्म निरीक्षण और कल्पना शक्ति का प्रयोग कर लिखा—"अब छायाएँ दौड़ गयी हैं, लम्बी-लम्बी।"[4]

1. दूसरा सप्तक : सम्पादक अज्ञेय पृ. 155.
2. वही
3. दूसरा सप्तक : सम्पादक अज्ञेय, पृ. 159.
4. वही

गाँव में लोग देखते हैं कि बबूल की पत्तियाँ हरी और काँटा सफेद हैं। कवि ने बड़ी वाग्विदग्धता के साथ उन काँटों को चाँदी का काँटा लिखा। इस बीच जब दिन भर काम करने के बाद कन्धे पर बाँस की लाठी रखे गाँव के चरवाहे घरों को लौटते हैं तो सूरज की ढलती किरणों के प्रभाव से उनकी लाठी सोने की बन जाती है और सन्ध्या गायों की पीठ पर फिसलने को आतुर होती है एवं उसी समय गाँवों की स्त्रियाँ घड़ा लेकर जल के लिए कुँओं पर एकत्रित हो जाती हैं, तब यही सूरज की किरणें उनके घड़ों को चूमने लगती हैं और पनिहारिनों की चूड़ियों में सन्ध्या का रंग जाकर मिल जाता है और तब अन्त में धीरे-धीरे झुकता जाता है। शरमाये नयनों-सा दिन।''[1] इस तरह कवि ने इस कविता को हिन्दी की श्रेष्ठ कविता बनाने में सफलता प्राप्त की है।

'आत्महत्या के विरुद्ध' कवि का एक प्रतीकात्मक संकलन है। यह संकलन उनकी रचनाओं में अपना शीर्ष स्थान ही नहीं रखता, बल्कि आधुनिक हिन्दी कविता में भी अपना शीर्ष स्थान रखता है। इस पुस्तक के वक्तव्य में उन्होंने आधुनिक पूँजीवादी लोकतन्त्र को अपनी कविता में आधार रूप में रखा है। यह लोकतन्त्र आर्थिक विषमता, किसानों और श्रमिकों का अनवरत शोषण, अपराध का बोलबाला, पूँजीपतियों, नेताओं तथा पुलिस-अफसरों की मिली-भगत, स्त्री की अवमानना, सरकार बनाने में सम्पन्न साधारण मतदाता की निरीहता आदि इस लोकतन्त्र में विसंगतियाँ हैं। कवि ने इस पूरे समाज को बदल कर समता मूलक नया समाज बनाने का आदर्श निश्चित कर रखा है। वर्तमान समाज व्यवस्था के विरुद्ध नये समाज निर्माण के संघर्ष को वह साहित्य में लड़े या साहित्य के बाहर, उसके सामने यही सबसे बड़ा प्रश्न है। उसकी कविताएँ इसी संघर्ष के लिए कारगर अस्त्र-शस्त्र हैं। फिलहाल कवि साहित्य में ही अपनी लड़ाई लड़ रहा है। उसने लिखा है—''लोकतन्त्र ने मोटे बहुत मोटे तौर पर हमें इन्सान की शानदार जिन्दगी और कुत्ते की मौत के बीच चाँप लिया है। इस स्थिति में सबसे आसान यह जान पड़ता है कि व्यक्ति स्वातन्त्र्य की अभी तक बची सुविधा का फायदा उठाकर मैं अपने लिये बचे रहने की निजी, बिल्कुल अहस्तान्तरणीय रिआयत ले लूँ। उससे कुछ मुश्किल यह है कि मैं यह रिआयत अस्वीकार करूँ और उनके आसरे, जिन्दा रहूँ, जो इन्सान के लिए दूसरे हथियारों से लड़ते हैं—साहित्येतर हथियारों से।[2]

मैं सबसे पहले इस पुस्तक में सम्भावित कविताओं के पीछे कवि का जो मूल मन्तव्य है, उसे समझना और उद्घाटित करना आवश्यक मानती हूँ क्योंकि मूल रहस्य को समझे बिना हम कवि के साथ न तो आगे बढ़ सकते हैं और न कविता के सन्देशों से परिचित हो सकते हैं। कवि का एक ही केन्द्रीय विषय है और वह है, सन् '60 की आबादी में पचपन करोड़ और 1990 के आबादी में 84 करोड़ भारतीयों का

1. दूसरा सप्तक : सम्पादक अज्ञेय, पृ. 159.
2. रघुवीर सहाय : आत्महत्या के बिम्ब, वक्तव्य।

लोकतन्त्र। कवि की यह निश्चित धारणा है कि यह लोकतन्त्र फर्जी है और गुमराह हो गया है। यह लोकतन्त्र वास्तव में एक जंगल की तरह है, जिसमें कोई व्यवस्था नहीं है। फलदार वृक्ष, निष्फल वृक्ष, काँटेदर वृक्ष जहाँ-तहाँ उग जाते हैं और एक-दूसरे की सापेक्षित उपयोगिता को नष्ट कर देते हैं। जंगल इतना घना है कि उसके भीतर जाने और उसे व्यवस्थित करने का कोई उपाय नहीं है। ठीक इसी तरह यह पूरा भारत भेड़ों की एक भीड़ की तरह है, जिसमें न कोई व्यवस्था है,न संगठन। लोग एक जगह आ गये और भीड़ हो गयी। इस भीड़ का कोई लक्ष्य, रास्ता नहीं। पूरी अराजकता है। समूह दिखायी पड़ने पर भी सब व्यक्ति है। समूह का कोई भाव या संकल्प नहीं है। सभी अपने में डूबे हुए हैं, क्योंकि एक-दूसरे से जोड़नेवाली कोई बात नहीं है। एक-दूसरे की किसी को चिन्ता नहीं है। यहाँ भी इस देश में लोकतन्त्र में पूरी अराजकता है। अराजकता के कारण जिस तरह जंगल में चारों तरफ संकट-ही-संकट है, इस भीड़ में जहाँ एक ओर निरीह, भारतीय लोकतन्त्र का स्वामी, निरीह, दुर्बल, उपेक्षित और शक्तिहीन भारतीय मतदाता खड़ा है, वहीं उसके साथ उस भीड़ में अपराधी, पूँजीपति, दलाल तथा न जाने कितनी-कितनी किस्म के लोग खड़े हैं और मिलकर कभी मतदाता पर, कभी देश पर हमला बोलते रहते हैं। मतदाता यह जानता है कि भीड़ में उसकी हत्या होगी, लेकिन इस भीड़ को नियन्त्रित करने की कोई चेष्टा नहीं करता। फलस्वरूप वह हर समय अपनी क्षति कर रहा है। अपना श्रम, जीवन, कमाई अपने शत्रुओं के हाथ लुटाने के बाद वह इतना एकाकी और कमजोर हो गया है कि अब उसने उन्हें अपनी हत्या करने की भी खुली छूट दे रखी है। यहाँ कवि की दृष्टि में दोष हत्या करनेवाले का नहीं है, दोष तो उस मतदाता भारतीय नागरिक का है, जो संगठित होकर अपने जीवन को दिशा नहीं दे रहा है। भीड़ बना हुआ अराजक दृष्टि से वह बार-बार अपने शत्रुओं को मौका देता है कि वे एक और उसकी दूसरी सामाजिक और आर्थिक हत्या करे। ऊपर से ऐसा लगता है, यह हत्या उनके शत्रु कर रहे हैं, किन्तु वास्तव में कवि का अनुभव यह स्पष्ट करता है और प्रकाशित भी करता है कि यह हत्या नहीं, आत्महत्या है। कवि इस स्थिति में परिवर्तन करना चाहता है। उसने स्वयं लिखा है—
"सत्ता का उपयोग जो समुदाय का एक-एक व्यक्ति अलग-अलग निर्णयों से कुछ हाथों में देता है। सरकार जो राज्य की प्रतिनिधि है, जो समाज की प्रतिनिधि है, जैसी भी वह हो सकती है—अधूरी, टूटी, नकली, मिलावटी, मूर्ख अकेला कारगर साधन भीड़ के हाथ में है। मैं इस साधन के अधिक-से-अधिक सही इस्तेमाल के लिए लड़े बिना नहीं रह सकता, लेकिन इसके माने यह नहीं कि मैं भीड़ का कायल हूँ। मैं बदमाशों, गधों, आधे पागलों और मक्कारों के लिए एक जिम्मेदारी महसूस करता हूँ पर जो कुछ मैं रचता हूँ, सिर्फ अपनी जिम्मेदारी पर रचता हूँ।"[1]

---

1. रघुवीर सहाय : आत्महत्या के विरुद्ध, वक्तव्य।

इस तरह आत्महत्या शब्द से कवि का प्रयोजन यही है कि वर्तमान भारतीय लोकतन्त्र में उत्पादनकर्त्ता, श्रमजीवी भारतीय नागरिकों की हत्या वर्ग शत्रुओं द्वारा नहीं की जा रही है, वरन् वह अपनी आत्महत्या हर क्षण खुद कर रहा है क्योंकि वह राजनीतिक चेतना से शून्य है और क्रान्ति के पथ से विमुख है।

यहाँ शीर्षक का दूसरा शब्द है 'विरुद्ध'। विरुद्ध व्यंजना को भी स्पष्ट करना आवश्यक है। अब यहाँ कवि भारतीय नागरिकों के समक्ष एक चुनौती अपनी कविता के माध्यम से रख रहा है कि क्या नागरिक इसी तरह भीड़ बना रहेगा और अनन्त काल तक अपनी आत्महत्या करता रहेगा या इन सारी परिस्थितियों का विरोध करेगा और अपने जीवन की रक्षा करेगा? शत्रुओं से संघर्ष करेगा और अपने जीवन तथा समाज का निर्माण करेगा। कवि का निश्चित पक्ष है व्यक्ति और समाज को समझने और उस ढंग से उसे संगठित करने का उसके पास दर्शन है। इसी दिशा में वह संघर्षरत है और आत्महत्या के विरुद्ध अपनी आवाज बुलन्द करता है। भारतवासियों का आवाहन करता है कि उठो और इन निकृष्ट परिस्थितियों के विरुद्ध संघर्ष करो, अपनी आत्महत्या के विरुद्ध सोचो। जब तक नहीं लड़ोगे, तब तक आत्महत्या के लिए ये परिस्थितियाँ तुम्हें बाध्य करती रहेंगी। यहाँ इस भ्रम को भी स्पष्ट कर देना चाहिए कि ये विरोधी परिस्थितियाँ क्यों हैं? ये परिस्थितियाँ पूँजीवादी समाज और वर्तमान भारतीय लोकतन्त्र का ढाँचा है। चन्द लोगों का यह लोकतन्त्र घूम-फिर कर पूँजीपतियों द्वारा ही नियन्त्रित होता है। इसकी आड़ तो धर्म, सम्प्रदाय, जाति निहित स्वार्थी या अपराधी लेते हैं। जनता का इसमें कोई हाथ नहीं है। उसे तो भेड़-बकरी की तरह अपना जीवन देना है उसकी हत्या पर कहीं से कोई आँसू नहीं गिरता। आदमी का जीवन सस्ता हो गया है। डॉ. विश्वनाथ तिवारी ने इन परिस्थितियों पर प्रकाश डालते हुए लिखा है— ''रघुवीर सहाय की कविता में 'हत्या' शब्द एक व्यापक अर्थ में प्रयुक्त हुआ है। 'हत्या' केवल उसी की नहीं होती, जो चाकू या छुरे से मारा जाता है, बल्कि उसकी भी होती है, जो ट्रक से दबकर या बिना दवा के और बिना सिफारिश के मर जाता है। ऐसे मरनेवालों की एक भारी संख्या है, जो रोज-रोज थोड़ा-थोड़ा दम तोड़ रहे हैं। जब आदमी की लालसा मरती है, उसकी स्वाधीनता छीनी जाती है, उसका सत्य कुचला जाता है, उसकी आवाज को प्रतिबन्धित किया जाता है, तो वह आदमी ऊपर जिन्दा रहते हुए भी भीतर से मर जाता है, बल्कि यों कहें कि वह मरता नहीं, उसकी हत्या हो जाती है।''[1]

डॉ. विश्वनाथ तिवारी ने भी हत्या और आत्महत्या के रहस्य को पकड़ने की चेष्टा की है, किन्तु वास्तव में वे सफल नहीं हुए हैं। वे उस मनोवैज्ञानिक और सामाजिक अन्तर्द्वन्द्व के परिवेशों को स्पष्ट नहीं कर पाये हैं, जिसकी शिकार भारतीय जनता युगों

1. विश्वनाथ तिवारी : समकालीन हिन्दी कविता, पृ. 134.

से है और जिस पर रघुवीर सहाय ने प्रहार किया है। रघुवीर सहाय ने कविता लिखने के लिए कविता नहीं लिखी है। उन्होंने सामाजिक परिवर्तन की रचना की है और अपनी कविताओं में आदि से अन्त तक व्यक्ति के समाज का विश्लेषण किया है। उनकी धारणा के अनुसार पीड़िकों, शोषकों द्वारा जनता की हत्या निरन्तर हो रही है। जहाँ तक केवल हत्या का प्रश्न है, निश्चित रूप से शोषक वर्ग उत्तरदायी है और उस वर्ग को दण्डित किया जाना चाहिए और उसका अवमूलन करना चाहिए, लेकिन बात क्या हत्या तक समाप्त हो जाती है? कवि इससे सहमत नहीं है। शीर्षक में उसने 'आत्महत्या' शब्द का प्रयोग किया है, जो भारतीय इतिहास और वर्तमान परिवेश में एक सार्थक शब्द है। संगठन के अभाव में, राजनीतिक चेतना के अभाव में और निश्चित उद्देश्यों के अभाव में विशाल भारतीय समाज लुंज-पुंज बनकर विकास की प्रक्रिया में उपेक्षित पड़ा हुआ है। समाजवाद सामाजिक परिवर्तन या क्रान्ति जैसे कुछ शब्द या उसके कुछ अर्थ बुद्धिजीवी वर्ग तक सिमट कर रह गये हैं। जनता चेतना शून्य पड़ी है। परिवर्तन या क्रान्ति की बात तो दूर, वह अपनी आत्मरक्षा करने की मानसिक स्थिति में भी नहीं है। घटनाएँ होती चली जा रही हैं, लेकिन भारतीय जनता अज्ञान में सोयी पड़ी है। तथाकथित नेता उसका वोट लेकर उसके प्रतिनिधि बनकर उसके शत्रुओं से मिलते जा रहे हैं। सत्य तो यह है कि संसद में जाकर जनता के ये प्रतिनिधि शत्रुओं के प्रतिनिधि बन जाते हैं। वोट देनेवाली जनता बार-बार धोखा खाती है। इस विशाल जनता को संगठित करनेवाला कोई दिखायी नहीं पड़ता। जनता आज भी वैसे ही बिखरी है, जैसे कभी मुगल जमाने में थी। उसका वर्तमान व भविष्य बुरी तरह अनिश्चय के घेरे में है। कोई नागरिक संयोग से जीवित मिलता है, या कोई संयोग से शाम को जीवित घर लौट सकता है। मरनेवाले असंख्य भारतीयों की कोई संगठन शक्ति नहीं है। तीसरी बात है, जनता की रक्षा के नाम पर देश और सरकार का सारा धन खा जानेवाली प्रशासक, पुलिस या कर्मचारियों की पल्टन जो कानून की मर्यादा स्थापित करने और जान-माल की हिफाजत करने की आड़ में जनता के शत्रुओं का हाथ मजबूत करती है। हत्यारे हत्यारों से मिल जाते हैं और उन्हीं की रक्षा करते हैं, लेकिन कवि यहाँ आकर सबसे अधिक दोषारोपण जनता पर ही करता है और स्पष्ट लिखता है कि अपनी हत्या के विरुद्ध सचेत न होकर एकताबद्ध न होकर, संगठित न होकर, शत्रुओं को कमजोर न बनाकर यह निरीह जनता अपनी नासमझी में मानों रात-दिन स्वयं आत्महत्या कर रही है। कवि इसके लिए जनता को ही जिम्मेदार मानता है और जनता की लड़ाई वह इस आत्महत्या के विरुद्ध कविता में लड़ता है। वह चाहता है कि सारी परिस्थितियों को तत्काल बदल दिया जाय, जिसके प्रभाव से भारतीय जनता आत्महत्या करती रहती है। कवि के अनुसार यह आत्महत्या एक-दो जगह नहीं होती। यह आत्महत्या खेतों, खलिहानों, कल-कारखानों, सचिवालयों, कार्यालयों, सड़कों, गलियों, मकानों, झोंपड़ियों, ट्रेनों, बसों, मैदानों, जंगलों आदि में आये दिन

हो रही हैं। सामाजिक विसंगतियाँ जनता को आत्महत्या करने के लिए मजबूर कर रही हैं। कविता के रणक्षेत्र में जनता का आवाहन करते हुए कवि इस आत्महत्या के विरुद्ध सन्नद्ध होने के लिए शंख फूँकता है। पुस्तक की प्रस्तावना में कवि ने इच्छा व्यक्त की है कि वह कविता के अलावा जनता के पक्ष में अन्य हथियारों से भी लड़ने की इच्छा रखता है अर्थात् उसके मन में राजनीतिक दलों, किसान संगठनों, मजदूर संगठनों, युवा संगठनों आदि के माध्यम से लड़ने की इच्छा है। कविता लिखे जाने के दौर में सन् '60-65 के बीच भारत में नक्सलवादी, आतंकवादी, उग्रवादी, अलगाववादी आदि परिस्थितियाँ सामने नहीं आयी थीं। सम्भव है, आज की तरह स्थिति होती तो कवि जनता के पक्ष में इस मोर्चे पर लड़ने की भी घोषणा करता, किन्तु कवि उन सब मोर्चे से हटकर केवल साहित्य में ही जनता की लड़ाई लड़ना चाहता है और लड़ता है। पुस्तक में सबसे पहली कविता दिल्ली की बस यात्रा के सम्बन्ध में है। यहाँ तेज चाल से आती, क्षण-भर के लिए रुकती और फिर चल देनेवाली भीड़ भरी बस में गरीब स्त्री अपने बच्चे के साथ दुर्गति सहकर भी बस की यात्रा करती है। कवि भारत की नारी और भारत के भविष्य की यह दुर्गति देखता है। वह उन दृश्यों को बरसों से देख रहा है और बरसों तक देखेगा। इस लोकतन्त्र में इस तरह के कितने लोग बस छूटने से या बस से दबकर पैसे के अभाव में रोज अपनी आत्महत्या करते हैं।

'स्वाधीन व्यक्ति' शीर्षक कविता में कवि ने कवि की अस्मिता के समक्ष प्रश्न चिह्न खड़ा किया है और उन कवियों पर सीधा प्रहार किया है, जिन्होंने कभी अहंकारी शासन बदलने का संकल्प लिया था, किन्तु अनेक प्रलोभनों, पुरस्कारों, दबावों के कारण स्वयं वे अपने आपको बदल रहे हैं। अपने अधिकार और उद्‌देश्य बदल रहे हैं। श्रमिकों, किसानों, अन्य आम लोगों का देश बनाने के बदले स्वयं आधुनिकतावादी बनकर, नया बनकर, नयी शैली, नये कथ्यवाला बनकर इस लोकतन्त्र में नागरिक को एक बार फिर जाति, सम्प्रदाय में बाँट कर, बनिये को बनिया, ब्राह्मण को ब्राह्मण, कायस्थ को कायस्थ बनाकर गरीबों को गरीबों के विरुद्ध खड़ा कर रहे हैं, इस तरह कवि, विचारक या मनस्वी हमारे किसी काम के नहीं हैं। वे हमारे लोकतन्त्र, देश और जनता के लिए संकट हैं।

'मेरा प्रतिनिधि' शीर्षक कविता में सन् 1947 से 1967 के बीस वर्षों की भारतीय स्वतन्त्रता और उसमें निर्मित स्वाधीन लोकतन्त्र की विडम्बनाओं की खिल्ली उड़ाते हुए कवि उस संसद पर प्रहार करता है, जिसे हमारे प्रतिनिधियों ने निरर्थक बातचीत की एक दुकान बना कर रख दिया है। इधर नागरिक सील भरी बन्द कोठरी में रहते-रहते और सुख की प्रतीक्षा करते-करते देखता है, उसकी मातृभूमि उजाड़ हो गयी है। एक दिन इस संसद के विरुद्ध कुछ कह देने पर लोकतन्त्र के रक्षक उस पर टूट पड़े। उन प्रहार करनेवालों में सचिव, सेठ और सिपाही तीनों थे। दूसरी ओर रक्षा

करनेवालों में स्वयं एक नागरिक या उसका पुत्र जैसे गरीब लोग थे। सचिव, सेठ और सिपाही यहाँ सत्ता के प्रतिनिधि वर्ग शत्रु हैं, जो कहते हैं—

मारो, मारो, मारो, शोर था मारो/ एक ओर साहब था/
सेठ था/ सिपाही था/ एक ओर मैं था/ मेरा पुत्र और भाई था/
मेरे पास आकर खड़ा हुआ एक राही था/
एक ओर आकाश में हो चला था भोर/
मैं अपने घर में फिर वापस आऊँगा मैंने कहा।[1]

भारत का राष्ट्रगीत वास्तव में एक बड़ी विचित्र विडम्बना है। इसकी रचना 1912 में दासता के दिनों में रवीन्द्रनाथ टैगोर ने दिल्ली दरबार के समय पंचम जार्ज का स्वागत करने के लिए की थी। इसे उस समय अंग्रेज अधिनायकों, भारतीय राजा, सामन्तों, व्यापारियों और अन्य अधिकारियों के बीच संगीत के साथ प्रस्तुत किया गया था। यद्यपि इस संगीत में रवीन्द्रनाथ टैगोर ने भारत का भौगोलिक और सांस्कृतिक चित्र प्रस्तुत किया है और पूरे भारत की इकाई के अधिनायक के रूप में सम्राट् पंचम जार्ज को स्वीकार किया। पं. नेहरू ने बिना इस संगीत के इतिहास और रचयिता की मानसिकता को समझे-बूझे इसे राष्ट्र गीत घोषित कर दिया। हमारे स्कूल के बच्चे तथा सेना के सिपाही इस दासता के मुख्य आराध्य अधिनायक की आज तक पूजा करते आ रहे हैं और विडम्बना यह कि हमने इसे राष्ट्रगीत मान लिया है। वास्तव में यह राष्ट्रगीत अपमान है, आजादी का। कवि ने इस पर प्रहार करते हुए पूछा है कि भारतीय हरिचरण फटा हुआ पैजामा पहनकर जिस अधिनायक का गुणगान करता है, वह कौन है? वह रोज जिसका जयगान करता है, वह कौन है?

कौन-कौन है, वह जन-गण-मन, अधिनायक महाबली,
डरा हुआ, मन बेमन जिसका, बाजा रोज बजाता है।[2]

कवि की एक प्रसिद्ध कविता है, "भीड़ में मैकू और मैं।" हरिचरण, रामलाल, मैकू, भोलाराम, बेचू, निरहू, ठोड़े, मंगरे, पाँचू, गोबरे और इसी तरह कविता में आये अनगिनत नाम विविध क्षेत्रों में कार्यरत भारतीय जनता के प्रतिनिधि हैं। ये वास्तव में समाज के विभिन्न वर्गों या जीवन स्थितियों के प्रतिनिधि हैं। ये समाज में व्याप्त वेदना, शोषण, दुःख-दर्द के प्रतिनिधि हैं। अलग-अलग स्थानों से आये नागरिक भारतीय समाज की वाणी हैं। ये पात्र कवि की भीड़ के प्रवक्ता प्रतिनिधि हैं। वे कभी अपनी वेदना कहते हैं, कभी अपनी दुर्गति का प्रमाण देते हैं, कभी अपने शत्रुओं का परिचय देते हैं, अनन्त सम्भावनाओं से भरे हुए परन्तु गये-गुजरे ये लोग आर्थिक, सामाजिक, सांस्कृतिक मोर्चे पर बार-बार हर परिस्थिति में केवल अपनी आत्महत्या करते हैं। कवि

1. रघुवीर सहाय : आत्महत्या के विरुद्ध, पृ. 18, 19.
2. रघुवीर सहाय : आत्महत्या के विरुद्ध, पृ. 20.

इनका नाम ले-लेकर अन्य भारतवासियों को जगाता है, बताता है कि ये सोये तो मारे गये, तुम भी सोये रहोगे तो मारे जाओगे। देखो, तुम्हारे शत्रु, लोकतन्त्र, गाँधीवाद, समाजवाद, आराम-हराम इत्यादि नाम पर तुम्हें और देश को बार-बार ठग रहे हैं। समय रहते चेतना नहीं आयी, तो तुम्हारा प्रतिनिधि भी तुम्हारा साथ नहीं देगा, क्योंकि वो तो कभी कुछ और कभी कुछ बनकर अपने ही लड़कों को मन्त्री बनाने के लिए गोटियाँ बिछा रहे हैं ताकि यह प्रमाणित कर सकें कि यह लोकतन्त्र जनता के पास आ रहा है। कभी चार बुद्धिजीवी क्रान्ति की लम्बी-चौड़ी वार्त्ता करते हैं और वे अपने ढंग से देश को गुमराह करते हैं। वे इतने कायर होते हैं कि क्रान्ति के उद्देश्य को एक कदम भी आगे नहीं बढ़ाते—

चार बुद्धिजीवी घास पर बैठे, हुई क्रान्तिवार्त्ता/
हर कोई अपने को विद्रोह न करने के लिए फटकारता/
अन्त में बचा एक ठस कार्यकर्त्ता/ पार्टी की शक्ति/
घर छोड़ आया/ अपढ़, बच्चों को शहर में विचरता/
विचरता किसी दिन एक प्रबल उथल-पुथल/
बदल देगी कस्बे की चेतना/
बड़े कष्ट से मैं पिछले कुछ बरसों में/
अपने को खींच कर लाया था दर्पण तक/
उसमें जब देखा, देखी एक भीड़/
मेरी तरह पटिया चिपकाए हुए।[1]

कवि ने इसी कविता में वर्तमान, आयातित पश्चिमी संस्कृति या होटल संस्कृति की पतनशीलता पर भी प्रहार किया है और स्पष्ट किया है कि एक ओर हमारी युवा पीढ़ी मन्त्री बनने के लिए आतुर है, दूसरी ओर युवा पीढ़ी सजावट, शृंगार के लिए आतुर है, तीसरी ओर युवा पीढ़ी पैसे के जोर से पेशेवर भूखी औरत के साथ सुख लूट रहा है। इस तरह हमारी युवा पीढ़ी, संघर्ष, परिवर्तन, क्रान्ति और निर्माण का पथ छोड़कर गुमराह हो रही है। दूसरी ओर नंगी औरत निरहू, पाँचू, गोबर जैसे लोग इसी देश में यातना सह रहे हैं, बँधुआ मजदूरी कर रहे हैं और मातृ शक्ति की प्रतीक कोई स्तनविहीन औरत रेल में यात्रा कर रही है और दया कर उसे कम्बल भी ओढ़ानेवाला कोई नहीं है।

गया वाजपेयी से पूछ आया देश का हाल/
पर उढ़ा नहीं सका एक नंगी औरत को/
कम्बल रेलगाड़ी में बीस अजनबियों के सामने/

---

1. रघुवीर सहाय : आत्महत्या के विरुद्ध, पृ. 21, 22.

बेचू वल्द निरहू ढोड़े मंगर गोबर/ पाँचू भाई/
बैठे थे जाने कहाँ से/ न जाने कहाँ को जा रहे थे/
डाँड़ भरने के लिए।[1]

'फिल्म के बाद चीख' कवि ने स्वतन्त्रता के बाद भारत की राजनीति और सामाजिक विकास के तहत चल रहे कार्यक्रमों को एक फिल्म-शो की तरह माना है, जिसमें कुछ समय के लिए अनेक आकर्षक और झूठे दृश्य दिखाते जाते हैं। परस्पर मिले-जुले अभिनेता और अभिनेत्री झूठ-मूठ में मित्र-शत्रु, अमीर-गरीब, सच और झूठ का फर्जी नाटक दिखाकर जनता को बेवकूफ बनाते हैं और फिर सभी मिलकर एक हो जाते हैं। इसी तरह हमारे राष्ट्र निर्माताओं और राजनेताओं ने जीवन के विविध क्षेत्रों में प्रवचनों का एक संसार बनाया है। कभी सामुदायिक विकास, कभी पंचवर्षीय योजना, कभी परिवार नियोजन, कभी मताधिकार, कभी विदेश नीति, कभी देशभक्ति आदि के बदलते नारे जनता के बीच फेंकते रहे और उसे बेवकूफ बनाकर सत्ता के शीर्ष पर बैठकर और देश को बर्बाद कर अपने को और मोटा करते रहे। पूरे देश को उन्होंने एक फिल्म की तरह बना दिया।

यह कविता अपने सन्दर्भ में यथार्थवादी है। कवि ने इसमें नग्न यथार्थवाद का चित्रण नहीं किया। किसी स्थूल कथा या घटना का भी वर्णन नहीं किया। विषय यथार्थवाद, राष्ट्र निर्माण का है किन्तु कविता की शैली कहीं प्रतीकात्मक है और कहीं लाक्षणिक व्यंग्यात्मक। जिस तरह छायावादी कवियों ने कविता के वास्तविक अर्थ का विकास कर सामान्य कथन में गम्भीर अर्थ सृजन का प्रयत्न किया, उसी तरह कवि ने अपनी नयी कविता में उस लाक्षणिक शैली का उपयोग किया है और हमारे दैनिक जीवन के विविध सन्दर्भों के सामान्य कथन में भी अत्यन्त गम्भीर और प्रभावकारी अर्थ का सृजन किया है। जनता में प्रचलित फिल्म जैसे सामान्य शब्द के माध्यम से पूरे राजसी जीवन की संरचना को उन्होंने चुनौती दे दी है। पूरी व्यवस्था को चुनौती देते हुए, उसे तोड़ डालते हुए संघर्ष का आवाहन करते हुए कवि ने भारतीयों के समक्ष अपनी कविता रखते हुए लिखा है कि इस देश में पीली कन्याएँ गाँव से बाहर तक अनहोनी घटनाओं के प्रति नासमझ बनकर बैठी हुई हैं। ये भारत के भविष्य की माताएँ हैं। भविष्य की सन्तान का सृजन करनेवाली हैं, जो देश का निर्माण करेगी। इनका चेहरा बीमारी से, अन्न के अभाव से, खून की कमी से पीला हो गया है। ये भविष्य की माताएँ हैं। इनकी चिन्ता करनेवाला कोई नहीं है। गाँव से शहर तक इन्हीं घरों में पर्दे की शिकार, पुरुष समाज द्वारा आरोपित लज्जा या पर्दा की शिकार, आर्थिक सामाजिक गतिविधियों से कहीं अपने पतियों की दासी, सिली चाचियों के साथ वे बैठी हैं। अर्थात् वर्तमान पीढ़ी की कन्याएँ ही दुःख नहीं झेल रही हैं, बल्कि पिछली पीढ़ी

---

1. रघुवीर सहाय : आत्महत्या के विरुद्ध, पृ. 23.

की चाची, बुआ, दीदी आदि भी पुरानी परम्परा, व्यवस्था की बड़वाग्नि में जल रही हैं। अनेक सम्भावनाओं से भरा हुआ, उनका यौवन, जो समाज, राष्ट्र, जीवन को बदल सकता है, निर्माण कर सकता है, शिक्षा तथा आर्थिक साधनों के अभाव में केवल पेट पर टिक गया है। अतः सारा होनहार यौवन रोटी की चिन्ता और व्यवस्था में नष्ट हो जाता है। यही हाल भारत की करोड़ों जनता का है, जो लक्ष्यहीन दिशा में अग्रसर हो रही है। मानों किसी फिल्म में अपना कपड़ा-लत्ता सँभालते हुए कोई भीड़ चलती जा रही है जिसका कोई उद्देश्य नहीं है। बार-बार नया-नया नारा देनेवाले तथा बेमतलब का झूठा वादा करनेवाले नेताओं की भाषा अब भ्रष्ट हो चुकी है। जिस तरह भ्रष्ट व्यक्ति का समाज में कोई मान नहीं होता, उसकी कोई प्रतिष्ठा नहीं होती, इसी तरह अब हमारे नेताओं की भाषा अपनी प्रतिष्ठा खो चुकी है। इधर कवि अपनी कविता में किसी सौन्दर्य या रमणीयता का वर्णन नहीं करता, बल्कि देश की चिन्ता तमस में डूबा प्रकाश खोज रहा है क्योंकि पूरा देश अन्धकार में डूब गया है। अब इसके उद्धार का प्रश्न है। कवि पहले ही स्पष्ट कह चुका है कि वह अपना सामाजिक संघर्ष अन्य क्षेत्र में नहीं करेगा, साहित्य में ही करेगा। इसलिए वह कविता के माध्यम से देश को किनारे लगाने की कोशिश कर रहा है। फिर कवि ने इस कविता में दो-तीन स्थूल उदाहरण भी प्रस्तुत किये हैं।

पहला उदाहरण एक निरीह औरत का है। सामाजिक जीवन के संघर्षों में थकाहारा पुरुष जब घर लौटता है तो अपने क्रोध को उस कमजोर स्त्री पर उतारता है, जो घर के भीतर स्वयं दिन-रात घुटन और अभाव का जीवन व्यतीत करती है। पेट भरने के लिए जिसे अन्न नहीं मिलता, तन ढकने के लिए जिसे वस्त्र नहीं मिलते वह अर्थ बुभुक्षु और अर्थनग्न हैं। कवि ने यहाँ उसकी तुलना विज्ञापन की दूसरी औरत से की है, जिसकी नग्न पीठ और पेट में सौन्दर्य के आकर्षण की प्रतिच्छाया दिखायी पड़ती है, किन्तु इस औरत की पीड़ा में अथक पीड़ा और वेदना है। इतना ही नहीं, वह पिछले बीस बरसों से विवाहित जीवन में शरीर समर्पण के परस्पर अपमान का कोई जवाब भी नहीं देती है अर्थात् इतने समय तक सब-कुछ समर्पण करने के बाद भी उसने क्या पाया? न तो सम्मान, न कपड़ा, न रोटी।

कवि ने अगला उदाहरण एक नवयुवक का दिया है, जो परिश्रम करता है। बड़ी-बड़ी आशाएँ लगाये बैठा है। यह देश उसका अपना है ऐसा सोचता है, किन्तु जब जीवन में कदम रखता है, तब लगता है कि देश उसका नहीं है। परीक्षा में अच्छी श्रेणी उसकी नहीं है, नौकरी नहीं है, अधिक परिश्रम के बाद भी उचित वेतन नहीं है। दिन भर खटने के बाद भी उसकी आवश्यकता की पूर्ति नहीं होती। इसके अतिरिक्त भ्रष्टाचार, अपमान, अन्याय अलग। जिसके माँ-बाप धनी नहीं हैं, मन्त्री नहीं हैं, वह युवक अनाथ है। वह अपने लिये विकास के सारे द्वार बन्द देखकर आक्रोश से जल उठता है। उसके मन में केवल कुण्ठा पल रही है। साठ से सत्तर के बीच की पीढ़ी

विश्व भर में 'ऐंग्री जेनरेशन' (क्रुद्ध पीढ़ी) और यह क्रुद्ध पीढ़ी वास्तव में हंग्री जेनरेशन (भूखी पीढ़ी) थी, जिसके सामने जीवन का कोई लक्ष्य नहीं था। इसी पीढ़ी ने उसी दौर में सत्य, अहिंसा, मतपत्र, समाजवाद से मुँह मोड़ लिया। यह धीरे-धीरे निर्माण के पथ से विमुख हो गयी, क्योंकि उसे नेताओं की इस तरह की बातें निरर्थक लगने लगीं। इसी स्थिति पर व्यंग्य करते हुए गोरख पाण्डेय ने लिखा था, 'धीरे-धीरे आया समाजवाद' उन सारी स्थितियों को कवि ने और स्पष्ट किया है—

हर साल एक और नौजवान घूँसा/
दिखाता है मेज पर पटकता है/
बूढ़ों की बोली में खोखले इरादे दोहराता है/
हाँ हमसे हुई जो गलती सो हुई/ कहकर एक बूढ़ा उठ/
एक सपाट एक विराट् एक खुर्राट समुदाय को/
सिर नवाता है।[1]

पुनः कवि ने निर्वाचन पर व्यंग्य किया है। किसी फिल्म शो की तरह हमारे देश में परिवर्तन के नाम पर, नये के नाम पर, कुछ होने के नाम पर निर्वाचन आता है। धूमधाम से जनता और नेता हिस्सा लेते हैं, लेकिन निर्वाचन के बाद फिर वही लोग दिल्ली, लखनऊ होते हैं, हमारे स्वामी होते हैं, जो निर्वाचन से पहले थे। यह निर्वाचन सचमुच में सिनेमा-शो से अधिक कुछ भी नहीं रह गया है। जहाँ तक मतपत्र या मतदान प्रक्रिया का सवाल है, कवि ने उसकी चर्चा न करना ही उचित समझा है। कवि ने देश प्रेम का भी प्रश्न उठाया है, क्योंकि यह भी हमारे देश में एक फैशन बन गया है। युद्ध की बातें करना देश प्रेम है, जनता को युद्ध में झोंकना देश प्रेम है, धन दौलत का अपव्यय करना देश प्रेम है, सेना पर अपव्यय करना देश प्रेम है, सेना के आवागमन के साथ देश प्रेम के गीत टी. वी., आकाशवाणी से सुनाये, दिखाये जाते हैं, जिनका यह देश नहीं है, उन्हें देश प्रेम सिखाया जाता है। यहाँ देश प्रेम मानों एक मजाक है। इसी तरह संसद का भी मजाक उड़ाया जाता है। कवि ने उसकी तुलना एक मन्दिर से की है। मन्दिर जाकर पूजा, मन्दिर, पुजारी, धर्म के बारे में प्रश्न नहीं पूछता, सिर झुकाता है, दक्षिणा देता है, कान पकड़ता है, वापस आ जाता है। संसद की हालत इतनी गिर गयी है कि वह हमारे प्रति उत्तरदायी नहीं रह गयी है और हम संसद से इस देश के निर्माण के बारे में कुछ पूछ नहीं सकते। अब पतन की ओर अग्रसर हमारी संसद भी कवि की दृष्टि में एक फिल्म की शो से अधिक नहीं रह गयी है। यही कारण है कि कवि को लिखना पड़ा—

यह भारत एक महान् गद्दा है प्रेम का/ ओढ़ने बिछाने
को, धारण कर/ छोटी महीन सदानन्द पसरा हुआ।[2]

---

1. रघुवीर सहाय : आत्महत्या के विरुद्ध, पृ. 28.
2. रघुवीर सहाय : आत्महत्या के विरुद्ध, पृ. 29.

यहाँ पर कवि ने भारत रूपी महा गद्दा पर सोनेवाले भारतीय नागरिक का नाम 'सदानन्द' रखा है। यह भी कम व्यापक नहीं है। जो भी संसद की ओर जाता है, देश प्रेम की बातें जोर-जोर से करता है, इस देश में वह सदैव आनन्द का अनुभव करता है। वह सदानन्द के अतिरिक्त दूसरा कुछ नहीं हो सकता।

पिछले दौर में हमारे देश में कई साझा सरकारें बनीं और गिरीं। बड़े उत्साह के साथ इसमें कुछ लुंज-पुंज रुग्ण राजनीतिज्ञ शामिल हुए, जो कहते रहे कि हम अपना अशोभनीय आकार-प्रकार लेकर नयी सरकार में शामिल हुए थे और देश की समस्याओं को छोड़कर, अपना मुख्य काम छोड़कर, आर्थिक और सामाजिक नवनिर्माण छोड़कर विदेश नीति पर निरर्थक बहस करते थे और जनता को धोखा देते थे। कवि एक गरीब देश की विदेश नीति का कोई तात्पर्य नहीं समझता। वह इन सारी स्थितियों से ऊब चुका है। उसने ललकार कर कहना आरम्भ कर दिया कि अब तक जनता मूक दर्शक बनी देश निर्माण की यह सब फिल्म देखती रही, लेकिन अब उसे देश निर्माण की जादूगरी के विरुद्ध संगठित होकर विद्रोह करना चाहिए। देश का बेड़ा गर्क करनेवाले राजनेता, पूँजीपति की खिलाफत करते हुए कवि कहता है—

एक बार जान-बूझकर चीखना होगा/ जिन्दा रहने के लिए/
दर्शक दीर्घा में से/ रंगीन फिल्म की घटिया कहानी की/
सस्ती शायरी के शेर/संसद सदस्यों से सुन चुकने के बाद।[1]

आज के भारतीय समाज में एक नयी जीवन स्थिति पैदा हो गयी है। कवि का ध्यान उधर ही गया है। ऐसा प्रतीत होता है कि कवि ने 'लोकतन्त्र की मृत्यु' कविता बन गयी। 27 मई, 1964 को भारत चीन युद्ध में नेहरू सरकार की पराजय की दुःखद प्रतिक्रिया हुई। चीनी सेनाओं को भारतभूमि पर काबिज होते देखने से जो सदमा नेहरू को हुआ, उसने उनकी जान ले ली। कवि ने उसकी प्रशासकीय और लोकतान्त्रिक विडम्बनाओं पर व्यंग्य करते हुए लिखा है कि अब मृत्यु भी एक ऐसा नाटक बन गयी है, जिसमें कुछ समय के लिए व्यक्ति को सत्य से दूर बहुत दूर-दूर रखा जाता है। राजाओं की मृत्यु का नाटक पहले कभी हुआ करता था। वह नाटक उतर कर प्रधानमन्त्रियों तक आ गया है। मृत्यु के समीप मृत्यु की घोषणा नहीं होती। यह सभी जानते हैं कि प्रधानमन्त्री मर चुका है, लेकिन सभी उसे तब तक छुपाते हैं, जब तक कि अधिकारिक तौर पर सरकार का सचिव उसकी घोषणा न करे कि अब प्रधानमन्त्री मर चुके हैं। जीवन का इतना बड़ा सत्य छिपाया गया है। कुछ देर के लिए सत्य पर परदा डाला जाता है। झूठ-मूठ के राजनीतिक शिष्टाचार का परिचय दिया जाता है। मृत्यु हो चुकी है। लोग उसके लिए परेशान नहीं हैं, लोग परेशान इसलिए हैं कि—

---

1. रघुवीर सहाय : आत्महत्या के विरुद्ध, पृ. 30.

"सिमटे हुए लोग उसमें बैठे थे मृत्यु की खबर की प्रतीक्षा में।"[1]

फिर कवि ने आधुनिक शिष्टाचार पर भी प्रहार किया है। जो शोक प्रकट करनेवाले हैं, वे शोक में सन्तप्त कम, अपने जीवित रहने के लिए, अपने पद के लिए, अपने लाभ के लिए अधिक प्रयत्नशील हैं। कवि के शब्दों में, अपराधी से आते हैं, राज्यपाल, मुख्यमन्त्री, विधायक। वे अत्यन्त बोझिल, दिखावटी, तनावग्रस्त, झूठे आडम्बर के बोझ से दबे हुए आते हैं और जब दिवंगत प्रधानमन्त्री की मृत्यु की खबर सुन लेते हैं, तब वे "बख्शे हुए से जाते हैं" मानों वे मुक्त हो गये हैं। अन्त में मृत्यु का शिष्टाचार इतना झूठा और फरेबी हो गया है कि सबकी जानकारी में हुई घटना तब तक सत्य रूप ग्रहण नहीं कर पाती, जब तक उसकी विधिवत् सूचना घण्टों या दिनों बाद सरकार को नहीं दी जाती। यह भी एक सामाजिक विसंगति है। कवि ने प्रधानमन्त्री को प्राचीन काल के राजाओं की नकल बताया है और लिखा है, नाम के लिए हमारे देश में लोकतन्त्र है, लेकिन सारा आचरण राजतन्त्रीय है—

राजा मरेगा बजेगा इतिहास में नगाड़ा/ पर यहाँ कुछ भी
सुनायी न देगा मैदान में/ सचिव जी देंगे जब लिख करके
सूचना/ कहेंगे कि तोता गुजर गया हमारी जान में।[2]

'सफल जीवन' कविता में कवि अनेक समाज सुधारकों, समाजवादियों, न्यायवादियों या अन्य क्रान्तिकारियों के चारित्रिक ह्रास और उनके पतित तथा व्यक्तिगत जीवन का ब्योरा देता है—"बरसों पहले उसके मित्र देश में परिवर्तन, समाजवाद की बात किया करते थे। अब वे सब-कुछ भूलकर पत्रिका, समाचार-पत्र, आकाशवाणी, दूरदर्शन, सरकारी नौकरी, विधायक, सांसद या लाभ के अन्य पदों पर पहुँचे हैं और जिनके बारे में कवि ने बड़ी सहानुभूति से कविताएँ लिखी थीं, जिनसे कवि परिवर्तन की बड़ी उम्मीदें बाँधे हुए था और जिनसे ये उम्मीद थी कि कवि की कविता में आये दुखित, पीड़ित भारतवासियों के साथ सहानुभूति दिखायेंगे, वे क्रान्ति छोड़कर चाँदी काटने में लग गये हैं। उनके इर्द-गिर्द भ्रष्टाचार का बोलबाला है। वे कवि को फटेहाल, दर्दमय जीवन, उपेक्षित जीवन, दुःखी जीवन जीते देखते हैं और कवि की क्रान्तिकारिता के प्रति व्यंग्य से मुस्करा देते हैं। उन्हें अपनी सफलता पर गर्व है, जिसे देखकर कविता फूट पड़ी है—

सफल था उनका जीवन सबका एक लक्ष्य था/ सबकी
एक-सी गन्ध/ सबमें एक-सा प्रतिवाद/ भ्रष्टाचार से/
एक-सा आत्माभिमान/ सबमें न कम न ज्यादा।"[3]

---

1. रघुवीर सहाय : आत्महत्या के विरुद्ध, पृ. 35.
2. रघुवीर सहाय : आत्महत्या के विरुद्ध, पृ 36.
3. रघुवीर सहाय : आत्महत्या के विरुद्ध, पृ 37.

'अकाल' शीर्षक कविता में कवि ने हर वर्ष जनता के जीवन में आनेवाले अकाल के दो दृश्यों का चित्र प्रस्तुत किया है। यह अकाल कभी सूखा, कभी बाढ़, कभी अन्य प्राकृतिक आपदा के कारण हमारे देश में हर साल कहीं-न-कहीं आता है। इसकी दूसरी व्याख्या यह है कि आर्थिक पिछड़ापन, गरीबी और धन के असमान वितरण के कारण गरीबी रेखा के नीचे रहनेवाले लगभग आधे लोग जीवन भर बारह महीने प्रायः अकाल में ही रहते हैं। इसलिए यह कविता आकस्मिक अकाल से रहित भारतीय जीवन परिवेश के स्थायी अकाल की ओर अधिक संकेत करती है। उस स्थिति में भारतीय मनुष्य अपनी मनुष्यता की गरिमा से गिर जाता है। उसके जीवन के सारे आदर्श तिरोहित हो जाते हैं। भारतीय संस्कृति के तथाकथित मूल्य-करुणा, सहानुभूति, सेवा, त्याग, उपकार, मानव-प्रेम आदि तिरोहित हो जाते हैं। मनुष्य गिरते-गिरते पशु की स्थिति में आ जाता है।

दूसरी स्थिति यह है कि इसी देश में कुछ लोगों के पास भरपूर आमदनी है। आवश्यकता से अधिक उनके पास धन-दौलत, वेतन है। इसके अलावा ऊपरी आमदनी भी है। उस आमदनी के बल पर शराब और विलासिता के उपभोग में गुलछर्रे उड़ाते हैं। इस अकाल का चित्र खींचते हुए कवि ने लिखा है। अत्यधिक सूखा के कारण भूमि की पर्त फट गयी है, मानों पृथ्वी में भूख के कारण छेद हो गये हैं। गरीब स्त्रियाँ मजदूरी की तलाश में या शरीर बेचकर आमदनी की तलाश में अपना वक्षस्थल बाँध कर इधर-उधर घूम रही हैं। छोटी-छोटी गठरी उनकी बगल में या सिर पर दिखायी पड़ती है। लेकिन यह पर्याप्त नहीं, यह पोटली उनकी आमदनी की नहीं, भूख का प्रतीक है। कुछ स्त्रियाँ मजदूरी कर रही हैं। पहाड़ की खुदाई हो रही है, गिट्टी तोड़ी जा रही है, धूप, वर्षा, ठण्ड की भी मार पड़ रही है। तब भी पत्थर का हाथ-पैर पीठ-सिर बनाकर अपनी सारी नारी सुलभता का परित्याग कर मर्यादा और आदर्श की मृत्यु हो जाने पर ये स्त्रियाँ कहीं पत्थर ढो रही हैं, कहीं लकड़ी ढो रही हैं। ये एकटक अपनी वेदना को देख रही हैं। उनके दाँत मटमैले हो गये हैं। यहाँ कवि ने दाँत मटमैले का मुहावरे के रूप में प्रयोग किया है। इसका तात्पर्य यह है कि सुबह से शाम तक इन्होंने कुछ नहीं खाया। फलस्वरूप इनका जबड़ा, होंठ, मुँह का कोई अंग हिल नहीं सका। इसी से इनके दाँत में मैल जम गयी है। यह दयनीय जीवन का सूक्ष्म दर्शन है।

एक और चित्र प्रस्तुत करते हुए कवि ने लिखा है कि एक बाप कभी-कभी अपने पुत्र को गोद में लेकर वात्सल्य सुख का अनुभव कर रहा था। उसी समय उसके टिन के कटोरे में कहीं से थोड़ा-सा भात मिला, भात इतना ही कि पेंदे में समा गया। भूख की मार से पिता ने अत्यन्त निष्करुण भाव के साथ अपने बेटे को फर्श पर बैठा दिया और पशु की तरह चुपचाप बिना बच्चे की ओर देखे, बिना उसकी चिन्ता किये, स्वयं भात खाने लगा। गरीबी ने उस बाप को पशु बना दिया और उसका वात्सल्य झरना सूख गया।

कटोरे के पेंदे में भात/ गोद में लेकर बैठा बाप/ फर्श पर रखकर अपना पुत्र/ खा रहा है, उसको चुपचाप।[1]

यहीं कवि ने समानान्तर एक दूसरा दृश्य भी प्रस्तुत कर दिया है, जिसमें एक ओर रात होते ही ऊपरी आमदनी की ऊब की धुन्ध उठने लगती है। पूँजी के बढ़ने पर विलासिता का नया दौर शुरू हो जाता है। उस पर अकाल की छाया भी नहीं पड़ने पाती। सुरा-सुन्दरी और संगीत की सरिताएँ बहती हैं। यह आधुनिक यौन स्थिति का चित्र है। कवि का ध्यान परम्परागत सामाजिक व्यवस्था की ओर जाता है, जहाँ बूढ़ा रामगुलाम अपने को सनातन नियमों के अनुसार तुच्छ निकृष्ट अपमानित समझकर शास्त्रों के स्वामी पण्डित राजाराम को झुककर प्रणाम करता है, क्योंकि पण्डित राजाराम के शास्त्रों के अनुसार मृत्यु, जीवन दुर्भिक्ष, अनुदान यह सब-कुछ भाग्य रेखा से निर्धारित होता है और शास्त्रीय नियमों से समाज के ऊपरी ढाँचों में बैठे विधायक, नेता, सचिव, पुलिस कप्तान सुख भोग करते हैं। यह भाग्य का ही खेल है कि इन ऊपरी लोगों के पास अकाल की पहुँच नहीं होती। अकाल केवल उन लोगों के पास आता है, जिनके पास न धन की शक्ति है, न पद की और न शास्त्र की।

कवि ने 'हमारी हिन्दी' शीर्षक कविता में राष्ट्रीय अस्मिता का मूल्यांकन किया है। राजाराममोहन राय, केशवचन्द सेन, दयानन्द सरस्वती, लोकमान्य तिलक, महात्मा गाँधी, सुब्रह्मण्यम् भारती आदि के अथक प्रयास से हिन्दी को पूरी भारतीय जनता के बीच सारे देश में प्रतिष्ठित किया गया। भारत की स्वतन्त्रता के बाद भारतीय संविधान में उसे राजभाषा की मान्यता प्रदान की गयी और पन्द्रह वर्षों की अवधि के बाद उसे भारत की व्यावहारिक राजभाषा घोषित कर दिया गया। पण्डित नेहरू ने संविधान सभा के निर्णयों के विरुद्ध एक खतरनाक आश्वासन दे दिया कि हिन्दी किसी पर लादी नहीं जायेगी। अब यहाँ संविधान का सीधे-सीधे उल्लंघन हो गया। यह आश्वासन संविधान के विरुद्ध था। इससे इतिहास द्वारा सशक्त बनायी गयी हिन्दी दुर्बल होकर बिखर गयी और पूरे भारत को भारतीय जनमानस को, भारतीय अस्मिता को एक सूत्र में बाँधनेवाला भाषाई तत्त्व कमजोर हो गया। पूरे भारत में क्षेत्रीयता, जातीयता, भाषावाद पनपने लगा। पण्डित नेहरू द्वारा एकता का बन्धन तोड़ दिये जाने से यह बिखराव आया और स्वभावतः जब भारत बिखरने लगा, तब लोगों ने भारतीय एकता का नारा लगाया। इस स्थिति में साम्राज्यवादियों की भाषा अंग्रेजी, जिसे भारत के दो प्रतिशत लोग भी न जानते हैं, न समझते हैं और न आगे समझेंगे, पहले से अधिक शक्तिशाली हो गयी। उच्च राजनेता, उच्च प्रशासक और बड़े व्यापारियों ने इस अंग्रेजी को अपनी भाषा बनाया, हिन्दी को श्रमिकों, किसानों या सामान्य जन की भाषा घोषित किया और उसे शासकीय कार्यों के लिए अनुपयुक्त कहा। कवि के विचार से अंग्रेजी पण्डित

1. रघुवीर सहाय : आत्महत्या के विरुद्ध, पृ. 62.

नेहरू या अन्य शासकों के लिए मानो प्रथम प्रिय पत्नी की तरह सर्वमान्य थी और हिन्दी दूसरी पत्नी की तरह उपेक्षित। अंग्रेजी सब-कुछ लेकर आम जनता को अस्तित्वहीन बनाने में सफल रही, जबकि हिन्दी ने सब-कुछ देकर जनता का व्यक्तित्व बनाया। हमारे शासकों ने हिन्दी को राजभाषा, राष्ट्रभाषा आदि की मान्यता दी, अधिकार दिया, प्रधानता भी दी, किन्तु व्यक्तित्व नहीं दिया, इसके विपरीत व्यक्तित्व छीन लिया।

कवि ने व्यंजना से भी यह स्पष्ट किया है कि जब तक हिन्दी जनमानस की तरह जनजीवन में व्याप्त नहीं होगी, उसे राष्ट्र का व्यक्तित्व प्राप्त नहीं होगा। इस निरक्षर और गरीब देश का उद्धार या लोकतन्त्र का निर्माण अंग्रेजी के माध्यम से नहीं होगा। कवि ने दुहाजू की नयी स्त्री की तरह हिन्दी को खाने, सोने और गहना पहननेवाली स्त्री बतलाया है अर्थात् उसकी जगह मकान के अन्दर तक सीमित है। उसका विवाद पड़ोसी भाषाओं, तमिल, तेलुगू, मराठी, बँगला आदि से खड़ा कर दिया गया है। बड़े ही आक्रोशा में कवि ने लिखा है—हिन्दी को रामायण और महाभारत या सिनेमा में 'नागिन की कहानी' या दिल्ली में 'खारी बावली' में छपे किसी 'कोक शास्त्र' की पुस्तक तक सीमित कर दिया गया है। सुप्रीम कोर्ट के निर्णय, विज्ञान के अनुसंधान, संसद के कानून और राष्ट्रपति के भाषण से हिन्दी का कोई सम्बन्ध नहीं है क्योंकि ये सब काम अंग्रेजी में होंगे। फिर बाद में कवि ने ऐसे कमरे का उल्लेख किया है, जहाँ हिन्दी रहती है, वहाँ का परिवेश निम्नलिखित है—"बिस्तरों पर चीकट तकिये/ कुर्सियों पर गाँजे हुए उतारे कपड़े/ फर्श पर ठनकते गिलास/ खूँटियों पर मैली-कुचैली चादरें जो कुएँ पर ले जाकर फींची जायेंगी। घर में सब-कुछ है जो औरतों को चाहिए/ सीलन भी और अन्दर की कोठरी में पाँच सेर सोना भी/ और सन्तान भी जिसका जिगर बढ़ गया है/ जिसे वह मासिक पत्रिकाओं पर हगाया करती हैं और जमीन भी जिस पर हिन्दी भवन बनेगा।"[1]

वास्तव में यह किसी कमरे की गरीबी का वर्णन नहीं है, बल्कि यह भारत का परिवेश है। संक्षेप में यही भारत है, भारत की स्त्रियों को मैले, दुर्गन्ध और चिक्कटपन से कोई मतलब नहीं। उन्हें सोना, चाँदी चाहिए और कुछ न हो। दूसरी बात पण्डित नेहरू और अन्य कुशल शासकों ने साफ-सुथरे कपड़ोंवाले लोगों के लिए अंग्रेजी रखी और मैले कुर्तेवाले भारतीयों के लिए हिन्दी दे दी। कवि यहाँ एक प्रश्न खड़ा करता है कि भारत किसका है? उन साफ सुथरे कपड़ोंवालों का या इन मैले कुचैले चिक्कट कपड़ेवालों का? यदि बहुमत इन लोगों का है तो भारत की राजभाषा हिन्दी होगी। अंग्रेजी को साफ कपड़ेवालों के साथ-साथ हिन्दी और हिन्दीवालों के लिए एक दिन सिंहासन खाली करना पड़ेगा, तभी हमारी हिन्दी के साथ न्याय होगा।

---

1. रघुवीर सहाय : आत्महत्या के विरुद्ध, पृ. 71.

'कोई एक और मतदाता' कविता में कवि ने आधुनिक कवि की सामाजिक चेतना को टटोलने और शब्द में बाँधने की चेष्टा की है। यह स्पष्ट किया है कि पहले के विविध प्रकार के लोग दूसरों के दुःख, मरण आदि से प्रभावित होते थे, किन्तु वे मृत व्यक्ति से आत्मीयता स्थापित नहीं कर पाते थे। यथार्थ से जुटने की चेष्टा नहीं करते थे। रघुवीर सहाय जैसा नया कवि सीमाओं या दुर्बलताओं के साथ एक मतदाता या मृत भारतीय से यथार्थ के स्तर पर मिलने और उसे समझने की चेष्टा करता है। देश की बदलती हुई स्थिति, मतदाता की निरीहता, सामाजिक असुरक्षा, कानून की नपुंसकता की स्थिति में जब खुशीराम एक दिन दोपहर में सड़क पर कत्ल कर दिया गया, तब कहीं कुछ नहीं हुआ। यह खुशीराम भारतीय मतदाताओं का एक प्रतीक है। उसकी हत्या पर कहीं कुछ नहीं होता, उल्टा लोग उसी पर दोषारोपण करने लगे। किसी ने जानने का यत्न नहीं किया कि हत्यारा कौन है? यह हत्यारा हमारा सामाजिक परिवेश, भारतीय लोकतन्त्र की व्यवस्था है, जो खुशीराम जैसे भारतीय की हर समय जान लेती है। विदेश नीति पर बहस करनेवाले लोग, बेमतलब सम्पादकीय लिखनेवाले पत्रकार खुशीराम जैसे सामान्य भारतीय की चर्चा तक नहीं करते, उल्टे उस पर बदचलनी या यातायात नियम भंग करनेवाले का झूठा आरोप लगाकर यह मान बैठते हैं कि उसने जैसा किया, वैसा पाया। आम भारतवासियों की स्थिति यही हो गयी है। लेकिन कवि इस मृत्यु से दुःखी है। इस मृत्यु को कविता का विषय बनाता है और समाज के सामने एक बार नहीं, बार-बार रखता है। वह मृत्यु के कारणों को खोजता है और अनुभव करता है कि एक दिन उन कारणों से वह भी मारा जायेगा। क्योंकि वह सामान्य जनता है।

नये कवियों और पुराने कवियों की तुलना करते हुए रघुवीर सहाय ने लिखा है—

कितना अच्छा था छायावादी/ एक दुःख लेकर वह एक गान
देता था/ कितना कुशल था प्रगतिवादी/ हर दुःख का
कारण वह पहचान लेता था/ कितना महान् था गीतकार/
जो दुःख के मारे अपनी जान लेता था/ कितना अकेला हूँ मैं
इस समाज में जहाँ सदा मरता है एक और मतदाता।[1]

प्रस्तुत कविता के माध्यम से कवि हिन्दी के विभिन्न वादों पर प्रहार करता है। किस प्रकार छायावादी कवि अपने-अपने व्यक्तिगत दुःख से दुःखी रहता था और उस दुःख को लेकर गान देता है। इसी तरह 'प्रगतिवादी' सपाट शब्दों में अपनी बात कह देते थे। उन्हें कोई परेशानी नहीं थी। आज जो गीत नवगीत की परम्परा चली है, उसमें कितना अच्छा है गीतकार, जो भावनाओं को आरोपित करके प्रेम गीत लिखता है, वह अमर हो जाता है। कवि का कथन है कि नयी कविता, नया कवि ज्यादा संवेदनशील है। अर्थात् नयी कविता की परिस्थिति ज्यादा जटिल है।

---

1. रघुवीर सहाय : आत्महत्या के विरुद्ध, पृ. 73.

'आत्महत्या के विरुद्ध' शीर्षक से एक कविता है, जो पुस्तक की अन्तिम कविता भी है, उसमें कवि ने पूरे सामाजिक अन्तर्विरोध और द्वन्द्व को आधुनिक भारतीय परिवेश में शब्दबद्ध किया है। इस कविता को यदि हम आधुनिक जीवन स्थितियों का शब्द चित्र कहें तो अनुचित नहीं होगा जैसे दस-बीस साल पहले, वैसे ही हम आज भी आत्महत्या की परिस्थितियों को ढोते ही नहीं जा रहे हैं, वरन् हम उनका निर्माण भी कर रहे हैं और फिर अपनी आत्महत्या भी कर रहे है। यह क्रम पीढ़ी-दर-पीढ़ी, वर्ग-प्रति-वर्ग, समूह-प्रति-समूह चलता जा रहा है। वास्तव में कवि को वर्तमान सामाजिक सन्दर्भ राष्ट्रीय परिवेश, लोकतान्त्रिक समाज के ढाँचे में इसका अन्त कहीं दिखायी नहीं पड़ता। हम आँख में पट्टी बाँधे तेली के कोल्हू में जुते बैल की तरह एक कमरे में घूमते जा रहे हैं। न तो कुछ देख रहे हैं, न सुन रहे हैं। रोज अपनी आत्महत्या कर रहे हैं। कवि भारतीय जनता, भारत देश की नियति पर दुःखी है और वह सन्त कबीर की तरह पूरे देश को जगाना चाहता है। लेकिन यह देश है कि जगता नहीं। कवि तो अपने दायित्व का निर्वाह करेगा ही। ऐसा नहीं कि देश को कोई जगानेवाला नहीं है। सम्पादक बराबर टिप्पणी लिखता है कि समय आ गया है, आत्महत्या के विरुद्ध उठो और कुछ करो, लेकिन उनकी आवाज देश के द्वन्द्व में दब जाती है। आकाशवाणी पर प्रसारित होनेवाले आधुनिक पश्चिमी उत्तेजनापूर्ण संगीत का स्वर इतना मुखर है कि उसके नाद सौन्दर्य में लोग बेभान हो जाते हैं और अपनी आत्मरक्षा की बात भी भूल जाते हैं। निरर्थक बहस, उन्माद के निर्णय, अपने लोगों के बीच पुरस्कार वितरण आदि के समाचार माध्यमों से आभिजात्य वर्ग अपनी आत्महत्या करता रहता है। उधर नगर निगम में भी यही स्थिति है। मन्त्री मुसद्दीलाल और आपूर्तिकर्त्ता पंसारी (विविध प्रकार के व्यापारी) आपस में एक राय करके पूरे निगम को लूट लेते हैं और कन्धा-से- कन्धा मिलाकर लूटपाट के लोकतन्त्र की पालकी आराम से ढोते हैं। जनता देखती नहीं। जिस तरह नाटक में अनेक पात्र होते हैं, जो तरह-तरह से नकली अभिनय करते हैं, उसी तरह राजनीति के नाटक में एक-से-एक राजनेता सफेद कुर्ता पहने स्वस्थ और लाल चेहरा लिये सुखी व्यक्तित्व के प्रतीक बनकर जनता के बीच आते हैं और कभी दुःखी कभी सुखी, कभी उदास होकर जनता के दुःख में भागीदार बनते हैं। परन्तु वे इतने घुटे हुए बदमाश होते हैं कि संवेदनशील कवि उन्हें देखता ही रह जाता है। उसके मन में एक आक्रोश उत्पन्न होता है और सोचता है, आखिर ये सब किसलिए उसकी हत्या इस तरह कब तक करते रहेंगे। वह बड़े विश्वास के साथ कहता है एक दिन उसके मन में बैठा हुआ कायर कवि विद्रोह करेगा और बोलेगा तो कविता के माध्यम से परिवर्तन करेगा। कवि जनता को रोज-रोज आत्महत्या करने से बचा सकता है—

कुछ होगा कुछ होगा अगर मैं बोलूँगा/ न टूटे न टूटे
तिलिस्म सत्ता का मेरे अन्दर/ एक कायर टूट/

मेरे मन टूट/ एक बार सही तरह/ अच्छी तरह टूट/
मत झूठ-झूठ अब मत रूठ/ मत डूब सिर्फ टूट।[1]

एक तरफ भारत का बच्चा या भारत का भविष्य अनाथ स्थिति में पड़ा है। उनके गाल पिचके, होंठ सूखे हुए हैं, जान साँसत में है, पढ़ने के लिए पुस्तक, लिखने के लिए कापी नहीं है, फीस का पैसा भी नहीं है, टूटी हुई छतवाली पाठशाला में अध्यापक भी नहीं है। दूसरी तरफ अच्छे-अच्छे स्कूल, पैसा पानेवाले टीचर और वहाँ अंग्रेजी पढ़ाई जा रही है जो अंग्रेजी हमारे देश की हत्या का कारण है। कवि जगाता है, लेकिन यह देश जागता ही नहीं।

नेहरू युग में इस देश के नव निर्माण के अनेक प्रयत्न हुए। उस निर्माण का चित्र खींचते हुए कवि ने लिखा है कि एक फटा कोट पहने हिलती हुई चौकी पर लालटेन सँभाले बूढ़ा मिस्त्री व उसका नौजवान बेटा एक ऐसे पेंच को कस रहे हैं, जिसकी चूड़ी घिस गयी है। आज का मन्त्री मुसद्दीलाल नेहरू युग के इसी औजार को इस देश की टूटी हुई चौकी में कसकर उसे फिट करना चाहता है। तात्पर्य यह कि पण्डित नेहरू ने अपनी हवाई कल्पना के अनुकूल देश में शासन तन्त्र अर्थतन्त्र, कानून तन्त्र बनाया। वह पुरानी चौकी की तरह टूट गया। वह हमारे समाज के किसी लायक नहीं रह गया। उसे छोड़ देना चाहिए और देश के नवनिर्माणार्थ नये संविधान का निर्माण करना चाहिए।

नेहरू युग में ही हमारे देश में व्यक्ति पूजा की बड़ी खतरनाक प्रवृत्ति विकसित हो गयी। जो अच्छा काम होता था, उसका श्रेय पण्डित नेहरू को दिया जाता था। नेहरू के व्यक्तित्व को इतना ऊँचा उठा दिया गया, मानों वे गलती नहीं कर सकते। सब सही काम करेंगे, लेकिन जब भूलचूक हो जाती तो मन्त्रियों को उत्तरदायी बना दिया जाता और अखबार से लेकर संसद तक, गाँव से लेकर शहर तक उन गुलाम शक्तिहीन और नेहरू के कृपा पात्र मन्त्रियों की आलोचना की जाती। कवि के शब्दों में—

आसान है/ कितनी दिलचस्प है नेहरू की आशंका/
पाटिल की भर्त्सना की कथा/ कितनी घुटन के अन्दर
घुटन/ घुटन से कितनी सहज मुक्ति।।[2]

कवि ने एक क्रान्तद्रष्टा की तरह भारत का भविष्य देखा। नेहरू के बाद इन्दिरा युग में और इन्दिरा के बाद राजीव युग में हमारे देश में ऐसी व्यक्ति पूजा पनपी, जिसमें इन नेताओं को देश से भी ऊँचा कर दिया गया। इन्दिरा गाँधी को तो एक कांग्रेस अध्यक्ष देवकान्त बरुआ ने 'इन्दिरा इज इण्डिया' तक कह दिया। कवि इसे चाटुकारिता कहकर ही चुप नहीं रह जाता, वह इसे देशद्रोह से भी अधिक मानता है, क्योंकि इससे देश की आत्महत्या हुई। इस खतरनाक वृत्ति के विरुद्ध वह देशवासियों को जागरूक

1. रघुवीर सहाय : आत्महत्या के विरुद्ध, पृ. 85.
2. रघुवीर सहाय : आत्महत्या के विरुद्ध, पृ. 87.

करते हुए कहता है कि लोकतन्त्र का सफल निर्माण सिद्धान्त और आलोचना से होता है, न कि व्यक्ति पूजा से।

गाँधीवाद के बारे में भी कवि ने अपनी भावना स्पष्ट की है। वह लिखता है कि कुछ भारतवासियों के लिए यह मृग तृष्णा है, जिसके प्रलोभन में पड़कर अनेक लोग अपना जीवन नष्ट कर रहे हैं और देश को भी अन्धकार में ढकेल रहे हैं। सदाशयता और भावात्मक सम्बन्धों पर आधारित गाँधीवाद प्रतियोगिता और शोषणपरक भारतीय समाज के लिए निरर्थक है, फिर भी विनोबा और कथाकार जैनेन्द्र जैसे लोग इसमें किसी जीवन दर्शन की तलाश कर रहे हैं जबकि स्वयं गाँधी, विनोबा के रहते मनुष्य-मनुष्य में घृणा उत्पन्न हुई, हिन्दू-मुसलमानों में लड़ाई हुई, भारत पाकिस्तान में युद्ध हुआ, नौजवान कट मरे, गाँधीवाद के नाम पर देश की आत्महत्या हुई। गाँधीवाद के प्रति मोह रखनेवाले साहित्यकारों की पूरी मण्डली है, जिन्हें यथार्थ की दुनिया दिखायी नहीं देती।

विश्वविद्यालयों के अध्यापक और विद्यार्थी सिद्धान्तों का बोझ दिमाग पर लादकर कुबड़े बने जा रहे हैं, लेकिन वे उसे समझते नहीं हैं। वह अपने ढंग से आत्महत्या कर रहे हैं। इधर समाजवादी नेता लोहिया दब्बुओं को जालिमों के खिलाफ उभार रहे हैं। इधर जब दब्बुओं की भीड़ सड़क पर आती है, तब जालिमों के सेवक वर्दीधारी, पुलिस की बन्दूक से गोलियों की वर्षा होती है और गाँधी, नेहरू, विनोबा, जैनेन्द्र आदि के इस देश में हजारों नवयुवक हत और आहत होकर सड़कों पर बिखर जाते हैं। यही हमारा सन् '47 के बाद का लोकतन्त्र है, जहाँ हम अपनी आवाज ऊँची नहीं कर सकते, अपनी माँग सरकार के सामने नहीं रख सकते। सिर उठाने का अर्थ है, आत्महत्या करना। इस परिवेश और द्वन्द्व की विडम्बना पर प्रहार करते हुए कवि देश के राष्ट्रपति की भी खोज-खबर लेता है जो देश का प्रधान शासक होते हुए भी किसी विरागी और तपस्वी की तरह हमारे देश की पीड़ित जनता के लिए निरर्थक हो गया है। राष्ट्रीय संकट का वह समाधान नहीं देता, वरन् उपदेश देता है, कवि के शब्दों में—

एक हताश लड़के की लाश/ बार-बार एक बेबसी/ थोड़ी-सी
मिटती है/ फिर करने लगती है भाँय-भाँय/ समय जो गया
है/ उसके सन्नाटे में राष्ट्रपति प्रकटे देते हुए सीख।"[1]

जहाँ तक रघुवीर सहाय के काव्य शिल्प, अभिव्यंजना शैली, काव्य, भाषा और प्रभावकारिता का प्रश्न है, उसके सम्बन्ध में हम यही कह सकते हैं कि इन्होंने इस क्षेत्र में कलापक्ष को इसी तरह आगे बढ़ाया है, जिस तरह कविता के काव्य को नया आयाम और नयी दिशा दी है।

---

1. रघुवीर सहाय : आत्महत्या के विरुद्ध, पृ. 89.

कवि रघुवीर सहाय ने अपनी कविता प्रक्रिया या कलात्मक संरचना के सम्बन्ध में बहुत संकेत नहीं दिये हैं—"राजनीति की ओर मेरा यही रवैया है, चाहे समकालीन रवैया कह लीजिये कि वह बहुत जरूरी है या वह फिजूल है। दोनों फतवे संकट से भागने के बहाने हैं, वह बहुत जरूरी है, पर मैं भी अपने लिये बहुत जरूरी हूँ। अपनी उस कला परम्परा के लिए, जिसमें मैं अपनी एक मूर्ति बनाता और ढहाता हूँ और आप कहते हैं कि कविता की है।"[1]

कवि ने हिन्दी कविता को तीन वर्गों में विभाजित किया है 1. शुद्ध साहित्यिक कविता 2. सम्मेलनीय कविता 3. अखबारी कविता। बड़े गर्व एवं आत्मसम्मान के साथ उसने अपनी कविता को अखबारी कविता की कोटि में रखा है, जिसकी सबसे बड़ी विशेषता है, बातों को अभिधा में कहने का प्रयत्न करना। अखबारों में प्रायः बातों के साथ स्थान, नाम, पता व्यक्ति सन्दर्भ भी आते हैं, कहीं-कहीं तो घटना का कारण भी स्पष्ट किया जाता है। कवि रघुवीर सहाय ने इतना ही किया है कि सिर्फ बातों को रख दिया है, अन्य बातों को छोड़ दिया है। अब यहाँ कोई आरोप लगाये कि इससे उनकी कविता जटिल हो गयी है तो रघुवीर सहाय उससे सहमत नहीं होते। कवि का स्पष्ट मत है कि वह आदि से अन्त तक अपनी कविता में स्पष्ट व्याख्या करते हैं और जीवन को भी स्पष्ट रूप में रखते हैं। अभिव्यक्ति में वक्रता नहीं आने देते। अखबारी सादगी बनाये रखते हैं। इन विवादों में निष्कर्ष निकालते हुए हम यह कह सकते हैं कि यह आधुनिक कवि रघुवीर सहाय की नयी काव्य कला है।

यह सपाट बयानी कविता में कैसे आ गयी, इसकी कथा भी कम दिलचस्प नहीं है। प्रगतिवाद के पश्चात् प्रयोगवाद की कविता विशेष रूप से अस्तित्ववादी कविता के प्रभाव में कुछ जटिल और वक्र होकर अधिक कलात्मक हो गयी। सामान्य पाठक के लिए कविता का सम्प्रेषण अपेक्षाकृत दुष्कर हो गया। कविता को यूरोपीय साहित्य की अनुकृति कहा जाने लगा। उन्हीं नये कवियों ने पुनः अपनी बनायी हुई उस मूर्ति को अर्थात् अपने द्वारा आविष्कृत उस कविता कला, उसकी जटिलता और असम्प्रेषणीयता को तोड़ा और सपाटबयानी की एक नयी काव्य प्रकृति को जन्म दिया, जो बड़ी लोकप्रिय हुई। हिन्दी कला में इस सपाटबयानी का एक आन्दोलन चल गया, जिसे रघुवीर सहाय ने भरपूर नेतृत्व प्रदान किया। वे स्वयं सम्पादक थे। समाचार-पत्र तथा उसकी भाषा, शैली, अभिव्यक्ति, सम्प्रेषणीयता आदि से परिचित ही नहीं, बल्कि नित्य उसका प्रयोग करते थे। उसे उन्होंने सम्यक् पाया, क्योंकि वह भाषा जनता को रोज-रोज आन्दोलित करती थी, प्रभाव डालती थी, सामाजिक संघर्ष को उभारती थी, और उसे मोड़ देती थी। इसलिए उस भाषा शैली में कवि ने गुणवत्ता देखी। दूसरे यह कि स्वयं कवि का उद्देश्य केवल शिष्टजनों के लिए कविता लिखना नहीं, वरन्

1. वही, वक्तव्य से।

सामान्य जन के लिए कविता लिखना था। इसलिए अपनी कला, भाषा दोनों दृष्टियों से उसने सपाटबयानी को लोकप्रिय बनाया। इनकी कविता में छायावादियों या रीतिवादियों की तरह कल्पना का वैभव और अतिरेक, अलंकारों का बोझिल प्रयोग, रमणीयता का वायवीय प्रयोग तथा काव्यानन्द सहोदर की अनुभूति आदि आकर्षण के बिन्दु नहीं हैं। कवि ने जनता से वार्त्तालाप करने, समाज और परिवेश के प्रति अपनी निजी अनुभूतियों को संवाद की भाषा में पाठक तक पहुँचाने की पद्धति अपनायी और उसे कविता कला बनाया। अतः दर्शन और अभिव्यक्ति दोनों दृष्टियों से सपाटबयानी रघुवीर सहाय की कविता की आवश्यकता थी।

रघुवीर सहाय जैसे कवियों की कविता के मानसिक सन्दर्भों का विश्लेषण करते हुए लक्ष्मीकान्त वर्मा ने लिखा है—"सामाजिक चेतना के स्तर पर आपका यथार्थ उस धरातल को विकसित करता है, जहाँ सामाजिक सत्य और सामाजिक उपलब्धियाँ बाह्यतः आरोपित न होकर आत्मप्रेरित होती हैं। यह आत्मप्रेरणा कोई आध्यात्मिक या सत्यवादी मानसिक स्थिति न होकर विशुद्ध मानवीय स्तर की मानसिक स्थिति है। यह मानसिक स्थिति उन समस्त आरोपों का खण्डन करती है, जो ऐतिहासिक यथार्थ के नाम पर ऐतिहासिक दायित्व की अपेक्षा करके व्यक्ति की समस्त जागरूकता की आहुति माँगते हैं। सामाजिक सत्य का एक बहुत बड़ा अंश व्यक्ति स्वयं से निर्मित होता है।"[1]

अपने स्पष्टीकरण में श्री वर्मा ने लिखा है कि नयी कविता भावात्मकता से अधिक-से-अधिक दूर जाती है। इस नये यथार्थ ने आधुनिक दृष्टि को बौद्धिक सहगमन और सहयोग की दृष्टि दी है। वहीं दूसरी ओर उसने इस नयी सामाजिक चेतना को भी एक नया स्वरूप दिया है। मानव इतिहास में युग पुरुष, युग मानव, युग निर्माता और अधिनायक के रूप में महामना की प्रशस्ति करके यह देख लिया गया कि प्रत्येक ऐसी दृष्टि सामाजिक यथार्थ की उपेक्षा करके परम्परा स्थापित करती है। हम पुनः कलात्मक निर्णय की दृष्टि से लक्ष्मीकान्त वर्मा को उद्धृत करना उचित समझते हैं। यथार्थ की प्रतिक्रिया और उसकी यह उपलब्धि कि हर एक दर्द को नये अर्थ तक जाने दो—नयी कविता की अन्वेषण दृष्टि है, जो सौन्दर्य बोध या यथार्थ के आयामों को स्थिर मानते हैं। वे इस अन्वेषण की स्वीकृति को अपरिपक्व और अधकचरा समझते हैं। विशेषकर आचार्य नन्दुलारे वाजपेयी का यह मत है कि इन्होंने अभी मंजिलें नहीं पायी हैं, इनका महत्त्व क्या है। किन्तु यह वह भूल जाते हैं कि, "कला के क्षेत्र में मंजिलें कोई स्कूली परीक्षा नहीं है, वह एक क्रमबद्ध शृंखला है। प्रत्येक मंजिल या प्रत्येक उपलब्धि दूसरी के लिए अन्वेषणरत रहती है। वह क्रम और शृंखला समाप्त हो जाये तो कला का गतिशील गुण ही समाप्त हो जाय। नयी कविता के कवियों में और छायावादियों में अन्तर यहाँ इस स्तर पर भी है।"[2]

---

1. लक्ष्मीकान्त वर्मा : नयी कविता के प्रतिमान. पृ. 122.
2. लक्ष्मीकान्त वर्मा : नयी कविता के प्रतिमान, पृ. 128.

इस तरह हम देखते हैं कि कला की दृष्टि से रघुवीर सहाय परिवेश के सामाजिक यथार्थ और व्यक्ति की भोगी हुई अनुभूति को वरीयता प्रदान करते हैं। यह कथ्य सम्प्रेषण की उनकी दृष्टि है। जहाँ तक कलात्मक सौष्ठव का प्रश्न है, अत्यन्त स्पष्ट शब्दों में ये अखबारी कविता के पक्षधर हैं।

कविता को अखबारी भाषा और मुहावरे में जनता तक सम्प्रेषित करना उनकी कला है। न तो कठिन शब्दों की तलाश है और न ही प्राच्य और पाश्चात्य काव्यशास्त्र के घटाटोप में गुमराह होने की आवश्यकता। उनका शिल्प और उनका रूप वास्तव में उनकी गढ़ी हुई कला है। उन्होंने एक ढंग से अभिव्यक्ति की वक्रता को अपनी कविता के लिए स्वीकार नहीं किया। बात यह है उनकी कविता मनोरंजन या भावात्मक सुख के लिए नहीं है। कवि अपनी परिस्थितियों की लांचारी से राजनीति या रण के मोर्चे पर संघर्ष की लड़ाई नहीं पड़ सकता। वह जीवन संघर्ष की लड़ाई कविता में लड़ता है। यही कारण है कि उन्होंने कविता को सामाजिक बदलाव का माध्यम बनाने के उद्देश्य से अपनी सपाटबयानी को सबसे अधिक महत्त्व दिया। वास्तव में यही उनकी काव्यकला है। इसके अतिरिक्त किसी आरोपित सौन्दर्य या उधार ली गयी कला की तलाश में हम रघुवीर सहाय के कला तत्त्व के साथ न्याय नहीं कर सकेंगे।

रघुवीर सहाय के व्यक्तित्व और यथार्थवादी सृजन के विविध पक्षों का अवलोकन करने के पश्चात् कहा जा सकता है कि उनकी रचना-प्रक्रिया और संघर्ष यथार्थ के नजदीक हैं। 'दूसरा सप्तक' के वक्तव्य में उन्होंने स्पष्ट किया है—"कोशिशें विचार वस्तु के दिल और दिमाग में उतरने के तरीके पर निर्भर रहेंगी और जरूरी है कि हम अपनी अनुभूति को उसी प्रकार सुधारें ताकि कविता भी वैसी ही जानदार हो सके, जैसी कि वास्तविकताएँ, जिनसे हम कविता की प्रेरणा लेते हैं। विचारवस्तु का कविता में खून की तरह दौड़ते रहना कविता को जीवन और शक्ति देता है। और यह तभी सम्भव है, जब हमारी कविता की जड़ें यथार्थ में हों।"[1]

सर्वेश्वर दयाल सक्सेना

कवि सर्वेश्वर के काव्य-जीवन का प्रारम्भ सन् 1949 ई. के आसपास होता है। एक कवि और कहानीकार के रूप में सर्वेश्वर हिन्दी साहित्य जगत् में प्रवेश करते हैं। 'अज्ञेय' के 'तीसरा सप्तक' में संकलित होने के पश्चात् उनकी कवि चर्चा जोर पकड़ती है और स्वतन्त्र काव्य संकलनों के सृजन के पश्चात् नयी कविता के प्रतिनिधि कवि के रूप में वे ख्याति पाते हैं। उन्होंने कई रचना-संग्रह हिन्दी को दिये। "यथा-काठ की घण्टियाँ', 'बाँस का पुल', 'एक सूनी नाव', 'गर्म हवाएँ', 'कुआनो नदी', 'कविताएँ एक', 'कविताएँ दो', 'जंगल का दर्द', 'खूँटियों पर टँगे लोग।"

सर्वेश्वर की कविता गहरी पीड़ा, अवसाद और छटपटाहट लिये हुए है। तत्कालीन व्यवस्था के दबाव में उठता कवि कभी बेबस और कभी अकेला है। वे

1. सम्पादक अज्ञेय : दूसरा सप्तक, पृ. 139.

प्रगतिवादियों की तरह नारेबाजी की कविताएँ नहीं लिखते। उनकी कविताएँ जीते-जागते दुःखी, पीड़ित, उपेक्षित संसार की कविताएँ हैं। कवि की बेचैनी व तड़प के मूल में गहरे परिवर्तन की माँग है। सर्वेश्वर अपने तमाम समकालीनों की तरह कल्पनाजीवी या रूपवादी नहीं हैं, वे भारतीय समाज के बहुविध संघर्ष और यथार्थ के कवि हैं। उनकी कविताएँ आम आदमी की कविताएँ हैं। वे स्पष्ट गाँव-घर, शहर, समाज की जर्जर-खस्ता हालात का ब्योरा ही नहीं प्रस्तुत करतीं, बल्कि आम आदमी को उसकी जटिल परिस्थितियों के प्रति सचेत करते हुए संघर्ष करने को प्रेरित करती हैं। कवि उन्हें आगे बढ़ने और अन्याय के विरुद्ध आवाज उठाने के लिए प्रेरित करता है। सर्वेश्वर अपनी दिनचर्या, सामाजिक दायरे, दोस्तों-यारों (पाखण्डियों, हिपोक्रैटो) नासमझों की पकड़ या घेरे से निकलकर एक नयी दुनिया बनाना चाहते हैं। यह दृष्टि सिर्फ वैचारिक नहीं है, बल्कि रचनात्मक है।

"जिन्दगी के बड़े सरोकारों से जुड़ी उनकी कविताएँ उन शक्तियों की खिलाफल करती हैं, जो लोक को किसी भी स्तर पर कुरूप करने के लिए जिम्मेदार हैं। वे घेरा से बाहर के कवि हैं। उनकी कविताओं में हिन्दी कवित का लोकोन्मुख जातीय संस्कार घनीभूत रूप से मौजूद है और उन्हें न तो राजनीतिक सामाजिक परिस्थितियों से काटकर देखा जा सकता है और न कवि के अपने आत्मसंघर्ष को नकार कर।"[1] सर्वेश्वर की कविता कहीं सीमित नहीं होती, उसका संसार व्यापक है।

"सर्वेश्वर का काव्य-संसार बहुत व्यापक है। इतना व्यापक संवेदन क्षेत्र कि उनके एक कवि में अनेक कवि देखे जा सकते हैं और सभी सर्वेश्वर हैं।"[2]

'तीसरा सप्तक' में कवि कविता की बात लेकर वक्तव्य देते हुए कहता है— "मैं कविता क्यों लिखता हूँ, मैंने कविता क्यों लिखी? कहूँ कि किसी लाचारी से ही लिखी। आज की परिस्थिति में कविता लिखने से सुखकर और प्रीतिकर कई काम हो सकते हैं और मैं कविता न लिखता, यदि हिन्दी के आज प्रतिष्ठित कवियों में एक भी ऐसा होता, जिसकी कविताओं में कवि का एक व्यापक जीवन-दर्शन मिलता। अधिकांश पुराने कवि छन्द और तुक की बाजीगरी के नशों में काव्य विषय की एक-एक संकीर्ण परिधि में घिर कर व्यापक जीवन-दर्शन के संघर्षों को भूल न गये होते और उन्हें कविता के विषय में से निकाल न देते।"[3] स्पष्ट है कि अपनी आन्तरिक पीड़ा, दबाव से विवश होकर कवि ने कवि-कर्म का दायित्व सँभाला है। आन्तरिक अनुभूतियों एवं साहित्यिक संकट का 'वास्तवपन' ही कविता बनकर

1. सर्वेश्वर दयाल सक्सेना : प्रतिनिधि कविताएँ सम्पादक प्रयाग शुक्ल।
2. वही।
3. सम्पादक अज्ञेय : तीसरा सप्तक, पृ. 200.

फूट पड़ा है। इन कविताओं में नियति और स्थिति को स्वीकार कर लेने की व्यापक पीड़ा है। यह पीड़ा कवि की आत्मा से शुरू होकर समाज तक जाती है और फिर समाज से कवि की आत्मा तक आती है और इस तरह कवि और समाज को पृथक् न कर एक करती हुई, उसके काव्य व्यक्तित्व को विराट् कर जाती है। कवि न खुद से काटकर समाज को देखता है न समाज से काटकर खुद को। इस तरह वह समग्रता में जीता है और रचता है।''[1]

सर्वेश्वर की रचनाओं में नयी दिशाओं का रचाव है, संकल्प है। वे अनिर्मित कठिन रास्ते ही इसके लिए चुनते हैं, यह संकल्प उनके अवचेतन में जुड़ा है।

लीक पर वे चलें जिनके/ चरण दुर्बल और हारे हैं/
हमें तो हमारी यात्रा से बने/ ऐसे अनिर्मित पन्थ प्यारे हैं।[2]

कवि सर्वेश्वर का काव्य संवेदना के धरातल पर अपनी पृथक् विशेषता रखता है। उनकी संवेदना में जीवन के विविध संघर्ष और अनेकानेक सन्दर्भ आकर जुड़ गये हैं। आज का निम्न मध्यम वर्ग जिस पीड़ा, सन्त्रास को भोग रहा है और जिस प्रकार वह एक अधूरी सतही जिन्दगी जीने को विवश है, वह अत्यन्त तीखी और कड़वी है। सर्वेश्वर इसी वर्ग के प्रतिनिधि कवि हैं। जिन्दगी का खालीपन, दर्द और चुनौतियाँ उन्हें बार-बार कचोटती हैं और वे दुःख-दर्द और अकेलेपन से गुजरते दिखलायी पड़ते हैं। टकराहट, नैतिक वर्जनाएँ, पदलोलुपता, भ्रष्टाचार, राजनैतिक अव्यवस्था, अवसाद आदि स्थितियों के विविध पक्षों के प्रति कवि की 'नयी चेतना' कविता में देखी जा सकती है। इनकी रचनाओं में प्रेम का स्वरूप भी बदल कर सामने आया है। ये उससे कटे नहीं हैं। कुछ रोमाण्टिक कविताओं में निराशा और दुःख के घने अवसाद हैं जैसे—

बोलना चाहता है अपनी ही पगध्वनि से बोल,
दर्द की गाँठ तू अपने ही छालों पर खोल।
अपनी उखड़ी हुई साँसों पे ही रूमाल हिला,
अपने थकते हुए कदमों से ही हाथ मिला।[3]

वे निरन्तन संघर्ष के पक्षधर हैं—

छाँह की मुझको जरूरत नहीं है, रहने दो, इस
बची राख को, अब कोई क्या जलायेगा
चूस डाली हो, जमाने ने रोशनी जिसकी,
वह बुझा दीप उजाले में कौन लायेगा।[4]

---

1. सर्वेश्वर दयाल सक्सेना : खूँटियों पर टँगे लोग, फ्लैग पर।
2. सर्वेश्वर दयाल सक्सेना : प्रतिनिधि कविताएँ, पृ. 87 सम्पादक प्रयाग शुक्ल
3. सर्वेश्वर दयाल सक्सेना : काठ की घण्टियाँ, पृ. 259.
4. सर्वेश्वर दयाल सक्सेना : काठ की घण्टियाँ, पृ. 261.

'बाँस का पुल' संघर्षरत व्यक्तित्व का प्रतीक बनकर आया है, जिसमें संघर्ष की अदम्य आकांक्षा है। वह लचकता है, चरमराता है, लेकिन टूटता नहीं है और आगे बढ़ने की प्रेरणा देता है। कवि अनुभव करता है कि जीवगत विसंगतियों ने उसे जिन्दगी से काटकर एकदम अलग कर दिया है और समाज में रहकर भी एकदम अलग हो गया है। इस पीड़ा को वह जानते हैं। सर्वेश्वर महानगरी की जिन्दगी के अर्थ को भी बखूबी जानते हैं। इस भीड़-भाड़ में वह अपने को अकेला और 'मिसफिट' पाते हैं।

भीड़ में अकेला यदि खड़ा रहा/ सब अपनी राह गये/ कोई
मेरे लिये रुका नहीं/ किसी ने हाथ नहीं गहा/ टूटे वायलिन-सा
एक कोने में पड़ा/ बजता साज सुनता रहा/ अपने मन के
अथाह सूनेपन में/ मकड़ी-सा जाल बुनता रहा।[1]

अकेलेपन की इस विसंगति में कवि कितना पीड़ित है? यह पीड़ा सामाजिक व्यवस्था से भी अछूती नहीं है, जहाँ मूल्यों का ह्रास हो गया है। आदमी-आदमी से ही अलग ही नहीं हो गया है, वरन् स्वयं से भी निर्वासित है।

कभी-कभी ऐसा लगता है/ कि मेरे शरीर से अलग कहीं
प्रतिष्ठित कर दिया गया है/ मैं अपने ही तन से निर्वासित हूँ।[2]

यह आत्म-निर्वासन की व्यथा बहुत ही यातनामय होती है। इस बात को हम 'अरुण-कमल' की कविता से समझ सकते हैं—

बहुत ही शालीन ढंग से/ किसी को यातना देनी हो/
तो उसे खाने को सब-कुछ दो/ कपड़ा दो, तेल, दो, साबुन
दो/ एक-एक चीज दो/ और काट दो दुनिया से।

'कैसी विचित्र है जिन्दगी' कविता में सर्वेश्वर ने जीवनगत विसंगतियों को रेखांकित करने की कोशिश की है। अनेक बिम्बों के माध्यम से जिन्दगी की विसंगतियों को रेखांकित किया है—

कैसी विचित्र है यह जिन्दगी/ जिसे मैं जीता हूँ/ एक सड़ा
कपड़ा जो फटता जाता है/ ज्यों-ज्यों सीता हूँ/ जब भी
काढ़ने चलता हूँ/ कोई सुन्दर फूल/ एक पैबन्द लगाता हूँ/
और इस तरह बनता जाता है/ एक लबादा/ जिसे हर बार
ओढ़ने पर/ थर्राता हूँ/ फिर भी ओढ़ता हूँ।[3]

'एक लबादा' कहकर कवि ने अस्त-व्यस्त अव्यवस्थित जीवन का चित्र खींचा है, जो जीवन की खस्ता,विषमताओं से उत्पन्न टूटन को व्यक्त करता है। इसी तरह—

---

1. सर्वेश्वर दयाल सक्सेना : बाँस का पुल, पृ. 62.
2. वही, पृ. 66.
3. सर्वेश्वर दयाल सक्सेना : बाँस का पुल, पृ. 72.

आदमी के प्यार पर विश्वास कर एक लावारिस कुत्ता/
घर की देहरी में बँधा रहा/ और कल शीत में ठिठुर
कर मर गया/ आदमी की उदारता पर आस्था रख कर
एक तीतर मालिक के नाम लड़ता/ घायल होता/ अशक्त हो
गया/ और कल/ तल कर खा लिया/ एक गाय अपने बच्चे की
भूँसा ठठरी चाटती/ खूँटे से बँधी/ उसका पेट पालती/ कल
चल बसी/ इन तमाम समझदार लोगों की दुनिया में/ किसी
नाम पर मैं भी भटक रहा हूँ।[1]

कुत्ता, तीतर, गाय की नियति कवि जानता है। आज हर तरफ आदमी अपने स्वार्थ के लिए जीवन-मूल्यों को तोड़ रहा है। उसकी सभ्यता का यही तकाजा रह गया है कि अपनी इच्छाओं की पूर्ति के लिए दूसरे की जिन्दगी से खेले। 'इन समझदार लोगों के बीच' कविता इसी मनोभावों को व्यक्त कर रही है। इन्हीं आम लोगों में कवि भी फँसा है और विद्रूप दुनिया में भटक कर संघर्ष कर रहा है। वास्तव में कवि के मन में मानवीय करुणा, प्रेम और इन्सानियत के भाव भरे पड़े हैं, लेकिन बाहर की दुनिया इसके विपरीत है, इसी कारण कवि अपने भावों को लेकर इस दुनिया में अकेला पड़ जाता है। यहाँ सभी मुखौटे लगाये बैठे हैं और आन्तरिक मूल्यों से कट गये हैं। उनकी विद्रूपता देखकर भी कवि स्वयं से कटा नहीं है।'' सर्वेश्वर की खोज उस जटिल युग बोध के भीतर ही सहज जीवन रूपों की खोज है। उसकी सर्जनात्मक कल्पना उस जटिलता को अपने आन्तरिक सहज राग बोध की उन्मुक्त पावन तरलता में घुलाकर रिक्तशेष नहीं करना चाहती, वरन् उस जटिलता के परिप्रेक्ष्य में ही सहजता की मूल्यवत्ता सिद्ध करना चाहती है।''[2]

कवि सर्वेश्वर की कविताओं में समाज कभी कट नहीं पाता है। स्वातन्त्र्योत्तर भारत के मानचित्र के वे रंग, जो हमारे सामने आज भी विद्यमान हैं, भूख, बेकारी, लघुमानव के लिए निरन्तर बड़ी होती दुनिया, आदमी के आन्तरिक और बाह्य संघर्ष, उसकी इच्छाएँ, पीड़ा, राजनैतिक प्रपंच, सत्ताधीशों की मनमानी, व्यापारियों की शोषणवृत्ति, सामाजिक संरचना की अनगिनत विसंगतियाँ उनकी संवेदना के अत्यन्त निकट के कथ्य हैं।

वह बन्द कमरा/ सलामी मंच है/ जहाँ मैं खड़ा हूँ/
पचास करोड़ आदमी खाली पेट बजाते/ठठरियाँ
लड़खड़ाते/ हर क्षण मेरे सामने से गुजर जाते हैं/
झाँकियाँ निकलती हैं/ ढोंग की/ विश्वासघात की/
बदबू आती है हर क्षण एक मरी हुई बात की।[3]

---

1. सर्वेश्वर दयाल सक्सेना : बाँस का पुल, पृ. 64.
2. मलयज : कविता से साक्षात्कार, पृ. 52.
3. सर्वेश्वर दयाल सक्सेना : गर्म हवाएँ, पृ. 15.

यह केवल कविता ही नहीं, उनका अनुभव है, जो आजादी के बाद के वर्षों में हुआ। एक तरफ भूख और दूसरी तरफ आकर्षक झाँकियाँ। जो समस्याएँ हैं, उन्हें तो छिपाया जा रहा है और जो नहीं हैं, उन्हें दिखाया जा रहा है, लेकिन कवि की दृष्टि न यथार्थ से हटी है, न अयथार्थ पर टिकी है।

लोकतन्त्र को जूते की तरह/ लाठी में लटकाये
भागे जा रहे हैं/ सभी सीना फुलाये।

लोकतन्त्र के प्रति आम आदमी का अभी मोह भंग नहीं हुआ है। सर्वेश्वर उसकी विसंगतियाँ देखते हैं। वह देखते हैं, पचास करोड़ खाली पेटवालों को। गरीबी, बेबसी, लाचारी से जूझती पीढ़ी को। उनकी अनुभूति सहानुभूति बनकर अभिव्यक्ति पा गयी है। इसी कारण लगता है कि वह कविता लिखते नहीं, उसे भवन-भोजन के संघर्ष में देखते हैं या कविता उनके सामाजिक संघर्ष से खुद-ब-खुद बनती जाती है।

कवि ने प्रेम-परक कविताएँ भी लिखी हैं। उनकी प्रेम सम्बन्धी रचनाओं में रोमाण्टिकता, सहजता और वास्तविकता के दर्शन होते हैं—

तुम्हारे/ पतले होठों के नीचे एक तिल है/ गोया ईश्वर की
ओर से/ एक कील जड़ी हुई है/ जो तुम्हारे हर मौन को/
अलौकिक बनाती है।[1]

यह रोमाण्टिक दृष्टि छायावादियों, नव्य-छायावादियों या प्रयोगवादियों की तरह नहीं है। इसमें शालीनता है, जो होंठ के नीचे का तिल में मौन का संकेत देखती है। यह मौन छायावादियों या रीतिकालीन कवियों की नायिकाओं के मौन से भिन्न है—

सब-कुछ कह लेने के बाद/ कुछ ऐसा है जो रह जाता है/
तुम उसको मत वाणी देना/ वह छाया है मेरे विश्वासों की/
सब-कुछ कह लेने के बाद भी/ काफी कुछ टूटा जाता है/
यही उसका विश्वास है/ वह पीड़ा है जो हमको, तुमको,
सबको अपनाती है।[2]

सर्वेश्वर की कविता में एक ऐसी पीड़ा है, जो पाठक को बहुत गहरे छूती है। उनका मानना है कि वह सभी संघर्षशीलों के मध्य 'कॉमन' है, वही माध्यम है।

कवि को अपने प्रेम के प्रति गहरा अनुराग है, लेकिन 'मृत्यु' सारी बातों को नकार जाती है। 'जंगल का दर्द' नामक संग्रह में प्रेम के प्रति ऐन्द्रिक बिम्ब मिलते हैं, जो आकर्षक और सहज हैं।

---

1. सर्वेश्वर दयाल सक्सेना : प्रतिनिधि कविताएँ, पृ. 104.
2. सर्वेश्वर दयाल सक्सेना : प्रतिनिधि कविताएँ, पृ. 102.

तुम्हारा तन/ एक हरी-भरी झाड़ी है/ जिससे मैं मेमने-सा/
अपना तन रगड़ता हूँ/ एक सलोनापन/ अलग होने के बाद
भी/ हमारे बीच/ बहुत देर तक/ लहराता रहता है।[1]

अन्य नये कवियों की तरह सर्वेश्वर भी 'मेटाफिजिकल सौन्दर्य' का जिक्र करते हैं। उनके विचार लोहियावादी थे। करोड़ों लोगों के बीच लोहिया ने एक नयी जनक्रान्ति की भावना दी थी। वे चाहते थे कि नयी पीढ़ी को, ढोंगी व्यवस्था का नाश करते हुए क्रान्तिकारी कदम की गति को तेज करना चाहिए। उन्होंने देश की गरीबी, पीड़ा, सन्त्रास से परेशान होकर लिखा था, "मूल्यों का सारा निकष ही गड़बड़ा दिया गया है। ऊँची जातियाँ, सुसंस्कृत, पर कपटी हैं, छोटी जातियाँ थकी हुई और बेजान हैं। शारीरिक काम करना, भीख माँगने से ज्यादा लज्जास्पद समझा जाता है। साफ सीधी बात और बहादुरी के गुणों के बजाय चालबाजी सामने 'जो हुकुम' और पीठ पीछे 'अवहेलना' राज्य के सफल व्यक्तियों की निशानी हो जाती है।"[2]

'नेहरू युग' के तान्त्रिकों को लोहिया अच्छी तरह पहचानते थे। इसीलिए उनके खिलाफ पहले खुले विद्रोह को लोहिया ने आगे बढ़ाने का प्रयत्न किया। हिन्दुस्तान की गुलाम मानसिकता तथा देशी अंग्रेजों के खिलाफ उनका विचार था कि—"संगठन का वही सरकारी ढाँचा चला आ रहा है। बीच में एक बदलाव हो गया, राजा बदल गया। लेकिन जनता के चरित्र को बढ़ाने और बदलनेवाली जो चीज होती है, वह ज्यों-की-त्यों चलती रह गयी।"[3] इसी बात को दृष्टि में रखते हुए कवि ने एक कविता लिखी—

(लोहिया के न रहने पर कविता का आरम्भ 'लो' से होता है, जो लोहिया की याद का सूचक है)

लो, और तेज हो गया है/ उनका रोजगार/ जो कहते
आ रहे हैं/ पैसे लेकर उतार देंगे पार।[4]

गरीबों, पीड़ितों की आवाज बुलन्द करने के लिए लोहिया ने भ्रष्ट राजनेताओं के खिलाफ प्रस्ताव पेश किया। भेड़ों के वेश में छिपे हुए तेंदुओं को उन्होंने पहचाना था, उन लोगों ने आम जनता के साथ जो राजनीतिक गणित लगाया, उसका भी उन्होंने पर्दाफाश किया और जनता को एक नयी क्रान्ति की भावना दी—

खाली पेट पर/ जो रखकर चिराग/ तैराते जा रहे हैं/
अपने ऐश्वर्य के सरोवर में/ बुझती आँखों के जो/ बनाकर
बन्दनवार/ सजाते जा रहे हैं/ संसद और विधानसभाओं

---

1. सर्वेश्वर दयाल सक्सेना : गर्म हवाएँ।
2. डॉ. राममनोहर लोहिया : जाति प्रथा, पृ. 35.
3. डॉ. लोहिया : गरम और नरम पन्थ, पृ. 15.
4. सर्वेश्वर दयाल सक्सेना : प्रतिनिधि कविताएँ, पृ. 82.

के द्वार/ उनको गया है वह समूल झकझोर/ ओ मेरे
देशवासियों/ एक चिनगारी और[1]

लोहियावादी होते हुए भी सर्वेश्वर की दृष्टि व्यापक है। मुक्तिबोध की तरह सर्वेश्वर भी देशवासियों के बारे में सोचते हैं और सामाजिक परिवर्तन के लिए 'एक चिनगारी और' की बात कहते हैं। संसद और विधानसभाओं के प्रति औरों के समान उनका भी मोहभंग होना स्वाभाविक है। वे आज बहुत हद तक अप्रासंगिक हो गये हैं, ऐसा किसे नहीं लगता? इस अप्रासंगिकता को लोहिया ने उजागर किया। अतः ठोस आधारों पर टिका लोहिया का विचार क्रान्ति दर्शन है, जो परम्परावादी चिन्तन में सीधी दरार डालता है। गरीब जनता को नयी राह देनेवाले उनके विचार आधुनिक हैं, तभी आम जनता में मान्य भी हैं। कवि ने 'लोहिया के न रहने पर' जैसी कविता लिखकर उनके विचारों को शब्दबद्ध कर दिया है।

सर्वेश्वर व्यंग्य के भी कवि हैं। अपने तेज व्यंग्यों के द्वारा उन्होंने सीधा प्रहार किया है। वे भाषा की सपाटबयानी से बचते रहे हैं। उनकी भाषा सम्प्रेषणीय है। सर्वेश्वर का समस्त काव्य जीवन की विद्रूपताओं और विसंगतियों को सीधे-सीधे अभिव्यक्त करता है। इन्हीं विसंगतियों को दूर करने के लिए उन्होंने आवाज उठायी।

सर्वेश्वर, मुक्तिबोध काव्य-परम्परा के जुझारू कवि हैं। उनकी काव्य प्रतिभा ने आरम्भ से ही 'अज्ञेय' को प्रभावित किया। उस समय के प्रभाव को देखते हुए डॉ. जगदीश गुप्त ने लिखा है—"सर्वेश्वर उन कवियों में सर्वप्रथम हैं, जिनकी कविताओं ने छठे दशक में आरम्भ में ही मुझे 'नयी कविता' की शक्ति सामर्थ्य के प्रति गहराई से आश्वस्त किया था। जो विश्वास आधुनिक युगबोध से युक्त उनकी सच्ची और मार्मिक अभिव्यक्ति ने मुझे उस समय और उसके बाद दिया, उसके सहारे मैंने निर्भीक होकर नयी कविता की लड़ाई लड़ी, जिसका फल भला-बुरा जैसा भी माना जाय, सबके सामने है। इस दृष्टि से सर्वेश्वर के कृतित्व का नयी हिन्दी कविता के सन्दर्भ में ऐतिहासिक महत्त्व भी माना जायेगा, इसमें सन्देह नहीं।[2] "सर्वेश्वर का कवि उनके कलाकार से अधिक प्राथमिकता रखता है।"[3]

सर्वेश्वर की काव्य-यात्रा जीवन की सतही यात्रा न होकर आन्तरिक तत्त्वों की प्रस्तुति है। उनका काव्य परिवेश का साक्ष्य प्रस्तुत करता है और उन्हें नये कवि के रूप में प्रमाणित करता है। उनका कवि व्यक्तित्व भावनात्मक संवेगों से निकलकर विचार-विमर्श और संघर्षों की वास्तविक भूमि पर आगे कदम बढ़ाता है। वे आम आदमी के सुख-दुःख, पीड़ा, उपदेश के साथ-साथ आदमी की बेचैनी, छटपटाहट को उजागर

---

1. सर्वेश्वर दयाल सक्सेना : प्रतिनिधि कविताएँ, पृ. 83.
2. डॉ. जगदीश गुप्त : नयी कविता, "स्वरूप और समस्याएँ", पृ. 271.
3. डॉ जगदीश गुप्त : नयी कविता, "स्वरूप और समस्याएँ", पृ. 271.

करने का प्रयास करते हैं। उनकी कविताएँ हिन्दुस्तान के आम आदमी की कविताएँ हैं। ये गाँव से महानगर के आम आदमी की कठिन दुरूह दिनचर्या, बेचैनी पीड़ा का ब्योरा ही नहीं देतीं, बल्कि आदमी को जटिल परिवेश तथा परिस्थितियों से सजग रहते हुए संघर्ष करने के लिए प्रेरित करती हैं।[1]

कुँवर नारायण

कुँवर नारायण का जन्म 1927 में फैजाबाद में हुआ था। इन्होंने अंग्रेजी साहित्य से एम.ए. तक की शिक्षा प्राप्त की। शुरू से ही इनका मन विद्रोही प्रकृति का था। स्कूल कॉलेज की शिक्षा-पद्धति को देखकर इनके मन में गहरा असन्तोष व्याप्त था। सर्वप्रथम इन्होंने 1947 में अंग्रेजी में लिखना प्रारम्भ किया, तदुपरान्त हिन्दी में लिखने लगे। इनका पहला काव्य-संग्रह 'चक्रव्यूह' आधुनिकता की मनोदशा का सूचक है। उसके बाद 'आत्म-जयी' 'परिवेश हम तुम' 'अपने सामने' आदि रचनाएँ प्रकाश में आयीं।

कुँवर नारायण की कविताओं की भाव-भूमि उच्च धरातल पर केन्द्रित है। अपनी अनुभूति को इन्होंने विस्तृत धरातल दिया है। कविता मात्र व्यक्तिगत जीवन तक सीमित नहीं है, बल्कि वह व्यक्ति की सत्ता को छूती हुई विस्तृत समाज के धरातल पर जाती है और विस्तृत जमीन से अपना रिश्ता जोड़ती है, जहाँ इसका विषय समाज, राजनीति, भ्रष्टाचार, भूख, गरीबी, दरिद्रता, जीवन की विद्रूपता आदि स्थितियाँ हैं। कवि की लेखनी इन विषयों से संघर्ष करती हुई आगे बढ़ती है। उसके सोचने का तरीका, भूख, काम, व्यक्तिगत सुखों से आगे निकलकर जीवन की गहराई को स्पर्श करता है।

आमाशय/ यौनाशय/ गर्भाशय/ जिसकी जिन्दगी का यही
आशय/ यही इतना भोग्य/ कितना सुखी है वह/ भाग्य
उसका ईर्ष्या के योग्य/ हाय, पर मेरे कलपते प्राण/ तुमको
मिला कैसी चेतना का विषम जीवन मान/ जिसकी इन्द्रियों से
परे जागृत हैं/ अनेकों भूख।[2]

कुँवर नारायण चिन्तनशील प्रवृत्ति के कवि हैं। इन्होंने कविता की रचना वादों के बन्धन से मुक्त होकर की है। परिणामस्वरूप इनकी कविता निर्बाध गति से आगे बढ़ती है और कविता की सोच का दायरा संकुचित न होकर विस्तृत हो जाता है। इस बात को इन्होंने 'तीसरा सप्तक' में स्वीकार किया है, "साहित्य जब सीधे जीवन से सम्पर्क छोड़कर वादग्रस्त होने लगता है, तभी उसमें वे तत्त्व उत्पन्न होते हैं, जो उस स्वाभाविक विकास में बाधक है।"[3]

---

1. काठ की घण्टियाँ : भूमिका अज्ञेय
2. कुँवर नारायण : चक्रव्यूह
3. सम्पादक, अज्ञेय : तीसरा सप्तक, वक्तव्य, पृ. 147.

कवि अपनी रचना में वास्तविक अनुभूति की बात करता है, जिसमें स्वाभाविकता और सहजता के साथ-साथ मनन और चिन्तन का भी सम्मिश्रण हो, "जीवन से सम्पर्क का अर्थ केवल अनुभव मात्र नहीं, बल्कि वह अनुभूति और मनन शक्ति भी है, जो अनुभव के प्रति तीव्र और विचारपूर्ण प्रक्रिया कर सके। कोई अनुभव सार्थक तभी माना जायेगा, जब वह किसी महत्त्वपूर्ण परिणाम में प्रतिफलित हो और यह बिना वैज्ञानिक दृष्टिकोण रखकर चले सम्भव नहीं।"[1]

कुँवर नारायण की कविता में एक आलोचक की भाँति निष्पक्षता है। वे किसी सिद्धान्त से प्रभावित नहीं हैं, बल्कि बौद्धिक स्वतन्त्रता और जीवन के प्रति निडर हैं। उनके दृष्टिकोण में संघर्ष बुद्धि और जिज्ञासा का भाव दिखायी पड़ता है। वे लिखते हैं—"कविता मेरे लिये कोई भावुकता की हाय-हाय न होकर यथार्थ के प्रति एक प्रौढ़ प्रतिक्रिया की मार्मिक अभिव्यक्ति है।"[2]

चक्रव्यूह का कवि जीवन के अदम्य साहस, लालसा और संघर्षों से परिपूर्ण है। 'चक्रव्यूह' की कविताओं को पढ़कर इस बात का खुलासा हो जाता है कि कवि संघर्ष के सभी तत्त्वों को गहराई से ऊपर लाना चाहता है। यही कारण है कि इस संकलन की कविताओं में गम्भीरता व्याप्त है। वास्तव में चक्रव्यूह का कवि जीवन के विविध संघर्षों से उलझा हुआ विषमता का घूँट पीकर भी जीवन के प्रति आस्थावान है। वह कहता है—

मेरे हाथ में टूटा पहिया/ पिघलती आग-सी सन्ध्या/ बदन पर
एक फूटा कवच/ सारी देह क्षत-विक्षत/ धरती धून में ज्यों
सनी लथ-पथ लाश/ सिर पर गिद्ध-सा मँडरा रहा आकाश/
मैं बलिदान उस संघर्ष में।[3]

जीवनगत संघर्षों के साथ उसके मन में अनेक सम्भावनाएँ, असंगतियाँ और शंकाएँ व्याप्त हैं। जीवन के चक्रव्यूह में उलझे कवि के मन के आगे भी प्रश्न चिह्न लग जाता है, इस उलझाव में कवि को एक शब्द संकेत मात्र मिलता है और वह अपने कर्म, अस्तित्व के प्रति आस्थावान् हो उठता है। तभी तो कवि कर्म का सन्देश देता है।

उपर्युक्त तथ्यों से स्पष्ट होता है कि कवि भी कलाकार की वैयक्तिकता के महत्त्व को स्वीकार करता है। 'चक्रव्यूह' में व्यक्ति संघर्ष और उसके अस्तित्व की बात की गयी है और व्यक्तित्व के विकास में बाधक सभी तथ्यों को अस्वीकार किया गया है— "वे सामाजिक मूल्य कोई माने नहीं रखते, जो समाज के नाम पर व्यक्ति के अधिकांश सर्जक और सांस्कृतिक स्रोतों को कुण्ठित कर दें।"[4]

---

1. सम्पादक, अज्ञेय : तीसरा सप्तक, व्यक्तव्य, पृ. 147.
2. वही
3. कुँवर नारायण : चक्रव्यूह, पृ. 127-128.
4. कुँवर नारायण : परिवेश हम तुम, भूमिका

'आत्मजयी'' कुँवर नारायण की एक प्रबन्ध कृति है। 'आत्मजयी' का प्रकाशन ऐसे समय हुआ, जब नयी कविता में एक बदलाव की स्थिति उत्पन्न हो रही थी। स्वतन्त्रता के बाद का समय जिस नये उत्साह से शुरू हुआ था, उसी गति से धूमिल भी पड़ने लगा था। ऐसा माना जाता है, जो प्रक्रिया राष्ट्रीय स्तर पर धीमी गति से संचालित होती है, वही कला या साहित्यिक स्तर पर अपेक्षया तीव्र गति से संचालित होती है। आस्थाहीनता, कुण्ठा दो दशकों में फैलकर व्यक्त हुई। कुँवर नारायण ने सचेतन दृष्टि का परिचय देते हुए समूची व्यवस्था का गम्भीरता से परिचय कराया और नवीन जीवन सम्भावना की ओर संकेत किया। वे स्वयं 'आत्मजयी' की भूमिका में लिखते हैं, "आत्मजयी में उठायी गयी समस्या मूलतः एक विचारशील व्यक्ति की समस्या है। उसके अन्दर वह वृहत्तर जिज्ञासा है, जिसके लिए केवल सुखी जीना काफी नहीं, सार्थक जीना जरूरी है।"[1]

कठोपनिषद् में आगत नचिकेता आख्यान के माध्यम से कवि ने हिन्दी कविता को एक नयी उपलब्धि प्रदान की है। नवीन प्रासंगिक मूल्य को स्थापित किया है—"जीवन की यथार्थता सुख-भोग में नहीं, किसी अमर अर्थ में जी सकने में है और बदलते तथ्यों के सन्दर्भ में इस 'अमर अर्थ' का स्वरूप भले कभी बदला हो, मूल सत्य को चुनौती समय का कोई मोड़ न दे सका।"[2] कवि ने 'आत्मजयी' में मूल प्रसंगों को सामने रखा है। नचिकेता का पिता से मतभेद है और पिता वाजश्रवा का क्रोध में आकर पुत्र को मृत्यु का अभिशाप दे देता है। मूलतः रचना नयी और पुरानी पीढ़ी के संघर्ष उकेरती है, जो आज के परिवेश में प्रासंगिक है। "युग की इस पीढ़ी और युग मानव की इस व्यथा के सन्दर्भ में 'आत्मजयी' सहज ही और भी विचारणीय कृति हो उठती है।[3]

पिता, तुम भविष्य के अधिकारी नहीं/ क्योंकि तुम अपने हित
के आगे नहीं सोच पा रहे/ न अपने हित को ही अपने सुख
के आगे/ तुम वर्तमान को संज्ञा तो देते हो, पर महत्त्व नहीं।[4]

कवि बाहर से ज्यादा भीतर के संघर्ष को स्वीकार करता है—

बाहर नहीं है, संघर्ष/ यह द्वन्द्व-प्रतिद्वन्द्व/ घात-प्रतिघात/
कहीं अन्दर है/ यह समस्त विश्वरूप/ जो कभी कुरूप कभी
सुन्दर है/ बाह्य नहीं/ मानव का उथल-पुथल अन्दर है।[5]

इसी बात को गिरिजाकुमार माथुर भी स्वीकार करते हैं कि बाहर के संघर्ष से भीतर का संघर्ष कहीं ज्यादा गहरा होता है। "मन आन्तरिक स्तर पर पहले उस व्यवस्था

---

1. कुँवर नारायण : परिवेश हम तुम, भूमिका
2. वही फ्लैप से
3. वही
4. कुँवर नारायण : आत्मजयी
5. कुँवर नारायण : आत्मजयी, पृ. 4.

और सामंजस्य को पा ले, जहाँ बाहरी जीवन के विरोध और अनास्था उसे छिन्न-भिन्न न कर सकें, तभी जीवन का कोई महत्त्वपूर्ण अर्थ समझना सम्भव होगा।"[1]

कवि ने प्रेम-परक कविताएँ भी लिखी हैं। इनकी रचना में कहीं भी अश्लीलता या उच्छृंखला का आभास नहीं है। कवि स्वभाव से संकोची है। वह प्रेम तो करता है, लेकिन पहल अपनी प्रेमिका से चाहता है। इनकी प्रेम कविताओं में भी यथार्थ की अनुभूति है। कोरा रोमाण्टिसिज्म कोसों दूर है—

तुमने देखा/ हँसती बहारों ने?/ तुमने देखा कि लाखों सितारों ने?

× × ×

कि जैसे सुबह धूप का सुनहरा बादल छा जाय/ और अनायास/
दुनिया की हर चीज भा जाय/ कि जैसे सफेद गुलाब और लाल
गुलाबों का/ एक शरारती गुच्छा/ चुपके से खिड़की के अन्दर
झाँके/ और फिर हवा से खेलने लग जाय/ शरमा के

× × ×

तुमसे भी अधिक सुन्दर कुछ कहूँ, उस विरल क्षण की अद्वितीय
व्याख्या में/ सदियों तक रहूँ/ लेकिन अव्यक्त लिये मीठा-सा दर्द,
बिखर गये इधर-उधर/ मोहताज शब्द।"[2]

स्पष्ट है कि कवि प्रेम भी अनायास ही चाहता है, सायास वह नहीं चाहता। उसकी रचनाओं में प्रेम और भावना-परक गीतों का अभाव है। वह अपनी कविता में जन का स्वरूप चित्रित करने पर ही केन्द्रित है। जन की पीड़ा, तकलीफ, सन्त्रास से कवि बराबर जुड़ा है। उसे इसकी गहरी पहचान है, तभी तो 'परिवेश हम-तुम संग्रह' में लिखा है—

"उसकी लटकी हुई छाती/ धँसा हुआ पेट/ झुके हुए कन्धे/
वह कौन है? हमेशा जिसकी हिम्मत नहीं/ केवल घुटने तोड़े
जा सके।"

यानी की वास्तविक रूप से यह आदमी हिन्दुस्तान का आदमी है, जो केवल देश की अत्याचारी व्यवस्था या अत्याचारी शासकों की क्रूर राजनीति द्वारा बिना किसी कारण के सताया जा रहा है।

कुँवर नारायण की कविता में जीवन के प्रत्येक क्षेत्र सिमट आये हैं। इनकी कविता प्रकृति के भी निकट रही है—"कुँवर नारायण की कविता में शुरू से ही प्रकृति के प्रति एक आकर्षण मिलता है।"[3] इन्होंने पौराणिक पात्रों को भी अपनी रचना का विषय बनाया है। कहीं-कहीं परिस्थितिजन्य संघर्षों के कारण कविता में भीतरी और बाहरी

---

1. कुँवर नारायण : परिवेश, हम तुम, भूमिका पृ. 6.
2. वही, पृ. 23.
3. कुँवर नारायण : परिवेश हम-तुम, मुक्तिबोध फ्लैप से।

मंथना शुरू हो जाती है, जिससे कविता दार्शनिक बन पड़ती है और वह उपदेशात्मक लगने लगती है।

भाषा के स्तर पर कुछ खास नवीनता नहीं दिखायी पड़ती है, लेकिन इनके व्यंग्य कुछ सीमा तक रघुवीर सहाय से मिलते-जुलते हैं। कवि का जो कथन है, यदि उसकी दृष्टि से देखा जाय तो उसकी शिल्प और भाषा बहुत कुछ सुबोध और सहज है—''यदि मैं अपनी व्यक्तिगत शब्दावली में कहूँ तो उसकी तकनीक बहुत जनतान्त्रिक है। कवि की पीड़ित अन्तरात्मा और व्यथित विवेक चेतना की अभिव्यक्ति के लिए ऐसी ही शिल्प व्यवस्था की जरूरत थी।''[1]

कुँवर नारायण किसी वाद विशेष की धारा के कवि नहीं हैं, बल्कि अपनी बेलौस जिन्दगी के सहज संघर्षों के कवि हैं। उनकी कविता की जड़ें बहुत ही गहरी परम्परा और संस्कृति में समायी हुई हैं। उनकी कविता परम्परा और संस्कृति की संघर्षपूर्ण विकास प्रक्रिया है। वे मानते हैं कि दैनिक यथार्थ के साथ कविता का सम्बन्ध नजदीक का भी हो सकता है और दूर का भी, और दोनों जीवन के लिए महत्त्वपूर्ण हैं।

''कविता उनके लिए जीवन का प्रतिबिम्ब नहीं, जीवन का सबसे आत्मीय प्रसंग है। कुँवर नारायण की कविता की दुनिया में जाने का मतलब जिन्दगी को गहराई और विस्तार से देखने और जानने का एक अच्छा मौका पा लेना है।''

केदारनाथ सिंह

केदारनाथ सिंह आधुनिक हिन्दी कविता के एक महत्त्वपूर्ण कवि हैं। 'तारसप्तक' से 'अकाल में सारस' तक की उनकी काव्य यात्रा महत्त्वपूर्ण यात्रा है। इस यात्रा को बगैर जाने समझे उनकी कविताओं की पहचान सम्भव नहीं है। आधुनिक कवियों में केदारनाथ सिंह अकेले ऐसे कवि दिखते हैं, जो गाँव और शहर दोनों के हैं। उनकी कविताएँ मोहक, पारदर्शी तथा आकर्षक दिखती हैं। सौन्दर्य और संवेदना को उन्होंने समकालीन परिवेश में सच्चाई के साथ अंकित करने का प्रयास किया है। केदारनाथ प्रकृति और कल्पना के बीच एक ऐसे संसार का अवलोकन कराते हैं, जो टटका और बिम्बित होता है। इसी कारण उनकी कुछ प्रारम्भिक कविताएँ आज भी उतनी ही ताजी हैं, जितनी पहले थीं। उनकी कविताएँ शब्द, रूप, रंग और बिम्ब की बारीकियों में जाकर अर्थ की नयी पर्ते खोलती हैं। उनकी कविताओं को समझने के लिए कविताओं के तह तक जायें, तभी उनकी कविताओं की मुकम्मल और सटीक पहचान की जा सकती है।

नयी कविता में 1950-55 के आसपास केदारनाथ सिंह अपने टटके बिम्बों के साथ प्रवेश करते हैं। विधिवत् काव्य लेखन की शुरुआत इन्होंने 1952-53 के आसपास की। सन् 1954 में 'पाल एलुअर' की प्रसिद्ध कविता 'स्वतन्त्रता' का

1. कुँवर नारायण : अपने सामने, फ्लैप

अनुवाद किया, जिसके फलस्वरूप नयी सौन्दर्य दृष्टि और समकालीन काव्य चेतना से झंकृत हुए। इनका पहला काव्य-संग्रह 'अभी बिल्कुल अभी' 1960 में प्रकाशित हुआ। साथ ही, ये 'तीसरा सप्तक' में भी संग्रहीत हुए। इसके बाद 'जमीन पक रही है', 'यहाँ से देखो', 'अकाल में सरस' आदि इनके काव्य संग्रह हैं।

कवि का अनुभव क्षेत्र विस्तृत है। ये एक साथ गाँव-शहर दोनों जगह के कवि हैं। कवि का सम्बन्ध गाँव से सीधा रहा है। यही कारण है कि इनकी कविता में सौन्दर्य और जीवन्तता बराबर बनी रहती है। अपनी धरती और अपने लोगों से गहरी पहचान के कारण इनकी कविताएँ बेहद आत्मीय लगती हैं। वे अपने शब्दों और भावों को एक सन्तुलन में पेश करते हैं। अत्यन्त विषम विसंगतियों से भरे इस संसार में वे मानवीय मूल्यों और सौन्दर्य की तलाश करते हैं। उनका उनमें गहरा विश्वास भी है। इन सारी चीजों के बीच प्रकृति मध्यस्थता निभाती है। यही कारण है कि उनकी कविताओं में जड़ता और पदार्थमयता हावी नहीं होती। वे कविताएँ सौन्दर्यमय उल्लास का एहसास कराती हैं। इनकी कविता का अर्थ है सौन्दर्य के लिए संघर्ष। इस बात की पुष्टि 88-89 के पूर्वाग्रह में प्रकाशित लेख 'स्तम्भ का अकेलापन' से हो सकती है। इस सम्बन्ध में डॉ. केदारनाथ सिंह से मेरी लम्बी बातचीत हुई। गोरखपुर गाँव से 30 किलोमीटर दूर यह स्तम्भ है, जिसे कवि केदारनाथ सिंह 'बस' से आते-जाते बराबर देखा करते थे। वह स्तम्भ उपेक्षित था, परन्तु लाल पत्थरों से बना वह स्तम्भ कवि के हृदय में समा गया। पूछने पर बताया कि अंग्रेजों द्वारा निर्मित उस स्तम्भ को न तोड़ने-गिराने का कारण है, उसका सौन्दर्य। न जाने इतिहास की कितनी लड़ाइयाँ लड़ीं, सदियाँ देखीं, लेकिन उसके सौन्दर्य के कारण उसका अस्तित्व वैसा ही बना रहा।

कवि का कहना है कि—"कुछ नहीं है। सब कल्पना है। मूल उत्स जो मेरा है, वह है उसका सौन्दर्य। यह सौन्दर्य मेरी कविताओं में भी है। मेरी अपनी भी यही मान्यता है कि अनेक नाश-विनाश सहते हुए भी सौन्दर्य ऐसी चीज है, जो अपना स्वरूप बनाये रखता है।[1]

काव्य-संग्रह में सौन्दर्य के साथ संघर्ष भी है, जिसके बारे में स्वयं कवि का मत है कि, "यह रचना मेरे बहुत ही करीब है और इसमें संघर्ष का भी रूप है।"[2]

केदारनाथ सिंह को उनके रूप, रस, शब्द, स्पर्श, गन्ध युक्त रंगीन बिम्बों के कारण ही जाना जाता है। स्वयं कवि ने भी बिम्बों की महत्ता को स्वीकार किया है। "कविता में सबसे अधिक ध्यान देता हूँ बिम्ब-विधान पर। बिम्ब-विधान का सम्बन्ध जितना काव्य की वस्तु से होता है, उतना ही उसके रूप से भी। विषय को वह मूर्त और ग्राह्य बनाता है, रूप को संक्षिप्त और दीप्त।"[3]

1. डॉ. केदारनाथ सिंह : से बातचीत 6.1.90 निराला निवेश रथयात्रा
2. वही
3. केदारनाथ सिंह : तीसरा सप्तक, वक्तव्य, पृ. 114.

कहा जाता है कि एक सफल कविता का जन्म मानव-जाति के ज्ञात-यथार्थ को समानान्तर बनाता है। उसी तरह एक सफल बिम्ब का आंकलन काव्यमात्र को पहले से अधिक सम्पन्न बना जाता है। मेरी निश्चित धारणा है कि नयी हिन्दी कविता में इस प्रकार के सफल बिम्बों की संख्या किसी भी अन्य युग की कविता से अधिक है।''[1] इनके वक्तव्यों और बिम्बों का पाठक के मन में एक दबाव बनता है। उसकी दृष्टि सीधे कविता में बिम्बों को तलाशने लगती है। इस तलाश में बिम्ब महत्त्वपूर्ण हो जाते हैं और विषय-वस्तु दब जाती है। बिम्ब योजना पर ही सारा ध्यान केन्द्रित करने के कारण उसकी वस्तुमत्ता की ओर लोगों की दृष्टि प्रायः नहीं जा सकी है।'' तात्पर्य यह है कि उनकी काव्य-वस्तु उनके बिम्बों से कम महत्त्वपूर्ण नहीं हैं। उनकी कविताओं का मूल विषय हमारा वस्तु संसार है। उनमें हमारे आसपास का जनजीवन, उसकी चीजों और संघर्ष का रस, गन्ध और सौन्दर्य है। वे कविता में दूर की कौड़ी लाने का स्वाँग नहीं रचते। उनकी कविताएँ व्यक्ति और परिवेश के अन्तर्निहित रिश्ते को बारीकी से टटोलती हैं तथा व्यक्ति की पहचान, उसके अनुभव सिद्ध निष्कर्षों को मानव मूल्यों से जोड़ती हैं। उनकी कविताएँ जीवन की बुनियादी धारणाओं की ओर हमारा ध्यान आकर्षित करती हैं। एक जिज्ञासा का भाव उनमें छिपा रहता है, जैसे जीवन के प्रति हमारा दृष्टिकोण क्या हो? आस्था, निराशा, आक्रोश, विश्वास, विनय, उदारता। केदारनाथ सिंह अपनी कविताओं में आस्था, प्रेम, विश्वास, विनय पर ज्यादा ध्यान देते हैं। इसका तात्पर्य यह नहीं है कि उनकी कविता में आक्रोश का अभाव है, अर्थात् जीवन को नकारात्मक ढंग से देखने की अपेक्षा वे सकारात्मक ढंग से देखना ज्यादा विश्वसनीय समझते हैं। वे आस्था, प्रेम, विश्वास जैसे मूल्यों पर ब्रेक नहीं लगाते, अपितु इनके माध्यम से वे जीवन में संघर्ष करने का ज्यादा माद्दा उत्पन्न करते हैं। 'थोड़ी-सी-आग' का पूरा प्रतीक विधान इसी संघर्ष की ओर इशारा करता है—

पानी में घिरे हुए लोग/ प्रार्थना नहीं करते/ पूरे विश्वास से
देखते हैं पानी को/ और एक दिन बिना किसी सूचना के
खच्चर/ बैल या भैंस की पीठ पर घर असबाब लादकर/
चल देते हैं कहीं/ और मगर पानी में घिरे हुए लोग शिकायत
नहीं करते/ वे हर कीमत पर अपनी चिलम के छेद में/
कहीं-न-कहीं बचा रखते हैं थोड़ी-सी आग।[2]

'अभी बिल्कुल अभी' की प्रारम्भिक तीन कविताएँ—'प्रक्रिया', 'हस्ताक्षर कर देता हूँ' तथा 'अपनी छोटी बच्ची के लिए एक नाम' कवि की रचना प्रक्रिया की व्याख्या करती है—

---

1. डॉ. बच्चन सिंह : आधुनिक हिन्दी साहित्य का इतिहास, पृ. 237.
2. डॉ. केदारनाथ सिंह : यहाँ से देखो ''पानी में घिरे हुए लोग'' शीर्षक से

पर मैं/ जब कहीं नहीं होता/ सिर्फ कहीं होने की लगातार
कोशिश में/ सामने की भीड़ को/ दूर से पहचानता हुआ/
हवा के आर-पार/ एक प्रश्न उछालता हूँ/ और हँसता हूँ तो
न जाने क्यों/ मुझे लगता कि गूँजहीन शब्दों के इस घने
अन्धकार में/ मैं अर्थ परिवर्तन की एक अबूझ प्रक्रिया हूँ।[1]

ऐसा लगता है कि कवि अपने आपको तलाश रहा है। इस प्रक्रिया में वह कभी अपने को प्रश्नों की भीड़ से अलग करके देखता है और तब उसे लगता है कि घने शब्दों के बीच मैं ही हूँ। ''केदारनाथ सिंह 'प्रक्रिया' के दो स्तर मानते हैं, पहला यथार्थ के साक्षात्कार का, दूसरा उसके निषेध का और इसी अन्तःसंघर्ष के बीच वे अपना विकास कर रहे हैं।''[2]

'अपनी छोटी बच्ची के लिए एक नाम' शीर्षक कविता भी छोटी बच्ची के लिए नहीं है, बल्कि आगामी कविता के प्रति उनके शब्द हैं। इसका स्पष्ट संकेत है—

''किन्तु तू न जानेगी/ मेरी तो सारी यह आयु/ चुक जायगी/
इससे भी सीधे/ और इससे भी प्यारे/ और इससे भी अर्थ
भरे/ किसी नये नाम के अनवरत अन्वेषण में।''[3]

'जमीन पक रही है' उनका दूसरा काव्य-संग्रह है। इसका प्रकाशन 1980 में हुआ। इन दोनों संग्रहों के बीच एक लम्बी चुप्पी है। कहा जाता है कि रचनाकार की चुप्पी का क्षण उसके सृजन का क्षण होता है। तदुपरान्त वह रचना करता है। यह बात केदारनाथ सिंह के सन्दर्भ में उचित है। बीस वर्ष बाद उनकी अनुभूति, भाषा, बिम्ब और चिन्तन में भी गहरा फर्क दिखायी पड़ता है। उनकी रचना इन वर्षों के दौरान और भी मंज कर सामने आयी है। ''दोनों संग्रहों में समय का ही लम्बा अन्तराल नहीं है, बल्कि दोनों की काव्यानुभूति और काव्य भाषा में भी गहरा फर्क है।''[4]

कवि की दुनिया किन चीजों से बनी है, इसका हमें 'सूर्य' नामक कविता से पता चलता है, जहाँ भूखा आदमी है। नमक, रोटी, लकड़हारा, तम्बाकू के खेत, पिता की चाय के लिए नुक्कड़ की दुकान तक दूध खरीदने के लिए जानेवाला बच्चा है। वस्तुतः यह कस्बे की दुनिया है। कवि केदारनाथ इस दुनिया के लोगों से बहुत प्रेम करते हैं। उनकी दयनीय हालत देखकर कवि हृदय भीतर-ही-भीतर तड़पता है। भूखे आदमी के भीतर रोटी-नमक के लिए कैसी चाह है। वह सोते-जागते रोटी के लिए परेशान है—

---

1. डॉ. केदारनाथ सिंह : अभी बिल्कुल अभी ''प्रक्रिया'' शीर्षक से।
2. परमानन्द श्रीवास्तव : आधुनिक हिन्दी कविता, सम्पादक जगदीश चतुर्वेदी, पृ. 118.
3. विश्वनाथ प्रसाद तिवारी : समकालीन हिन्दी कविता, पृ. 158.
4. विश्वनाथ प्रसाद तिवारी : समकालीन हिन्दी कविता, पृ. 158.

वह रोटी में नमक की तरह प्रवेश करता है/ ताखों पर रखी
हुई रात की रोटी/ उसके आने की खुशी में जरा-सा उछलती
है/ और एक भूखे आदमी की नींद में गिर पड़ती है।[1]

इस संग्रह की कई कविताओं में रोटी और बहुत तेज भूख का वर्णन है।

दुनिया की सबसे आश्चर्यजनक चीज/ वह पक रही है

× × ×

आप विश्वास करें/ मैं कविता नहीं कर रहा/ सिर्फ आग की
ओर इशारा कर रहा हूँ/ वह पक रही है/और आप देखेंगे/
यह भूख के बारे में/ आग का बयान है/ जो दीवारों पर
लिखा जा रहा है[2]

संस्कृत सूक्ति है—'बुभुक्षितः किम् न करोति पापम्' आग की ओर इशारा भी इसी बात का संकेत कर रहा है। दुनिया में सबसे जरूरी चीज रोटी है। रोटी न मिलने पर आदमी के भीतर एक आग जलने लगती है। यदि वह आग इकट्ठी हो जाय तो एक जन-शक्ति का रूप धारण कर लेती है। यह जन-शक्ति दीवारों पर पोस्टरों से शुरू होकर हिंसक आन्दोलन में भी बदल सकती है। रोटी की तरह ही विलक्षण कविता है 'बैल'। इसमें डूबते सूरज की तन्दूरी हाजिर है। कवि यहाँ बैल के माध्यम से आदमी की ओर संकेत कर रहा है। आदमी की जिन्दगी में भी रूप, गन्ध का कोई मतलब नहीं रह गया है। उसे बस स्वाद से मतलब है। ठीक उसी तरह जैसे बैल भूसे के विषय में सोचता है। आदमी रोटी के अहसास में सौन्दर्य, रूप, रस, गन्ध और जीवन मूल्यों को मिटाता जा रहा है। यहाँ बैल आग का भी प्रतीक बन कर आया है।

वह जरा-सा हूँफता है/ उसके कान खड़े हो जाते हैं/ यह
भूसे की खुशबू है,/ वह अपने आपसे कहता है/ जलती हुई
आग/ और ऊँघते हुए किस्सों के बीच/ वह एक ऐसा
जानवर है जो दिन भर/ भूसे के बारे में सोचता है/ रात भर/
ईश्वर के बारे में।'[3]

इस कविता में बैल प्रतीक है। किसान और खेती के बीच बैल एक महत्त्वपूर्ण कड़ी है। कवि इस प्रतीक को उसकी नियति और दिनचर्या से जोड़कर सर्जनात्मक बना देता है।

'बारिश' शीर्षक कविता में उनकी अभिव्यक्ति और तड़प देखी जा सकती है। कभी-कभी कवि अपनी बात में व्यंग्य का पुट दे देता है। प्रस्तुत कविता में एक पिटते हुए आदमी का चित्र है—

---

1. डॉ. केदारनाथ सिंह : अकाल में सारस, पृ. 9.
2. डॉ. केदारनाथ सिंह : अकाल में सारस
3. डॉ. केदारनाथ सिंह : जमीन पक रही है, पृ. 37.

जो/ पिट रहा था/ उसे देखना मुश्किल था/ सिर्फ उसकी पीठ
से खून गिर रहा था/ सिर्फ उसके जूते सड़क पर पड़े थे/ और
बारिश पूरी मुस्तैदी के साथ/ उसकी निगरानी कर रही थी।[1]

'बारिश' कविता में इस पूरी घटना का साक्षी एक गधा था, जिसके पास—

सिर्फ जबड़े थे जो पूरी ताकत के साथ/ बारिश और सारी
दुनिया के खिलाफ/ बन्द कर लिये गये थे।[2]

इसके बाद कवि ने लिखा है—

यह सामना करने का/ एक ठोस और कारगर तरीका था/
जो मुझे अच्छा लगा।'[3]

'दीवार' शीर्षक कविता में कवि दीवार को मानव-विरोधी व्यवस्था का प्रतीक मानता है, जिसमें वह अत्यन्त ही दृढ़ शब्दों में कहता है—

उस फावड़े की तरह उससे पीठ टिकाकर/ एक समूची उम्र
काट देने के बाद/ मैं इस नतीजे पर पहुँचा कि लोहा नहीं/
सिर्फ आदमी का सिर उसे तोड़ सकता है।[4]

यहाँ कवि व्यवस्था के विरोध में एक क्रान्ति का आह्वान करता है। कवि अपने अन्तर्मन से लोगों के लिए बहुत ही व्याकुल है। वह आदमी की मुक्ति का रास्ता तलाशता है। परेशान होने के बाद लिखता है—

मुक्ति का जब कोई रास्ता नहीं मिला/ मैं लिखने बैठ गया
हूँ/ 'आदमी' आदमी-मैं लिखना चाहता हूँ/ एक बच्चे का
हाथ/ एक स्त्री का चेहरा/ मैं पूरी ताकत के/ साथ शब्दों
को फेंकना चाहता हूँ/ आदमी की तरफ/ यह जानते हुए कि
आदमी का कुछ नहीं होगा/ मैं भरी सड़क पर सुनना चाहता
हूँ/ वह धमाका जो शब्द और आदमी की टक्कर से पैदा
होता है।[5]

यहाँ पर बच्चे का हाथ, स्त्री का चेहरा—यह मानवीय मूल्य है, जिसके बीच आदमी स्थित है, जो कवि के मन को बेचैन रखता है और आदमी की मुक्ति के लिए उससे लिखवाता है। शब्दों में धमाके का जो चित्र है, वह 'शब्द' और आदमी की टक्कर का धमाका है। जो गोलीबद्ध न होकर कविता के प्रभाव से है, जिसे आदमी के संघर्ष को कवि ने बड़े सशक्त ढंग से व्यक्त किया है। रोमाण्टिक होते हुए भी

1. डॉ. केदारनाथ सिंह : जमीन पक रही है, पृ. 70.
2. डॉ. केदारनाथ सिंह : जमीन पक रही है, पृ. 69.
3. डॉ. केदारनाथ सिंह : जमीन पक रही है, पृ. 70.
4. वही, पृ. 65.
5. डॉ. केदारनाथ सिंह : जमीन पक रही है, पृ. 66.

कवि अपनी कविता की पूरी प्रक्रिया में ऐण्टी-रोमाण्टिक हो जाता है। आदमी, स्त्री, बच्चे सबके बारे में कवि काफी कुछ कहना चाहता है। (कुछ-कुछ मुक्तिबोधीय शैली में) और महसूस करता है कि पूरी रफ्तार से अपनी बात कह नहीं पाता। कवि सड़क पर होनेवाले विस्फोट का इन्तजार करता है।

"केदार की कविताएँ वास्तविकता का बयान होकर नहीं रहतीं। वे लगातार वास्तविकता के तल में छिपी हुई किसी उथल-पुथल की ओर इशारा करती हैं। उनके यहाँ खलिहान से उठते हुए दोनों का आह्वान है, जो मण्डी जाने से इनकार करते हैं। मनुष्य के खाली सिर हैं, जो अपने बोझे का इंतजार कर रहे हैं। रोहू मछली की डब-डब आँखें हैं, जिनमें जीने की अपार तरलता है और अन्ततः वह बेचैन धूल है जो कवि के यकीन को अब भी बचाए हुए है—नमक में, पानी में, पृथ्वी के भविष्य में और दन्त कथाओं में।[1]

कविता की यह जमीन कवि की संवेदनशीलता को उजागर करती है। केदारनाथ सिंह संवेदनशील ही नहीं, अति-संवेदनशील कवि हैं। इसीलिए वह दाने, मछली की आँख का जीवन्त और पारदर्शी बिम्ब खींचते हैं। मछली और वह भी 'रोहू मछली' की आँख का अद्भुत दृश्य अज्ञेय की रूपवाली शीशे में बन्द मछली से बेहतर ही नहीं, जीवन्त भी है। मछली की आँख का बिम्ब एक मुकम्मल बिम्ब है। गाँव और शहर के बीच जो अन्तर है, सम्भवत वही अन्तर शहर और गाँव की मछली और मछली को देखने के नजरिये में है। इस बिम्ब से कवि के सौन्दर्य बोध का भी पता चलता है।

कविता की इस जमीन के अतिरिक्त कवि की एक और जमीन है—प्रेम, सौन्दर्य और प्रकृति की जमीन। 'तीसरा सप्तक' में अपने वक्तव्य में कवि ने स्वयं स्वीकार किया है कि प्रकृति के प्रति मेरा शुरू से लगाव रहा है। ऋतुओं में बसन्त और फूलों में गुलाब कवि को बेहद प्रिय है। गुलाब का जिक्र उनकी कविता में बार-बार आता है—

ओस भरे/ काँपते गुलाब की टहनी पर / तितली
के पंखों-सी सटी हुई/ धूप।

हिन्दी के तमाम कवियों खास करके प्रयोगवादियों ने 'धूप' को अपने-अपने ढंग से कविता में प्रयुक्त किया है।

इसी तरह—'शरद तुम्हारे बालों में गुलाब उलझाये'। शमशेर की कविताओं में गुलाबों का जिक्र बार-बार आता है। केदारनाथ सिंह और शमशेर की सौन्दर्य दृष्टि में एक साम्यता है—"तेरी हँसी को मैं उषा की भाप से निर्मित गुलाब की बिखरती पंखुड़ियाँ ही समझता था।"

इस प्रकार कवि केदार की अनेक कविताओं में संघर्ष के स्वरूप को ढूँढ़ा जा सकता है। उनकी कविता की जमीन आज के मुहावरे से भिन्न है। आज की कविता

1. सम्पादक परमानन्द श्रीवास्तव : प्रतिनिधि कविताएँ "भूमिका" पृ. 67.

में आक्रोश, विछोह, आक्रामकता की मुद्राओं का अभाव है। सेक्स का भी प्रदर्शन नहीं, बल्कि एक सौन्दर्य और गहरा काव्यानुशासन है। उनकी कविताएँ भावुकता में नहीं, बल्कि गहरी अनुभूति और समझदारी से लिखी गयी हैं। कवि ने उसी चीज को लिखा है, जिसे वह महसूस करता है। उनके बिम्ब इतने नये और सुन्दर/ ताजे हैं कि पाठक को सहज बाँध कर जिज्ञासा का भाव भर देते हैं। निःसन्देह केदार नयी कविता के अत्यन्त महत्त्वपूर्ण कवि हैं। आदमी, सौन्दर्य और प्रकृति के प्रति उनकी दृष्टि विराट् है। उनके साथ उनका सम्बन्ध आत्मीय है। उनकी कविताओं से गुजर कर यह महसूस होता है कि हम कविता के अर्थों, मूल्यों, सौन्दर्य को पूरी तरह महसूस कर रहे हैं। इनकी कविताओं में मनुष्य के संघर्ष और सौन्दर्य दृष्टि गहरे अर्थों में है।

उपसंहार : प्रतिनिधि युग की विशेषता

आधुनिक वैज्ञानिक विकास और उसके परिणामस्वरूप सामाजिक, आर्थिक परिवर्तन की तेज प्रक्रिया के तहत मानव सभ्यता में अनेक गुणात्मक और मात्रात्मक परिवर्तन हुए। स्थूल जीवन के इस परिवर्तन ने मनुष्य की चिन्तन प्रक्रिया को अत्यधिक प्रभावित किया, जिसका प्रभाव दर्शन, कला और साहित्य पर अप्रत्याशित रूप से दिखायी पड़ा। सभी कलाओं में क्रमिक विकास के स्थान पर हम आकस्मिक परिवर्तन देखने लगे। साहित्य के क्षेत्र में भाव-जगत् की बातें महत्त्वहीन हो गयीं। कविता और कला भी बौद्धिकता की कसौटी पर कसी जाने लगी। विश्व के अन्य साहित्य के समानान्तर इस तरह के परिवर्तन हिन्दी साहित्य में हुए। आधुनिक काल के पिछले पचास वर्षों में परिवर्तन की यह गति अपेक्षाकृत अधिक तीव्र दिखायी पड़ती है, जो आदर्शवादी राष्ट्रीय कविता से आरम्भ होकर, छायावाद, प्रयोगवाद, नयी कविता, समकालीन कविता तथा बीच-बीच में फ्रायडवादी कविता या आक्रोश कविता की धारा को समेटते हुए अब एक प्रकार से वैचारिक कविता में रूपान्तरित हो गयी है।

सन् 1936 के बाद की अवधि हिन्दी कविता के विकास की दृष्टि से अत्यधिक महत्त्वपूर्ण है, क्योंकि पिछले छोर पर यह भाव प्रधान छायावादी कविता से जुड़ी है तो, दूसरे छोर पर समकालीन या चिन्तन प्रधान कविता से। आधुनिक हिन्दी काव्य के विकास की दृष्टि से यह युग अपने आप में प्रतिनिधि युग माना जाता है। इसी युग की कविता की विशेषताओं में एक ओर सामाजिक-आर्थिक संरचना में गाँधी और नेहरू युगीन संघर्षों को रेखांकित और सीमाबद्ध करने का प्रयत्न किया गया है तो दूसरी ओर भावात्मक द्वन्द्व सामाजिक वर्ग संघर्ष का द्वन्द्व, व्यक्ति अस्तित्व का द्वन्द्व और व्यक्ति समाज के सम्बन्धों का निर्धारण, व्यक्ति की इयत्ता, उसकी मुक्ति का संघर्ष तथा पुनः सामाजिक परिवेश से कविता के जुटने के नये सन्दर्भों को देखने, सुनने और रेखांकित करने का प्रयत्न किया गया है। इससे कविता में आगत संघर्ष के विविध आयाम उजागर हुए हैं।

छायावादोत्तर कविता में जीवन संघर्ष के विविध आयामों को रूपायित करनेवालों में केदारनाथ अग्रवाल, मुक्तिबोध, नागार्जुन, त्रिलोचन, अज्ञेय, गिरिजाकुमार माथुर, शमशेर बहादुर सिंह, धर्मवीर भारती, कुँवर नारायण, सर्वेश्वर दयाल सक्सेना, केदारनाथ सिंह, रघुवीर सहाय प्रमुख हैं। ये कवि प्रवृत्ति विशेष के प्रतिनिधि कवि माने जाते हैं। इनके अध्ययन में सम्बद्ध विकास चरणों की विशेषताएँ प्रायः समाहित हो जाती हैं। अपने-अपने ढंग से कविता के संघर्ष को परिणामकारी बनाने में इनका इतना योगदान है कि हिन्दी का बड़ा, किन्तु अधूरा कार्य पूर्ण हुआ है और काव्य समृद्ध हुआ है।

सन्दर्भ ग्रन्थ सूची

(अ) अध्ययन के आधार ग्रन्थ

(1) अज्ञेय : अरी ओ करुणा प्रभामय, भारतीय ज्ञानपीठ प्रकाशन, दिल्ली, आँगन के पार द्वार, भारतीय ज्ञानपीठ प्रकाशन, दिल्ली, कितनी नावों में कितनी बार, सरस्वती प्रेस, इलाहाबाद, चिन्ता, सरस्वती प्रेस, इलाहाबाद, पूर्वा, राजपाल ऐण्ड सन्स, नयी दिल्ली, हरी घास पर क्षण भर, प्रगति प्रकाशन, नयी दिल्ली।

(2) कुँवर नारायण : अपने सामने, राजकमल प्रकाशन, चक्रव्यूह, राजकमल प्रकाशन, आत्मजयी, भारतीय ज्ञानपीठ प्रकाशन, दिल्ली, परिवेश हम तुम, वाणी प्रकाशन।

(3) केदारनाथ अग्रवाल : ओ अप्रस्तुत मन, राजकमल प्रकाशन, दिल्ली, फूल नहीं, रंग बोलते हैं—परिमल प्रकाशन, गुलमेंहदी—परिमल प्रकाशन, मार प्यार की थापें—परिमल प्रकाशन, कहें केदार खरी-खरी—परिमल प्रकाशन, जमुन जल तुम —परिमल प्रकाशन, बोले-बोल-अबोल—परिमल प्रकाशन, जो शिलाएँ तोड़ते हैं—परिमल प्रकाशन, आत्मगन्ध—परिमल प्रकाशन, युग की गंगा—परिमल प्रकाशन, नींद के बादल—परिमल प्रकाशन।

(4) केदारनाथ सिंह : अकाल में सारस, अभी बिलकुल अभी, जमीन पक रही है—प्रकाशन संस्थान, शहदरा, दिल्ली।

(5) गजानन माधव मुक्तिबोध : चाँद का मुँह टेढ़ा है, भारतीय ज्ञानपीठ प्रकाशन, दिल्ली, प्रतिनिधि कविताए—राजकमल प्रकाशन, दिल्ली, भूरी-भूरी खाक धूल—राजकमल प्रकाशन, दिल्ली।

(6) गिरिजाकुमार माथुर : कल्पान्तर—नेशनल पब्लिशिंग हाउस, नयी दिल्ली, भीतरी नदी की यात्रा—नेशनल पब्लिशिंग हाउस, नयी दिल्ली, जो वँध नहीं सका—भारतीय ज्ञानपीठ प्रकाशन, दिल्ली, धूप के धान—भारतीय ज्ञानपीठ प्रकाशन, दिल्ली, नाश और निर्माण—महेशानन्द ऐण्ड सन्स, लखनऊ, मरीज—इण्डियन (प्रा. लि.) इलाहाबाद, शिला पंख चमकीले—साहित्य भवन प्रा. लि., इलाहाबाद, छाया मत छूना मन—राधाकृष्ण प्रकाशन, नयी दिल्ली।

(7) धर्मवीर भारती : अन्धा युग—किताब महल, इलाहाबाद, कनुप्रिया—किताब महल, इलाहाबाद, ठण्डा लोहा—भारतीय ज्ञानपीठ प्रकाशन, दिल्ली, सात गीत वर्ष—भारतीय ज्ञानपीठ प्रकाशन, दिल्ली।

(8) नागार्जुन : युगधारा, प्यासी पथराई आँखें, खिचड़ी विप्लव देखा हमने—

सम्भावना प्रकाशन, हापुड़, तुमने कहा था—वाणी प्रकाशन, दिल्ली, प्रतिनिधि कविताएँ—राजकमल प्रकाशन, दिल्ली, पुरानी जूतियों का कोरस—वाणी प्रकाशन, दिल्ली, सतरंगें पंखोंवाली—यात्री प्रकाशन, कलकत्ता।

(9) **रघुवीर सहाय :** आत्महत्या के विरुद्ध—राजकमल प्रकाशन, नयी दिल्ली, सीढ़ियों पर धूप।

(10) **शमशेर बहादुर सिंह :** कुछ कविताएँ—राधाकृष्ण प्रकाशन, नयी दिल्ली, कुछ चुका भी हूँ मैं नहीं—राजकमल प्रकाशन, नयी दिल्ली, कुछ और कविताएँ—राजकमल प्रकाशन, नयी दिल्ली।

(11) **सर्वेश्वर दयाल सक्सेना :** कविताएँ-एक—राजकमल प्रकाशन, नयी दिल्ली, कविताएँ-दो—राजकमल प्रकाशन, नयी दिल्ली, खूँटियों पर टँगे लोग—राजकमल प्रकाशन, नयी दिल्ली, गर्म हवाएँ—राजकमल प्रकाशन, नयी दिल्ली, काठ की घण्टियाँ, बाँस का पुल, एक सूनी नाव।

(12) **त्रिलोचन शास्त्री :** उस जनपथ का कवि हूँ—राधाकृष्ण प्रकाशन, नयी दिल्ली, तुम्हें सौंपता हूँ—राधाकृष्ण प्रकाशन, नयी दिल्ली, धरती—नीलम प्रकाशन, इलाहाबाद शब्द—वाणी प्रकाशन दिल्ली।

(आ) सहायक ग्रन्थ सूची

(1) अज्ञेय : 1. अपरोक्ष, 2. अद्यतन, 3. आत्मनेपद।
सम्पादित : 1. तार सप्तक, 2. दूसरा सप्तक, 3, तीसरा सप्तक।

(2) गजानन माधव मुक्तिबोध : 1. एक साहित्यिक की डायरी, 2. नयी कविता का आत्मसंघर्ष

(3) गिरिजाकुमार माथुर : नयी कविता सीमाएँ और सम्भावनाएँ।

(4) डॉ. जगदीश गुप्त : नयी कविता स्वरूप और समस्याएँ।

(5) डॉ. देवराज : 1. छायावाद का पतन, 2. साहित्य चिन्ता।

(6) डॉ. नकछेद : समकालीन हिन्दी कविता में जन चेतना।

(7) डॉ. नगेन्द्र : 1. आस्था के चरण, 2. आधुनिक हिन्दी कविता की प्रवृत्तियाँ, 3. विचार और अनुभूति, 4. विचार और विश्लेषण।

(8) डॉ. बृजमोहन शर्मा : धर्मवीर भारतीय कनुप्रिया तथा अन्य कृत्तियाँ।

(9) डॉ. राजेन्द्र प्रसाद : तार सप्तक के कवियों की समाज चेतना।

(10) डॉ. लल्लन राय : हिन्दी की प्रगतिशील कविता।

(11) डॉ. शम्भूनाथ सिंह : प्रयोगवाद और नयी कविता।

(12) डॉ. सुरेन्द्र प्रताप : मुक्तिबोध विचारक कवि और कथाकार।

(13) डॉ. हरिचरण शर्मा : सर्वेश्वर का काव्य, संवेदना और सम्प्रेषण।

(14) डॉ. दीनानाथ सिंह : काव्य प्रवृत्तियाँ भारतीय और पाश्चात्य।

(15) धर्मवीर भारती : मानव मूल्य और साहित्य।

(16) नगेन्द्र वशिष्ठ : शमशेर की कविता।

(17) नन्दकिशोर : अज्ञेय की काव्य तितीर्षा।
(18) नन्ददुलारे वाजपेयी : आधुनिक साहित्य।
(19) नामवर सिंह : 1. आधुनिक साहित्य की प्रवृत्तियाँ, 2. इतिहास और आलोचक, 3. कविता के नये प्रतिमान, 4. दूसरी परम्परा की खोज।
(20) पुष्पा राठौर : मुक्तिबोध के आलोचना सिद्धान्त, 2. धर्मवीर भारतीय का साहित्य।
(21) बच्चन सिंह : 1. साहित्य का समाजशास्त्र और रूपवाद, 2. आधुनिक साहित्य का इतिहास
(22) भारतभूषण अग्रवाल : कवि की दृष्टि।
(23) रमाकान्त शर्मा : छायावादोत्तर हिन्दी कविता।
(24) रामकमल राय : 1. हिन्दी कविता का वैयक्तिक परिप्रेक्ष्य, 2. अज्ञेय सृजन और संघर्ष।
(25) रामविलास शर्मा : 1. आस्था और सौन्दर्य,2. नयी कविता और अस्तित्ववाद, 3. परम्परा और मूल्यांकन, 4. प्रगति और परम्परा, 5. प्रगतिशील काव्यधारा और केदारनाथ अग्रवाल, 6. प्रगतिशील साहित्य की समस्याएँ, 7. भाषा युग बोध और कविता, 8. भाषा साहित्य और संस्कृति।
(26) रामस्वरूप चतुर्वेदी : 1. अज्ञेय और आधुनिक रचना की समस्या, 2. हिन्दी नवलेखन।
(27) रेखा अवस्थी : प्रगतिवाद और समानान्तर साहित्य।
(28) लक्ष्मीकान्त वर्मा : नयी कविता के प्रतिमान
(29) विजयबहादुर सिंह : नागार्जुन का रचना संसार।
(30) विश्वनाथ तिवारी : आधुनिक हिन्दी कविता।
(31) शम्भूनाथ चतुर्वेदी : अज्ञेय का काव्य एक पुनर्मूल्यांकन।
(32) हरिचरण शर्मा : नयी कविता नये धरातल।

●●●